KB203396

선교 강국, 한국 선교 긴급 점검

선교 강국,

한국 선교
긴급 점검

신경림
박창현
이덕주

홍성사

한국 선교의
어제와 오늘 그리고 내일

이 책에 저자로 참여한 신경림, 박창현, 이덕주를 먼저 소개하고자 한다. 대표 필자 신경림 교수는 미국 워싱턴 DC에 소재한 웨슬리신학대학교Wesley Theological Seminary 부총장으로 봉직하고 있으며 전공은 영성spiritual formation이다. 학교에서는 10년 넘게 국제 관계international relations 분야를 맡아 전 세계 선교 현장을 다니며 현지 교회와의 선교 협력과 신학 교육 지원 사업을 추진하는 등 세계 선교에 주력하고 있다. 그렇다 보니 신 교수는 "지상에서 근무하는 시간과 비행기 안에서 지내는 시간이 엇비슷할 정도로" 여행을 많이 하면서 세계 곳곳의 선교 현장을 방문했다. 무엇보다 신 교수는 한국인 신학자로서 세계 여러 나라에서 수고하고 있는 한국인 선교사들을 만났으며, 그들을 통해 그동안 한국 교회가 추진해 온 해외 선교의 내용과 결과 그리고 문제점들을 파악할 수 있었다.

신 교수는 선교사들을 만나면서 한국 교회가 추진한 해외 선교의 밝은 면과 어두운 면을 동시에 보았다. 특히 한국인 선교사와 함께 사역했던 경험을 가진 현지 교회 지도자와 신학자, 목회자들을 만나 대화하면서 한국인 선교사와 해외 선교를 해나가는 데 있어서의 장점과 단점, 한계와 문제에 깊은 관심을 갖게 되었다. 정말 없는 곳이 없을 정도로 한국인 선교사들이 세계 구석구석 들어가 헌신적으로 사역하고 있긴 하지만, 그런 선교사들의 사역에 대한 현지 교회의 평가와 반응이 냉정하고 냉담한 경우가 의외로 많았다. 충격과 함께 한국 교회 선교의 위기라는 생각이 들었다. 왜 이렇게 되었을까? 무엇이 잘못되었는가? 앞으로 어떻게 해야 하나? 이것이 신경림 교수에게 던져진, 그리고 답을 해야 할 질문이었다.

박창현 교수는 독일에서 성서학과 선교학을 공부하고 돌아와 감리교신학대학교 선교학 교수로 봉직하고 있다. 서구 제국주의적인 선교와 기존 교회만을 섬기는 신학의 문제를 지적하고 지금까지 교회와 신학의 경계를 넘어서서 실천하는 '경계선을 넘는 선교'라는 명제를 붙잡고 그것을 드러내기 위한 연구와 강의를 해왔다. 자신이 불교 집안의 도시 빈민으로 살다가 예수를 만나 경험한 해방된 삶과 15년 간 독일에서 이방인으로 지내던 경험을 신학에 적용해 온 박창현 교수는 사회적 약자와 소외 계층, 빈곤층을 향한 교회의 선교적 사명과 책임을 강조하면서, 교수가 되어서도 현장에 직접 참여하여 실천하는 모습을 보여 주고 있다.

박 교수는 독일에서 공부를 마치고 귀국한 직후 건강한목회연구소를 창설하여 목회자의 변화를 통한 한국 교회의 건강한 성장을 위해 현장의 목회자들과 협력하고 있다. 즉 신학교를 졸업하고 교회를 개척하려는 목회 지망생이나 미자립교회 목회자들을 '건강하게 성장한' 교회 목회자들과 연결하는 협력 구조를 통해 '함께 살아가는' 목회와 선교운동을 전개했다. 박창현 교수는 이러한 목회자들의 건강한 신학에 대한 성찰을 위해 2003년부터 미국 웨슬리신학대학원에서 실시하는 목회학박사 아시아 과정에 자문교수로 신경림 교수와 호흡을 맞추어 일해 왔다. 두 교수는 '선교'라는 공동 관심사와 주제를 놓고 자주 토론했고 특히 신 교수가 해외 선교 현장에서 확인한 '한국 교회의 선교 위기와 문제점'에 대한 고민을 함께 나누었다. 선교학자로서 박 교수는 한국 교회의 해외 선교 위기를 극복할 수 있는 대안과 해답을 찾고자 노력했다. 그런 목적에서 한국 사람이면서도 대부분 서양의 기독교 역사와 선교신학만을 배우는 것에 몰두한 것을 반성하는 마음으로 초기 한국 교회사를 다시 읽기 시작했다. 그리고 1885년 한국에 들어와 개신교 선교를 개척했던 스크랜턴William B. Scranton의 사역과 선교 활동을 통해 아시아 선교의 새로운 패러다임으로서 '다시 드러냄의 신학', '칭친구 선교'이라는 선교신학적 개념을 제시하기에 이르렀다.

이덕주 교수는 감리교신학대학교 신학과 교수 가운데 '해외 유학' 경험이 없는 유일한 교수다. 그의 전공 과목은 한국 교회사다. 그는 신학교 스승인 윤성범 교수의 '토착화신학' 개념을 역사신학에 접목하여 '토착교회사관土着敎會史觀'을 정립했다. 이덕주 교수는 초기 한국 교회의 선교 역사를 정리하면서, 복음을 전해 준 선교사의 역할도 중요했지만 그들로부터 복음을 소개받고 그것을 수용 해석하여 삶에서 실천하면서 전도했던 초기 토착 기독교인들의 역할에 주목했다. 그런 배경에서 이 교수는 토착 기독교인들을 통해 진행된 기독교의 토착화 과정에 관한 논문과 책을 주로 써왔다.

그러다가 최근 10년 전부터 선교 초기 내한 선교사들의 사역과 신학에 관한 논문과 책을 쓰기 시작했다. 이 교수는 해방 전 한국 교회사의 절반은 선교사들의 이야기로 채워져 있다는 것과 선교사의 신학과 사역이 한국 교회 성격 형성에 중요한 부분을 차지하고 있다는 점을 인정하고 선교사 연구를 시작했다. 또한 신학교에서 그의 강의를 듣는 학생들 가운데 적지 않은 해외 선교 지망생들이 있어, 이들에게 모델이 될 수 있는 '바람직한 선교사상像'을 제시할 필요도 있었다. 그런 배경에서 선교 초기 내한 선교사들에 대한 논문과 책을 저술했다. 그러면서 연구와 강의 범위를 아시아 교회사로 확대했다. 그것은 한국 교회사를 아시아 교회사 범주에서 읽을 필요성을 느꼈기 때문이다. 그러면서 지금까지 서구 신학자와 역사가들에 의해 기록된 교회사가 아니라 '아시아인의 관점에서' 아시아에서 전개된 선교 역사를 정리하고 그것을 통해 '아시아인에 의한 아시아 선교'의 새로운 패러다임이 나오기를 기대하고 있다.

이상 세 사람은 2008년부터 자주 만나 서로의 학문적 관심사를 놓고 토론했다. 세 교수의 토론 주제는 자연스럽게 한 곳으로 모아졌다. 그것은 '선교', 구체적으로는 '한국 교회의 해외 선교'였다. 토론은 대개 다음과 같은 질문들을 중심으로 이루어졌다.

— 현장에서 보면 한국 선교사만큼 열성적으로, 헌신적으로 사역하는 이들도 없는데 왜 토착 교회 지도자나 목회자들로부터 지지나 환영을 받지 못하고, 오히려 비판과 불만 대상이 되고 있는가? 무엇이 잘못되었나?

— 안타까운 것은 선교사들도 마찬가지다. 그렇게 애쓰고 수고했는데도 기대했던 결과는 나오지 않고 오히려 실망과 배반감을 느끼게 만드는 선교지 상황을 어떻게 설명해야 하는가? 선교사들은 '탈진' 상태가 되었다. 어떻게 하면 좋을까?

— 선교사를 파송한 한국 교회도 지쳐 가고 있다. 재정이 넉넉지 않은 가운데서도 교인들은 정말 열심히 기도하고 헌금해서 선교사를 파송하고 후원해 왔는데, 끝이 안 보이는 것이다. '밑 빠진 독에 물 붓기' 아닌가?

실제로 최근 들어 한국 교회의 해외 선교 열기는 눈에 띠게 식어 가고 있다. 교세 감소에 따른 재정 감축의 첫 번째 대상이 해외 선교비가 되고 있다. 선교사들을 불러들이거나 "더 이상 지원할 수 없으니 다른 방법을 찾아보시오"라고 통보하는 교회가 늘어나고 있다. 지난 반세기 '폭발적인' 부흥과 성장을 배경으로 해서 추진되었던 한국 교회의 해외 선교가 한계와 위기 상황에 봉착했다. "계속할 것인가, 말 것인가?" 그것이 지금까지 해외 선교를 해왔던 한국 교회의 고민이 되고 있다.

이런 질문과 고민을 중심으로 진행되던 세 교수의 토론은 "그렇다면 누군가 답을 주어야 하는 것 아닌가? 답은 어디 있는가?"라는 질문으로 옮겨졌다. 특히 전공 과목이 선교인 박창현 교수와 현장의 어려움을 누구보다 많이 보고 있는 신경림 교수는 책임감을 느끼면서 토론을 이끌어 나갔다.

— 지난 반세기 한국 교회는 정말 열심히 해외 선교를 추진해 왔다. 선교사들의 헌신적이고 희생적인 노력으로 괄목할 만한 결과도 얻었다. 그 점은 세계 교회와 선교학계도 인정하는 바다. 그러나 이제 한계에 봉착했다. 이쯤에서 그동안 한국 교회가 추진해 온 해외 선교 전반에 대한 평가 작업이 필요하다. 한번쯤 돌아보아야 한다는 말이다. 그동안 앞만 바라보고 열심히 달려왔다. 그러다 보니 의욕과 열정이 넘쳐 자신도 모르는 사이 실수와 오류를 범한 것도 있는데, 그걸 깨닫지 못하고 계속 추진한 결과 이제 선교사도, 선교사를 파송한 한국 교회도 지치고 힘든 상황이 되었다. 이제 현장에서 분주했던 사역을 잠시 내려놓고 차분하게 자신을 돌아보며 무엇이 잘못되었고, 무엇이 부족했으며, 무엇이 교정되어야 할지를 깨닫는 시간이 필요하다. 해외 선교에 대한 평가가 필요한 시점이다.

— 평가는 상호간에 이루어져야 한다. 학기말에 교수는 학생들을 평가하여 점수를

매기듯 학생들도 교수의 강의를 평가한다. 해외 선교도 마찬가지다. 선교사를 파송한 교회sending church와 파송받은 선교사, 그리고 선교사와 토착 교회 상호 간에도 그런 평가가 이루어져야 한다. 지금까지는 주로 일방적인 평가였다. 선교사를 평가하는 것은 파송 교회 몫이었고 토착민과 토착 교회를 평가하는 것은 선교사들과 파송 교회 몫이었다. 그러나 이제는 반대 방향의 평가가 이루어져야 한다. 학생이 교수 강의를 평가하듯 선교사들은 선교지 토착민과 토착 교회 지도자, 목회자들의 평가를 받아야 한다. 선교사에게 물질적인 지원을 받는 토착 교인들의 얼굴에 드러난 표정이 아니라 선교사에게 차마 말하지 못하는 속마음까지 읽어야 한다. 같은 맥락에서 선교사를 파송한 교회 목회자들도 현장에 나가 있는 선교사들과 토착민으로부터 진솔한 평가와 보고를 들어야 한다. 섭섭하고 야속한 이야기일지라도 말이다. 그래야 오류와 실수를 반복하지 않을 수 있기 때문이다.

— 평가 후에는 교정이 이루어져야 한다. 잘못된 것을 바로잡고 부족한 부분은 채워야 한다. 지금까지 한국 교회가 추진해 온 해외 선교에 오류와 한계가 있었다면 그것을 고치고 극복해야 한다. 선교 방법론에 문제가 있었다면 그것은 선교 정책 때문이고, 선교 정책에 문제가 있다면 그것은 선교신학 때문이다. 방법을 바꾸려면 정책이 바뀌어야 하고, 정책을 바꾸려면 신학이 바뀌어야 한다. 그런 면에서 지금까지 한국 교회가 추진해 온 해외 선교에 문제가 있었다면 그 방법method과 정책policy과 신학theology 모두를 재점검할 필요가 있다. 이 모든 교정과 보완 작업의 종점이자 출발점은 '건강하고 바른' 선교신학 정립이라 할 수 있다. 바른 선교신학에서 건전한 선교 정책과 효율적인 선교법이 나올 것이기 때문이다. 선교신학의 재정립rebuilding, 그것이야말로 오늘 위기에 처한 한국 교회의 해외 선교를 바로잡고 재도약시킬 수 있는 출발점이다.

토론 결과가 이렇게 모아지면서 세 교수는 "그럼, 우리가 할 일은

10

무엇인가?" 질문했다.

— 한국 교회의 해외 선교에 대한 평가와 분석, 그것을 바탕으로 한 창조적 대안 모색, 누군가 해야 할 일이라면 우리라도 해야 하지 않겠는가? 선교지 현장에서 '선한 열매'를 맺을 수 있는 건강한 선교 정책과 방법론, 그 기반이 되는 창조적 선교 신학의 수립, 그것이 신학교에서 선교 지망생들에게 강의하고 있는 교수로서 마땅히 수행해야 할 최소한의 의무가 아닌가?

그렇게 해서 웨슬리신학대학이 후원하는 '아시아 선교 탐사' 연구 프로젝트가 만들어졌다. 한국 교회가 그동안 추진해 온 해외 선교 사역을 전반적으로 검토하여 문제를 진단하고 대안을 모색하는 것을 목적으로 했다. 지역은 시간의 제약 때문에 아시아권을 위주로 하되 한국 선교사들이 나가서 활동하고 있는 아프리카와 중남미, 러시아, 중앙아시아 등 다른 지역도 필요에 따라 포함하기로 했고 다른 국가에 의한 선교도 포함되었다. 세 교수는 전공에 따라 역할을 분담했다.

우선 신경림 교수는 선교지 현장에서 제기되는 문제점들을 파악하고 대안을 모색하는 부분을 맡았다. 신 교수만큼 많은 나라를 다니면서 선교사와 토착 교회 지도자들을 많이 만난 학자도 없다. 그렇게 해서 축적된 정보와 자료를 바탕으로 해외 선교의 실상과 문제점들을 가능한 한 적나라하게 한국 교회에 '보고report'하기로 했다. 특히 신 교수는 선교사와 파송 교회, 선교사와 현지 교회의 관계에서 파생된 많은 문제점들을 지적하면서 선교 현장에서 선교사들이 시도했던 '창조적' 대안을 소개하기로 했다. 이 같은 보고를 통해 그동안 한국 교회가 추구했던 해외 선교의 '빛과 그림자', 긍정적인 면과 부정적인 면을 동시에 볼 수 있기를 기대했다.

박창현 교수는 아시아에서 아시아인이 아시아인들을 섬기기 위한 신학을 모색하며 그 이론적 바탕이 될 '아시아 선교신학'을 탐구하기로 했다. 그런데 지금까지 신학교에서 가르친 선교신학은 주로 유럽과 미국의 서구 신학자들이 정립한 서구신학의 범주였다. 서구 신학자들에게 아시아와 아시아인은 언제나 대상이었고 '객체object'였다. 그러나 이제는 아시아가 '주체subject'가 되어 신학을 정립하고 선교를 추진할 때가 되었다. 바로 그것은 아시아인이 주체가 되어 아시아인을 대상으로 하지만 세계인을 위한 신학을 만들어 가기 위함이다. 박 교수는 그런 문제의식을 가지고 아시아 신학자로서 성경을 다시 읽고 세계 및 한국 교회사 속에 나타난 선교 역사를 재조명하여 아시아에 적합한, 그러나 세계인과 소통하는 '아시아 선교신학'의 모델을 모색하기로 했다.

역사신학이 전공인 이덕주 교수는 '아시아 선교 역사'를 재조명하는 역할을 맡았다. 한국과 일본, 필리핀 등 몇 나라를 제외하고 아시아 국가들은 대부분 기독교 선교에 대해 배타적이거나 폐쇄적인데, 그 배경에는 그동안 아시아 선교를 담당했던 서구 기독교 국가들의 침략적이고 지배적인 선교에 대한 불편한 기억이 있었다. 그래서 일부 한국인 선교사들의 위압적이고 군림하는 자세 때문에 아시아 토착민들이 "얼굴은 동양인인데 하는 행동은 서양 선교사와 다를 바 없다"는 평가를 받고 있다. 그러므로 한국 선교사들은 아시아인으로서의 정체성을 확립할 필요가 있다. 그런 맥락에서 '아시아인의 시각'에서 아시아 선교 역사를 재정리할 필요가 있는 것이다.

세 교수의 역할을 요약해 보면, 신경림 교수가 현재 상황에서 진행되고 있는 해외 선교의 현황과 문제점들을 정리하면, 박창현 교수는 미래에 전개될 새로운 선교를 위한 신학을 모색하고, 이덕주 교수는 과거 아시아에서 전개되었던 선교 역사에서 문제의 원인과 배경을 찾아내는 것으로 정리했다. 이렇게 역할 분담을 끝낸 뒤 '공동 연구'라는 취지를 살려 글은 각자 쓰되 그 내용과 방향에 대해서는 흐름이 유지되도록 긴밀하게 토론하기로 했다. 그리고 같은 취지로 세 교수는 프로젝트를 '아시아 선교 현장' 방문과 탐사를 하는 것으로 시작했다. 그래서 2010년부터 4년 동안 터키와 인도, 몽골, 중국, 일본, 필리핀, 베트남 이렇게 7개국을 함께 방문해서 관련자들을 만났다. 한국 선교사도 만났지만 토착 교회 지도자와 신학자, 목회자들을 주로 만났다.

특히 한국 선교사와 함께 사역했던 경험이 있는 토착 교회 목회자들을 만나 한국 교회의 선교에 대한 냉철한 평가와 비판을 들을 수 있었던 것이 탐사 여행의 가장 큰 소득이었다. 인터뷰에 응해 준 50여 명의 한국 선교사들과 30여 명의 아시아 여러 나라 토착 교회 지도자와 목회자들에게 감사를 표한다. 공동연구가 가능하도록 지원해 준 웨슬리신학대학에도 감사한 마음을 전한다. 그렇게 해서 얻은 정보와 자료를 바탕으로 세 교수는 웨슬리신학대학원 목회학박사 아시아과정에 '아시아 선교'라는 과목을 개설하고 공동 강의를 하면서 책의 내용을 다듬을 수 있었다. 그리하여 프로젝트를 시작한 지 7년 만에 세 사람의 원고가 완성되었다.

이 책은 한계가 분명하다. 연구에 참여한 세 사람이 모두 '감리교회'에 속한 교수들이라, '에큐메니컬' 입장을 취하려 노력은 하였지만 교파적 특색과 인식이 글에 반영된 점은 부인할 수 없다. 또한 세 사람모두 자기 분야에서 처음 시도한 작업이라 글의 내용이나 완성도에서 부족한 부분이 있을 수밖에 없다. 이런 한계와 부족에도 불구하고 책으로 내기로 결심한 것은, 세 사람이 이 프로젝트를 구상하면서 느꼈던 일종의 소명감 때문이었다. 이후 다른 시각에서, 보다 심도 있는 연구를 통해 한국 교회의 해외 선교와 아시아 선교의 방향과 내용을 계시해 줄 좋은 책이 나오기를 기대하는 마음으로 책을 내기로 했다.

지금 이 시각에도 아시아와 세계 여러 나라, 열악한 환경과 조건 가운데서, 물질적·정신적·육체적으로 심각한 위기와 도전에 응하여 영적 싸움을 해나가고 있는 선교사들을 응원하는 마음에서 이 책을 낸다.

2017년 2월
선교의 새날을 꿈꾸며

신 경 림

박 창 현

이 덕 주

차례

일러두기

* 이 책은 한국 선교에 대한 문제의식을 토대로 한 세 저자의 글을 엮은 것으로, 논지의 왜곡을 막고자 표현과 문체를 가급적 그대로 살리는 것을 교정·교열의 원칙으로 했습니다.
* 박창현 교수의 글 가운데 '2. 다시 드러냄의 선교'는 그의 논문 "'선교 포기'의 위기를 극복하기 위한 '다시 드러냄의 선교'"(《신학과 세계》, 2007년 여름[59], 185-213)를, '3. 칭친구 선교'는 그의 논문 "강도 만난 조선인의 친구 선한 사마리아인 스크랜튼의 칭친구 선교"(《선교신학》[31], 2012년, 91-132)를 저자가 수정 보완한 것입니다.
* 본문 맨 끝의 '저자 대담'은 2017년 1월 18일 홍성사에서 저자들 간에 이루어진 대담 내용을 정리한 것입니다.

1부

한국 선교, 점검과 제언

빨리 가려면 혼자 가고 멀리 가려면 같이 가라

신경림

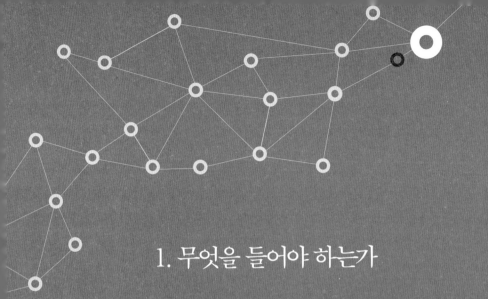

1. 무엇을 들어야 하는가

한국 선교의 현주소

1900년대 초, 복음을 받아들인 지 얼마 지나지 않아 해외에 선교사를 파송하기 시작한 한국 교회는 불과 100년 만에 세계 최고의 선교국이 되었다. 국가별 파송 선교사 통계에서 한국은 파송 선교사 수가 가장 높은 국가들 중 하나다. 국내뿐 아니라 해외의 한인 교회들도 거의 해외 선교에 참여하고 있고 작은 교회라도 주보를 보면 후원하는 선교사와 선교지가 실려 있는 것을 볼 수 있다. 실제로 세계 여러 나라를 다니며 수많은 선교사를 만나고 다양한 선교지를 방문해 본 후 나는 어디서나 가장 열정적인 선교 사역을 감당하고 있는 교회가 바로 한국 교회라고 결론지었다.

그런데, 우리는 과연 잘하고 있는가? 현지인들의 눈에 비친 우리의 선교는 과연 어떠한가? 우리의 선교가 정말 그들에게 도움이 되고 있는가?

한국 교회는 해외 선교의 괄목할 만한 성장 역사와 선교 열정을 자랑하지만 진지한 평가에는 충분한 노력을 기울이지 않는 것으로 보인다. 현존하는 대부분의 자료들은 얼마나 많은 나라에 얼마나 많은 선교사를 파송하고 있는지, 얼마의 선교 헌금을 보냈고, 얼마나 많은 건물을 지었는지에 대한 후원 교회들의 통계나 선교사들의 활동 보고들이다. 이 과정에는 현지인들의 의견과 필요, 그들의 실망과 희망에 대한 경청과 대안 정책의 수립이 빠져 있다. 현지인들은 "선교사나 후원 교회가 다 알고 있다고 생각하지 말고 제발 우리 말을 좀 들어 달라"고 요청한다. 선교사들의 솔직하고 허심탄회한 목소리도 외면당하기는 마찬가지다. 오랫동안 선교지를 섬겨 온 한 선교사는 "한국 교회는 그동안 현장의 필요와 상관없이 한국의 선교 정책이나 구조를 따라 선교사를 보내고 사역해 왔는데, 이제 현지 중심의 선교 구조를 세워야 한다"고 지적했다. 어느 오랜 후원 교회의 담임자도 "전에는 선교지에 헌금 보내면 선교했다 생각했는데 이제는 함께 연구하고, 비전을 나누고, 장기적인 계획을 세워가는 협력 관계가 절실하다"고 말한 바 있다. 현장 목소리를 듣는 것이 그 좋은 출발이 될 것이다.

1부에서는 가능한 한 선교사와 현지인들의 목소리를 듣되 크게 선교 활동과 선교사의 두 영역으로 나누어 현장 분위기를 살펴보려 한다. 이를 통해 한국 교회 선교의 영향과 흔적을 다각도로 들여다볼 수 있을 것이다.

자료는 세 교수가 함께한 아시아 7개국 방문과 인터뷰, 설문에 의한 조사와 연구, 그리고 내가 지난 10여 년 동안 50여 개국을 방문하면서 보고, 듣고, 경험한 것을 토대로 하며, 2010년 NCOWE National Consultation On World Evangelization에서 발행한 "'125년 한국 교회와 선교, 그 벤치마킹 모델 만들기' 연구보고서"에 나타난 한인 선교사들에 대한 평가도 참조하였음을 밝힌다.

선교 활동에 대하여

빠른 선교

우리 민족은 '빠른' 것을 좋아한다. 이스라엘의 노점에서도, 알프스 산맥의 일부인 스위스 인터라켄의 식당에서도, 세계의 유명한 도시들에서는 한국인이 나타나면 현지인들이 한국어로 "빨리, 빨리" 하고 인사한다. 근래에는 대도시뿐 아니라 외진 선교지의 현지인들도 그런 경우가 늘어난다. '빠름'을 좋아하기로 세계적인 명성을 얻고 있는 한국인들은 선교의 빠른 성과에 만족하며 자랑거리 삼고 있다. 이토록 '빠른 성과'를 내는 것에 대해 부러움을 표하는 나라도 적지 않다.

이런 성과의 밑바탕에는 한국 선교사들의 선교에 대한 열정과 헌신이 깔려 있다. 많은 현지인들이 목숨을 걸고 선교지에 가서 모든 것을 헌신한 한국 선교사들을 깊이 존중한다고 말한다. 이를 가능하게 한 후원 교회들의 넉넉한 지원도 현지인들에게는 유명하다. 그들은 교회 설립, 교회 건축, 성경 교육, 전도와 양육, 신학교 사역, 기독교 서적과 교재들의 소개 및 출판, 고아원과 병원 설립, 구제, 일자리 창출, 외부 커넥션 등의 부분에서 한국 선교가 빠른 성과를 이루고 있다고 평가한다.

그러나 선교 현장에서는 이 빠른 성과 뒤에 숨어 있는 부정적인 현상들, 그리고 이로 인해 점점 증가하고 있는 문제점들도 있다. 어떤 현지인들은 한국 선교사들을 서구 선교사들과 비교해 "서구 선교사들은 정치·문화적 상황에 너무 집중하고, 한국 선교사는 빠른 시일 안에 신속한 성과를 얻는 것에 너무 집중한다"고 꼬집었다.

선교사들의 소속 교단도, 이들을 파송한 후원 교회들도 빠른 성과를 좋아하는 상황에서는 당연히 선교가 '성과 위주'로 가기 쉽다. 몇 명이 모이고, 몇 명이 세례 받고, 몇 개의 교회가 설립되고, 몇 개의 교회 건물이 세워졌으며, 얼마나 훌륭하게 건축되었으며, 얼마나 빨리 이런 일들이 이루어졌는가 하는 잣대로 선교사와 선교 활동을 평가하고 성패를 가름하는 상황에서 그런 시선을 무시하기 어려운 게 인지상정이다. 특히 후원 교회의 평가 기준은 그 후원에 의존할 수밖에 없는 선교사들에게 크나큰 압박이다. 전시 선교의 폐혜는 고스란히 현지인들에게 돌아간다. 현지인들은 "눈에 보이는 성과를 위해 어떤 일도 서슴지 않는 선교사나 후원 교회들이 있다"고 토로하면서 "모든 것이 선교'라는 명분으로 본래적 선교의 의미가 퇴색되거나 현지인들의 처지가 곤란해지는 것도 괘념지 않는 행동들이 오히려 역효과를 낳고 있다"고 비판한다. 이를테면 성과 위주의 공격적인 선교 행태로 인해 현지 교인들이 사회적 비난이나 위험 혹은 극심한 오해와 부정적 시각에 처하게 된다는 것이다.

어떤 단기선교팀은 현지 종교에 있어 큰 의미가 있는 일종의 성지를 찾아가 '여리고성 작전'을 펼치기로 하고 실행에 옮기기도 했다. 이들은 큰 소리로 찬양과 기도를 하며 손 붙잡고 주변을 돌았는데, 이로 인해 큰 소동이 벌어지고 말았다. 어떤 지역에서는 종교 문화적 상황이 어떤지, 세례가 어떤 영향을 미치는지 고려하지 않은 채 세례 교인을 만드는 것에만 급급한 나머지 서둘러 현지인들에게 세례를 준 일도 있었다. 그렇게 세례 받은 사람들의 정상적인 생활이 어려워지면서

힘겹게 신앙생활을 이어가던 선배 기독교인들까지 큰 핍박을 받게 되는 일이 벌어졌고 결국 전도의 길이 아주 막혀 버리는 결과를 초래했다. 현지인들은 기독교인이 되기 전이나 후나 다름없이 공동체 속에서 살아가야 하는데, 성급한 선교사나 선교팀의 행동 때문에 큰 비난과 위협에 직면하게 되는 경우가 벌어질 수 있다. 그런 경우는 당연히 지속적인 선교에 심각한 걸림돌이 될 뿐 아니라 결과적으로 그 어떤 성과도 거둘 수 없게 된다.

한국의 선교 후원 교회들이 특히 선호하는 교회 건축도 마찬가지다. 교회 이름으로 혹은 자기 이름이나 부모님, 자녀들의 이름으로 교회를 건축하자고 권하면 우리는 대부분 쉽게 호응하여 세계의 많은 나라에 많은 교회들을 건축해 왔다. 이는 다른 나라들에게 좋은 선교의 본이 되고 있으며 하나님의 전을 짓겠다는 귀한 신앙과 헌신은 존경 속에 계속되는 것이 마땅하다. 그러나 자신이 봉헌하려고 하는 그 교회 건축이 현지인들에게 궁극적으로 어떤 결과를 초래하는지를 신중히 생각하지 않고 추진하는 경우에는 생각지도 못했던 불행한 결과들이 생길 수 있다.

성급한 교회 설립이나 건축이 선교 현장에서 큰 골칫덩이로 드러나는 경우도 있다. 그런 일을 피하기 위해서는 "교인 없이 교회만 지어 주지 말아 달라", "제발 무턱대고 교회부터 짓지 말라"고 요청하는 현지인 지도자들의 목소리에 귀를 기울여야 한다. 준비된 목회자나 교인들 없이 교회부터 짓고 나면 불신과 분쟁이 생기고, 나아가 비기독교인들이 교회 자체에 부정적인 시각을 갖게 되어 전도에 어려움이 생기기 때문이다. 한 지도자는 "교회를 유지하기도 힘에 부치고 결국 문을 닫게 될 때 그 건물의 소유를 두고 우리 사이에 분쟁과 분열이 일어났다. 평화롭던 마을에 교회 때문에 싸움이 생겼다"고 호소했다.

이와 관련해 한 현지인 교단 지도자는 "70명이나 80명쯤 생긴 후에 지어 주어도 늦지 않은데, 건물부터 지어 주면 이로 인한 문제와 사고가 많이 일어나고, 결과적으로 그 교회가 없어지는 일이 많다. 교인들이 충분히 생기고 교회가 스스로 유지될 수 있을 때까지 기다려 건물을 지어 달라"고 제언한다.

귀한 목적과 정성 어린 헌금으로 세워진 교회 건물들이 빈 건물로 망가져 가거나 팔려서 다른 용도로 사용되기도 하는 상황이 벌어져도 후원 교회와 성도들에게는 잘 알려지지 않는다. 교회 건축을 추진할 때 신중하고 현명하게 판단하는 것은 물론 지속적인 관계와 소통으로 체계적이고 장기적인 현지 교회의 성장을 지원해야 할 것이다.

'빠른 성과 추구'가 낳는 또 다른 부작용은 선교사들의 과잉 경쟁이다. 무조건 경쟁에서 이기자면 물량주의에 경도되기 십상이다. 현지인들은 "선교사가 물질을 써서 자기 사람 만든다", "돈으로 우리를 컨트롤하려고 한다"는 비판에서부터 심지어 "물량 공세로 우리를 부패시킨다"고까지 비난하고 있다. "사람들(현지인)의 관심이 오직 돈과 자기 생활 환경 개선에만 쏠리고 있다"는 한 현지인의 한탄은 이러한 물량주의의 끝자락을 보여 준다.

게다가 최근에는 적절한 준비와 교육, 훈련 없이 선교지로 향하는 이들이 늘면서 그 부작용으로 상황이 더욱 복잡해졌다. 계속되는 인생의 역경과 실패에 지쳐 "아무래도 하나님은 내가 선교하기를 바라시는 것 같다"며 현실 도피하듯 선교지로 향하는 일부 평신도들이 그러하다. 선교에 필요한 교육 없이 현지의 언어나 정보도 충분히 준비하지 않은 채 무작정 선교지에 간 이들이 '성과'를 위한 물량 공세를 가속화시키고 있다.

"기존 선교사들이 오랫동안 고생하며 양성한 현지 사역자들을 사례비를 더 준다고 하면서 빼앗아간다"는 선교사들의 원망도 있었고 "(그들이) 어떻게든 교인들을 모으려고 물질을 사용하는데, 우리 교인들이 흔들리기도 한다. 무엇보다 물질 때문에 왔다갔다 하는 사람들이 생기는 것이 부끄럽다"며 고개를 떨구는 현지인도 있었다.

바람직하지 못한 방식으로 치열해진 경쟁은 현지인뿐 아니라 다른 나라의 선교사들에게도 좋지 못한 평판을 낳고 있다. 한국 선교사들, 현지인들, 다른 나라 선교사들도 입을 모아 "선교지에서는 특히 돈을 조심히, 신중하게 사용해야 한다"고 경고한다.

그래도 후원 교회와 선교사들이 열심을 다해 집중적으로 전도하여 결단하게 하고, 교육시켜 세례를 받게 하고, 교회를 설립해 주고, 건물을 지어 주는 것까지는 순조로운 편이다. 그런데 그 결과에 고무되어 정작 중요한 것을 놓치는 경우가 많다. 현지 지도자들은 뜨겁게 은혜 받은 이들이 그 감격을 잘 유지하면서 영적으로 성숙하고 그 삶이 변화될 뿐 아니라 그가 속한 사회를 건강하게 변화시키는 데까지는 이르지 못하고 있다고 지적한다. 이런 약점이 곧장 현지 교회의 정체와 교세 감소로 이어져 우려를 낳고 있다.

실제로 현지인들 스스로가 매긴 자신의 신앙과 삶에 대한 평가를 살펴보면 "성경 연구나 기도 생활 등 신앙 생활의 기초가 튼튼하지 못하다", "교회가 미지근하고 영적으로 성숙하지 못하다", "이단의 도전이 심각하다", "교인들이 번영에만 관심 두고 제자화되지 못했다", "자신의 필요를 채우면 미련 없이 교회를 떠나 버린다"는 응답이 많다. 또 성도들의 윤리적 문제, 교회의 부패와 분열, 지도자들의 인격 문제와 부정부패 문제도 심각한 것으로 나타난다. 이래서는 현지인들의 소망인 "삶을 통해 예수를 증거한다"든가 "신앙의 열매를 맺는다"든가 하는 헌신과 사랑의 실천이 필요한 삶의 변화가 요원할 뿐 아니라 교회가 사회에 대해 정의와 공의에 기초한 영향력을 갖기 어려운 것이 당연하다.

이들은 자신이 처음 기독교인이 되기로 결심했던 때의 열정적인 신앙이 유지되지 못하며 스스로의 삶이 기독교인으로서의 모습을 담고 있지 못하다는 점을 안타까워한다. 이는 개인 전도나 전도 집회, 영성 집회, 부흥회 등으로 결단한 현지인들을 그다음 단계인 성화와 성숙, 실천의 단계로 제대로 이끌어 주지 못한 탓이다. 이러한 과정은 많은 헌신과 집중, 시간의 투자가 없이는 불가능하기에 빠른 성과가 중요시되는 상황에서는 우선순위가 뒤로 밀릴 수밖에 없다.

빠른 성과를 추구하는 선교의 치명적인 약점은 장기적인 계획과 그에 따른 전략을 세우기 어렵다는 것이다. "복음이 전해지기도 전에 이미 복음에 면역이 생겼다"는 선교지들이 늘어나고 있으며, 일부 현지인 지도자들은 "성장을 멈추거나 교인들이 감소하는 교회들이 벌써 생기기 시작했다"고 걱정이 태산이다. 이들은 대부분 눈앞의 성과에 급급해 왔음을 인정하고 "의도적인 전략을 세웠어야 한다", "필요에 맞는 사역을 했어야 한다", "교회 자립을 염두에 두고 진행했어야 한다", "계획적으로 선교했었어야 한다"며 장기적인 정책 및 전략을 세우지 못한 것을 후회하고 있다. 물론 이것이 선교사나 후원 교회의 잘못이라고 꼬집어 표현할 수는 없지만 앞으로 선교 사역을 계획하고 펼쳐 나갈 때 우리가 반드시 염두에 두어야 할 부분이라 할 수 있다.

현지인 리더십의 중요성

'빨리 빨리' 하는 선교로 할 수 없는 대표적인 일이 바로 교육이다. 수많은 노력과 기다림, 정성, 인내가 있어야 가능한 것이 사람을 키우는 일이고 특히 지도자는 더더욱 오랜 시간을 기다려야 생겨난다. 그런데 한국 교회의 선교는 아직 미숙한 현지인들에게 일을 맡길 수 없었고 그들이 자신들의 방식으로 성과를 낼 때까지 기다리기 힘들어했으며 시행착오를 용납하려 하지 않았다. 현지 리더십 양성이 절실히 필요하다는 것을 모두가 알고 있었지만 실제로 그만한 시간과 노력을 투자하기는 어려웠던 것이다.

현지 선교사들의 목소리를 들어 보자.

— "현지인 동역자 구하기가 너무 어렵다."
— "믿을 만한 사람 찾기가 어려워 혼자 다 해야 한다."
— "이양하려 해도 준비된 지도자가 없다."
— "현지 목회자 양성이 시급하다."
— "기존 목회자들도 제대로 교육받지 못했기 때문에 지속적인 교육이 필요하다."

현지인 사역자가 없어 가장 어려움을 당하는 것은 선교사들이다. 선교 초기부터 현지 지도자 양성의 중요성을 이해하고 시간과 노력을 의도적으로 쏟았던 소수의 선교사들은 지금 현지 사역자들이 일을 맡아 주기 때문에 큰 도움을 받고 있다. 반면 그동안 눈앞에 닥친 사역들에 몰두하느라 현지 지도자 양성에 소홀했던 선교사들은 지금 이 시간에도 외롭게 고군분투하고 있다. 이런 상황이 되면 선교사가 쌓이는 업무를 다 감당할 수 없어 현지 사역자를 양성하거나 훈련할 여력은 더욱 줄어들기 때문에 풀기 어려운 악순환으로 이어지는 경우가 많다.

후원 교회들의 목소리를 들어 보자.

— "현지인들에게 일을 맡기는 것을 불편해하는 선교사들이 있다."

— "(선교사가) 웬만큼 하고는 현지인에게 이양하면 좋겠는데 늘 준비가 되지 않았다고 한다."

— "같은 지역과 같은 선교사를 언제까지 후원해야 하는지 답답하다."

대부분의 후원 교회들은 선교사와 선교지를 어느 정도 후원하면 현지 사역자가 이어받아 자립하게 될 것이라는 기대를 가지고 있다. 그러나 선교지에서 그런 변화가 보이지 않으니 기다림이 계속되면서 지치고 실망하는 교회들이 늘고 있다. 같은 상황이 계속 이어질 수 있다는 생각에 선교 자체에 대해 회의가 든다는 교회들도 있다.

현지인들의 목소리를 들어 보자.

— "목회자가 절대적으로 부족하다."

— "배우지 않은 사람들 때문에 잘못된 복음이 퍼지고 있어 걱정이다."

— "신학교가 부족하고, 역량도 많이 부족하다."

— "가르칠 수 있는 교수가 거의 없다."

— "방문하는 후원 교회 목회자들의 가르침에 의존하고 있는데, 중복되는 부분도 많고, 전혀 배우지 못하는 부분들도 많다."

— "기존 목회자들을 위한 질 좋은 신학 교육이 필요하다."

현지인들은 왜 이런 현상들이 생겼는지에 대해서는 다음과 같이 말한다.

— "한국 선교사들이 현지인 사역자 구하는 데 어려움을 겪는 것은 현지인 사역자를 양성하지 않았기 때문이다."

- "현지인 사역자들에게 자기가 원하는 것만 요구하고, 만일 그대로 따르지 않으면 버린다."
- "현지인 목회자를 인정하지 않는다."
- "우리를 리더로 세워 주기보다 고용인으로 취급한다."
- "물질적인 도움이 교회 운영에는 도움이 되지만 리더십 양성에는 도움이 되지 않는다."
- "물질적 도움을 통해 자기 사람을 만들려고 한다."

현지인도, 선교사도, 후원 교회도 모두 현지인 지도자와 목회자가 부족하다는 데 의견을 같이한다. 그런데 이것은 선교사들의 잘못이라기보다는 빠른 성과를 목표로 할 때 당연히 일어나는 결과다. 지금이라도 변화를 결단하지 않으면 상황은 점점 더 나빠질 것이 자명하다.

2001년 《The Next Christendom》이라는 책을 낸 필립 젠킨스라는 학자는 전 세계 기독교인의 약 3분의 1이 전 세계 목회자의 약 3분의 2를 갖고 있다고 했다. 목회자의 대부분은 기독교인이 감소하는 유럽과 아주 작은 폭으로 증가하는 미국 등지에 있고, 기독교인이 빠르게 증가하는 아프리카, 중남미, 동남아시아 등에는 목회자가 턱없이 모자란다는 것이다.

이러한 상황의 실제적인 예를 몇 가지 소개한다. 2005년 멕시코시티에서 열린 중남미 신학자와 교회 지도자들의 회의에 참석했을 때 한 신학자가 멕시코 교회에 대한 연구를 발표하는 것을 들었다. 수도인 멕시코시티에서 1,000명 모이는 교회에 가서 담임목사에게 어떤 신학교 나왔느냐고 물었더니 신학교를 나오지 않았다고 하고 5,000명 모이는 교회에 가서 그 담임목사에게 신학교 나왔느냐고 했더니 역시 나오지 않았다고 하더라는 것이다. 중남미의 여러 나라에서는 누구든 자기가 하나님으로부터 부름 받았다고 하면 바로 목회를 시작한다. 그래서 목사pastor라고 불리는 사람들 중에도 신학교를 다니지 않았거나 어떤 신학 교육도 받지 않은 사람들이 많이 섞여 있다고 한다. 신학 교육을 제대로 받은 목회자들 중에서도 이단이 생기는데, 신학 교육을 제대로 받지 못하거나 아예 받지 않은 목회자들의 경우 그 교인들이 올바른 신앙과 교리를 갖게 될 수 있을까? 또 다른 학자는 헌금 시간이 예배 시간에 포함되어 있지 않은 사례와 그 부작용에 대해 발표하면서 헌금을 반드시 예배 시간에 포함시키기로 원칙을 정하자고 주장했다. 우리로서는 헌금이 예배에 포함되는 것이 너무나 당연한데 이것조차 제대로 지키기 어려운 상황인 것이다. 교육받지 못한 목회자들을 제대로 교육하지 못하면 이러한 현상은 더욱 늘어날 수밖에 없다.

아시아도 마찬가지다. 2012년 C국의 공식적인 대표단과 회의할 때 현지에 5만 6,000여 개의 교회가 있다고 들었다. 그런데 안수받은 목회자가 3,700명, 장로 5,600명, 평신도 리더가 1만 9,000명에 불과했다. 게다가 이틀에 세 개 꼴로 새 교회가 증가하고 있기 때문에 이들은 목회자 양성과 수급이 가장 시급한 문제라고 했다. 지금은 아마도 목회자 부족이 더 심각해졌을 것이다. 현지 교회 중 훈련받은 목회자나 평신도 지도자 없이 자기들끼리 예배드리는 교회가 절반이 넘는 현실에서는 본인들의 의도와 상관없이 이단이 생길 위험이 매우 크다.

목회자를 양성하기 위해서는 신학교가 필요하다. 물론 우리가 후원금을 많이 보내면 두세 달 안에 신학교 건물을 지을 수는 있지만 가르칠 교수가 없다. 선교지 대부분은 아직 제대로 교육받은 신학 교수가 절대적으로 부족한 형편이다. 목회자를 양성하려면 신학 교수가 필요한데 신학 교수를 자체적으로 양성하려면 현지 신학교에 석사 과정이 있어야 한다. 하지만 선교지에서 석사 과정을 가진 신학교는 무척 드물다. C국의 경우 13억 인구에 신학석사 과정이 있는 신학교는 단 하나밖에 없다.

C국에서 꽤 크고 잘 알려진 신학교를 방문했을 때다. 총장, 부총장, 교수들과 함께 식사를 하면서 예의상의 대화를 계속하다 보니 피곤하고 졸리기 시작했다. 그러다 문득 총장에게 "이 나라에서 석사 과정이 있는 두 번째 신학교가 되는 꿈을 꾸어 본 적이 있는가?" 하고 물었더니 갑자기 자기들끼리 큰 소리로 떠들기 시작했다. 혹시 내가 말을 잘못해서 저들을 화나게 했나 걱정이 되어 통역에게 빨리 통역 좀 해달라고 했다. 그런데 통역도 그 사람들 대화에 몰입되어 정신없이 쳐다만 보더니 드디어 한마디했다. "좋아서 그래요."

안도감을 얻은 나는 아직도 흥분되어 있는 그들에게 다시 물었다. "석사 과정을 만들지 못하는 이유가 무엇입니까?" 총장의 대답은 정부로부터 허가를 받기 어렵고 기존 교수들에게 석사 학위가 없기 때문에 석사 과정을 만드는 것이 불가능하다는 것이었다. 나는 본국에서 석사 학위를 받는 것도 어렵고, 미국에 와서 석사 학위를 받는 것도 많은 시일이 필요하니 하루라도 빨리 교수들의 석사 학위 취득을 추진하는 것이 어떠냐는 제안을 했다. 그러자 모두가 주시하는 가운데 총장이 말했다. "내가 죽기 전에 그런 일만 일어난다면 얼마나 좋겠습니까?" 납인형같이 무표정했던 그의 눈에 어린 눈물이 불빛에 반짝이는 걸 보면서 그들에게 현지인 리더십 양성이 얼마나 절실하고 필요한 일인지 잘 알 수 있었다.

선교지에는 목회자나 신학교 교수들만 필요한 것이 아니라 모든 분야의 인재들이 필요하다. 인재 양성을 애타게 원하는 현지인들의 이야기를 들으면서 조선 사람들을 교육시키고 훈련시키고 또 유학까지 시켜 어려운 시기의 우리나라가 필요로 했던 인재들을 양성해 준 선교사들과 후원 교회들의 역할을 생각하게 되었다. 만일 그들이 우리처럼 빠른 성과에만 관심을 가졌더라면 오늘날의 한국이 과연 가능했을까?

의존성의 문제

앞서 언급했듯이 선교사의 입장에서 보면 선교지에서 가장 빠르고 안전한 방법은 직접 사역하는 것이다. "막내딸을 시집보내느니 내가 가는 게 낫다"는 속담이 있을 정도로 다른 사람, 특히 준비되지 않고 훈련되지 않은 사람에게 일을 맡기는 것은 어려운 일이다. 해야 할 일은 너무 많고, 함께 일할 만한 사람은 찾기 힘든 상황에서 많은 선교사들이 직접 문제를 해결하고, 필요한 사역들에 대한 선택과 결정, 실행까지 혼자 하는 방법을 택했다. 한 선교사는 "할 일이 너무 많고 너무 바빠서 현지 언어를 배울 시간도 없었다"고 한다. 현지에 수십 년씩 있었으면서도 현지 언어를 배우지 못한 선교사들이 있을 정도로 1대 선교사들은 정말 열심히 사역에 전력을 다했다. 그 덕분에 세계가 인정하는 빠른 성과를 이룬 것이 사실이다.

그런데 한국 선교사들이 열심히 잘했기 때문에 오히려 현지인들에게는 의존성이 생기게 되었다. 자신들이 헌금하지 않아도 교회 건물들과 고아원, 병원 등이 세워지고, 자신들이 노력하지 않아도 사역들이 이루어지고, 자신들이 고민하고 애쓰지 않아도 문제들이 해결되니 자신들도 모르는 사이에 점점 수동적이 되어 가고, 외부의 도움에 의존하게 된 것이다. 장기적으로 볼 때 한국 교회 선교가 가장 비난받을 부분은 바로 이 의존성 문제가 될 것이다. 이것은 선교에 있어 가장 위험한 문제다. 의존성은 가장 쉽게 생기는 반면 가장 고치기 어렵기 때문이다. 처음부터 이 문제를 염두에 두고 선교를 진행했어야 하는데 '훌륭하고 빠른 성과'를 내는 데 골몰하다 보니 현지인들의 의존성은 점점 더 심해지고 있다.

더구나 의존성은 현지인뿐 아니라 선교사들에게도 생긴다. 외부에서 후원받는 것에 익숙해진 선교사들 중에는 굳이 현지에서 자원을 찾으려 노력할 필요를 느끼지 못하는 경우가 있다. 후원 교회들이 '놀라울 정도로 빠른 성과'에 길들여 있을수록 이 문제는 고착될 수밖에 없다. 선교사의 입장에서는 하던 대로 계속하거나, 더 많은 성과를 이루기 위해 같은 방법을 더 열심히 사용하게 되기 때문이다. 해야 할 사역은 많고, 시간은 모자라기 때문에 가난하고 어려운 현지에서 자원을 마련하려 애쓰는 것보다 후원 대상자와 교회에 부탁하는 것이 훨씬 효율적이기 때문이다. 하지만 이런 방식이 계속되면 선교지는 영원히 자립하지 못하고 언제까지나 '받는 교회', '받는 선교사'로 남게 되는 문제가 생긴다.

다행히 이번 연구 조사를 통해 많은 현지인 지도자들과 대부분의 선교사들이 현지인들의 독립과 자립을 당면 과제로 삼고 있다는 점이 나타났다. 그러나 이에 대한 대책을 세우거나 의도적인 변화를 시도하는 선교사나 선교지를 찾기는 어렵다는 것이 안타깝다. 이 문제의 열쇠를 쥐고 있는 후원 교회들이 선교사와 현지인들과 힘을 합쳐 변화를 시도하는 모습은 보기가 쉽지 않았다. 선교지의 문제는 대부분 시간이 가면 나아지거나, 없어지거나, 해결되기도 한다. 그러나 의존성 문제는 의도적인 노력을 하지 않으면 점점 더 나빠지고, 더 나아가 돕는 쪽이나 도움을 받는 쪽 모두 실망하고 좌절하게 되어 관계마저 깨지게 된다. 더욱 안타까운 것은 현지인과 현지 교회들이 하나님께서 원하시는 모습과 점점 더 멀어지는 삶을 살게 된다는 점이다. 즉, 선교가 진행될수록 하나님의 자녀로서 점점 더 자신있고 행복한 삶을 살게 되는 것이 아니라, 전에는 스스로 할 수 있던 일들도 못하게 되어 외부의 도움이 아니면 아무것도 할 수 없는 지경에 이르게 되는 것이다. 그러다 보면 외부의 도움에 의존하고 있는 자신을 부끄럽게 여기고, 거기서 벗어나지 못하는 자신에 대해 실망하며 자신감을 잃게 된다. 선교를 받기 전보다 더 비참한 삶을 살게 되는 것이다.

의존성은 물질뿐 아니라 선교지의 신학과 신앙, 예배, 교회 행정, 교단과 조직, 정책 등 많은 부분에서 문제가 되지만 이 책에서는 주로 물질에 대한 의존성을 중심으로 몇 가지 예를 들면서 서술하려 한다.

로버트 리즈가 쓴 《Roots & Remedies》라는 책에 보면 다음과 같은 사례가 소개되어 있다. 미국의 한 단기선교팀이 가이아나에 가서 3주 동안 머물며 교회 건물을 지어 주고 돌아왔다. 그런데 2년 후, 가이아나의 교회에서 "당신들의 교회 건물에 비가 새고 있으니 와서 고치라"고 메시지가 왔다는 것이다.[1]

단기선교팀들은 선교 시간의 제약 때문에 현지인들과 미리 소통하여 함께 선교를 계획하는 것이 쉽지 않다. 그래서 자신들이 모든 것을 계획하고 준비해서 선교지에 가고, 선교지에서는 주로 자기들끼리 사역하고 돌아온다. 이런 경우 현지인들은 대부분 선교팀의 사역을 구경만 하게 되고, 심한 경우에는 그 사역이나 결과가 자기들의 것이 아니라고 여기게 된다.

선교지에서 짓다 만 교회 건물들을 발견하는 것도 어려운 일이 아니다. 여러 가지 이유가 있을 수 있겠지만 대부분 단기선교팀이나 현지 선교사가 짓다가 만 상태로 그냥 지내기 때문이다. 또 벽마다 각기 다른 재료와 다른 방식으로 쌓여진 건물들도 보인다. 한 현지인 목회자는 서로 다른 세 벽을 가리키며 각각의 벽이 어느 나라 팀에 의해 세워졌는지 설명하면서, 또 다른 선교팀이 속히 와서 네 번째 벽을 쌓아 주기를 기다린다고 했다. 자신들의 헌신이나 참여 없이 외부의 후원으로만 지어 주면 현지인들은 스스로 할 생각은 하지 않고 그저 도움만 기다리게 되는 것이다.

현지인들의 가장 심각한 의존성을 초래하는 분야는 현지 목회자 사례비 지원이다. 로버트 리즈는 남침례교 선교회의 짐바브웨 선교를 의존성의 한 예로 소개한다. 남침례교는 짐바브웨에서 선교를 시작하면서 모든 목회자들과 학교 선생들을 지원하고 모든 교회의 건물들을 마련해 주었다. 또 교회를 개척할 때마다 건물을 지어 주고, 목회자도 고용해 주었다. 그러다가 현지 교회들도 목회자 사례를 감당해야 되지 않겠냐는 의견이 나와서 10년 안에 모든 교회가 담임목회자들의 월급을 책임지도록 하는 10년 계획안을 만들고, 동시에 현지 교단도 만들었다고 한다. 그러나 바로 이듬해에 현지 교단은 10년 계획안을 거부하고 대신 자신들이 원하는 다른 계획안을 제시했다. 이로 인해 선교사들과 현지 목회자들, 선교회와 현지 교단의 갈등이 심화되었으며 현지 교단은 모든 선교사에게 짐바브웨에서 떠날 것을 요청했다.

이때 선교사들이 본부에 부탁한 내용을 보면 당시 상황이 얼마나 심각했는지 알 수 있다. 선교사들이 본부에 부탁한 것은 "선교사들이 떠나도 그들이 받을 월급이 현지 목회자들에게 돌아가지 않는다는 것과 현지 목회자들의 월급을 줄인 돈이 선교사들에게 가고 있지 않다"는 것을 현지인들에게 해명해 달라는 것이었다. 선교사들에 대한 현지인들의 오해와 불신은 선교사들에게 깊은 상처를 주었을 것이다. 10년 계획이 끝난 후, 예정대로 현지 목회자들의 월급 지원은 끝났지만 관련된 모두에게 아픈 상처를 남기게 되었고, 신학교 운영 등 다른 형태의 보조들은 오랫동안 계속되어 현지 교회가 아직도 의존성에서 벗어나지 못하고 있다고 한다. 로버트 리즈의 결론은 "한 번 도움을 주면 계속 기대하는 것을 보았고, 일단 도움을 받은 교회 중 자급하는 교회는 하나도 안 생겼다"[2] 는 것이다.

오랫동안 공산국가였던 한 나라는 여러 나라에서 커다란 지원을 받아 왔다. 공산권에 있던 사람들 중에 예수 믿고 결단하여 사역자가 되는 것을 본 어떤 교단은 기꺼이 그들의 사례비를 지원했다. 그런데 이 사역자들이 처음에는 전도도 열심히 하고, 목회도 열심히 하더니 얼마 되지 않아 목회를 등한시하기 시작했다. 사역을 열심히 하지 않아도 꾸준히 사례비가 지급되었기 때문이다. 그래서 그 교단은 작은 교회들을 정리하고 웬만한 사이즈의 교회의 사역자만 지원하는 것으로 정책을 바꿨다. 그랬더니 이번에는 그 기준만 유지하면서 열심히 하지 않는 사역자들이 생겨났다고 한다. 이런 상황에서 대도시에는 벌써 교회와 교인들이 감소하고 있다. 교단에서는 목회자들의 자립심을 키우고 교회들이 자립하도록 최선의 노력을 기울이고 있는데, 이미 의존성이 많이 생긴 상황이라 원하는 진전을 이루지 못하고 있다.

B국가에서는 일부 목회자들이 외부에서 지원되는 사례비가 제때 지급되지 않으면 주일 설교를 하지 않는다고 한다. 선교 사역에서는 현지 사역자가 반드시 필요하기 때문에 후원 교회와 선교사들이 이들의 월급을 주면서 사역하도록 하는 경우가 대부분이다. 시작은 그럴지언정 결국 각 교회가 자립해 사역자의 월급을 감당하고, 이어서 선교사와 후원 교회로부터 자립하는 것이 바람직한 순서다. 하지만 외부에서 계속적인 지원을 받으면 교인들이 헌신하는 훈련도 잘 되지 않고, 사역자들은 사역보다 사례에 더 의존하는 경우가 생기게 된다.

선교지에 단기선교팀이 가거나 집회 혹은 세미나 등을 위해 외부

강사들이 가는 경우에는 현지 사역자들이 이를 돕고 선교팀이 적절한 사례를 하는 것이 일반화되어 있다. 그런데 그런 경우, 특히 적정선 이상의 금액을 받는 습관을 들인 경우에는 현지 사역자들이 물질적으로 타락하는 현상이 많아진다. 한 선교사는 외부에서 팀이 올 때마다 현지인 사역자들에게 사례를 하게 했는데, 그 액수가 현지 생활 수준에 비해 너무 높게 책정되었다. 처음에는 현지인 사역자들을 후원하는 마음으로 요구하는 만큼 사례를 했던 외부 목회자들이 이 사실을 알고 불편해지기 시작했다. 거기다 현지 사역자들이 외부 목회자들에게 직접 연락해 자기를 초청해 달라고 요청하는 일도 생겼고 거절하지 못해 초청하면 온 가족을 동반하여 큰 부담을 안겨 주기도 했다. 또 행사를 위해 현지인 교회에서 에어컨을 사기로 했다고 하면서 에어컨 값을 넌지시 요구하기도 했다. 주최 측에서 에어컨 값을 주지 않자 현지 선교사는 현지 교회에 에어컨 사용료와 전기세를 달라고 요청했고, 심지어 한 현지인 사역자는 자기 아들의 수술비를 요청하며 무직징 청구서를 보내기도 했다. 선교사도, 외부 팀들도 현지 사역자를 돕겠다는 마음으로 한 행동이 오히려 현지인들의 부패와 타락으로 이어질 수 있음을 주의해야 한다. 한 선교사는 "현지 교회들이 달라는 대로 주었더니 모두 6개월 만에 죽더라"는 자신의 직접 경험을 예로 들면서 물질 후원이 오히려 현지인들을 망칠 수 있음을 강하게 경고했다. 사역은 목회자들이 마땅히 해야 할 사명이고, 선교는 외부팀과 현지인들이 함께 이루어야 하는 사명이다. 이 귀한 사명이 대가를 받아야만 하는 일로 전락되고 있음은 안타까운 일이다.

이러한 의존성의 문제는 신학교 안에도 존재한다. 한 교단에서 어떤 나라의 수도에 신학교를 세우고 건물과 교수, 학교 운영 등 모든 것을 지원하며 학생들에게는 등록금과 숙식은 물론 용돈까지 제공했다.

수업은 여러 나라의 유수한 신학교 교수들이 가서 직접 강의하게 하고, 강사료와 여행 경비도 모두 지원했다. 여러 해에 걸쳐 수십억을 투자했는데 신학생은 점점 줄어들어 결국 일곱 명밖에 남지 않았다는 사실을 알게 된 그 교단은 큰 충격을 받았다. 자세히 조사해 보니 신학생만 없는 것이 아니라 목회자도 모자라, 은퇴해야 하는 목회자들이 계속 목회를 하고 있고 다른 교단의 목회자들을 빌려오고 있는 상황이었다. 그토록 엄청난 지원을 해온 학교와 선교지의 처참한 현실을 보고 교단은 경악을 금치 못했다. 외부의 후원에만 의존하던 신학교는 신학생과 목회자의 감소를 낳았고 나아가 교인들의 감소로 이어졌다. 교회들이 부흥하고 성장하지 않는 상황은 거꾸로 신학생과 목회자의 감소를 더욱 가속화시켰다. 더 안타까운 현실은 보고에만 의존하는 후원 교회나 단체들이 이런 실상을 제대로 모르고 후원을 계속하여 악순환이 계속되었다는 점이다.

신학교뿐 아니라 일반 학교도 외부에서 전액을 지원하면 처음에는 잘되지만 얼마 가지 않아 선생도, 학생도 최선을 다하지 않게 된다. 아무 비용도 내지 않고 공부하는 학생들은 열심히 공부하지도 않고 쉽게 그만두며 '헌신'하는 것을 배우지 못해 목회도 직업으로 생각하여 제대로 하지 못하는 경우들이 많이 보인다. 외국에서 유학하는 학생들의 경우도 마찬가지다. 전액 장학금과 용돈까지 주는 경우와 자신들이 일부를 감당하는 경우는 종종 차이가 난다. 대체로 후자가 졸업율이 높고 성적도 좋은 데 반해 전자는 어려운 일이 생기면 쉽게 포기하거나 학교로부터 점점 더 많은 도움을 기대하고 심지어는 본국에 돈을 보내 땅과 집을 사는 경우도 보았다. 이런 학생들은 본국으로 돌아가 학교를 세우거나 목회를 하는 경우에도 외부의 후원을 당연하게 기대하고 외부의 후원 없이는 아무것도 하려고 하지 않는다. 그리고 이러한 의존성을 다른 현지인들에게까지 퍼지게 한다.

의존성은 물질적인 후원뿐만 아니라 집회, 여름 성경학교 등 프로그램 차원에서도 나타난다. 주최 측에서 집회나 프로그램 등을 전부 맡아서 하면 현지인들은 점점 뒤로 빠지고, 외부에서 해주는 것에만 의존하게 된다는 말이다. 현지에도 좋은 강사들이 있고 또 이를 통해 현지 리더들이 계속 길러져야 하는데, 자신들은 할 수 없다고 생각하고 시도도 하지 않는 것은 큰 문제다. 여름 성경학교도 외부에서 잘 준비해 와서 너무 잘하면 아이들은 현지 선생들에 대해 불만을 갖게 되고, 그로 인해 현지 선생들은 잘하고자 하는 의지를 잃어버리는 경우도 있다고 한다.

한번은 아시아의 한 나라에서 현지 여성들을 위한 수양회를 개최한 적이 있다. 주최 측은 그동안의 고생을 잊고 잠시라도 좋은 시간을 가졌으면 하는 바람에 비싼 리조트에 훌륭한 음식까지 준비했다고 한다. 수양회가 끝나고 주최 측은 흐뭇해하며 돌아갔는데, 집으로 돌아간 현지인 참석자들 중에는 "그렇게 좋은 세상도 있는데 나는 왜 이렇게 고생하며 살아야 하나?"라며 허탈감에 빠진 사람들이 있었다고 한다. 그래서 현지 목회자들이 그 마음을 회복시키느라 오히려 힘들었다는 이야기를 들었다.

또 아프리카의 식량난을 궁극적으로 해결하기 위해 몇몇 교회에서 트랙터를 구입해 선교지로 보낸 적이 있다. 몇 년 후, 트랙터를 받은 선교지에 방문해 보니 밭 가운데에서 트랙터가 고철이 되어 가고 있었다. 현지인들의 능력으로는 트랙터의 기름값을 감당하기 어려웠을 뿐만 아니라 정비 방법을 몰라 고장이 나면 수리할 방법이 없었기 때문이다. 트랙터를 보낸 교회들은 정말 어렵게 헌금해서 사주었는데, 현지인들은 고장난 트랙터가 밭 한가운데 있어 오히려 농사에 방해가 된다고 말해 속상해하는 교회들이 있었다.

물론 모든 선교 사역들이 부정적인 결과를 낳았다는 것은 아니다. 선하고 아름다운 열매들을 많이 맺었지만, 좋은 약도 오래 쓰면 내성과 부작용이 생기듯이 선교지에도 우리가 원치 않았던 문제와 부작용들이 생겼다. 만약 우리가 이것을 모른 채 계속 선교를 이어나간다면 우리가 처음 지녔던 목적이나 비전이 상실되고 하나님께서 원하시지 않는 결과로 이어질 수도 있다는 점을 명심해야 한다.

선교사에 대하여

우리는 현지인뿐 아니라 다른 나라에서 온 선교사들에게까지 존경받고 모두에게 본이 되는 한국 선교사들을 많이 만났다. 현지인들의 입을 통해 그들에 대한 칭찬과 감사를 전해 들으면서 우리는 하나님께 감사했다. 현지의 사역에만 치중하느라 외부에 거의 알려지지 않은 선교사들도 있었고, 거대한 업적을 남기지는 않았지만 현지인들을 사랑으로 돌보며 가족처럼 지내는 선교사들도 있었다. 행여 물질에 현혹될까 봐 두려워 후원금을 모금하러 다니지 않고 하나님께서 채워 주실 거라는 믿음으로 살아가는 선교사들, 선교사로서의 본질에 치중하는 것에서 벗어날까 봐 외부 팀들의 '안내'도 맡지 않는 선교사들 등 각양각색의 선교사들을 만났다.

또 공식 선교사는 아니지만, 세계 각 지역에 흩어져 있는 한인 교포들에 의한 사역도 좋은 평가를 받고 있다. 현재 세계 대부분의 나라에 한국 사람들이 살고 있는데, 중국 사람이 모이면 식당을 열고 일본 사람이 모이면 사업을 시작하고 한국 사람이 모이면 교회를 시작한다는 말이 있듯 한국 사람들이 거주하는 곳에 대부분 한인 교회가 함께 존재한다. 미국 내의 한인 교회들은 대부분이 해외 선교에 적극적으로 참여하고 있으며 선교지에 있는 많은 한인 교회들도 어려운 상황임에도 놀라운 선교를 펼치고 있다. 이들은 현지 문화와 언어에 이미 적응해 있기 때문에 일반 선교사들이나 단기선교팀이 이룰 수 없는 사역들도 감당할 수 있다. R국의 수도에 있는 한인 교회는 직장이나 학업의 이유로 그 나라에 거주하는 한인들과 현지 한인 후예들이 함께 신앙생활하면서 오랫동안 선교에 중요한 역할을 하고 있다. 또 A국의 수도에 있는 한인 교회 교인들은 교회 재정을 전혀 사용하지 않고 자비량으로 먼 곳까지 가서 정기적으로 열심히 선교하고 있는 것을 보았다.

한국 선교사들의 헌신과 열정은 전 세계적으로 잘 알려져 있으며 많은 사람들에게 귀감이 되고 있다. 그들의 기도와 영성생활은 현지인들의 신앙생활과 영적 성숙에 좋은 본이 되고 있으며, 뛰어난 생존력과 위기 대처 능력으로도 높은 평가를 받고 있다. 그리고 선교사들이 펼치는 학교, 병원, 고아원 등의 사회 복지 사업에 대해서도 많은 사람들이 감사해하고 있다. 현지인들은 한때 선교의 대상이었던 한국 교회가 이렇게 많은 선교사들을 파송하고 선교에 헌신하는 것을 귀하게 여기고 있다. 그리고 비교적 근래에 부흥, 성장한 경험이 있는 한국 교회에서 온 선교사들에게서 배울 것이 많다고 말한다. 게다가 한국은 서구의 강대국들과 달리 아시아 대부분의 나라를 침략하거나 식민지화했던 역사가 없어서 서구 선교사들에 비해 현지인들이 부정적인 선입견과 경계 없이 대할 수 있어서 좋다고 한다.

그러나 한국 교회의 괄목할 만한 선교 사역에도 불구하고 부정적인 평가가 없지 않다. 여기서는 현지인들이 바라보는 선교사들의 성품과 역량에 대한 비판적 평가들을 중점적으로 살펴볼 것이다. 여기서 언급되는 현지인들의 평가가 물론 모든 선교사들에게 해당되는 것은 아니지만, 개선점을 찾기 위해 귀담아 듣고 진지하게 점검해 볼 필요가 있을 것이다. 특별히 선교 지망생들이 자신의 동기와 자질을 잘 분별하고 준비해 시행착오를 줄이는 데 도움이 될 것으로 기대한다. 더불어 파송 교회나 교단에서 선교사를 선발하고 평가, 후원할 때 이를 참고할 수 있기를 바란다.

성품에 대하여

부정직하고 책임감 없는 선교사들 |　선교사에 대한 현지인들의 평가 중에는 "부정", "부패", "재정을 투명하게 사용하지 않음", "부적절하게 사용함", "후원금 받으려고 교인도 없는데 교회 건축부터 함" 등 선교사의 정직성에 대한 언급들이 많았고 "고비용 선교", "재정을 이용하여 현지 교회를 조종하려 한다"는 등 재정 오용에 대한 비난도 있었다. 후원 교회 목회자들 중에서도 "길게 파트너십을 가지고 싶은데, 그럴 수 있는 선교사를 찾기가 쉽지 않다"고 토로하는 목소리가 있었다. 선교 후원금을 "당연히 받아야 하는" 것으로 생각하거나 "지원받은 부분에 대한 책임을 등한시하는" 경우 때문에 생긴 선교사들에 대한 불신과 불만도 발견되었다. 이 문제는 재정뿐 아니라 현지인들이나 후원 교회와의 약속에 대한 책임과도 연결된다. 특히 현지인들에게서 "선교사가 우리들을 속이려 한다"는 표현이 나올 정도로 현지인들이 선교사들을 신뢰하지 못하는 곳에서는 선교 활동도 원활할 수 없었다. 선교사들의 인품과 정직성에 대해서는 현지인과 후원 교회뿐 아니라 동료 선교사들도 많은 우려를 표했다. C국에서 크게 활약하고 있는 한 선교사는 "이 나라의 공안도 이런 문제를 알고 '한국 선교사들 중 3분의 1 정도만 자격 있다'고 말한다"고 전한다.

　물론 오해에 의한 경우도 많으리라고 짐작된다. 특히 후원 교회와 현지인들 중간에 있는 선교사들로서는 그 어느 한쪽이 약속을 지키지 않으면 다른 쪽에 대한 자신의 신뢰에 문제가 생기기 마련이다. P 선교지에서 우리의 통역을 맡아 준 한 선교사의 딸에게서 전해들은 경우가 그렇다.

"전에는 목사님들이 방문해서 이 땅을 사주겠다, 이 건물을 사주 겠다고 할 때 그대로 통역했다. 그런데 그분들이 사주지 않으면 현지 인들은 선교사가 받고서 말을 안 하는 것으로 오해를 하더라. 그래서 이제는 누가 뭘 사주겠다고 해도 '기도해 보겠다'로 통역한다."

이처럼 선교사가 중간에서 억울한 누명을 쓰는 경우도 많을 것이 다. 그러나 모두가 오해라고 하기에는 드러난 재정 사고들이 너무 많 고, 터지지 않았어도 모두가 알고 있는 경우도 있어 선교사의 정직성 에 관련해서는 특별한 주의와 경계가 필요하다.

현지인들을 대할 때 교만하고 독선적인 선교사들 | '선교사들이 현지 인들을 대하는 태도' 항목에서는 "자기만 모든 것을 다 안다는 교만 함", "무시", "독선", "협력하려 하지 않고 개인 중심으로 활동함", "이기 주의", "편협함", "낮은 포용력", "가르치려고만 하고 배우려 하지 않음", "실수를 인정하지 않음", "기다려 주지 않음", "인내하지 않음", "불신" 등 비판적인 평가들이 많이 나왔다. 현지인들을 향한 교만하고 독선적인 태도는 선교지에서의 관계 형성에 큰 장애물이 되고 있다. 한 현지인 은 "우리를 위해 이곳에 왔다고 하면서 우리를 믿지 않으면 우리가 어 떻게 선교사를 믿느냐? 그런 상태에서 어떻게 선교가 이루어질 수 있 느냐?"고 날카롭게 비판했다. 후원 교회들도 선교사들이 현지인을 대 하는 태도에 대해 우려를 표명하는 것을 보면 현지인들만의 일방적인 평가는 아닌 것으로 보인다.

자기들끼리 경쟁하고 분열하는 선교사들 | 시기심과 비교의식으로 한국 선교사들 사이에 일어난 분열과 경쟁도 문제다. 한국 선교사들

중에는 현지인들에게 자신 외에 다른 선교사들과는 관계를 맺지 못하게 하는 사람들이 많다고 한다. 훌륭한 강사나 좋은 프로그램이 외부에서 들어올 때 현지인들은 그곳에 가고 싶은데 자기 프로그램이 아니면 못 가게 한다는 것이다. 그래서 현지인들은 "한국 선교사들의 시기심과 비교의식이 한국 선교사들뿐만 아니라 우리들까지 분열시킨다"고 말한다. 다른 나라 선교사들과 한국 선교사들을 비교해 봐도 한국 선교사들은 특히 서로 협력하지 못하는 게 문제라고 지적했다. 이 부분은 현지인뿐 아니라 선교사들 그리고 후원 교회에서도 상당히 동의하고 있다. I국의 현지인 신학교 교수는 "한국 선교사들이 저마다 신학교를 따로 세워 재정과 노력을 낭비한다"고 지적한다. 조금 과장이 있기는 하지만 여러 선교지에 한국 선교사가 운영하는 신학교들이 한 지역에 한 개 이상 만들어져 있는 것은 사실이다. 경쟁하는 선교사들은 중복 투자와 고비용 선교를 감당해 내야 하고, 결국 그 부담은 후원 교회에 안겨지거나 선교사의 후원금 남용으로 이어지곤 한다. 현지의 협력 사역이나 팀 사역에도 큰 장애물이 되는 것은 물론이다.

'선교지'라는 힘들고 특수한 상황에서 사역하다 보면 본래 좋았던 성품도 변하게 되는 경우를 쉽게 발견할 수 있다. 그렇기 때문에 선교사 선발 시 선교사 지망생의 성품을 주의 깊게 살펴봐야 하고 이를 유지하기 위해 선교사도 후원 교회도 모두 특별한 노력을 기울여야 한다. "선교사가 되기 전에 먼저 사람이 되어야 한다"는 지적은 선교사뿐 아니라 후원 교회를 비롯하여 우리 모두가 귀 기울여야 한다.

역량에 대하여

선교사들 스스로 답변한 현실적인 어려움들은 다음과 같이 정리된다.

— 신학 교육이나 전문성에 대한 교육의 기회가 없거나 적다.
— 선교사들의 영적, 육체적 탈진과 건강 악화.
— 의료보험, 자녀 교육 문제와 은퇴 후의 생활에 대한 제도가 없거나 부족하다.

세 번째는 생활 대책에 대한 문제이고 처음 두 가지는 역량과 관계된 문제들이다. 우선 이 두 가지 주제를 살펴보자.

사전 훈련과 연장 교육의 부재 | 대부분의 선교사들은 현지에 대해 충분한 연구나 교육을 받지 못한 채 현장에 투입된다. 당장 시급한 사역들을 처리하거나 후원 교회로부터의 요구와 기대에 부응하다 보면 현장을 제대로 이해하지 못한 채 사역을 계속하게 되는 것이 부지기수다. 심지어 사역하느라 정신없어 현지어를 제대로 공부하지 못한 선교사들도 많다. 이에 대해 현지인들은 "선교사들이 자신들의 역사, 문화, 전통, 관습 등에 대해 배우려 하지 않고 무조건 자기들이 하고 싶은 이야기만 한다"며 현지 언어를 배우지 않고 늘 통역에만 의존하는 선교사들에 대해 불만을 토로했다. 자기들은 배우려 하지 않으면서 현지인들에게는 한국에 대해 알고, 한글 배우기를 강요한다고 언급하기도 했다. 선교사들이 선교의 한계에 도달하는 이유 중 하나가 바로 현지에 대한 충분한 이해와 언어가 준비되지 않은 채로 사역에 뛰어들기 때문이다.

또 선교사로서 필요한 훈련과 전문성의 부족도 나타난다. 한 예로 대부분의 선교사들이 소통의 방법에 대해, 특히 타문화 사람들과의 소통에 대한 훈련을 받지 않고 선교지에 오다 보니 "와서 상처를 주다가 상처를 받고 떠나는" 경우들이 많다고 한다. 같은 문화권의 사람들 사이에도 심지어 함께 사는 부부 사이에도 소통이 제대로 이루어지지 않으면 갈등과 상처가 생기기 마련이다. 하물며 생전 처음 보는 타 문화권 사람들과의 소통에 대한 훈련은 선교사들에게 필수적이라고 할 수 있다. 선교사들이 '현지에 대한 충분한 자료 없이' 적절한 장기 계획과 체계적인 선교 전략을 세우지 못한 채 겪는 시행착오는 훈련의 부족으로 오는 결과다. 선교사들이 자원과 시간, 노력의 낭비가 많다는 지적도 훈련의 부족으로 오는 결과라 볼 수 있다.

현지인들은 현지 상황과 시대에 맞는 예배와 전도, 성경 교육, 교회 운영을 위한 '지속적인 연장 교육'의 부재로 인해 선교사들에 의한 예배와 전도가 "지루하다"고 표현한다. 선교사가 모든 것을 다 알고 선교를 시작할 수 없을 뿐 아니라 현장과 시대도 변화를 요구하는 현실이기 때문에 선교사들의 역량 부족을 지속적으로 보강할 방법들이 시급히 마련되어야 한다. 이 외에 "너무 바쁘다", "자기 나라에 살면서 선교지에는 필요할 때만 나타난다", "선교사들 대부분이 대도시에만 거주하려 한다", "서구만큼 제국적이다"라는 평가들도 우리가 알고 있어야 할 부분이다.

영적·심리적·육체적 탈진 | 　　탈진으로 인해 자신들의 역량을 충분히 발휘하지 못하는 선교사들이 증가하고 있다. 특히 오래전에 나간 선교사들의 탈진 현상이 심각하다. 현지의 물에 있는 석회질 때문에 치아가 모두 망가진 선교사들도 보았고, 당뇨, 고혈압, 간질환 등은 대부분의 선교사와 그의 가족들이 가지고 있다. 풍토병에 걸리기도 십상이고 일단 걸리면 현지에서도, 본국에서도 치료하기가 어렵다. 게다가 후원자들과 멀리 떨어져 혼자 영적인 싸움을 하다 보면 영적으로

도 지치고 심리적으로도 지쳐 "아무개 선교사가 전에는 그렇지 않았는데 이상해졌다"라는 말을 듣는 경우가 많다. "선교사들은 병들고 있습니다"라는 한 선교사의 고백은 여러 선교사들의 상태를 잘 대변해준다. 평신도로 있다가 선교사가 된 한 권사님은 이렇게 말했다.

"내가 평신도로 있을 때에는 왜 담임목사님들이 안식년을 달라고 하는지 이해가 되지 않았는데, 내가 6년 동안 선교하고 나니 그 말이 너무나 잘 이해된다. 정말 죽을 것같이 힘들다."

이러한 상황에서 선교 목적에 대한 혼란이 쉽게 생기고, 그 혼란이 상황을 더욱 나쁘게 만든다. "(선교사들이) 하나님의 교회를 세우려 하지 않고, 선교사의 교회를 세우려 한다", "선교가 개인 삶의 수단으로 전락했다"는 지적들이 이런 문제의 심각성을 잘 나타내고 있다. 무엇을 위해 선교해야 하는지, 누구를 위한 선교인지가 혼동되면 여러 가지 문제들이 생길 수밖에 없고, 방향을 잃고 표류하게 되거나 궁극적으로 도달해야 하는 목표와 점점 더 멀어지게 된다. 선교사들은 신학생 때에 혹은 선교사 훈련을 받을 때 선교 목적에 대해 배우게 된다. 하지만 선교 현장에서 온몸으로 뛰고 부딪치면서 후원 교회들의 요구와 기대에 부응하다 보면 처음 설정했던 방향에서 벗어나기 쉽고, 벗어난 것도 인식하지 못하는 채 산더미 같은 사역에 파묻혀 허덕이게 된다. 이러다 보니 정작 관심을 가져야 하는 방향에는 주의를 기울이지 못하고, 속도만 높이려고 전전긍긍하는 현상을 종종 발견할 수 있다.

당면 이슈와 미래의 소망에 대하여

후원 교회들이 선교에 참여한 이유는 두 가지로 보인다. 첫째는 선교가 예수의 마지막 부탁이자 온 인류를 구원하는 하나님의 의지이기 때문이고, 둘째는 선교하면서 은혜 받고, 감동받고, 기쁨이 있고, 보람이 있기 때문이다. 그런데 두 번째 동기가 점점 사라지는 것이 문제다. 오랫동안 선교에 열정적으로 앞장서 가던 교회들이 근래 와서는 "언제까지 같은 일을 반복해야 하나?", "아무리 해도 선교지에 별 변화가 안 보인다", "끝이 보이지 않는다", "선교에 대한 교인들의 열정이 식어간다" 등의 어려움을 호소한다. 선교는 예수의 지상 명령인데 그만둘 수도 없고, 앞으로 어떻게 해야 할지 고민이라는 것이다. 온 인류의 구원은 아직 성취되지 않았으므로 우리의 사명이 없어진 것은 아닌데 감동과 성취감이 예전 같지 않아 후원 교회들은 답답해하고 있다. 그동안 정신없이 달려왔던 선교 사역을 다시 한 번 되짚어 보며 방향 전환을 모색해야 할 때다.

선교지에 대해 많은 성도와 교회들이 갖는 기대는 '현지인 교회의 자립과 부흥' 그리고 '영적 건강'으로 정리된다. 선교의 참된 지향은 현지인들이 한 사람 한 사람 그리스도의 제자가 되어 사회에 좋은 본이 되고 그로 인해 불신자들도 구원받으며 사회도 변화되는 느리고 긴 여정일 것이다. 그러나 지금까지 살펴보았듯 그동안 한국 교회의 선교는 가시적이고 단기적인 열매에 더 치중해 왔다. 선교지의 지도자와 성도들은 사역에서 배제되며 자존감을 잃어가고 교회는 외부의 도움에 의존하게 되었다. 한편 선교사들도 그동안 자신을 돌보지 않는 헌신으로 혼신의 힘을 다 쏟은 결과 많은 업적들과 함께 탈진과 부패와 타락, 중도 철수까지 경험하고 있다. 게다가 그동안 필요한 물질과 자원을 스스로 감당하는 것을 배우지 못한 선교사와 현지인들은 사역을 그만두거나 재정을 오용, 남용하게 되어 갖가지 재정 사고들이 늘어나고 있다. 수십 년의 장기 사역 후에도 현지인들은 아직도 선교사에 의존하고 있고, 선교사는 후원 교회에 의존한다. 끝을 모르는 요구와 기대에 지친 후원 교회들마저 후원을 중단하거나 선교사를 철수시키기도 하여 선교사들을 당황하게 만드는 사례가 늘어나고 있다. 약속되었던 후원이 중단되면 선교사는 현지인들과의 약속을 이행할 수 없게 되고, 실망한 현지인들에 의해 그동안 천신만고 끝에 쌓았던 신뢰를 잃어버리면서 선교의 기반이 흔들리게 된다. 이런 상황에서 현지인들에게 선교사와 후원 교회에 대한 불신과 불만이 쌓여 그동안 쌓은 관계에 타격을 입고 있다.

이렇게 되면 우리는 귀한 선교사들을 잃게 되고, 애써 양성한 소수의 현지인 지도자와 사역자들도 잃게 된다. 더 안타까운 것은 이러한 '사고'들을 보는 현지의 비기독교인들이 기독교에 대해 실망하고 부정적 견해를 갖게 되는 것이다. 본이 되어야 할 선교사와 현지 교회들이 사회에서 지탄의 대상이 되면 선교 사역은 당연히 더 어려워지게 된다. 이미 한국 선교의 위기라는 말이 나올 정도로 지금 심각한 상황에 놓여 있다.

많은 후원 교회, 선교사들이 묻는다. "이제 어떻게 해야 하나?" 우리는 그 답을 선교 현장에서 찾아보려 한다. 가장 중요한 것은 '현지인들과 현지 교회의 소망이 어디에 있는가'이다. 선교는 궁극적으로 그들 속에 준비된 하나님의 소망을 발현시키는 일이고 선교사와 후원 교회가 할 수 있는 것은 이를 돕는 역할이 전부이기 때문이다.

이에 우리는 현지인들에게 "10년 후 무엇을 보기를 원하는가?" 또 "30년 후 무엇을 보기를 기대하는가?" 하고 물어보았다. 마찬가지로 현지에 있는 선교사들에게도 "각각 10년 후와 100년 후 선교지에 어떤 결과가 나타나기를 기대하는가?" 하고 물어보았다. 그 답을 비교한 결과 현지인들과 선교사들의 대답이 대동소이했고, 기간의 차이에 대한 상이점도 없다는 점이 드러났다. 이 꿈들을 이루기 위해 현지인들이 해야 할 일은 무엇이고, 선교사들에게서는 무엇을 기대하는지, 신학자들이 해야 할 일은 무엇인지, 후원 교회의 역할은 무엇이라고 생각하는지, 그리고 놓치지 말아야 하는 점은 무엇이라 생각하는지도 물어보았다.

현지인과 선교사들의 소망은 크게 세 가지 카테고리로 묶을 수 있었다. 가급적 그들의 표현을 그대로 인용하여 요약하면 다음과 같다.

자립하는 건강한 교회 | 　　현지인들은 "선교사 없이도 자생하는 교회"를 원하고 있고, 선교사들은 "스스로 양성한 사역자들에 의한 목회"에 대한 꿈을 갖고 있다. 이를 위해 "성경을 올바로 배워서 다른 이들을 양육"하고, "어린이와 젊은이 사역에 집중하여 인재를 개발"하고, "스스로 사역을 전담"하고, "하나가 되어", "반석 위에 굳게" 서기를 원하며, 한걸음 더 나아가 "외국에 선교사를 파송하고 후원하는, 선교하는 교회"가 되기를 희망한다.

사회에 본이 되고, 영향을 주는 교회 | 　　우선 기독교가 사회에서 비난이나 오해를 받지 않게 되어 "소외나 박해를 받지 않고 당당히" 믿음 생활을 할 수 있기를 바라며, "예수의 제자"가 되어 "세상에 본이

되는 교회"가 되기를 원한다. 그리고 교회들이 성장하여 "사회 정의를 이끌기"를 바라며, "교회가 국가의 소망이요, 인류 구원을 위한 등대가 되어야" 한다고 생각한다. 아직 충분히 성장하거나 신앙적으로 성숙할 만한 시간을 갖지 못한 교회들이 대부분임에도 현지인들은 자립하는 교회로 만족하지 않았다. 더 나아가 "모든 사람을 위한 정의와 평화를 구현"하기를 소망했으며, "한국 교회처럼 선교하는 교회가 되기를" 원한다.

협력 선교 | 자립하는 교회, 선교하는 교회, 사회에 영향을 끼치는 교회를 이루기 위하여 현지인들은 선교사, 후원 교회들과 협력하기를 원한다. 협력 선교에 대한 열망은 선교사들이나 현지인들에게 동일하게 나타났지만 특히 현지인들에게서 두드러지게 나타났다. 현지인들은 "선교사들과 협력하고, 배우고, 가르치는 교회"가 되기를 원하는 한편, 선교사가 "다리가 되어" 후원 교회를 비롯한 외부와 연결시켜 주어 자신들의 꿈을 이룰 수 있기를 바란다. 이 과정에서 그들도 "선교사를 돕기" 원하며, 선교사들이 "가능성 있는 (현지인) 지도자들을 선교 현장으로 데리고 나가 훈련"시켜 자신들의 책임을 잘 감당할 수 있게 도와주기를 기대한다. "진정으로 이 땅에 무엇이 필요한지 함께 고민하고 뛰면서" "모든 사람을 위한" 교회가 되기를 그들은 소망한다.

선교사와 후원 교회들이 어떻게 하면 이러한 소망들이 이루어지도록 도와, 진정 "선교지와 현지인들에게 도움이 되는 선교"를 "함께" 이룰 수 있을까? 어떻게 하면 선교의 위기를 갱신의 기회로 삼을 수 있을까? 그동안 우리들의 선교가 좋은 결과도 많이 냈지만, 이제 부작용도 많이 생기고 있으니 변화를 추구해야 한다. 다음 장은 무엇을 다르게 해야 할지에 대해, 그다음 장은 이런 변화를 가져오려면 누가 변화하는지에 대해 언급하고자 한다.

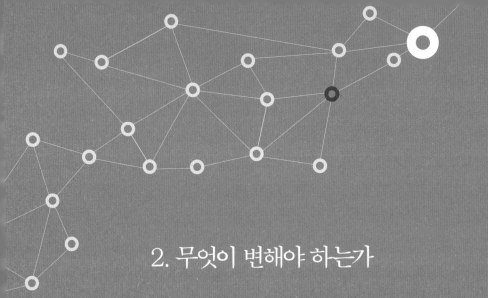

2. 무엇이 변해야 하는가

자립하여 성숙해 가는
현지 교회를 위하여

근본적인 변화의 물꼬는 후원 교회와 선교사 중심의 선교에서 현지인 중심의 선교로 시선을 바꾸는 데서 시작될 것이다. 후원 교회 목회자와 선교부장 등 선교 프로젝트에 대해 결정권을 가진 이들은 흔히 "우리 교인들에게 은혜가 되어야 해", "감동받을 수 있어야 해", "보람이 있어야지…"라고 선교지에 주문한다. 이런 조건을 충족시켜 주면서 선교지에도 도움이 되면 금상첨화지만, 만일 둘 중 하나를 선택해야 한다면 은혜와 감동 쪽이 우선권을 차지하는 경우가 많다. 선교사들의 입장에서도 자신의 실적이 중요하다. 실적이 있어야 후원받기 쉽고, 실적이 없으면 파송 교회에서 내쳐지기 때문이다. 물론 이런 입장을 충분히 이해한다. 그러나 이제 우리 한국 교회의 선교는 한 단계 성숙할 때가 되었다. 어린아이 때에는 무조건 자기가 좋아하는 것만 하려고 한다. 그러나 아이가 성장하면 옳고 그름의 문제를 생각하게 되고, 싫더라도 옳은 것을 선택할 수 있게 된다. 후원 교회들도 '선교의 본래 목적은 선교지의 부흥에 있다'는 것을 다시 한 번 자각하고 자신들의 은혜와 감동보다 선교지에 도움이 되는 선교로 업그레이드될 수 있어야 하는 것이다. 선교지의 소망이 선교의 목표가 되어야 하고, 그들에게 도움이 되는지가 모든 결정의 기준이어야 한다. 나는 이번 장에서 '그들이 간절히 바라는 것을 이루도록 어떻게 도와줄 수 있는가'에 대해 네 가지 제안을 펼쳐 보이려 한다.

한국 교회는 1890년 한국을 방문한 네비우스 선교사로부터 '자전'(스스로 전도하고), '자급'(스스로 재정을 감당하고), '자치'(스스로 치리한다)의 원칙을 전해 받고 이런 방침에 따라 복음을 받아들였다. 이덕주 교수에 의하면 당시 한국 선교사들은 모두 이 원칙을 적극적으로 받아들였고 이로 인해 한국 교회는 스스로 전도하고 자립하며 자치하는 교회가 되었으며 좋은 지도자들도 많이 양성되었다. 덕분에 1920년대 미국의 경제공황과 1940년 선교사들의 강제 귀국, 그리고 1960년대 후반 선교사 철수로 외부 선교 지원이 약화된 상황에서도 한국 교회는 위축되지 않고 부흥, 성장할 수 있었다. 그는 한국과 중국과 일본의 선교를 비교하면서 한국이 가장 가난했지만 이러한 자립 정책 때문에 한국 교회가 가장 빨리 성장할 수 있었다고 말했다.

장신대 변창욱 교수도 한국 교회의 부흥과 성장이 선교사들의 자립 원칙 덕분이었음을 강조하면서 미국 북장로교 선교부의 한국 초기 선교 정책을 예로 들었다.

— 미국 북장로교는 한국의 교회 건축에 대해 외국 선교비를 쓰지 않고 한국 교인들 스스로의 헌금으로만 세우게 하는 완전 자립을 원칙으로 했다. 예외적인 경우에는 보조하지만 지원 액수가 건축비의 3분의 1을 넘지 않도록 했으며, 신학교의 경우 숙식은 각자 부담하게 하고 찬송가, 성경과 전도용 책자도 생산비의 3분의 1 이상에 판매하고, 의료 사업의 경우도 본인이 작은 진료비라도 내게 했다.[3]

의존성은 어느 나라, 어느 민족에게나 생길 수 있고, 어떤 선교사에 의해서나 생길 수 있다. 한국 교회만 겪는 문제가 아니라 선교에 참여하는 국가마다 고민하고 있는 중요한 주제다. 선교지에 가장 심각한 의존성의 문제는 지금 이 순간에도 바이러스처럼 곳곳에 퍼져 가고 있다. 한 단체에서 10여 명의 목회자들이 C국의 한 도시를 방문하기로 했다. 목적은 현지의 목회자들과 만나 서로 중요 이슈들을 발표하고 대화하여 함께 성장하기 위한 것이었다. 이것이 가능하다고 본 것은 이 나라, 또 이 도시에 오랫동안 수많은 선교사와 선교 사역들이 진행되어 왔기 때문이다. 그런 짐작이 맞았다고 여겨진 것은 경비 문제를 의논할 때, 현지 지도자들이 "우리가 감당하겠으니 손님으로 오십시오. 원하시면 일정 부분만 감당하시면 됩니다"라고 하는 말을 들었기 때문이다. 그래서 프로젝을 하기로 결정하고, 이쪽에서는 자신들의 경비보다 넉넉한 비용을 내겠다고 기쁨으로 제시하였더니, 저쪽에서는 그보다 두 배를 주어야 한다는 답이 돌아왔다. 상식적으로 이해가 되지 않는 답이었고, 돈으로 하는 선교는 절대 하지 않겠다는 단체의 원칙에 위배되어 여러 경로로 의논을 해보았지만, "정 그런 식으로 한다면 이번 한 번은 하겠지만 두 번은 안 하겠다"는 답이 돌아왔다. 취소하자니 관계가 깨지게 생겼고, 그대로 할 수는 없어 고민하는 상황에서 한 목회자가 이렇게 말했다. "이것이 그동안 우리가 돈을 싸다 준 결과입니다. 우리가 우리 발등을 찍은 거지요." 이처럼 이 병에는 한 번 걸리면 치유가 어렵기 때문에 처음 선교가 시작될 때부터 현지인들이 스스로 사역을 할 수 있도록 도와주는 방식을 택해야 한다. 선교 초기부터 자립을 이루어 전 세계를 놀래킬 정도로 부흥과 성장을 해온 한국 교회가 자신의 경험을 철저하게 기억하고 반성한다면 선교지의 뿌리 깊은 의존성 문제도 현명하게 극복할 수 있을 것이다.

네비우스 선교 원칙

한국 교회 자립 정책의 근본이었던 네비우스 원칙에 대해 잠시 살펴보자. 네비우스 원칙은 문화혁명 당시 기독교를 탄압했던 중국에서 '삼자원칙'이라는 이름으로 실행하고 있기 때문에 다소 부정적으로 인식되는 측면이 있다. 하지만 네비우스 원칙은 본디 선교를 위해 만들어진 것이었고, 특히 한국 교회 초기 선교에는 큰 도움이 된 원칙이다. 이 원칙은 1854년 중국에 선교사로 파송되었던 네비우스(John Nevius, 1829-1893)가 중국에서 직접 사용하면서 보완해 나가다가 1890년 안식년을 얻어 본국에 가던 중 한국에 들러 한국 선교사들에게 전해 주었다.

네비우스 원칙이 한국 교회에 끼친 영향은 국내와 국외에서 모두 언급되고 있다. 앞에 언급한 이덕주 교수, 변창욱 교수 외에도《한국기독교의 역사 I》에서는 선교의 자립성에 대한 영향에 대해 이렇게 기록하고 있다.

— 하나님의 말씀을 터로 하여 자급 자치의 원리 밑에 희생과 봉사를 내용으로 하는 고도의 기독교 윤리를 실천하는 데서 오늘의 큰 성과를 얻은 면도 있고, 교인들에게 자립 정신과 규칙적 헌금의 습관을 가르쳐 주었으며… 한국 교회의 발전뿐 아니라, 그 신앙의 형태라든가 교역자의 지적 수준, 교회의 조직에 대해서 커다란 영향을 주었다.[4]

1958년 브루스 헌트Bruce Hunt는《네비우스 선교 방법》번역판의 서문에서 네비우스 원칙의 영향력에 대해 이렇게 밝혔다.

— 성숙지 못하더라도 처음부터 스스로 전하고 유지하며 관리해 나가도록 했을 때 지난 40년 동안 그 유익이 강력하게 본국에 미쳤다… 선교사업은 선교사들이 갑자기 돌아갔음에도 불구하고 그와 같이 자립적인 방법을 통해 수행되었다.[5]

이 원칙은 그동안 여러 나라에서 사용되었고 현대에도 사용되고 있다. 아프리카 대륙 짐바브웨에서 태어나 할아버지와 아버지의 뒤를 이어 선교 사역을 펼친 후, 미국으로 돌아가 선교학 교수가 된 로버트 리즈도 네비우스 원칙을 강력하게 추천한다. 짐바브웨 및 아프리카에서 현지인들의 의존성의 심각함을 직접 보고 경험한 그는 자신의 경험과 바울의 선교를 근거로 하여 네비우스 원칙의 중요성을 강조했다. 바울이 이방인들에게 유대인의 규칙을 강요하는 대신, 각 교회가 자신들의 입장에서 이해한 복음에 따라 행정하는 자치의 방법과 현지인을 훈련시켜 전도하게 하는 자전의 방법, 그리고 지역 교회에서 헌금하여 오히려 예루살렘 교회에 보내게 하는 자급의 방식을 택했다고 설명하면서, 그는 선교지에서의 의존성을 방지하거나 극복하기 위한 방법으로 이 원칙을 적극 강조한다.[6]

이덕주 교수는 한국 교회의 자립 원칙이 한국 교회에 토착화된 대표적인 예로 '날연보Day Offering'와 '성미 제도'를 꼽는다. 날연보란 돈 대신 시간을 바치는 것으로 한국 교인들이 하나님께 바칠 날들을 정하고, 그날에는 자기 집을 떠나 불신자 마을로 가서 자기 비용을 들여 전도한 것으로 자전과 자급의 한국적 방식이었다.[7] 이 방법을 선교지에서 사용한다면 평신도들을 충분히 스스로 전도하게 할 수 있고, 동시에 목회자들의 사례에 대한 의존성도 줄일 수 있을 것이다. 나아가 이들이 다른 나라에 선교사로 가는 일도 가능하게 된다. 한 예로 필리핀 마닐라에 소재한 바울선교훈련센터에서는 한국인 선교사들을 훈련할 뿐 아니라 필리핀과 아프리카 등 여러 선교지에서 자원한 현지인 선교사들을 집중 훈련하고 있다. 나는 그들의 각오와 열정, 헌신을 보면서 한국 교회 초기의 선교사들을 떠올렸다. 한국 교회에서도 선교 초기인 1911년에 이미 손정도 목사님이 만주로 선교를 떠나는 등 선교에 대한 소명과 열정을 발견할 수 있다. 가난해서 외부에 의존할 수밖에 없다고 생각하는 현지인들에게 이러한 방법을 활용하면 자력 전도에만 도움이 되는 것이 아니라 현지인 리더십 양성과 현지 교회의 자립, 나아가 선교하는 교회로 거듭나는 데 큰 도움이 될 수 있다.

현지 교회들이 자급하지 못하는 이유 중 하나는 스스로 가난하여 아무것도 할 수 없다고 생각하기 때문이다. 더군다나 외부의 원조를 받아본 경험이 있는 곳에서는 헌금을 돈이 있는 사람들의 몫으로 여긴다. 가난하기로 말하면 조선 말기 우리나라처럼 가난한 나라도 없었을 것이다. 더군다나 당시 한국 여성들은 아무런 힘이 없었다. 성미 제도는 그런 여인들에 의해 실천되었다. 전혀 경제권을 갖지 못했던 조선 여인들의 헌신의 실천이 바로 성미였다. 돈은 없지만, 자신들의 영역이었던 밥 짓는 일에서 한 줌씩의 쌀을 따로 떼어 모아서 교회에 바쳤고, 이 쌀들이 목회자 사례로 주어졌다. 얼마나 창의적이고 놀라운 헌신인지 모른다. 이러한 자급과 헌신의 정신이 선교지에 알려지고 활용된다면 선교지의 자립에 큰 도움이 될 것이다.

그런데 네비우스 원칙을 사용할 때 잊지 말아야 할 것이 있다. 첫째는 이 원칙을 실천할 때 현지인들의 영성이 뒷받침되어야 한다는 것이다. 그 어떤 원칙이라도 현지 교회들의 영적인 성숙을 함께 이루지 못한다면 궁극적으로 실패할 수밖에 없다. 둘째는 네비우스 원칙의 단점에 대한 연구도 함께 하여 현지에 적합하게 사용해야 한다는 점이다. 이덕주 교수는 한국 교회가 교회 중심 체제를 지나치게 강조한 나머지 사회봉사나 구제사업이 약화되었고 자치 원칙이 봉건적 인습에 편승하여 교회의 민주적 운영을 저해했다고 한다.[8] 이런 점을 염두에 두고 원칙에 따라 선교지의 고유함과 독립성을 존중하고 유지하는 동시에, 그것이 배타주의나 국수주의로 흐르지 않도록 조심해야 한다.

총체적 치유

의존성은 물질에만 관계된 것이 아니고, 자립이 무조건적인 교회의 건강을 보장하는 것도 아니다. 경제적으로 자립하고 넘치는 재정을 확보했어도 건강하지 못한 교회들은 얼마든지 있다. 스티브 코벳Steve Corbett과 브라이언 피커트Brian Fikkert는 의존성이 물질적인 결핍만의 문제가 아니기 때문에 진정한 회복을 위해서는 총체적 접근이 필요하다고 주장한다. 가난한 사람들은 물질의 결핍과 함께 수치심, 자기 비하, 무력감, 굴욕감, 두려움, 절망감, 사회적 고립 등을 경험하기 때문에 이러한 문제들이 함께 치유될 때에 비로소 건강한 모습으로 회복될 수 있다는 것이다.[9]

"아무리 도와도 끝이 없다", "받는 것을 당연한 것으로 안다", "줄수록 더 줄거라고 기대한다", "자기들은 아무것도 하지 않으려 한다"는 평을 듣는 현지인들도 선교사나 후원 교회들이 관여하기 전에는 자기들끼리 나름대로 살고 있던 사람들이었다. 그런데 외부의 도움을 받기 시작한 후에 자기들이 할 수 있는 일도 안 하거나, 도움을 받아야 살 수 있는 것으로 생각하는 경향이 많아진 것이다. 이러한 상태에 있는 사람들은 더 많이 도와준다고 문제가 해결되지 않는다. 이들에게는 올바른 자아의식을 회복하고 자신들을 향한 하나님의 목적과 뜻을 분별하여 그 뜻에 맞게 살아갈 수 있도록 돕는 총체적인 접근이 필요하다.

도움을 받는 사람들은 자신도 모르게 "왜 나는 저들만 못할까?", "왜 나는 이 모양일까?", "저렇게 사는 사람도 있는데 왜 나는 이렇게 살아야 하는 걸까?" 하고 돕는 사람들과 자신을 비교하기 쉽다. 주는 사람들 앞에서 이들은 한없이 작아지고 초라하게 느끼면서 자신의 존재에 대해 수치감shame을 갖는 것이다. 수치감은 사람을 무기력하게 만들어 버린다. 사람은 자기에 대해 좋게 생각하고 자신이 있을 때에 더 힘을 내고 많은 일들을 시도하는 반면, 자신을 한심하고 부끄럽게 생각하게 되면 '이런 내가 뭘 할 수 있을까?' 하는 생각이 들어 의기소침해지고 뭔가 하려는 엄두를 내지 못한다. 그리고 그런 자신이 더욱 수치스럽게 느껴지게 되고, 점점 아무것도 못하게 되는 악순환이 일어나 급기야는 폐인이 된다. 이것을 이해하지 못하는 사람들은 왜 아무것도 안 하느냐, 그럴수록 더 노력해야 된다고 답답해하지만, 깊은 수치심으로 자존감이 현저하게 낮아진 사람은 그런 능력을 상실하기 때문에 자신의 힘으로 그 상태에서 벗어날 수가 없다.

이것을 도울 수 있는 방법은 수치감의 근원인 '자신이 못났다는 생각'을 극복할 수 있도록 자기 자신에 대한 존재감을 회복하는 것이다. 여기에 도움이 될 수 있는 것이 바로 기독교의 창조론과 구속론이다. 사람을 가장 귀하고 가치 있는 존재로 만들고 싶어 자신의 형상대로 창조하시고 그 사람이 잘못되는 것을 도저히 견딜 수 없어 외아들을 보내 모든 인류를 구원하려 하신 하나님의 사랑을 진실로 깨닫고, 자신의 소중함과 가치를 믿을 수 있을 때, 그들은 악순환에서 벗어날 수 있는 능력을 회복할 수 있게 된다. 유명한 신학자 엘리자베스 몰트만 웬델Elisabeth Moltman-Wendel은 인간 존재의 선함에 대해 "우리가 선한 행동을 하기 때문에 선하다는 것이 아니라, 우리가 이미 선하게 만들어졌기 때문에 선한 일을 할 수 있다는 말이다"[10] 라고 했다. 행위가 존재를 규정하는 것이 아니라 존재가 행위를 창출한다는 말이다. 세상은 행위를 보고 존재를 판단하지만, 하나님 안에서는 우리의 존재가 귀하고 선하기 때문에, 그것을 믿을 때에 귀하고 선한 일을 할 수 있음을 그들에게 알려 주어야 한다. 그러므로 복음이 없는 구제나 사회사업만으로는 부족하다. 그들이 바른 신앙, 즉 하나님과 자신에 대해 올바로 깨닫고 그것을 믿을 수 있을 때 총체적인 치유와 회복이 가능하게 되기 때문이다.

한편 스티브와 브라이언에 의하면 도움을 받는 사람뿐 아니라 돕는 사람들도 우월감이나 '구원자 콤플렉스God-Complex' 등으로 건강하지 못한 경우가 많다고 말했다. 이러한 위험성을 인지하고 의식적으로 노력하지 않으면 물질적 도움을 주고받는 동안 부유한 사람들의 구원자 컴플렉스와 가난한 사람들의 수치심이 더 증가되기 쉽다.[11] 따라서 건강한 지원이 이루어지려면 받는 사람들의 치유만 신경 쓸 것이 아니라, 베푸는 사람들의 치유도 동반되어야 한다. 그러나 받는 사람은 받으니 일단 좋고, 후원자는 주면서 우월감을 갖고 생색내는 데 익숙해 있으면 이 일시적인 만족감에서 벗어나는 것이 쉽지 않다. 점차 후원자는 자신의 만족을 위해 돕게 되고, 마음에 흡족하지 않으면 후원을 중단하는 잘못을 저지르고 만다. 이러한 함정에 빠지지 않으려면 후원하는 동기와 이유가 우선적으로 정립되어야 한다.

왜 베풀어야 하는가? 첫 번째 이유는 우리가 가진 모든 소유가 하나님의 것이며 하나님의 뜻을 이루는 데 사용해야 옳기 때문이다. 소유주의 목적이 무엇인지 이해하고 그에 맞게 사용해야 한다. 하나님의 뜻은 당신의 모든 자녀가 구원을 받고 행복한 삶을 누리는 것이다. 하나님이 우리에게 주신 물질로 우리는 배고픈 자를 먹이고 헐벗은 자를 입히고 나그네와 과부와 고아들을 도와야 한다. 혹시라도 그들이 가난하기 때문에 우리가 주어야 한다고 생각하면 우월감이나 메시아 신드롬, 자기 도취에 빠지게 된다. 우리의 소유가 우리 것이 아니라 하나님의 것이라는 시각에서 보면 '준다'는 표현보다는 '나눈다'는 표현이 더 적합하다. '준다'는 생각 자체가 우리를 우월하고, 받는 사람은 열등하다는 것을 전제하기 쉽기 때문이다.

두 번째는 우리 모두 한 창조주에게서 만들어진 한 가족이자 한 형제이기 때문이다. 바울은 우리를 '한 몸의 여러 지체'라고 표현했다. 우리 몸의 한 지체가 병들었으면, '우리'가 병든 것이다. 만일 다른 사람들이 고통을 당하고 있는데 우리가 아무렇지도 않다면, 우리는 그들과 한 몸이 아닌 것이다. 다른 사람들의 어려움과 고통을 우리의 어려움과 고통으로 생각하고, 그 문제들을 함께 해결하기 위해 지혜와 가진 것을 나눌 때 우리는 함께 건강해질 수 있다.

선교의 목적은 가난한 자들을 부유하게 만드는 것이 아니다. 선교는 주고 받는 과정을 통하여 양쪽이 모두 영적으로 건강해지는 것을 목표로 해야 한다. 실제적으로 부유한 나라가 가난한 나라들보다 더 많은 문제를 갖고 있음을 볼 때 어떤 프로젝트를 했느냐, 얼마나 더 잘 살게 만들었느냐가 중요한 것이 아니라, 관계된 사람들 모두의 치유와 회복이 더 중요하다.

함께 가는 순례자

리즈는 지원aid은 의존성을 조장하고, 파트너십은 지원보다는 연대와 상호 협력의 좋은 점이 있지만 그래도 각 나라 간의 힘의 차이를 간과하는 문제점이 있다고 지적하면서, '순례'를 대안으로 제시한다. 물질에 대한 소유권을 인정하는 한 가진 자와 못 가진 자로 나누어지는 것을 피하지 못하므로 이 대안은 우리가 충분히 고려할 만하다. 우리가 도움을 줄 수 있는 것은 그런 나라에 태어났기 때문이다. 만일 가난한 나라에 태어났다면 도움을 받는 입장에 처할 수밖에 없을 것이다. 우리는 하나님의 것을 맡아 관리하는 청지기라는 것이 우리 기독교의 신학이다. 그러므로 우리가 가진 것을 하나님의 것으로 생각하고 다른 사람들을 함께 가는 순례자로 이해하는 것이 주는 자와 받는 자 모두를 건강하게 지킬 수 있는 길이다. 이런 관점은 자기 나라에 대한 소유권을 주장하며, 거주하는 외국인들을 차별하거나 억압하는 사람들에게 경종이 되는 반면 조국을 떠나 사는 사람들에게는 힘이 될 수 있다. 선교를 받는 자나 하는 자 모두 하나님께로부터 와서 함께 순례하는 순례자로 여긴다면, 있는 자나 없는 자, 자국인이나 타국인 모두 동등하게 여기고, 서로 힘이 부칠 때 거들어 주고 괴로울 때 위로해 주며 필요한 것들을 나누고 살다가 하나님의 나라로 아름답게 나아갈 수 있을 것이다.

성공적인 사례들

자립 선교에 있어 좋은 모범인 짐 해리스Jim Harris의 선교는 두 가지 원칙을 고집한다. "반드시 현지인의 언어를 사용하며, 현지에 있는 자원만 사용해야 한다." [12] 이 원칙은 선교의 효율성을 감소시킬 우려가 있지만, 단기간 효율성에 지나치게 치중하고 있고 특히 물량주의로 현지인들의 자립을 방해하는 오늘날 선교정책에 경종을 울려 주는 원칙이다. 이러한 정신으로 선교를 잘 감당하고 있는 곳들이 생각보다 많이 있는데, 그중 세 곳을 소개한다.

S국의 K선교사는 그동안 현지인 교회 개척에 주력하여 개척한 모든 교회들을 현지인들에게 이양했다. 현재 섬기는 교회는 8년 전에 개척한 교회로, 약 300명이 출석하고 있으며 중국어로 예배한다. 이 나

라의 공식 언어인 영어가 아닌 중국어를 사용한다는 건 노동자 등 가난한 계층이 주된 회중이라는 뜻이다. 이 나라에서는 영어를 사용하는 사람들이 좋은 교육을 받고 좋은 직장에서 일하는 경향이 많기 때문이다. 노동자와 은퇴한 사람들이 주 구성원인 이 교회는 지난 5년간 약 14억 원의 헌금을 선교에 사용하고 있었다. 이런 것이 가능한 이유는 외부의 자원으로는 절대 선교하지 않겠다는 K선교사의 결심을 교인들도 공유하고 있기 때문이다.

이 원칙은 K선교사가 처음 그 지역에 선교하러 갔을 때 한 경험을 계기로 생겨났다. 어느 날 시내를 둘러보던 그가 "원숭이에게 먹을 것을 주면 10,000달러 벌금"이라는 공지를 보고 이유를 물었더니 다음과 같은 대답을 듣게 되었다. "사람들이 원숭이에게 먹을 것을 주면 원숭이는 스스로 먹이를 찾지 않고 사람들이 주기만 기다리게 된다. 기다리다가 배가 고프면 사람들을 공격하여 뺏어갈 망정 먹이를 산에서 찾으려 하지 않아, 결국 300마리의 원숭이가 굶어 죽는 사태가 발생했다. 그래서 원숭이에게 먹이를 주면 막대한 벌금을 부과하기로 했다." 이 말을 들은 K선교사는 큰 깨달음을 얻고 절대로 외부에서 받는 선교를 하지 않기로 결심했다고 한다.

또 다른 선교사 J는 무슬림 지역에서 30여 년 동안 선교하고 있다. 통상적인 선교로 시작했던 그는 어느 날 하던 사역을 모두 접은 뒤 외지고 가난한 동네에서 현지인들을 중심으로 선교하기 시작했다. 처음에는 그곳의 현지인들이 외부 지원만 기다렸고 교회에 문제가 생길 때마다 선교사만 남겨두고 도망가기 일쑤였다. 그런데 그들에게 사역을 직접 운영하고 관리하라고 맡겼더니 교회에 문제가 생길 때마다 전면에 나서서 해결하기 시작했고, 재정이 어려울 때에는 자신들의 급여를 줄이고 보너스를 반납하는 일까지 벌어졌다. J선교사를 심하게 박해하던 현지인들이 이제는 "무슬림 지역에 들어와 교회 건물부터 짓지 않고 우리에게 꼭 필요한 일들을 묵묵히 담당해 주어 진심으로 고맙다"고 말한다. 이것은 그가 철저하게 지킨 두 가지 원칙 때문이었다. 첫째, 20명 이상 회심자가 생기고 전체 예산의 10퍼센트를 현지인들이 마련한 후에야 교회 건축과 사업을 지원하는 원칙과 둘째, 현지 목회자의 생활비와 운영비는 전적으로 현지 교인들의 헌금으로 충당하는 원칙이다. 그와 함께하는 현지인들의 사역은 여러 가지로 확대되어 그 나라 정부가 공식적으로 위탁 교육을 부탁하는 일까지 생겼다. 사역에 대한 현지인들의 주인의식과 주변 무슬림들의 후원도 믿기 어려울 정도다. 열악한 환경에서도 현지인들이 스스로 하게끔 자신감과 힘을 실어 주지 않았더라면 보기 어려웠을 결과다.

어떤 평신도 선교사도 현지인의 자립을 시도하고 있다. 2016년 봄에 I국의 한 도시를 방문했을 때 경험한 이야기다. 처음 도시를 봤을 때 그렇게 가난하고 지저분하고 위험한 도시는 세계에 다시 없을 것 같았다. 화장실, 상수도, 하수도, 전기, 공동묘지가 따로 없어 모든 것이 길 위에서 적나라하게 뒤섞여 있었고, 인간의 존엄성이라고는 찾아보기 어려웠다. 깨진 유리 조각과 인분을 피해 골라 딛고 있는 우리들에게 맨발의 아이들이 몰려와 손을 잡아끌었다. 보면 볼수록 우울해져 할 말이 없어졌다. 그 후 몇몇 교회들을 방문했는데 모두 건축이 진행 중이었다. 선교사는 "우리는 절대 건물을 다 지어 주지 않는다. 교인들 손으로 기초를 쌓고 건축 헌금을 가져오면, 거기에 보태서 재료를 사주고 스스로 벽을 올리게 한다. 그다음 또 건축 헌금을 해오면 전문가를 고용해서 지붕을 올려 준다. 절대로 다 도와주지는 않는다"고 설명했다. 교인들의 힘으로 어렵게 마련되는 교회라 그런 걸까? 건물이 미처 완성되지 않았는데도 모든 교회가 주중에는 학교로 매우 유용하게 사용되고 있었다. 벽마다 낡은 칠판이나 널빤지가 걸려 있고 그 칠판들에는 각각 다른 학년을 위한 수업 내용이 적혀 있었다.

그런 교회 중 한 곳을 방문했을 때 한 현지인이 선교사에게 봉투 하나를 가져왔는데 선교사는 받지 않으려 하고, 현지인은 주려고 옥신각신하는 모습이 보였다. 무슨 일인지 궁금해 저녁 식사 때 물어봤더니 선교사가 "건축 헌금을 모았다고 주더라. 나중에 센터로 가져오라 했더니 갖고 있으면 다른 데 쓸까 봐 두렵다고 하면서 굳이 받으라고 해서 가져왔다"고 했다. 낡은 봉투에서 나온 지폐들은 흙이 묻고 때가 묻고 찌들어 잘 펼쳐지지도 않았다. 그 돈을 바라보는 우리는 만감이 교차했다. 쓸 데가 정말 많을 텐데, 그 돈으로 하고 싶은 것도 정말 많을 텐데 그들은 그걸 바쳤다. 다 합쳐봐야 15달러도 안 되는 돈이었지만 그들에게 그것은 가진 소유의 큰 몫에 해당하는 돈이었을 테니 얼마나 귀한 헌신인가? 그 낡고 더러운 돈에서 그들의 놀라운 헌신과 굳건한 믿음이 보였다. 자신들이 헌금한 그 돈으로는 교회 건물을 지을 수 없다는 사실을 알고 있었지만 그 헌금을 통해 하나님께서 큰 일을 이루실 거라는 믿음이 있었다. 만일 그 믿음이 없었다면 그 돈을 다른 곳에, 더 긴급한 곳에 썼을 것이다. 그들의 희망도 보였다. 아무 희망이 없었다면 그 돈으로 술을 마시든지 다른 데 쓰지 미래를 위한 건축 헌금으로 바치지는 않았을 것이다. 쓰레기 더미와 악취 풍기는 하천 가운데에서 죽은 아이를 낡은 자동차 타이어 위에 놓고 태우면서도 그들은 내일에 대한 희망으로 교회 건축을 위해 헌금한 것이다. 만일 선교사나 후원 교회에서 건축을 다 해주었다면 이런 귀한 헌신과 믿음, 희망은 존재하기 어려웠을 것이다. 오병이어의 기적에서 예수님이 굳이 한 아이의 보리떡 다섯 개와 물고기 두 마리를 사용하신 데에는 이유가 있을 것이다. 자신의 헌신이 어떻게 쓰여졌는지 경험한 그 아이의 삶에도 기적이 일어났을 것이다.

도움을 요청하는 현지인들에게 도움을 주는 것은 그들과의 관계 형성에 도움이 된다. 또 월급을 주고 현지 사역자를 쓰면 일단 전도가 되기 때문에 자립 정책을 주장하는 것이 맞지 않게 보일 수도 있다. 그러나 많은 통계와 연구들이 보여 주는 것은 외부 도움에 의존하는 교회들은 처음에는 성장하지만 얼마 가지 않아 멈추거나 문을 닫는 경우가 많다는 것이다. 반면, 잘 성장한 교회들은 처음부터 힘든 과정을 스스로 겪어 나가며 '헌신'을 배운 목회자와 교인들이 대부분이다. 변창욱 교수는 북장로교에서 조선에 파송한 선교사 마펫의 말을 통해 한국 초기 선교 당시에도 같은 과정을 겪었음을 보여 준다. 마펫은 1910년 "자립 정책을 세우는 것도 쉬운 일이 아니었지만 이 정책을 계속 고수하는 것도 쉬운 일은 아니었다. 자립 정책을 포기하고 싶은 유혹을 많이 받았고 자주 받았다"고 털어 놓았다. 같은 해 그는 선교 보고에 다음과 같이 한 한국 교인의 말을 인용했다. "우리는 당신들이 우리에게 무거운 짐을 지운 것에 대해 감사한다. 그리고 초기에 우리가 더 많은 도움을 요청하는데도 우리의 요청을 들어주지 않은 것에 대해서도 감사한다".[13] 한국 교회의 부흥과 성장 뒤에는 이렇게 쉬운 길을 택하지 않고 어려움을 감수한 외국 선교사와 현지 교인들이 있었다.

의존성에 대한 강의를 할 때 한 학생이 이렇게 물었다. "소수의 성공 사례가 있다고 해서 현실적으로 가능하지 않은 것을 어떻게 하라고 합니까?" 내 대답은 이랬다. "옳은 것은 성공 사례가 없어도 해야 하는 것이다. 더군다나 성공 사례들이 있다면, 믿음과 용기로 반드시 추진해야 하지 않겠는가?"

그래도 자립정책을 펴는 것은 어렵고, 더군다나 이미 의존성이 생긴 곳에서는 더더욱 어려운 일이다. 그러나 자립과 치유, 영적인 성숙이 이루어질 때에만 현지인들의 교회가 건강해지며 스스로 선교까지 감당하기에 이를 수 있는 것이다. 우리는 각 선교지가 영적으로 바로 서고, 상황에 맞는 적합한 정책들을 택하고, 장기적인 계획을 세우고, 쉽게 포기하지 않고 실천할 수 있도록 도와야 한다. 그래서 지금의 의존적인 교회들이 자립교회가 되고, 더 나아가 선교하는 교회들이 되도록 해야 한다. 인도 뱅골 신학교의 교수는 인터뷰에서 "선교란 현지 교인들이 스스로 복음의 증인이 될 수 있도록 여건condition을 마련해 주는 것"이라고 하면서 한국 교회의 선교가 변화되기를 희망한다고 했다. 우리의 선교가 변해야 현지 교회들이 변할 수 있다.

현지 선교사들에게서도 도전을 받았다. 이렇게 가난한 나라에서는 자립이 불가능하다고 했다. 그럴지도 모른다. 그러나, 그래도 자립을 목표로 하고 가야 한다. 의존성은 결국 모두를 망치기 때문이다. 우리가 북극성에 도달하지 못한다 해도 북극성은 우리에게 방향을 제시해 준다.

우리가 본받아야 할 선교는 초대교회 선교다. 그들은 영적으로 살아 있었으며, 받은 복음을 실천했다. 부유한 자들이 남을 돕는 선교가 아니라, 누구나 자기들이 가진 것을 나누는 선교였다. 힘과 재물을 사용한 것이 아니라, 약함과 사랑을 사용했다. 초대교회의 선교는 수많은 사람들을 구원했으며 모든 선교에 선한 본이 되었다. 반면 기독교가 국교화된 이후 교회는 막강한 권세와 재물, 힘을 사용할 수 있었는데도 선교는 실패로 돌아가고 인류의 역사에 씻을 수 없는 오점까지 남겼다. 오늘날 우리의 선교는 어떤 모습인지, 혹시 하나님보다 후원 교회를, 혹은 하나님의 능력보다 자신의 능력을 의지하는 경향은 없는지 생각해 보아야 한다.

성공적인 현지인 리더십 양성과
이양을 위하여

현지 교회의 자립을 위해서 가장 중요한 것은 현지인 리더십 양성과 이양이다. 그들 가운데서 리더들이 생기고, 그 리더들이 사역을 감당할 때 자립이 이루어진다. 여기서는 리더십 양성을 다루고 이양하는 부분까지 언급해 보고자 한다.

— "일할 기회를 달라."
— "우리를 참여시켜 달라."
— "우리가 스스로 일할 수 있게 일을 맡기고 뒤에서 도와달라."
— "일은 우리가 할 수 있다. 위기 상황에 대처하는 것을 보여 달라."

위와 같이 인터뷰와 설문지를 통해 확인한바, 거의 모든 선교지의 현지인들이 사역에 참여하기를 원했으며 스스로 "할 수 있다"고 생각한다. 선교사나 후원 교회 입장에서 보면 아직 '준비가 안 되었다'고 여길 수 있지만, 현지인들은 준비가 된 후에 일을 맡기는 것보다 먼저 일을 맡기고 그 일을 감당해 나가는 것을 도와주기를 원하고 있다. 물론 현지인들도 자기들이 실수하거나 잘못할 수도 있다는 것을 알고 있다. 이 점에 대해 그들은 "아이를 양육할 때 참고 기다리는 것처럼 참고 기다려 달라", "믿고 기다려 달라", "시행착오가 있겠지만 성장할 수 있게 해달라"고 요청하며, 한 걸음 더 나아가 "자기 사람 만들려 하지 말고, 우리를 위한 지도자를 양성해 달라"고 부탁한다.

현지인 지도자 양성을 위해서는 현지인들이 '일을 맡을 준비'가 되기를 기다리지 말고, 먼저 선교사와 후원 교회가 그들에게 '일을 맡길 준비'를 해야 한다. '다른 모든 직업인은 그 직장에서 오래 있기 위해 일하지만, 선교사는 빨리 그 직장을 떠나기 위해 일해야 한다'는 말이 있다. 즉 선교사의 궁극적인 목표는 현지인들이 스스로 모든 일을 할 수 있도록 하고 자신은 필요 없는 상태를 만들어야 한다는 말이다. 선교사가 선교지에 '뼈를 묻어야' 한다는 말을, 한 곳에서 끝까지 사역해야 한다는 말로 오해되면 안 된다. 한시라도 빨리 현지인 지도자를 발굴하고, 양성하고, 훈련시켜 그들에게 이양하고, 선교사는 다른 사역지로 옮겨가야 한다. 한 사역지에 영원히 있으려 하지 말고 그 나라 안의, 혹은 같은 언어를 사용하는 다른 나라까지도 포함하여 여러 사역지를 개척하고 자립시키는 일을 계속함으로 '사역지'가 아닌 '사역'에 뼈를 묻는 것이 좋은 본이 될 것이다. 베트남 감리교회를 창설한 득 목사는 "선교사의 성공은 얼마나 많은 사역을 했느냐에 달린 것이 아니라, 현지 지도자들을 얼마나 길러 놓았느냐로 결정된다"고 하면서 현지인 지도자 양성의 중요성에 관해 거듭 강조했다.

현지인 지도자 교육은 대체로 세 분야로 나누어진다. 목회자 교육, 신학자와 신학 교수 교육, 일반 지도자 교육이다.

목회자 교육

미국의 여러 신학교들이 현지인들을 미국에 데려다가 공부시키는 과정에서 중요한 배움을 얻었다. 우선 선교지에서 미국으로 유학을 올 수 있는 사람의 수가 극히 제한되어 있어 선교지의 필요에 비해 효과가 미미했다. 더군다나 현지인들이 미국으로 유학을 와서 편안한 생활을 몇 년씩 경험하고 나면, 본인 나라로 돌아가지 않는 경우가 종종 생겼다. 오히려 현지의 엘리트들을 뺏어오는 결과가 된 셈이다. 현지인의 유학이 현지 교수 양성에 꼭 필요하지만 이것만으로는 필요한 현지 목회자 수요를 감당할 수 없다. 이에 '먼저 배웠으니 나누어야 한다'는 소명감을 가지고 교수들이 직접 선교지에 가서 학생들을 가르치기로 결정한 신학교가 있어 현지에 큰 도움을 주고 있다.

선교지에서는 시급하고 절실한 필요에 따라 여러 신학교를 세우고도 가르칠 교수들이 충분하지 않아 제대로 된 교육이 이루어지지 못한다. 교수가 없이는 아무리 훌륭한 건물과 시설이 준비되었다고 하더라도 무용지물이다. 그러나 교수만 있으면 들판에서라도 교육이 가능하다. 많은 경우 방문하는 목회자들이 강의를 하는데, 자격, 조건 상관없이 교육을 하는 경우에는 스펀지와 같은 현지인들에게 잘못된 것이 전달되어 큰 문제다. 게다가 학생들에게 필요한 과목들로 체계적인 교과 과정이 꾸려지는 게 아니라 방문자가 가르칠 수 있는 과목들로 정해지기 때문에 "우리는 구약은 많이 배웠는데 신약을 잘 몰라요"라든가, "소그룹 강의는 많이 들었는데 다른 강의는 잘 못 들어서 어떤 강의가 있는지 모르겠다"는 경우도 있다. 따라서 제대로 된 커리큘럼에 따라 가르칠 수 있는 교수진을 확보해야 한다. 그러나 현실적으로는 방문 혹은 후원하는 목회자들에게 강의할 기회를 제공하지 않으면 관계가 상하거나 후원에 타격을 입기 때문에 어쩔 수 없이 강의 요청을 하는 상황이 늘어나고 있다. 이에 대한 대안으로 좋은 교수진을 확보한 신학교와 후원 교회 그리고 선교사들이 연합하여 창의적이고 체계적인 교육 프로그램을 만들어 낸 예가 몇 가지 있다.

멕시코의 유카탄 지역에는 한때 신학교가 없어 미국에 있는 한인 목회자들이 틈틈이 가서 신학 교육을 하던 적이 있었다. 그런데 이들은 제대로 된 교단 소속 없이 공부를 마친 학생들이 안수를 받을 수 없어 생업으로 돌아가 버리면 결국 현지 교회들이 모두 문을 닫는 상황에 처할지도 모른다는 문제에 봉착했다. 이 문제를 해결해 달라는 부탁을 받은 한 미국 신학교 대표는 멕시코시티의 신학교를 방문해 학장과 멕시코 교단장을 함께 만나 상의했다. 협의 결과 멕시코시티 신학교는 유카탄에 분교를 설립하고 4년 과정의 운영을 미국의 신학교가 책임을 지기로 하였으며, 그 졸업생들은 멕시코 교단이 안수를 주고 받아들이기로 결정했다. 시작은 후원자들이 하지만 가능한 한 빨리 현지 교단과 현지 신학교에 전권을 이양할 생각이었기에 처음부터 양측이 함께 책임을 감당하자는 제안이 받아들여져 현지 교단과 멕시코시티 신학교가 각각 1년에 1,000달러씩을 부담하기로 했다. 전체 예산에 비교하면 1년에 2,000달러가 큰 도움은 되지 않았지만, 부담하는 쪽에서는 상당히 큰 금액이었다. 현지 교단장은 항공료가 부담스러워 유카탄을 방문하지도 못했고 신학교에 풀타임 교수도 한 명밖에 고용하지 못하는 처지였다. 그럼에도 그들은 놀라운 헌신을 결단한 것이다.

분교가 설립되던 날, 개교식에서 한 현지인 어른이 통역을 데리고 찾아와 이렇게 말했다. "하나님이 살아 계심이 틀림없습니다. 그렇지 않다면 어떻게 미국의 신학교 총장이 여기까지 와서 가르칠 수가 있겠습니까?" 개교 후 첫 과목은 미국 신학교 총장이 가르쳤고, 두 번째 과목은 멕시코시티 신학교 학장이 가르쳤다. 강의를 들은 현지인들이 "이런 강의는 평생 처음 들어본다"며 기뻐했다. 신학생은 많지 않아도 필수과목은 모두 가르쳐야 했기에 4년간 60과목의 교수들과 통역이 유카탄으로 날아가 가르쳤다. 미국과 한국의 신학 교수들, 전도학을 가르치기 위해 그곳까지 찾아간 한국의 어떤 감독 등 각 분야의 전문가들, 이 프로젝트의 모든 비용과 운영을 감당한 후원 이사회의 이사들로 구성된 교수진은 중남미 어떤 신학교의 교수진보다 우수했다. 현지 신학교, 후원 신학교, 후원 교회와 현지 선교사가 협력하여 정식 신학교를 운영하는 시스템은 목회자 양성을 위한 가장 높은 수준의 교육을 제공할 수 있었고, 졸업생들이 정식 안수를 받기까지 장기적인 관점에서 현지 교회의 튼튼한 밑바탕을 제공해 주었다. 2기 지원생들이 모아지면 다시 이 방법이 사용될 것이다.

한편 중남미 여러 선교지의 경우처럼 안수는 받았으나 신학 교육을 제대로 받지 못하고도 아무 제약 없이 목회하는 기존 사역자들을 위한 교육도 시급한 과제다. 실제로 2009년 이런 사역자들을 위해 교육해 달라는 요청이 도미니카공화국으로부터 한 신학교에 전달되었다. 누구든지 아침에 일어나 소명을 받았다고 하면 바로 목회를 시작할 수 있는 상황이라 목회자는 많은데 그들이 교인들에게 무엇을 설교하고 무엇을 가르치는지 정말 걱정이라는 설명이 붙었다. 그들의 부탁을 받아들인 신학교에서는 35명을 예상하고 2년 프로그램을 만들어 등록을 받기 시작했다. 그런데 놀랍게도 87명이 등록해 교육 장소를 갑자기 옮겨야 했다. 이미 목회를 하고 있는 사람들이라 연장 교육에 큰 흥미를 갖지 않을 것이라는 예상을 뒤엎고, 교통사고로 첫날 결석한 사람이 둘째 날부터 목발을 짚고 오는 사람이 있을 정도로 배움에 대한 그들의 열정은 뜨거웠다. 그 무더운 교실에서 하루에 6시간씩의 강의를 들으면서 열심히 집중하는 학생들, 저녁 식사 후 자정까지 찬양하며 기도하는 학생들의 모습은 배움에 대한 필요와 갈망을 잘 나타내 주었다. 한 목회자에게 그 열정의 이유를 물으니 "목회를 하고 있지만 잘 안 되고 있어, 더 배워서 잘하고 싶다"고 답했다. 2년 후 수료식이 되어 그들의 가족과 교인들이 모두 한 자리에 모였는데 도미니카 국가가 연주된 후 뜻밖에 아이티 국가가 들려왔다. 이유인즉슨, 아이티의 몇몇 목회자들이 공부할 수 있기를 간절히 원해서 받아 주었더니 매번 국경을 넘으면서 공부해 수료까지 하게 되었다는 것이다. 이어 미국 국가와 애국가가 연주되었다. 그 긴 시간 동안 그곳에 모인 모든 사람들은 미동도 하지 않고 각 나라에 존경심을 표했고 몇몇 현지인들의 눈에서는 눈물이 흐르고 있었다. 테러와 전쟁의 공포가 어느 때보다 인류를 위협하는 시대지만, 그날 그곳에서 주어지는 수료증 하나 하나에는 민족을 초월한 연합과 평화의 정신이 담겨 있었다.

수료식이 끝난 뒤 미처 참여하지 못했던 현지 목회자들과 수료생 일동의 간절한 바람에 따라 미국의 신학교와 중남미 신학 교육을 위해 설립된 이사회는 새로운 커리큘럼으로 2년 프로그램을 한 번 더 제공했다. 두 번째 수료식에서는 103명이 수료했다. 또, 한 번 더 가르쳐 달라는 학생 대표의 청원에 미국 신학교 대표는 이렇게 답했다. "여러분들이 열심히 목회하여 새로운 목회자 103명을 이곳에 모아 놓으면 반드시 다시 와서 가르치겠습니다. 그리고 여러분 중에 외국으로 유학 가서 석사학위를 받아 이곳에 신학교를 세우는 날이 올 것을 기대합니다." 이 말을 듣고 수양관의 소유주가 처음 유학 가는 사람에게 비행기 티켓을 선물하겠다고 약속했다. 다시 2년 후, 실제로 수료생 중 한 명이 미국 신학교 박사 과정에 입학했다.

이처럼 다양한 방식으로 정식 신학교와 뜻을 가진 후원 교회 목회자들이 연합하면 선교지 목회자와 평신도들에게 균형 있고 우수한 교육을 제공하고 이단 발생을 예방하며 동시에 현지 교회들의 자립과 부흥에 도움이 될 수 있다.

2016년 3월 C국의 한 지도자의 한탄을 들었다. "외국 사람들이 우리 나라에 많은 교회들을 지어 주었는데, 시골 교회들은 문을 닫고 있어요. 사람들이 전부 도시로 이사 가기 때문이지요. 지금 생각하니 그분(후원자)들이 건물을 지어 주는 대신 목사들을 만들어 줬다면 좋았겠다 싶어요. 목사들은 같이 이사 가서 교회를 만들 수 있을테니까요."

교회 건물은 이동할 수도 없고, 누가 사용하느냐에 따라 지어 준 사람의 의도와 전혀 다르게 사용될 수 있다. 그러나 목회자는 한 명을 양성해 놓으면 어디서든지 교회 하나가 생길 수 있다는 원칙을 현지인의 소리를 통하여 재확인할 수 있었다.

신학자와 신학교 교수 교육

앞에서 언급한 방법은 급한 불을 끄는 데 도움이 되지만, 언제까지나 지속될 수 없고, 그렇게 해서도 안 된다. 궁극적으로는 현지인 신학자들을 빨리 양성해서 현지인들이 스스로 가르치고 스스로 신학교를 만들어 목회자들을 양성할 수 있도록 해야 한다. 현지에서 학위를 받을 수 있도록 돕거나 상황이 여의치 않은 경우에는 한국이나 미국 등에서 공부하도록 후원해야 한다. 유학시에 필요한 것은 언어 습득, 학비와 체류비 등이다. 자국에서 미리 필요한 언어를 습득하기 어려운 경우에는 언어와 학위 과정을 함께 공부할 수 있는 방안이 필요하다. 그러나 어떠한 경우든 전부 지원하지 말고 일부는 반드시 본인이 부담하도록 해야 한다. 혹은 학업을 마친 후 본국에 돌아가지 않는 것을 방지하기 위해 소속 교단이나 학교에서도 함께 학비를 지원하는 시스템도 유용하다.

한 미국 교수팀이 아프리카 나이베리아에 있는 신학교를 방문했다가 학생들의 명철함과 학업에 대한 열정에 큰 감동을 받았다. 그런데

아프리카에 있는 모잠비크 신학교에서 강의를 마친 후 학생들과 함께

그들의 교수진이 학생들의 갈망을 채워 주기에는 턱없이 부족해 보였다. 교수들은 강의안 작성이나 강의 방법에 대해 거의 배운 것이 없고 학장은 신학교 행정에 대해 전혀 배우거나 훈련받은 적이 없었다. 학장이 곧 미국의 한 신학교에 목회학 박사 과정을 밟을 거라고 했지만 그 과정은 '도시 빈민가의 어린이들 목회'에 초점을 맞추는 과정이었다. 그런데도 자신들에게 필요한 학위 과정을 찾기 어려운 상황이라 그나마 공부시켜 준다는 학교에서 박사 학위 과정을 하기로 했다는 것이다. 이 신학교뿐 아니라 아프리카 대부분의 신학교들이 같은 상황이었다. 교수들은 본국에 돌아가 동아프리카의 여러 신학교 교수들을 위한 특별 박사학위 과정을 만들어 그들이 미국의 신학교에서 수업하는 동안 그 학교 교수들의 다른 수업에 참관시켰다. 또 커리큘럼 및 교안 작성법 등 매우 구체적이고 실제적인 교육과 훈련까지 진행했다. 드디어 학위를 받은 이들이 각각 자기 나라 신학교에서 열심히 가르칠 생각에 기대감이 부풀어 있던 순간, 그만 에볼라 전염병이 발발해 모든 학교들이 문을 닫고 온 나라가 아수라장이 되어 버렸다는 소

식이 전해졌다.

얼마 후 나이베리아의 교단장에게서 놀라운 소식이 왔다. 이 박사학위 취득자들이 각자 자신의 고향으로 돌아가 공포에 사로잡힌 사람들에게 위로와 희망을 선포하고 가족을 잃은 사람들을 찾아가 위로하며 시체 처리와 공공 위생법 강의에 이르기까지 모든 면에서 리더십을 발휘하고 있어 너무나 감사하다는 내용이었다. 리더들을 잘 가르치면 교실에서뿐 아니라 어디서든지, 특히 위기 상황에서 놀라운 역할을 해낼 수 있다는 사실을 볼 수 있었다.

현지인들은 현지인 신학자들이 "사회적 이슈와 문제들에 대한 신학적인 답변과 성경적인 대안을 제시해 주기"를, "인류를 향한 하나님의 마음을 가르쳐 주기"를, "새로운 상황에 적합한 선교에 대해 연구하고 가르치고 저술해 주기"를 기대한다. 우리는 영적 깊이와 인품, 실력을 겸비한 인재를 양성해 그들 스스로 민족과 공동체를 잘 이끌며 사회 변혁과 시대적 요구에 발 빠르게 대응할 수 있도록 도울 책임이 있다.

2016년 5월, 이슬람 국가로 잘 알려진 B국을 방문했을 때 4만 여 명의 학생이 있는 국립 대학교에서 경제학을 가르치는 교수를 만났다. 미국에서 박사학위를 마치고 본교에서 교수 생활을 하던 그가 본국 수상의 부탁으로 귀국했을 때는 수천 명의 교수 중 그가 유일한 기독교인이었다. 첫 해에는 모든 교수와 학생들이 그의 일거수 일투족을 주시했다. 몇달 후 그는 아내에게 이렇게 말했다. "마치 커다란 스타디움에서 가득 찬 관객들이 주목하는 가운데 혼자 트랙을 계속 도는 것 같아 너무 힘들다"고. 일 년 후 그들은 교수의 집을 방문하기 원했다. 학교에서의 삶과 집에서의 삶이 일치하는지 궁금해하는 그들에게 이 교수는 일주일에 하루를 정하여 원하는 사람들은 누구나 방문하게 했다. 식사를 제공하는 것이 경제적으로 힘들었지만 그들은 하나님의 소명으로 받아들여 일 년 동안 계속했다. "지금까지 제가 구입해서 선물한 성경만 1만 3천 권입니다"라고 말하는 그에게 그렇게 해도 위법이 아니냐고 물었다. 그의 대답은 나를 놀라게 했다. "기독교에 관심을 표하거나 성경에 대해 궁금해하는 사람들에게만 주었습니다. 주면서 한 가지 조건만 붙였지요. 읽고 나서 질문을 적어 오라고. 모두 십여 개 이상의 질문들을 가져 왔습니다. 종이에 가득 적어 온 사람들도 꽤 있었습니다. 나는 평신도라 그 답을 줄 수가 없어 도시에 있는 목회자들에게 연결해 주었습니다. 그런데 대부분 궁금증에 대한 대답들을 못 얻었다고 합니다." 이슬람 지식층이 그렇게 많이 기독교에 관심을 가지고 있음을 믿기 어려워하는 내게 그는 말했다. "이슬람의 이름으로 행해지는 폭력과 살상에 실망하고 괴로워하는 이슬람 교인들이 점점 늘어나고 있습니다. 회의를 느끼는 사람들이 다른 종교에 관심을 갖고 있습니다. 특히 자기들과 같이 '사랑'을 주장하는 기독교에서는 과연 어떤 사랑을 말하고 있는지 궁금해합니다. 그런데 이런 사람들에게 우리 교회들이 답을 주지 못하고 있습니다. 요즘 나의 심각한 질문은 '회의를 느끼고 기독교에 관심 갖는 이슬람 교도들에게 우리 교회는 어떻게 준비되어야 하는가'입니다." 이 만남 이후 그의 질문은 나의 질문이 되었다. 우리 모두 함께 풀어가야 할 질문이다.

일반 교육

교회를 위한 지도자뿐 아니라 사회와 국가를 위한 일반 지도자 교육도 매우 중요하다. 교회가 자기 식구만 챙길 게 아니라 세상을 향하는 교회가 되어 사회적 책임을 다해야 하기 때문이다. '교육이 최고의 희망'이라는 말처럼 현지에 초등학교, 중고등학교, 대학교 등을 세워 기초 교육부터 탄탄히 세워야 나라의 미래도 건강하다. 현지인 정부 관리들과 회사 및 기업의 간부를 초청해 후원국에서 필요에 따른 장·단기 교육을 시켜 돌려보내거나 후원국의 전문가들이 직접 현지에 가서 교육을 시키는 것도 많은 도움이 된다. 전문 역량이 있는 후원 교회 교인들이 선교지의 학교나 정부에 취직해서 돕는 것도 모두에게 유익한 결과가 나올 수 있다. 이렇게 배출된 리더들은 사회 구석구석에서 중요한 역할을 감당할 것이다. 이런 프로젝트에 현지인 교회와 지도자들이 주축이 된다면 지도력 훈련과 함께 교회의 성장도 도모할 수 있을 것이다. 교회의 사회적 영향력이 높아질 때 비기독교인들의 긍정적인 호응 또한 얻을 수 있을 것으로 기대된다.

후원 교회와 선교사에 대한 현지인들의 바람

이와 같은 현지인 리더십 발굴과 양성이 후원 교회와 선교사 태도에 크게 좌우된다는 것을 현지인들도 잘 알고 있다. 여기에 그들의 간절한 바람을 전한다.

"일을 맡겨 달라" | 의존성이 생기기 전에 일을 맡기기 시작해야 사역을 자기 것으로 여기고 더 귀하게 생각한다. 또 현지 사정은 그들이 '더 잘 알기 때문에' 어떤 면에서는 우리보다 더 현명한 판단과 대처를 할 수 있다. 어차피 그들이 맡아서 해야 할 일들이므로 미리 맡겨서 '시행착오도 미리 경험하게' 하는 모험을 선교사와 후원 교회가 결단해야 한다.

"믿어 달라" | 현지인들에게 속은 적이 있거나 배반을 당해 본 선교사나 후원 교회가 현지인을 믿는 것은 매우 어렵다. 그러나 기본적으로 신뢰하겠다는 의지를 먼저 가져야 관계가 형성될 수 있고, 신뢰할 때 제자가 생길 수 있다. 신뢰를 전제로 사고를 예방할 수 있는 현명한 방안과 장치들을 마련하는 것이 필요하다.

"우리 리더십을 인정하고 세워 달라" | 현지인들의 권위와 능력을 인정하고 그들을 세워야 그들이 자기들 공동체에서 리더로 자리 잡을 수 있다. 부족한 점이 많이 보일지라도 그 공동체의 리더를 양성하기 위해서는 선교사와 후원 교회들이 자생적 리더십을 존중해야 한다. 여러 선교지에서 "선교사가 현지 교회에서 현지인 목회자를 섬기며 순종하는 모습을 교인들에게 본으로 보여 달라"는 요청이 있었다. 교회에서 목회자에게 어떻게 해야 하는지 모르는 현지 교인들에게 현지 목회자에 대한 본을 보여 주면 큰 도움이 될 것이다.

"기다려 달라" | 현지인들과 마음이 맞지 않고, 실수와 사고도 생기고, 때로는 속임수와 배신도 경험하겠지만 그럼에도 그 과정들을 참고 기다려야 한다. 리더는 어느 곳에서나 단시간에 길러지는 것이 아니다. 특히 선교지에서는 더 그렇다. 일본에서 많은 존경을 받는 한 현지인 목사는 "일본에서는 맛있는 쌀을 얻으려고 이삼십 년간 땅을 준비한다. 건물을 지을 때도 기둥으로 쓰이는 일본 북부의 전나무는 할아버지가 심고, 아버지가 가꾸고, 손자가 잘라서 사용한다"며 선교나 리더십 양성 모두 오래 기다려야 하는 일임을 강조했다.

"함께 시간을 보내 달라" | 현지의 한 신학생은 "선교사님이 나를

리더로 키우겠다고 하면서 신학교에 다니게 해주고 경제적인 도움도 다 주는데 바쁘다는 이유로 나와 함께할 시간을 거의 못 내고 있다"면서 아쉬움을 나타냈다. 선교사는 많은 사역으로 너무 바쁘고 후원 교회 목회자나 선교팀도 짧은 시간에 현지를 다녀오려니 일정이 빠듯하다. 그러나 교실에서 이루어지는 교육보다 더 중요한 것은 삶과 사역 현장에서의 배움이다. 학생에게 주는 교육은 주로 교실에서 일어나지만, 예수께서 그러셨듯이 제자를 양육하려면 함께 살고, 함께 고민하고, 함께 웃고, 함께 울고, 함께 실패하고, 함께 극복하는 과정이 필요하다.

효과적인 리더십 이양을 위하여

변창욱 교수는 자신의 논문 〈선교사 리더십 개발과 이양〉 서론에서 한국선교훈련원 원장 변진석 박사와의 인터뷰 내용을 중심으로 리더십 이양의 절박성을 다음과 같이 강조한다.

— 1980년대에 본격적인 선교사 파송이 시작된 이후 30년이 경과한 지금, 한국 교회 1세대 선교사들은 향후 5년 내에 선교지에서 철수해야 하며, 1990년대에 나간 2세대 선교사들도 10-15년 내에 귀국해야 하는 상황에 있다. 또한 선교사들 중에 50대 후반이나 60대의 높은 연령층에 속하는 분들이 상당히 많다. 대규모의 선교사 철수가 예상되는 시점에서, 선교사 리더십 개발과 이양은 더 이상 미룰 수 없는 한국 교회의 절박한 과제가 되었다.[14]

사실 리더십 이양의 문제는 선교 초기부터 계획되고 의논했어야 하는 것인데 많이 늦은 형편이다. 1세대 선교사들의 고령화도 문제고 은퇴 후 대책이 마련되지 않은 교단이나 단체, 독립 선교사들도 큰 걱정이다. 게다가 은퇴 후의 일을 걱정하는 선교사들 중의 일부가 "아무 대책 없이 귀국해서 길에 나앉을 수는 없지 않느냐"며 자신들의 노후 대책을 선교지에 마련하기 시작했다. 이런 이유로 선교지에서의 사역을 현지인들에게 이양하지 않는 일부 선교사들의 행태는 곧 사역 자체를 퇴행시켜 버리고 만다. 선교사들의 은퇴 대책에 대해서는 다음 장에서 따로 다루겠지만 굳이 그 주제와 연관 짓지 않더라도 리더십 이양의 가장 큰 걸림돌은 '선교사들이 하고 싶어 하지 않는다'는 것이다. 변창욱 교수는 아프리카 나이지리아에서 이루어진 수단내지선교회SIM의 사례를 소개하면서 이양에 대해 꺼리는 선교사들의 마음을 다음과 같이 전한다.

— 83년에 걸쳐 SIM이 ECWA(아프리카 복음주의교회) 교단에 자신들의 리더십을 천천히 이양해 주었는데도, 1976년 이양 당시 SIM 선교사의 30퍼센트가 이양에 강하게 반대했다.[15]

리더십 이양의 첫 단계는 선교사들이 의지를 갖는 것이다. 선교를 시작할 때부터 후계 구도를 염두에 두고 사역을 전개해야 한다. 진행 과정을 보고서 시기를 결정하려고 하면 적절한 때를 놓치게 된다. 그러므로 아예 처음부터 시기와 방법을 정해 놓고 추진하다가 너무 준비되지 않아 현지 교회가 무너질 상황이거나 천재지변 등의 변수가 있는 경우에만 연기하는 편이 바람직하다. 사역 시작 후 얼마 만에 이양하는 것이 적합하느냐 하는 문제는 현지 사정과 선교사의 리더십 스타일에 따라 차이가 있을 것이지만, 빠른 경우에는 고작 3년 만에 이양하는 사례도 있었다. 변창욱 교수는 45개 이상의 교회를 개척하고 성공적으로 리더십을 이양했던 인도네시아 주재 안성원 선교사의 예를 소개하면서 성공 요인을 이렇게 설명한다.

— 3-5년 안에 현지인 리더십에 이양하겠다는 분명한 목표를 세웠다.
— 현지 교회가 목회자 사례비를 감당할 수 있을 정도의 출석 교인(도시 30명, 시골 60-70명)을 확보하면 지체하지 않고 현지인 목사에게 이양했다.
— 선교사는 최소 6개월간 현지인 목사와 같이 사역하며 목회 전반에 참여시켰다.
— 현지 교인들 스스로 전도하고 선교에 참여하도록 훈련시켰다.
— 현지 교회를 자립 교회뿐 아니라 선교하는 교회로 양육했다.[16]

이와 같이 안성원 선교사는 이양에 대한 선교사의 굳은 의지와 그에 따른 정책과 방안, 그리고 현지 교회에 대한 높은 이상을 통해 현지 교회들을 선교하는 교회로까지 성장시킬 수 있었다.

둘째, 선교사가 사역 초기부터 리더십 이양을 위한 장기적 계획을 세우고, 그에 따른 단계별 전략을 마련해야 한다. 그렇지 않으면 눈앞의 일들 처리하느라 장기 계획 한 번 못 세우는 경우가 비일비재하다. 처음부터 현지인들을 참여시켜 함께 꿈을 꾸고 함께 계획과 전략을 세울 때, 현지 사정에 대한 이해 부족으로 생길 수 있는 실수도 예방하고 현지인들의 자발적이고 적극적인 참여를 유도할 뿐 아니라, 장기적으로 현지 리더십을 양성해 나갈 수 있는 토대를 마련할 수 있다.

셋째, 현지 목회자와 교인들에게 자립을 위한 교육과 훈련을 실시해야 한다. 의존적 관계의 병폐를 알려 주고 헌신과 책임감, 자긍심을 갖도록 도와주어야 한다. 한국 교회가 선교 초기에 성미와 날연보 등 여러 창조적인 방법으로 빠른 자립을 이루었던 점들을 가르치는 것도 도전과 격려가 될 수 있다. 쉬운 길보다 힘들어도 바른 길을 선택하는 것이 선교의 궁극적 목표를 향해 가는 지름길이다.

현지인 리더십 양성과 이양은 선교의 성패를 좌우하는 가장 핵심적인 부분이다. 어떤 선교 대회에서 아이티의 한 선교사가 "이 지역에 10개의 교회를 세우는 것이 목표인데 현재 7개의 교회를 세웠다"고 발표하자 한 장로님이 나서서 교회 하나를 지어 주고 싶다고 제안했다. 기뻐하리라 예상했던 선교사의 대답은 의외로 거절이었다. 선교사는 "지금 준비된 사역자가 7명밖에 없기 때문에 그 건축은 나중에 사역자가 더 준비된 후에 해달라"고 정중히 사양했다. 그 한마디로 자리에 있던 많은 사람들은 현지 사역자 양성이 얼마나 중요한지 깊이 느낄 수 있었다. 교회를 건축해도 목회자가 없으면 결국 건물만 남아 다른 용도로 바뀌는 경우가 종종 있지만, 잘 양육된 목회자가 있으면 국가적 정책이 바뀌거나 상황이 어려워져도 새로운 교회들이 생겨날 수 있다. 선교지의 리더십 양성은 현지 교회의 자립과 성장 그리고 성숙에 직결되어 있다. 오늘의 한국 교회가 괄목할 만한 성장을 이룬 것은 초기 선교사들이 일찍부터 인재들을 발굴하고 본국으로까지 보내 당대 최고의 교육을 받게 해 차세대 지도자를 적극적으로 키워 낸 결과임을 기억해야 한다. 우리도 선교지의 50년 후, 100년 후를 기도로 준비하며 우리가 받은 사랑의 빚을 갚아 나가야 할 것이다.

사회에 선한 영향력을 끼치는 교회를 위하여

복음을 전파하려는 노력은 기독교가 생긴 이후 계속되어 왔으며 한국 교회 지난 100년간의 성장은 전 세계의 주목을 받았다. 그동안 복음을 전하다가 순교한 사람들을 비롯한 많은 이들의 고귀한 희생과 노력으로 지금 한국에는 개신교 인구가 약 967만 명, 천주교까지 합하면 1,356만 명이 되었다. 이렇게 복음을 받아들인 사람들이 증가했다면 이 세상도 조금이나마 더 복된 세상이 되어 있어야 한다. 그런데 세상은 점점 더 악하고, 더 문제가 많이 생기고, 점점 더 살기 어려운 세상이 되고 있다. 목숨 걸고 예수를 전한 결과가 더 악한 세상이라면 뭔가 심하게 잘못된 것이다. 정말 두려운 것은 이대로 가다가는 아무리 전도하고 선교해도 세상이 더 나아지지 않으리라는 것이다.

교육도 마찬가지다. 더 높은 학위를 가진 선생들과 더 좋은 교육 시설, 과거와는 비교도 할 수 없을 정도로 발전된 교재를 사용하는데도 범죄가 늘어나고 불의, 부정, 부패가 없어질 줄 모르며 연일 들려오는 폭력과 테러, 전쟁 소식이 모두를 불안하게 만들고 있다. 교육률 높은 사회가 더 좋은 사회가 되지 못하고 있으며, 기독교인이 많다고 해서 그렇지 않은 나라보다 범죄율이 낮은 것도 아니다.

다행히 미래에 대한 현지인들의 소망이 자립 교회로 끝나지 않고 '사회에 본이 되기를' 원하고, '사회에 선한 영향력을 줄 수 있기를' 염원하는 모습은 우리 선교의 가장 긍정적인 열매들 중 하나다. 그런데 불행히도 이 부분은 후원 교회들이 대체로 잘 다루지 못하는 부분이

다. 더 많이 전도하거나 더 열심히 선교하고 더 좋은 교육을 시키는 것
만으로는 부족하다면, 우리는 과연 무엇을 달리해야 하는 걸까?

현장과 실천 중심의 선교적 관심

볼리비아 산타크루즈에서 목회자 교육을 할 때였다. 갑자기 현지
선교사들이 "내일은 감옥 가셔야 됩니다"라고 이야기하는 것이 아닌
가. 깜짝 놀라 이유를 물었더니 감옥 안에 신학교가 있다는 것이었
다. 그 감옥은 죄수의 식구들도 같이 들어가 살 수 있게 되어 있어 나
름 한 마을을 이루고 있었다. 거기에는 교회도 있었는데 그곳에서 신
학교가 운영되고 있었다. 학생들은 모두 죄수들이었다. 이곳에 신학교
가 생긴 이유는 죄수와 그 가족, 특히 감옥에서 태어나거나 성장한 어
린이들이 오래 감옥에 있다가 어른이 되어 사회에 나가면 적응을 못
하고, 오히려 감옥이 익숙해 다시 죄를 짓고 감옥으로 오기 때문에 죄
수 출신 목회자를 양성해서 그들의 변화를 돕겠다는 것이었다.

모여 있는 수십 명의 죄수 학생들에게 우리 쪽 강사가 처음 한 말
은 "행복하십니까?"였다. 죄수로 갇힌 사람들에게 생뚱맞은 질문이 아
닐까 걱정했는데 뜻밖에 그들은 밝은 음성으로 대답했다. "네, 행복합
니다." 그러자 강사는 "왜 행복하십니까?"라고 질문을 던졌다. 그 질문
에 몇몇 죄수들은 "예수님이 우리와 함께하시기 때문입니다"라고 대답
했다. 그들의 얼굴에 나타난 진실함과 당당함은 방문자들에게 큰 감
동을 주었다. 강의 시간 내내 지속된 그들의 집중과 열정뿐 아니라 성
경에 대한 지식도 예상을 넘어서는 것이었다. 그들은 자신들의 어려운
상황에 분노하거나 좌절하고 한탄하는 사람들이 아니라, 어서 빨리 배
워서 목회를 하고 싶어 하는 미래의 동역자들이었다. 이런 사람들에

게 외부인이 흔히 가질 수 있는 일반적인 추측대로 '죄수들의 어려움과 상처' 등에 관한 강의를 했더라면 그닥 도움이 되지 않았을 것이다. 교육은 그들이 처한 상황에 대해 정확히 이해하는 것에서 시작되어야 하고, 사회문화적 상황context 안에서 적절히 실천되도록 해야 한다.

요즘 미국은 많은 학교에서의 강의 평가teaching evaluation를 결과 평가outcome assessment로 전환하고 있는 추세다. '교수가 무엇을 얼마나 잘 가르치느냐'보다 '학생들이 무엇을 배웠는가', '그 배움이 현장에서 어떤 결과를 낳았는가'에 교육의 성패가 달려 있다는 것을 깨달은 것이다. 즉, 교사는 가르치고 싶은 것을 가르치는 데 만족하지 말고 학생들에게 필요한 것, 그들의 삶과 사회에 도움이 되는 것을 가르쳐야 한다는 뜻이다. 이를 위해 반드시 교육받는 이들의 현장을 이해하고 그들의 생생한 질문, 고민, 절망과 희망을 먼저 듣고 배워야 한다.

그간 우리의 선교는 현지인들이 받은 복음을 실천하도록 훈련하는 일에 별반 노력을 기울이지 못했다. 그러나 예수는 "너희는 가서 모든 민족을 제자로 삼아 아버지와 아들과 성령의 이름으로 세례를 베풀고 내가 너희에게 분부한 모든 것을 가르쳐 지키게 하라"(마 28:19-20)고 하셨다. 가르치라고만 하신 것이 아니라, 가르쳐서 지키게 하라고 하신 것이다. 한국의 기독교인들이 선교사들에게서 배운 것을 정말 지켰다면, 한국은 지금과 많이 다른 곳이 되어 있을 것이다. 우리는 선교의 관심을 현지인들이 그들의 사회문화적 상황 속에서 복음을 어떻게 실천할 것인가로 옮겨야 한다. 이런 관점에서는 현장의 질문을 듣지 않고 우리가 미리 준비한 모범 답안만을 제시해서는 안 된다. 무엇을 가르칠 것인지를 먼저 정하지 말고 선교지에 무엇이 필요한지 정확하게 이해하자. 또 그들에게 전하는 복음이 그들의 삶에서, 사회에서 실천되는 것까지 돕도록 하자.

실천의 장애요소

2015년 4월 25일, 네팔에 지진이 일어난 다음 날, 벌써 2,000여 명이 죽었다는 뉴스가 나온 뒤 이어진 보도에 젊은 엄마 아빠들이 아이들을 데리고 꽃구경하면서 "너무 너무 좋아요"라고 활짝 웃는 모습들이 전해졌다. 이웃 나라에서는 그렇게 많은 사람들이 죽고, 아직도 흙더미 속에 깔린 사람들을 찾느라 손톱과 손이 피투성이가 되면서 폐허를 헤치고 있는데, 그렇게 많은 사람들이 집과 가족을 잃고 길가에 나앉아 다가오는 여진을 두려워하며 아이들을 부둥켜 안고 울고 있는데, 아무리 아이들과 약속했고 간절히 가고 싶다 해도 "다른 사람들에게 그렇게 큰 고통이 닥쳤으니 우리가 쓰려 했던 돈을 네팔에 보내자" 하고 아이들 손을 잡고 고통당하는 사람들을 위해 기도한다면, 우리 아이들은 다르게 자라날 것이고 이 세상 또한 달라질 것이다.

그런데 어느새 우리 교회는 나와 다른 사람, 개인 성화와 사회 성화, 이론과 실천, 지식과 적용, 교실과 현장 등 둘로 나누어져서는 안 될 것들이 분리되어 둘 중에 하나만 해도 괜찮은 곳이 되어 버렸다. 심지어 어느 한쪽만 잘해도 된다고 주장하는 사람들도 있다. 예수가 "네 이웃을 네 자신같이 사랑하라"고 하셨는데도 기도만 잘하면, 성경만 잘 알면 이웃 사랑은 남의 일이어도 괜찮다는 식이다. 복음의 사회적 실천에 대해 제대로 훈련받지 못한 우리 교회와 선교사들은 현지인들에게도 이를 균형 있게 가르칠 수가 없다. '우리는 하나님 안에서 모두 한 형제자매'이며 '이웃을 우리 자신같이 사랑해야 한다'는 것을 아는 것과, 다른 사람들의 어려움과 고통을 위해 무언가를 하는 실천이 따로 떨어질 수 없음을 알고 그대로 실행할 때 우리도 사회에 선한 영향을 회복하고 선교지의 현지인들에게 복음으로 변화된 삶의 참된 모습을 증거할 수 있을 것이다.

선교 사역의 성패 여부를 단순히 교인들의 머릿수로 평가하는 경향도 버려야 한다. "현지인들이 살기 어려울 때는 교회에 잘 나오다가 도와주고 취직시켜 줘서 살만 해지니 안 나온다"면서, 그런데도 도와야 하는지 고민이 된다는 선교사들의 말을 들었다. 선교사들이 고민하니 나도 고민하다가 문득 우리가 "몇 명 모으느냐"로만 선교의 성패를 가늠하고 있지 않나 하는 생각이 들었다. 사실 후원 교회와 교인들은 숫자에 중요한 의미를 부여하기 때문에 숫자가 선교에 큰 영향을 미친다. 모아야 가르칠 수 있으니 모아야겠지만 우리는 모인 사람들의 수가 적으면 선교 혹은 목회가 실패라고 실망하게 되는 경향이 있다. 웨슬리신학교의 데이비드 총장은 이렇게 이야기한다. "역사상 어느 교회도 성장만 계속한 교회는 없다. 교인 수가 늘어나던 교회들도 어느 순간인가는 멈추었고, 그러다가 없어진 교회도 많다." 그렇다면 모든 교회가 언젠가는 실패한다는 말인가? 그렇지 않다. 역사 속에서 자신의 역할을 잘 감당하고 인류 역사에 좋은 흔적을 남긴 교회들이 많았고, 그 열매가 바로 지금 우리들이다. 선교와 목회를 평가하는 기준을 다시 생각해야 한다. 모이는 숫자로 성공과 실패를 가늠하는 한 모든 교회는 언젠가 실패했다고 실망할 수밖에 없고, 그러한 실패를 경험하고 싶지 않아 변칙을 사용하게 된다.

세상을 살리는 교회

일본에서 존경받고 있는 한 일본인 목사는 2차 세계대전 후 친구들의 권유로 마지못해 교회에 다니기 시작했다. 그런데 어느 날 보니 그 친구들은 하나도 교회에 남아 있지 않고 자기는 목사가 되어 있더라는 것이다. 도대체 이유가 무엇인지 곰곰히 생각해 보았다는 그는 다음과 같이 설명했다.

"기독교를 어디에 받아들이느냐가 중요한 것 같다. 머리에 받아들인 친구들은 영어를 배우고, 새로운 것을 배운 후엔 교회를 떠나더라. 가슴에 받아들인 친구들은 설교를 들으며 감동했었는데 그 감동이 식으니 또 교회를 떠나더라. 그런데 나는 왜 남아 있을까 생각해 보았더니, 나는 기독교를 나의 생활에 받아들였기 때문인 것 같다."

기독교를 생활에 받아들인 또 다른 사람들은 초대교회 교인들이었다.

> 믿는 사람이 다 함께 있어 모든 물건을 서로 통용하고 또 재산과 소유를 팔아 각 사람의 필요를 따라 나눠 주며 날마다 마음을 같이하여 성전에 모이기를 힘쓰고 집에서 떡을 떼며 기쁨과 순전한 마음으로 음식을 먹고 하나님을 찬미하며 또 온 백성에게 칭송을 받으니 주께서 구원받는 사람을 날마다 더하게 하시니라(행 2:44-47)

예수와 함께하였거나 예수의 죽으심과 부활을 목격한 혹은 직접 전해 들은 초대교회 교인들은 전해야 할 복음을 분명히 갖고 있었다. 그리고 그들은 이 복음을 그들의 생활에 받아들여 실천했고, 이웃의 생활에 적용하여 사회에서도 칭송받았다. 복음을 받는 사람들이 복음을 전하는 사람들의 삶을 칭찬하고 존경할 수 있게 되었을 때, 날마다 구원받는 사람이 증가하는 결과를 낳았다.

목회, 선교, 교육의 평가 기준은 어디까지나 '이 세상에 얼마나 선한 영향력을 끼쳤으며, 과연 이 세상을 하나님 보시기에 기뻐하시는 곳으로 만들고 있느냐'여야 한다. 2013년 세계교회협의회WCC의 선교

분과 위원회에서 발표한 문서는 "만일 교회가 선교하지 않으면 더 이상 교회가 아니다"라고 선언하고 하나님이 앞장서신 선교의 목적은 "생명의 충만함이며 그것이 선교를 분별하는 기준"이라고 결론지은 바 있다.[17]

부패했던 영국 사회에 변화의 혁명을 일으켰던 요한 웨슬리 목사는 "선은 다른 사람의 행복을 증진시키는 것이고, 악은 그 반대"[18]라고 했다. 즉, 선을 행하지 않는 것은 악이라는 뜻이다. 종교개혁을 일으킨 마르틴 루터도 로마서 서문에서 "(믿음은) 항상 선을 행하는 것 이외에 다른 것을 할 수가 없다. 이렇게 살고 있지 않은 사람은 믿음이 없는 것이다"라고 했다.[19] 선을 행하지 않는 사람은 믿음도 없는 사람이라는 것이다. '저이는 선을 행하지 않지만 믿음은 좋다'는 말은 성립될 수 없다. 믿음과 선행은 구별될 수 없고, 구별되어서도 안 된다. 이를 지켜 선교사와 후원 교회들이 먼저 본을 보여야 한다.

남아공에 있는 한 박물관에 전시된 사진 아래에 "선교사들이 왔을 때 그들의 손에는 성경이, 우리에게는 땅이 있었다. 이제 우리 손에는 성경이 있고, 그들에게는 땅이 있다"는 글이 적혀 있다. 과거에 수많은 백인 선교사들이 선교지를 착취하고 이익을 취한 것을 빗대어 한 이 말은 오늘날 우리에게도 경종을 울린다. 우리가 선교지에서 땅을 뺏은 일은 없지만 혹시라도 선교라는 이름으로 이익을 취하게 된다면 결코 이런 비난에서 자유롭지 못할 것이기 때문이다. 우리의 선교는 먼저 우리가 받은 복음의 실천이어야 한다. 올바로 전하고 선교를 통하여 그 실천을 올바로 보이며 그들이 받은 복음을 지키도록 도울 때 함께 세상을 살리는 교회, 세상에 선한 영향력을 끼치는 교회를 세워 나갈 수 있을 것이다.

협력을 위하여

아무 일에든지 다툼이나 허영으로 하지 말고 오직 겸손한 마음으로 각각 자기보다 남을 낫게 여기고 각각 자기 일을 돌볼뿐더러 또한 각각 다른 사람들의 일을 돌보아 나의 기쁨을 충만하게 하라 너희 안에 이 마음을 품으라 곧 그리스도 예수의 마음이니(빌 2:3-5)

자립하는 교회, 선교하는 교회, 세상에 영향을 끼치는 교회가 되기 위해서는 선교사, 현지인, 후원 교회들이 서로 협력해야 한다. 바로 이 '협력 선교'가 현지인들의 소망이기도 하다. 그럼에도 협력 선교가 이루어지지 않는 이유를 현지에서 찾아보니 대략 세 가지를 꼽을 수 있었다. 첫째 선교사들 간의 경쟁과 분열, 둘째 선교사와 현지인과 후원 교회 사이의 갈등과 그로 인한 상처와 불신, 셋째 소통의 부족과 미숙이다.

NCOWE V 광범위 리서치팀에서 발표한 '125년 한국 교회와 선교, 그 벤치마킹 모델 만들기' 연구 보고서는 한국 선교가 당면한 가장 중요 문제들 중 하나로 분열과 경쟁을 꼽았다. 교단 간, 현지인과 선교사, 또 선교사 사이의 분열과 경쟁이 가장 큰 이슈 중 하나라는 말이다. 이 분열과 경쟁의 문제는 대부분의 선교사들도 해결해야 하는 문제로 언급하고 있고, 현지인들도 이 문제를 안타까워하고 있다. 선교사들 간의 분열과 경쟁은 중복 투자, 고비용 선교 등을 가져오며, 이보다 더 큰 문제는 현지인들에게 본이 되지 못하고 비난을 받으며 결국 신뢰와 영향력을 잃게 되는 것이다. 교단 간의 화합이 이루어지지 않은 경우 현지인들까지 분열시켜 비난을 산다. 선교지들 대부분이 어려운 상황이고 해야 할 일은 산적해 있는데 선교사들 혹은 교단이나 선교단체 사이의 경쟁이나 분열로 선교에 큰 장애가 생긴다는 건 안타깝기 그지없는 일이다.

이 같은 분열과 경쟁은 선교가 '나의 사역'이라 여기는 오해에 기인하고 있다. 선교는 하나님의 선교이기 때문에 나 개인의 선교일 수 없다. 모든 선교사들과 후원 교회, 선교 단체들은 하나님의 팀이다. 팀으로 하는 경기에서는 어떤 선수가 실수를 하거나 심지어 자살골을 넣어도 그 팀이 이기면 다같이 이기는 것이 된다. 경기 중에 다리가 부러지거나 팔을 다치는 부상을 당했어도 그 팀이 이기면 함께 승리하는 것이다. 그러므로 선교는 하나님 팀의 선수들이 각각 맡은 역할을 하는 '팀 사역'이고, '우리 선교'임을 잊지 않는 마음이 기본적으로 필요하다.

갈등을 대하는 자세

아시아의 한 선교사로부터 신학교를 만드는 일에 협력해 달라는 부탁을 받고 현지를 방문한 적이 있다. 그런데 막상 가서 보니 같은 교단의 다른 선교사가 또 다른 신학교를 운영하고 있는 것이었다. 신학교가 두 개씩이나 필요한 상황이 아니었기 때문에 난 두 신학교가 합치면 돕겠다고 하고 미국으로 돌아왔다. 몇 달 후, 그 두 신학교는 합치기로 결정했고, 함께 개교식을 하기로 했으니 참석해 달라는 부탁을 받았다. 그런데 현지에 도착해 보니 내가 그곳에 가는 동안 다시 갈라졌다는 것이다. 그 이유를 물었더니, "선교지에서 신학교를 한다는 것이 얼마나 힘든가. 선교사들의 마음이 잘 맞아도 어려운데 아무리 해도 마음이 딱 맞지 않아서 차라리 각각 하기로 했다"는 것이었다. 난 그 선교사님에게 이렇게 물었다. "지금까지 살면서 선교사님 마음에 딱 맞는 사람이 누구였나요?" 한참을 생각하던 그분은 아무도 없는 것 같다고 답했다. 반백 년을 함께 살아도 부부 사이에 마음 안 맞는 일이 다반사고 같은 부모에게서 태어난 형제 자매들 사이에도 이런 저런 갈등이 있다. 심지어 한날, 한시, 한 부모에게서 태어난 쌍둥이도 마음이 딱 맞지는 않는다.

하나님은 태초부터 지금까지 이 세상에 태어난 모든 사람을 각각 다르게 만드셨다. 그러므로 우리 마음이 딱 맞지 않는 것은 누구의 잘못도 아니고 당연한 것이다. 각종 갈등과 싸움의 원인이 되는 '다름'은 과연 '저주'일까? 아니다. 하나님께서 당신의 계획 가운데 모두를 다르게 창조하신 건 오히려 우리에게 선물이고 축복이다. 만일 모두가 똑같다면 누구나 같은 일만 하려고 들 것이다. 각각 다르기 때문에 잘하고 좋아하는 일의 성격도 다르고, 그 은사에 따라 일을 분담하면 훨씬 더 좋은 결과가 생길 수 있는 것이다.

'다름'이 선교지에서도 갈등의 원인이다. 그러나 이것은 '다름'의 섭리를 잊고 다른 사람들도 나와 같은 방식으로 생각하고 행동할 거라고 무의식 중에 기대하기 때문에 생기는 불행이다. 그러다 보니 상대방에게서 내 기대와 다른 행동이나 반응을 보게 되면 "어떻게 그럴 수가 있지?"라고 생각하거나 나아가 분노나 좌절을 느끼는 것이다. 그 강도가 높을 때는 감정이 더욱 고조되어 상대방의 입장이나 설명에 마음을 닫게 되고, 자신의 '생각'을 '사실'이라 믿게 된다. 이러한 갈등 상황 속에서 우리가 할 수 있는 것은 무엇일까?

— 서로 다르다고 해서 언제나 누군가 맞고 누군가 틀린 건 아니라는 걸 기억해야 한다. 갈등이 있을 때 성급하게 시비를 가리려는 욕망에서 한 발 물러설 줄 알아야 한다.

— 모두가 다르기 때문에 갈등은 당연히 생긴다고 생각해야 한다. '다름'으로부터 달아나 피하는 건 좋은 방법이 아니다. 문제로부터의 회피는 오히려 더 나쁜 결과를 초래하게 된다. 갈등이 생기는 것을 보고 불안해하거나 죄책감을 갖거나 두려워할 때보다는 갈등을 당연한 것으로 여기고 긍정적인 마음으로 대처할 때 훨씬 좋은 결과를 얻을 수 있다.

— 이 세상의 모든 갈등을 다 해결할 수는 없다. 어떤 갈등은 반드시 해결할 필요가 없다. 갈등이 해결되지 않아도 공존하고 동역하는 것이 충분히 가능하기 때문이다. 서로 다름을 하나님의 축복이라 생각하고 창조적으로 대할 때, 기대하지 않았던 좋은 결과를 경험할 수 있다. '갈등 해결conflict resolution 방법'만 찾을 게 아니라 '갈등 관리conflict management'도 배워서 시행해야 한다.

— 한때 배웠던 검도장 관장님이 이렇게 말씀하셨다. "나를 알고, 적을 알면, 싸울 일이 없다." 자신이 뭘 원하는시 잘 알고 있다고 생각했는데 알고 보니 전혀 다른 것이 필요했던 경우를 종종 경험할 수 있다. 더군다나 타인이 원하는 것에 대해서라면 정확하게 모르는 것이 당연하다. 추측은 더 심한 갈등을 초래할 수 있다. 우선은 대화를 통해 상대의 의중을 정확히 확인해야 하고 지금 자신이 주장하는 것도 정말 원하는 것이 맞는지 점검해 봐야 한다.

— Win-Win 하는 전략을 취한다. 갈등을 승부처럼 생각하면 상대의 시도를 무산시키고 나의 요구를 관철시켜 '승리'를 거두는 데 집중하게 된다. 즉, 상대가 원하는 것을 얻으면 내가 진다고 생각하는 것이다. 그러나 두 사람 모두 자기가 원하는 것을 얻을 수 있다는 희망을 가지고 열린 마음과 넓은 시야로 접근하면 두 사람 모두 원하는 것을 얻거나 혹은 제3의 대안을 찾을 수 있다. 설령 마지막 결과가 만족스럽지 않더라도 서로 상대방이 원하는 것을 이루어 주기 위해 노력하는 모습

을 보게 되면 적어도 관계가 깨지는 것은 막을 수 있다.

— 갈등의 최대의 적은 죄책감, 두려움, 욕심, 분노 등의 감정이다. 나는 내가 이끄는 그룹에서 갈등이 생기면 나의 능력 부족이라 여기고 고민하며 갈등부터 해결하기 위해 많은 노력을 쏟았다. 그러느라 일이 지연되기도 하고 그만큼 고생하기도 했다. 그러나 위에 언급한 선교사와의 대화 이후에는 갈등을 먼저 해결하려 하는 대신, 모든 멤버들이 이루어야 할 일과 목적에 관심과 노력을 집중하도록 했는데 오히려 좋은 결과를 얻을 수 있었다. 갈등이 생겼을 때 두려워하거나 화를 내는 등 부정적인 감정을 갖게 되면 갈등은 더 심해지므로, 평정을 유지하고 사역에 중심을 두는 것이 현명한 선택이다.

소통의 중요성

선교지에서 오가는 대화를 들어보면 선교사와 현지인 그리고 후원 교회 대표들이 서로 자기 하고 싶은 말만 하는 경우가 있다. 상대방이 뭐라고 반응하든지 별로 개의치 않고, 자기가 전하려고 하는 말만 되풀이하는 모습이었다. 물론, 누구나 대화할 때는 자기가 하고 싶은 말을 전하려고 노력하는 법이다. 그러나 대화의 궁극적인 목적은 내가 하고 싶은 말을 하는데 그치지 않고 나의 메시지를 상대방이 이해하도록 만드는 것이다. 따라서 말을 할 때 상대방에게 어떻게 들릴지 고려하고 그 결과 상대가 무엇을 들었는지 확인할 필요가 있다. 듣는 입장이 되었을 때도 상대방의 입장을 생각하고 중간중간 자신이 제대로 들은 것이 맞는지 물으며 듣는 게 좋다. 특히 통역을 통해서 대화할 때에는 더욱 주의를 기울여야 한다.

또 권력이 있는 사람이 그렇지 않은 사람과 소통할 때에는 반드시 상대방을 존중하고 인정하는 자세가 선행되어야 한다. 후원 교회 목회자들이나 배우자들까지 선교사를 무시하며 일방적인 지시나 요구를 하는 모습을 종종 보았고, 선교사들도 현지인들에게 고압적인 자세로 대화하는 경우를 종종 경험했다. 현지인들은 자신이 선교사들에게서 존중받지 못하고 무시당한다는 느낌을 많이 받는다고 한다. 물론 서로의 문화가 다른 이유도 있지만 '가르치기 위해 왔다'고 생각하는 선교사들의 자세가 은연중에 전달되기 때문이기도 하다. 경험이 많은 선교사가 새로 온 선교사들을 대할 때에도 상대방의 상황이나 기대, 필요, 어려움 등에 대해 들으려 하기보다 자신이 아는 것을 가르치기에 급급한 것도 좋은 소통이 아니다. 별거 아니라고 생각할 수 있지만 소통의 부족이나 미숙함은 오해와 불신, 갈등으로 이어져 관계의 단절까지 초래할 수 있다. 서로 배울 것이 있음을 인정하고 상대방을 존중하며 열린 마음으로 대화할 때 좋은 소통이 이루어지고 협력할 수 있는 자원이 풍부해진다.

팀 사역

30년 이상 선교하면서 세계적인 존경과 신뢰를 얻고 있는 한 선교사가 '팀은 가장 강력한 힘'이라고 강조했다. 선교사가 아무리 많이 알고 오랜 기간의 경험을 쌓았어도 모든 것을 알 수는 없고 다 잘할 수도 없다. 그러므로 서로 연합하여 각 사람의 정보와 경험, 전문성, 은사 등을 효율적으로 사용할 때 시너지 효과가 극대화될 수 있다. 선교단체와 선교 연구 단체들, 선교사들과 현지인 모두 이구동성으로 팀 사역의 필요성을 강조하고 있다. 선교사들 간의 사역뿐만 아니라 후원 교회와 현지인도 한 팀으로서 유기적인 관계를 유지하도록 애써야 한다.

특별히 이에 대한 신학적·신앙적 기반을 확고히 할 때 선교지에서의 진정한 연합과 협력이 제대로 지속될 수 있을 것이다. 예수님도, 바울도 혼자 사역하지 않고 팀으로 사역했던 것을 모델 삼아, "각각 은사를 받은 대로 하나님의 여러 가지 은혜를 맡은 선한 청지기같이 서로 봉사하라"(벧전 4:10)는 바울의 가르침을 기억하고 실천한다면 하나님 보시기에 아름다운 연합을 이룰 수 있을 것이다.

오바마는 대통령이 된 후 경선 경쟁자였던 힐러리를 국무장관에 임명했다. 힐러리가 국무장관으로서 라이베리아를 방문했을 때 기자들로부터 "당신은 오바마 대통령과 정적인데 어떻게 그 밑에서 일할 수가 있습니까?"라는 질문을 받았다고 한다. 힐러리는 이렇게 대답했다. "우리 둘 다 미국을 사랑하기 때문입니다Because we both love America." 우리도 이런 마음(자세)을 갖는다면, 한 분이신 하나님을 사랑하는 사람들로서 서로 달라 경쟁하는 자리에 서게 될지라도, 혹은 상대의 생각에 동의하지 않거나 서로 상처를 주고 받았다 할지라도 함께 연합하여 선교할 수 있다.

아프리카에 이런 속담이 있다고 한다. "빨리 가려면 혼자 가라. 멀리 가려면 같이 가라."

이제까지 1장에서는 선교 현장의 소리를 중심으로 지금 한국 교회의 선교가 당면한 상황을 점검하고, 이를 기준으로 2장에서는 한국 교회 선교가 어떻게 나아가면 좋을지, 무엇이 변해야 할지 제안해 보았다. 3장에서는 한국 교회 선교에 변화를 일으키기 위해 '누가' 변해야 되는지 생각해 보기로 하자. 아무리 좋은 정책과 방안이라도 이것을 실행하는 사람이 변하지 않으면 소용이 없기 때문이다.

3. 누가 변해야 하는가

후원 교회가 변해야 한다

"후원 교회는 현지에서 일어나는 하나님의 선교 역사에 민감하게 마음을 열고, 듣고, 봐야 합니다. 선교지에 임하는 하나님의 은혜와 축복은 우리에게도 은혜요, 축복이라고 마음먹을 때 진정한 협력이 일어납니다"(C국 선교사).

우리는 "후원 교회의 담임목회자가 바뀔 때 아무 의논이나 후속 조치 없이 후원을 끊어 버리는 경우가 비일비재하다"는 말을 어느 나라에서나 들을 수 있었다. 한 선교사는 다음과 같이 교회들의 선교 참여 문제점과 그 답안까지 제시하기도 했다. "선교가 교회의 프로그램 중 하나가 아니라 모든 교회의 존재 목적이라는 확신이 중요합니다. 선교적인 교회가 되는 거지요. 그러면 자연스럽게 많은 문제들이 해결될 것입니다. 현재는 그런 의식 없이 하나의 프로그램으로 진행하다가 몸이 멀어지면 마음도 멀어진다고 점점 형식적인 후원이 되고, 조금만 어려움이 있거나 후원 교회 목회자가 바뀌게 되면 바로 정리되는 슬픈 경우를 많이 경험하게 됩니다."

선교지에서 선교사의 역할이 가장 크다고들 알고 있지만 실제로 선교사의 선발과 사역에 대해 막강한 결정권을 가지고 있는 후원 교회의 영향력은 생각 이상으로 크다. 한국 교회 선교의 모든 열매는 후원 교회들이 있었기에 가능했었다고 해도 과언이 아니고, 아무리 좋은 프로젝트라도 만약 후원 교회가 지원하지 않으면 실행되기 어려운 실정이다. 후원 교회를 향해 "선교사와 선교 구조가 건강해지는 일에 앞장서 달라"는 현지인의 부탁을 통해서도 우리는 선교지에서 후원 교회의 역할이 얼마나 중요한지 알 수 있다. 따라서 한국 교회 선교에 변화를 일으키기 위해 가장 먼저 변하고 변화를 주도해야 하는 것은 바로 후원 교회다. 후원 교회에 요구되는 역할은 앞으로도 막중할 것이다.

선교학자들도 "교회의 목적은 선교다. 선교하지 않는 교회는 교회가 아니다"라고 하며 선교하는 교회의 사명에 대해 강조한다. 한국 교회도 열심히 선교에 참여해 세계의 모범이 되고 있다. 하지만 위 선교사의 언급처럼 선교를 하나의 프로그램으로만 생각하는 교회들도 많다. 선교지에 대한 충분한 고려 없이 후원을 끊어버릴 경우 사역의 연속성이나 지속성을 해쳐 큰 위기를 가져오기도 하기 때문에, 참여를 결정할 때 후원 교회의 구성원 모두가 '선교적 교회'로서의 비전을 공유하고 이것이 교회의 본래적 목적을 이루기 위해 반드시 필요하고 귀중한 역할임을 이해해야 한다.

후원 교회부터 이러한 관점의 변화가 시작되지 않으면 다른 선교 주체들의 변화도 기대하기 어렵다. 이들이 한국 교회 선교가 어디로 향해야 하는지 바로 알고 올바른 결정을 내려 주어야 우리 선교 사역이 건강하게 지속적인 성장을 해나갈 수 있다. 전통적으로 선교의 대표 주자 역할을 맡아 왔던 이스라엘을 비롯해 스페인, 포르투갈, 영국 등 여러 나라들도 이제는 뒤로 물러나 많은 비난을 받고 있다. 한국이 이와 같은 전철을 밟지 않으려면 다음과 같은 결단과 변화가 필요하다.

선교사 후원에 대하여

선교사 선발 |　　선교사에게 가장 중요한 것은 성품이다. 성품은 잘 변하지 않을뿐더러 현지인들의 신뢰를 얻고 협력 관계를 만들어가는 데 결정적인 요소가 되기 때문이다. 따라서 먼저 선교사를 선발할 때는 그 성품을 살펴본 뒤 역량을 보는 것이 좋다. 선교사 선발에 대해 선임 선교사, 현지 지도자 그리고 후원 교회 목회자들의 조언을 종합하면 다음과 같다.

— 선교에 대한 소명과 부르심이 확실해야 한다. "환상이나 의지가 아닌 소명이 분명해야 한다"고 선임 선교사들은 강조한다. 목회도 마찬가지지만 낯선 곳에 가서 받을 준비가 되지 않은 사람들에게 복음을 전해야 하는 선교사는 더더욱 확실한 소명 의식을 갖고 있어야 한다.

— 현지인도, 후원 교회도 모두 '믿을 수 있는' 선교사를 원한다. 인격적으로 성숙하여 신실하고 신뢰를 얻을 수 있는 사람이어야 한다.

— 적어도 '5년 이상 목회한 경험이 있는 사람'이 좋다. 평신도 전문 선교사의 경우는 예외에 속하지만 일반 선교사는 현지인들을 위한 목회도 해야 하고 현지인 사역자들이 목회할 수 있도록 가르치고 훈련하기도 해야 하는데 목회 경험이 뒷받침되어야 시행착오를 줄일 수 있다. '목회'를 모르고는 선교도 어렵다.

— 자신의 은사와 재능을 잘 알고 활용할 수 있어야 한다. 자신의 장단점과 특별한 재능을 받은 분야가 무엇인지 파악하고 있어야 선교지 사역은 물론 협력 선교를 펼칠 때도 시너지를 낼 수 있다. 자신이 잘할 수 없는 부분에 매달리다 보면 시간과 자원을 낭비하게 된다. 부족한 부분에서는 다른 사역자의 도움을 받을 수 있어야 하는데 자신이 모두 다 하려고 하면 연합이 어려워진다.

— 나와 '다른 문화, 다른 사람, 다른 견해, 다른 스타일' 등에 대해 유연하게 생각하

고 열린 자세를 견지하는 사람이어야 한다. 자신과 다른 사람의 말을 경청하고 존중하는 자세여야 선교지에서 좋은 관계를 쌓을 수 있게 때문이다. 상대적으로 성격이 강한 사람이라면 자기의 강함을 알고 필요할 경우 그 강함을 억제할 수 있는 지혜와 능력을 갖추어야 한다.

— 자신의 상식과 다른 스타일이나 견해도 존중할 수 있는 포용성을 갖고 누군가의 실수나 실패도 용납하고 기다리는 인내심을 발휘할 줄 알아야 한다. 뿐만 아니라 자신의 실수나 잘못을 발견하거나 지적받았을 때, 새로운 제안이 들어왔을 경우 재빨리 수용할 수 있어야 한다.

선교사 파송 |

— 선교사를 원하는 지역이라고 해서 아무 선교사나 보내는 게 아니라 적합한 사람을 골라서 보내야 한다. 후원 교회는 선교사의 재능과 역량 그리고 선교지의 필요, 양 측면을 충분히 이해하고 고려한 후 준비해서 파송할 책임이 있다.

— 파송 교회에서 '적어도 6개월 이상 함께 사역한 후'에 파송하면, 서로의 견해차를 좁힐 수 있으며, 비전과 전략 등을 함께 세울 수 있고, 파송 후 팀 사역에도 매우 효과적이다.

— 선교지에 가기 전에 충분한 훈련과 교육을 받아야 한다. 특히 소통과 갈등 관리, 타문화 적응, 현지의 역사, 종교, 문화, 새로운 전도 방법, 예배, 교육, 전문 분야, 언어 등에 대해 잘 준비해야 한다.

— 파송 전부터 그 지역의 선임 선교사와 현지인 지도자를 미리 연결시켜 놓는다. 이러한 노력을 통해 시행착오와 시간 낭비를 최소화하고 협력 선교의 기반을 마련할 수 있다.

선교사 지원 |

"선교사는 병들어 있습니다. 자신을 돌볼 기회를 주기 바랍니다"라는 선교사들의 말에서 이해할 수 있듯이 이들은 영적·육체적으로 탈진되어 있는 경우가 대부분이다. "저희는 이미 죽을 각오를 하고 이곳에 왔습니다. 그러니 선교지에서 죽으라는 말보다는 위로와 격려의 말씀이 필요합니다"라는 한 선교사의 말은 모든 선교사의 바람을 대변한 것이라 생각한다. '감독이나 지시'가 아닌 '격려와 도움'을 선교사 지원의 근본적인 자세로 삼기를 부탁한다.

— **영적 지원:** 선교사들이 영적으로 무너지면 선교도 무너진다. 후원 교회는 이들의 영적 회복과 갱신, 유지를 위한 지원에 우선순위를 두어야 한다. 이를 위해서는 선교사들을 위한 영적 집회, 개별 상담, 기도, 후원 교회 교인들의 기도 편지 등이 도움이 된다.

— **육체적 지원:** 물과 음식, 기후가 맞지 않는 곳에서 선교하는 선교사와 가족들은 질병의 위험에 노출되어 있다. 이들이 선교에 집중할 수 있도록 정기적인 건강 검진과 의료보험, 또 치료 시 진료비 보조를 마련해 주어야 이들이 마음 놓고 선교에 집중할 수 있다.

— **재정 지원:** 재정을 지원할 때 선교사들이 물질에 흔들리지 않도록 후원 교회들의 현명한 지원이 절실히 요청된다. 너무 부족하게 지원해도 흔들리지만 명목을 정하지 않고 돈을 보내거나 선교지 방문 시 교인들이 즉흥적으로 주는 돈들이 선교사들을 망치고 위험에 빠뜨린다고 한다. 재정과 사역에 대한 투명성만이 선교사를 보호할 수 있다. 그리고 재정 사고로 그동안의 모든 선교가 하루 아침에 물거품이 되는 것을 방지할 수 있다. 선교사들은 '생활비와 사역비가 구분되어' 지원되기를 원한다. 합쳐서 한 번에 주면 금액으로는 많아 보이지만 집세나 생활비가 많이 드는 경우 사역비에 절대적인 부족을 경험하기 때문이다. 선교사 계좌로 직접 돈을 보내면 본인 외에 아무도 모르기 때문에 사고가 날 가능성이 많다는 지적도 있다. 이를 예방하기 위해 교단이나 후원회 등을 통한 '창구의 일원화'나 '현지 교회'에 재정을 넣는 방법이 좋다고 한다. 물론 이런 방법에도 위험성과 문제들

이 따르지만 어떤 경우든지 간에 후원 교회들이 '현지인들과 의논하여 조심해서 재정을 사용'하는 것은 여러 면에서, 또 장기적으로 볼 때 좋은 대안이다. 선교사들이 지원을 요청할 때는 "프로젝트가 있는지, 그 프로젝트가 현지에 필요한지, 실현 가능성이 있는지를 보고 지원하라"는 선임 선교사들의 조언에 귀 기울여야 한다.

— 선교사와 사역에 대한 재정 지원은 정책적인 보장이 필요하다. 현실적으로 적합한 생활비는 물론이고, 자녀 교육비와 선교사의 은퇴 후 생활 대책이 보장되어야 안정적인 사역이 가능하다. 분납이나 은퇴를 위한 보험 등으로 은퇴 후에 대한 걱정을 덜어주는 것은 반드시 필요하다. '생활에 필요한 최소한의 대책'을 마련해 주지 않고 재정의 투명성만 요구할 수는 없는 노릇이기 때문이다.

— 일부에서는 그 많은 돈을 우리가 어떻게 감당하냐고 묻는데, 공식적인 후원금 외에 선교사들에게 비공식적으로 주는 돈들을 합치면 충분한 보장이 가능하고 선교사들의 재정 사고나 의존을 상당히 예방할 수 있게 된다. 금전적 지원을 공식화·정규화하고 평신도들이 교회에 알리지 않고 보내는 돈들을 합쳐 일원화할 수 있다면, 선교사들은 물질의 유혹을 받거나 개인적인 호의에 의존하지 않고 당당하게 선교할 수 있을 것이다.

— 선교사들에게 재충전과 쉼을 위한 시간이 반드시 필요하다. 그래야 장기적으로 건강한 선교를 해나갈 수 있다. 그곳의 언어를 익히고 오랜 시간 동안 선교를 한 선교사들이 탈진으로 중도 하차하게 만든다면 우리에게도 큰 손해다. 몇몇 교회는 선교관을 건축하거나 선교사들이 거처할 수 있는 방을 마련하여 선교사들이 안식을 얻을 수 있도록 돕고 있는데, 보다 많은 교회들이 이런 시설을 마련하면 좋겠다. 그 시간을 이용해 적절한 치료와 교육을 받게 해주고 후원 교회와 더불어 선교 사역에 대해 점검하고 새로운 계획을 세워 나가면 보다 효율적인 선교가 이루어질 수 있을 것이다.

— 선교사의 수가 모자랄 때는 한 선교사가 모든 분야를 감당했지만, 지금은 전문성

이 요구되는 시대다. 세계의 선교 트랜드를 비롯한 자기 선교지에 대해 업데이트된 지식을 배우게 하고, 전도 방법, 예배, 교회 교육, 사회 봉사 등에 대한 경험도 주기적으로 업데이트할 수 있는 방안이 미래지향적이고 효과적인 선교에 꼭 필요하다.

— "한국의 목회자는 어려울 때 도움을 요청할 주변 동료들과 가족들이 가까이에 있지만 선교사들에게는 후원 교회 목사님과 교우들이 전부입니다"라는 선교사의 말은 이들이 얼마나 외롭고 힘든 상황에 있는지 보여 준다. 이들의 외로움과 단절을 이해하고 공감하는 마음이 필요하다. 후원 교회가 어떤 지원을 하느냐에 따라 선교사들의 사역에 변수가 생긴다는 것을 인식하고 책임 있고 현명한 지원을 해야 한다.

선교사 평가 | 사역에 대한 평가에 후원 교회는 체계적으로 참여할 필요가 있다. 어떤 후원 교회 목회자는 "나는 선교사를 무조건 믿고 끝까지 같이 간다. 어떤 사고가 나더라도 무조건 함께 간다"고 자랑스럽게 말했다. 물론 선교사를 신뢰해서 그가 자신감을 갖고 선교에 임하도록 격려한다는 면에서는 좋은 생각이다. 그러나 '어떤 사고가 나더라도 무조건 끝까지 간다는 것'은 무책임한 생각일 수도 있으며, 사고의 피해자가 대부분 현지인인 것을 생각하면 위험천만한 행동이라고 볼 수 있다. 어떤 경우에도 현지인들에게 피해가 생기지 않도록 만약의 사고가 났다면 반드시 그 이유를 찾아 같은 피해가 되풀이되는 일이 없도록 최선의 노력을 기울이는 것이 마땅한 일이다. 그러므로 선교사를 신뢰한다는 미명하에 현지인들에게 피해가 가는 것을 방관하는 일은 절대 없어야 한다.

선교지에서의 사고를 막고 선교사와 후원 교회도 보호할 수 있는 대안은 좋은 평가 제도를 도입하는 것이다. 체계적이고 효율적인 평가

제도를 정기적으로 사용하면 문제점이 생기는 것을 미리 알 수 있어 선교사의 탈진이나 사고를 막을 수 있고, 적합한 대책을 세울 수도 있다. 또 각 선교사의 강점과 약점을 알게 되어 다음 파송에 참고할 수 있고, 선교사 본인에게도 정기적으로 자신의 선교를 점검해 볼 수 있는 기회를 준다. 평가 제도는 선교사를 돕고 보호하기 위해 반드시 도입해야 하는 안전장치다. 그런데 지금 대부분의 후원 교회는 선교사들의 일방적인 보고에 의존하고 있기 때문에 선교 사역 파악이나 선교사 파악이 어려운 실정이다. 게다가 현지인들이 "선교사들이 보고에 너무 바쁘다"라고 지적할 정도로 선교사들은 많은 시간을 보고서 준비에 쓰고 있다. 기존의 수많은 보고 위에 평가를 더 요구하는 대신, 좋은 평가 체제를 마련하고 다른 보고들을 줄인다면 모두에게 유익이 될 것이다.

더불어 함께 선교하는 후원 교회

"한국 교회에서 선교를 후원하는 목사님들이 대부분 선교에 대한 이해가 부족합니다. 그냥 한국에서 목회하다가 교회에서 선교를 후원하게 되니 개체 후원 교회 목사님들이 더욱 강력한 전권을 갖고 모든 것을 결정하게 됩니다. 그러다 보니 한국 교회의 선교 사역이 전략과 효율성 없이 현장과 동떨어진 사역들을 하게 되는 경우가 많습니다."

이는 후원 교회에 대한 비난이 아니라 당연히 일어날 수밖에 없는 현상을 말하는 것이다. 이처럼 '자연스럽게' 생기는 문제는 '의도적으로' 방안을 강구하고 실행할 때 수정될 수 있다. 후원 교회가 선교지에 필요하고 적합한 선교를 하기 위해서는 목회자와 교인들이 선교에 대한 바른 이해가 있어야 하고, 현지에 대한 이해도 있어야 한다. 선교는 왜 하는지, 어떻게 하는지 등을 이해해야 하고, 현지의 어려움, 필요성, 시급한 점, 그들의 꿈이 무엇인지 등을 알아야 한다. 그러나 이에 대한 교육이나 커리큘럼이 거의 없는 현실이라 후원 교회들은 간간이 선교사들의 보고를 듣는 것에 의존하고 있다. 후원 교회들에게 필요한 교육과 정보를 제공하고 선교지를 위한 현명한 판단을 돕자는 제안은 이 책의 중요한 주제 중 하나다.

후원 교회들 중에 우리는 선교사님이 다 알아서 하도록 관여하지 않는다고 자랑하는 교회들이 있다. 그러나 이것은 결코 바람직한 모습이 아니다. 선교는 선교사와 후원 교회 그리고 현지 교회가 함께 의논하며 해야 한다. 지금까지는 선교사의 제안을 듣고 후원 교회 목회자가 동의하면 사역이 결정되고 실행되는 경우가 많았다. 이런 체제가 선교의 효율성과 속도 면에서 도움이 되었던 것이 사실이다. 이제는 선교사와 후원 교회의 목회자 외에 후원 교회 교인들과 현지인들까지 포함하여 처음부터 함께 계획하고, 실행하고, 평가하는 시스템으로 전환해야 한다. 현지인, 후원 교회, 선교사들이 모두 이구동성으로 이제는 '즉흥적인 선교에서 체계적이고 장기적인 선교로 전향해야 할 때'라고 요청하고 있다. 현지인 지도자들도 "후원 교회와 가깝게 일하면 좋겠다", "협력 체제로 가야 한다"고 말하면서 함께하고 싶은 열망과 그럴 수 있는 준비가 되었음을 보여 주고 있다. 선교사들도 마찬가지다. "일 년에 하루 이틀이라도 선교지의 활동과 계획들에 대해 설명하고, 그분들의 조언과 바람을 듣고 싶다. 선교 전략에 대해서 서로 이야기하고 합의점을 찾아나가는 과정을 갖고 싶다"는 선교사의 요청은 후원 교회들에게 재정만큼 시간도 투자해 주기를 부탁하고 있다.

현지인 리더십 양성

　　현지인 리더를 길러 내는 일은 후원 교회의 의도적이고 집중적인 지원 없이는 불가능하다. 한 현지인 지도자는 "나의 필요만 후원하지 말고, 나의 비전과 계획도 후원해 주기 바란다"는 말로 후원 교회들에 대한 소망을 표현했다. 우리 선교가 긴 안목을 가지고 미래 지향적인 지평을 열어 가기 위해서는 시급한 사역에 붙잡혀 있는 선교사들을 독려하여 함께 지도자를 발굴하고 체계적으로 지원하고 훈련시켜 선교지들의 자립을 도모할 수 있어야 한다.

— **유학 지원:** 현지에 신학교가 세워져 스스로 목회자와 신학자를 양성하게 하기 위해서는 그 나라의 엘리트들이 유학을 가서 필요한 학위를 취득하도록 도와야 한다. 이를 위해 현재 많은 후원 교회들이 장학금으로 돕고 있다. 하지만 조심할 것은 반드시 본인과 현지 교단과 교회, 소속 기관이 함께 책임을 감당하도록 해야 한다는 것이다. 그리고 본국으로 돌아가 그 나라에 공헌할 수 있도록 제도를 만드는 것이 필요하다.

— **대도시 목회자 업그레이드:** 선교지의 기존 목회자들 중 고학력자와 해외 유학파 교인들을 잘 감당하지 못하는 경우가 있다. 이런 상황이 가장 두드러진 곳이 기독교 활동이 억압받다가 풀리기 시작하는 국가의 대도시들이다. 한 신학교에서는 현지 정부가 선택한 다섯 명의 목회자들을 받아 한 학기 동안 특별 수업을 받게 하고, 역동적이고 건강한 교회에서 목회 교육을 받게 했다. 이후 본국으로 돌아간 다섯 명의 목회자를 보며 현지 교회와 정부는 매우 만족스러워했고, 이들로 하여금 다른 목회자들을 교육하게 하고 있다. 재정 문제와 언어, 입국 비자 받는 일 등 여러 가지 문제들이 있지만 꼭 필요한 부분이고 그 파급 효과가 괄목할 만하다.

— **목회자 현지 교육:** 현지 목회자들이 미국이나 한국 등에 가서 교육받을 수 있으면

효과적이지만 모두를 그렇게 지원할 수는 없다. 그래서 교수진이 현지에 가서 교육하는 방법도 병행되어야 하는데 현재 이 방법이 가장 많이 이루어지고 있다. 그러나 방문하는 목회자들의 강의에 의존하는 것에서 벗어나 균형 잡힌 교육을 줄 수 있도록 제대로 된 커리큘럼을 마련해야 하고, 강사들의 자격과 능력에 대한 검증도 수반되어야 한다. 여기에 후원 교회 목회자들의 멘토링을 더한다면 큰 도움이 될 것이다.

— **일반 인재 양성:** F교회에서는 중국의 한 중학교와 고등학교를 방문해 그 교장에게 우수한 학생 중 형편이 어려운 학생을 각각 두 명씩 선정해 달라고 부탁한 뒤 매년 장학금을 주기 시작했다. 두 명으로 시작했지만 몇 년 동안 두 명씩을 추가해 나가 결국 16명의 학생이 대학에 갈 때까지 매년 장학금을 주었고, 10년 후에는 그동안의 장학생들이 한자리에 모이는 행사를 했다. 이때 제1호 장학생 중 한 명이 베이징에서부터 와서 참석했는데, "그 장학금 덕분에 베이징대 법대에 진학했고 지금은 큰 로펌에서 중책을 맡고 있다"고 말했다. 또 다른 학생은 상하이에서 직장생활하며 신앙생활도 잘하고 있다는 이메일을 보내왔다. 교회가 지원한 인재들이 성장해 사회의 각 분야에서 리더의 역할을 잘 감당하고 있다는 것은 우리 선교 사역의 큰 보람이고 자랑이다. 이미 상당수의 후원 교회들이 선교지에 학교를 짓고 다양한 교육을 제공하고 있지만 앞으로 더 많은 교회들의 참여가 필요하다.

— **평신도 전문가 활용:** 한국의 평신도들 중에는 세계적인 전문가들이 많은데 이들이 선교지에서 현지인들을 교육시킬 수 있다면 훌륭한 선교 모델을 모색할 수 있다. 의사들은 이미 의료 선교회들을 조직하여 활발한 활동을 하고 있지만 의학뿐만 아니라 과학, 인문학, 농학 등의 분야 전문가들이 현지인들을 체계적으로 가르칠 수 있도록 한다면 선교지의 발전에 큰 도움을 줄 수 있을 것이다.

후원 교회 목회자들과 선교사들의 제언

선교를 오랫동안 지원하고 있는 후원 교회 목회자들이 새로 선교 사역에 뛰어들고자 하는 후배 목회자들에게 여러 가지 조언을 해줄 수 있다. 이들은 설문지를 통해 "건물보다는 사람을 전도하고 지도자를 양성하는 것이 중요함을 배웠다", "후원이 많다고 선교가 잘되는 것은 아니더라", "선교사가 경쟁이 아닌 협력을 하도록 도왔어야 한다", "선교사도, 후원 교회도 한계가 있음을 알고 인정해야 한다", "짧게 보지 말고 길게 보아야 한다", "선교 후원은 개인 목회자들의 생색내는 프로젝트가 아니라 교회가 시작한 일이요 교회가 함께 이루는 일임을 깊이 헤아려야 한다", "전임 목회자, 현재, 앞으로 올 목회자들이 지속성과 인내심을 가지고 지원해야 한다", "어려워도 목회 시작 처음부터 예수의 지상 명령을 이룬다는 마음으로 시작해야 한다", "돈이 많이 개입되면 부패하는 것을 보았다. 선교 프로젝트를 둘러싼 부정과 부패는 선교사에게만 있는 것이 아니다" 등의 조언을 쏟아 냈다.

또 선교사들도 후원 교회에 대하여 "복음과 교육을 통한 인재 양성이 되도록 성과 위주의 기대를 버려 주면 좋겠다", "재정을 후원하고 보고받는 것이 선교가 아니라, 선교에 대한 전반적인 이해가 필요하다", "대부분 후원 교회들이 후원하고 있는 선교지에 대한 이해가 없는 상태에서 선교를 하는데 참으로 위험한 선교라 생각한다. 후원하고 있는 지역의 일반 정보(역사, 문화, 정치 등) 그리고 종교 및 영적 상황 등에 대한 이해가 있을 때 구체적인 전략과 계획이 나올 수 있다", "후원 교회 목사님들을 위한 선교 세미나나 특강 등이 많이 마련되어야 할 것 같다. 그래서 선교가 무엇인지부터 그리고 어떻게 하는 것인지에 대한 전략과 비전 등에 대해 배우면 좋겠다. 그런 바른 이해와 전략을 가지고 후원하면 진행하는 사역도 훨씬 효율적이고 많은 열매를 맺을 것이다", "선교사도 선교적인 일 외에는 잘 모른다. 잘못된 투자와 실수를 없애려면 (후원 교회에서) 철저히 확인해야 하고 단기선교팀을 통한 지역 정탐과 프로젝트에 대한 점검이 필요하다. 단기선교를 보낼 때 가능한 한 담임목사나 선교 담당 부장, 장로 중에 한 명 정도는 참여하는 것이 좋다. 그렇다면 프로젝트에 대한 점검과 준비로 (선교 사역의 방향이) 크게 벗어나지 않는 가운데 진행될 것이다", "선교는 속도가 아니라 방향임을 잊지 말기 바란다", "자칫하면 문명화가 복음화로 착각될 수도 있다. 우리 문화가 현지인들에게 강요되어서는 안 된다", "후원 교회와 선교지가 공동 사역을 하면 선교지는 반드시 성장하게 되어 있다. 상생의 사역을 해야 한다", "선교사도 파송 교회의 성도라는 사실을 기억해 주기 바란다", "한국에서 기대하는 이벤트형 일들을 진행하는 선교사들은 오히려 '꾼'인 경우가 많다. 개인적인 의견이지만 소그룹 모임을 세팅해 점진적으로 제자화시키는 사역을 위해 작더라도 꾸준히 후원하는 것이 필요하다. 한번에 많은 금액을 후원하는 건 현지를 망치기도 한다", "파송 선교사를 평가할 수 있도록 매뉴얼이 마련되길 바란다"고 말했다.

선교사가 변해야 한다

"함께, 길게 가고 싶다"는 한 목회자의 말은 아마 후원 교회 모두의 소망일 것이다. 그는 이렇게 덧붙였다. "선교사들 중에 참선교사라 보기에는 미흡한 선교 브로커가 있다는 생각이 듭니다. 제가 선교를 후원하는 교회로서 가장 중요하게 고려한 것은 선교사의 진정성이었습니다." 선교사들에게 믿고 의지할 수 있는 후원 교회가 필요한 만큼 후원 교회들도 신뢰할 만한 선교사를 노심초사하며 찾고 있다. 바람직한 신뢰 관계를 만들어 가기 위해 선교사들에게 필요한 것이 무엇인지 짚어 보도록 하자.

선교 목표와 방향성 확립

"영혼 구원을 위해 모든 걸 버리고 왔다"는 선교사들 중에도 자신의 선교 실적을 알리고 자랑하는 데 더 힘을 쏟는 경우들이 보인다. 선교사들은 사역의 목적이 영혼 구원, 사회 구원에 있는지, 후원 교회와 선교사 본인을 만족시키는 데 있는지 명확하게 할 필요가 있다. 한 선교사는 "선교사와 파송 교회는 도구에 불과할 뿐 어디까지나 선교지의 부흥과 자립이 목적이어야 한다"고 강조했다. 당면한 사역을 위해 혼신을 다하고 후원 교회의 기대에 부응하려 하고 일 잘한다는 칭찬에 익숙해지다 보면 의도치 않게 주객이 전도될 수 있다. 33년 동안 선교지를 섬겨 온 한 선교사는 '개인의 변화'에 집중해야 한다며 자신의 이야기를 풀어놓았다. 그도 선교 초기에는 여러 교회 건물을 지어 주고 그 교회들을 돌며 사역하면서 현지 사역자들이 모아 놓은 교인들에게 세례 주는 일을 했다고 한다. 그러다 강한 깨우침을 받고 방향 전환을 했다며 다음과 같은 소신을 밝혔다. "아무리 많은 노력을 한다 할지라도 결코 선교사가 그 지역을 근본적으로 바꾸어 놓을 수는 없다. 그러나 그 사회를 구성하고 있는 한 개인의 경험을 변화시키는 것은 가능하다. 모든 종류의 선교 사역들과 시설들은 그를 위한 도구다. 도구는 수단이고 목적은 개인이다. 결코 수단이 목적이 되게 하지 말자." 놀랍게도 이 선교사의 변화는 마을 공동체들의 변화를 가져왔고 나아가 나라에도 변화가 생기기 시작했다. 비록 '빠른 성과'를 얻지는 못했지만, 본래의 선교 목적에 부합하는 영혼들의 깊은 차원의 변화와 그들이 속한 공동체의 변화까지 이루어 낸 좋은 사례다. 다른 나라에서 사역하는 어느 선교사는 인터뷰 후 "선교는 속도가 아니라 방향이라는 걸 깨달았다"고 전했다. 선교사는 사역에 파묻혀, 주위의 기대에 휩쓸려 목적과 방향을 잃기 쉬우므로 '모든 걸 버리고 헌신'한 것이 엉뚱한 결과를 낳지 않도록 선교의 목적과 방향성을 바로 정하고 중간에 잃어버리지 않도록 특별한 주의가 필요하다.

재정 투명성 확립

몇 번이나 강조해도 부족하지 않은 것이 재정 투명성이다. 선교사들의 신뢰를 떨어뜨리는 가장 주된 요인이 재정에 관한 부분이고 가장 많은 사고가 재정과 관련해 발생하고 있는 현실이기 때문이다. 선교사 입장에서는 어쩔 수 없는 상황이 있을 수도 있고 억울하게 오해를 받는 경우도 있을 것이다. 그러나 너무 많은 선교사들이 재정을 오용하거나 남용해 왔고, 지금도 그런 지적이 이어져 오고 있다. 땅을 구입해야 한다고 후원을 받아놓고 또다시 그 땅을 사야 한다고 다른 분께 후원해 달라고 하다가 현장에서 발각되는 경우도 보았다. 그 선교사의 변명은 이랬다. "그 장로님이 구입해 주신 것은 현지인 교회를 지을 땅이었고, 지금 후원받으려는 것은 신학교 채플용 땅이다. 주소가 같고, 건물도 같지만, 사용 용도는 다르다." 이 일로 그 선교사와 하던 사역이 중단되었는데도 그 선교사는 결국 다른 곳에서 후원받아 원하는 바를 이루었다. 결코 하나님이 원하시는 바가 아니고, 후원 교회들이나 현지인들이 원하는 바도 아니었다. 여러 방법을 제안하고 시도할 수 있지만 뭐니 뭐니 해도 재정 투명성 확보의 가장 중요한 열쇠를 가진 것은 선교사들이다.

선교사들은 재정 사고를 가능한 한 방지하기 위해 후원금을 현지 교회에 넣어 투명하게 사용하는 방법과 후원회나 교단 등 창구를 일원화하는 방법, 교인들이 소속 교회나 후원 단체를 통해서 지원하는 방법, 그리고 명목에 대해서만 지원하는 방법 등을 제안하고 있다. 선교사가 후원금을 아무도 모르게 받아 마음대로 사용하는 것을 막는 장치가 필요하다는 뜻이다. 사고를 예방할 뿐 아니라 갖가지 오해로부터 자신을 보호할 수 있도록 장치와 제도가 필요하다는 것을 절실히 느끼고 있는 것이다. 그러나 본부와 후원 교회들이 이런 시도가 가능하도록 도와야겠지만 만약 지역을 잘 알고 있는 선교사들 스스로 다른 선교사들과 의논해 상황에 맞는 제도와 장치를 고안한다면 좋은 결과를 볼 수 있을 것이다.

한편 현지인들의 재정 사용과 관리에 대해서 교육시키고 잘 관리해 주어야 할 책임도 선교사들에게 있다. 현지인들이 물질적으로 타락하거나 재정 사고, 부정과 부패에 연루되면 그 지역 선교에 막대한 타격이 갈 뿐 아니라 귀하게 얻었던 영혼들을 잃게 된다. 그러므로 선교사들은 현지인 교육과 더불어 후원 교회들이 현지인들을 현명하게 지원할 수 있도록 안내해야 한다. 예를 들어, 어떤 선교사들은 프로젝트를 할 때마다 현지인들에게 '사례'를 하도록 종용하는데, 이것이 현지인들에게 물질적인 도움은 될 수 있을지언정 사명에 헌신하는 바른 태도를 심어주는 데는 도움이 되지 않는다. 개인에게 사례하도록 중개하는 것보다는 교회나 사역에 지원을 하거나 최소한 그 공동체에 공개적으로 지원하도록 가이드하면, 현지인들의 물질적 타락을 방지할수 있는 좋은 장치가 될 것이다.

자기 관리와 지속적인 계발

선교사들의 영적·육적 탈진의 심각성은 앞에서도 언급한 것과 같다. 그러나 후원 교회의 도움을 기다릴 수만은 없다. 건강도, 영성도 모두 중요하기 때문에 현지 상황에서 가능한 방법들을 사용하는 한편, 안식년을 정기적으로 계획하고 효율적으로 사용하는 지혜가 필요하다. 현지인들이 선교사에게서 가장 크게 바라는 것은 그들의 '도덕성이나 인품으로 본을 보여 주는 것'이다. 한 선교사는 "선교사가 선교지에서 변해 가는 모습을 통해 선교가 이루어져 간다는 것을 실감하는 법인데, 선교사가 열악한 상황에 놓이다 보니 오히려 여러 유혹에 빠지기 쉬워진다. 다시 태어난다면 다시 선교사를 하겠다고 고백할 수 있을지 나조차 두렵다"고 말했다. 나도 건강하고 신실하게 사역하던 선교사들이 망가져 가는 모습을 봐왔는데, 정작 본인들은 자신의 변화를 인식하지 못한다는 점이 특히 걱정스러웠다. 선교사 본인을 위해서도, 사역을 위해서도 의도적으로 자기 관리와 자기 계발을 위한 노력에 우선 순위를 두어야 한다는 것을 당부하고 싶다.

이를 위해 선교사들을 위해 마련된 교육 프로그램을 선별해 참여하는 한편, 선교사 스스로와 선교지에 필요한 것들을 끊임없이 배우려고 노력할 것을 권한다. 언어와 소통에 필요한 능력을 높이기 위해 노력하는 한편, 선교지의 정치·사회적 배경과 변화에 늘 신경쓰고 있어야 뒤처지지 않고 상황에 발맞춰 나갈 수 있다. 특히 요즈음은 전문적인 선교의 장이 넓어지고 있는 추세이기 때문에, 자신의 은사와 관심에 맞는 분야의 전문성을 갖도록 노력하는 것이 좋다. 또 기본적으로 영어 공부를 탄탄히 해두면 협력 선교에 큰 힘이 될 수 있다고 현지인들이 제안한다. 나아가 선교사는 자기 몫의 사역이 끝났을 때 누구에게 어떻게 지도력을 넘겨 줄지를 신중하면서도 체계적으로 준비하는 한편, 현지 상황과 세계 선교의 전체 판도를 읽어 미래를 위한 장기적 계획과 전략을 수립할 수 있어야 한다. 이를 위해 차세대 지도력을 양성하고 후임 선교사들을 위한 기록을 남기고 매뉴얼화하는 노력이 필요하다. 자신의 사역의 성공한 측면과 실패한 경험, 그 과정에서 배운 점들을 정리해 놓으면 후임 사역자들에게 큰 도움이 될 것이다. 지속적으로 업데이트되는 선교사가 시대에 앞서가는 지역과 교회 공동체를 만들 수 있다.

존중과 신뢰의 파트너십

C국의 S선교사 집을 방문했을 때다. 만삭이 된 선교사의 아내는 심하게 땀을 흘리고 있었다. 산모와 태아의 건강이 걱정되어 언제 한국에 출산하러 갈거냐고 했더니 그녀는 가지 않겠다고 대답했다. 첫 아이를 한국에 가서 낳고 왔는데 아무래도 현지인들에게 미안했다

는 것이다. "여기 여자들은 다 여기서 출산하는데 나만 한국에 가는 것이 좋지 않다고 생각합니다. 그래서 둘째아이는 여기서 낳기로 했습니다"라는 결심 앞에서 함께 울면서 기도할 수밖에 없었다. 몇 년 후 처음 시작되는 현지 교단의 첫 지도자로 S선교사가 추대되었다. S선교사의 가정이 그곳 사람들과 같이하고자 노력했던 마음은 착실히 현지인들의 신뢰와 사랑으로 열매 맺었다. 지금도 그곳에서 건강하게 사역하고 있음은 물론이고, 그 아이도 훌륭하게 자라고 있다.

현지인들은 선교사들과 '서로 존중하고 존중받는' 파트너십을 맺고 싶다고 하면서 선교사들이 자기 사람을 만들어 현지인들을 조종하려 드는 경향을 강하게 비판했다. 선교사와 현지인 사이의 불신이 사역에 있어 가장 큰 걸림돌이 되는 경우가 많기 때문에 이는 후원 교회에서도 지원을 결정할 때 잘 확인해야 한다. 현지인들도 변화해야겠지만 선교사의 변화가 우선되어야 한다. 선교사들이 소통만 제대로 할 수 있어도 오해, 혼돈, 갈등을 많이 피할 수 있다. 후원 교회와의 소통, 그리고 현지인과의 소통은 그 방식 자체가 달라야 한다. 바쁘다고 해서, 시간이 오래 걸리고 번거롭다고 해서 현지인들과 충분한 대화와 의논을 거치지 않으면 중간에 일이 꼬이거나 불협화음이 생겨 결국 더 많은 시간과 노력이 들어가게 되는 경우가 많다. 심지어 사역이 제대로 진행되지 않거나 관계가 단절되는 경우까지 생길 수 있으므로 주의해야 한다. 현지인들이 "우리를 정말 사랑해야 합니다. 속이지 말아야 합니다. 서로 존경해야 합니다"라고 부탁하는 것을 늘 염두에 두기 바란다.

또 후원 교회들이 선교 후원을 결정할 때 어떤 것을 주로 고려하는지 선교사들이 이해하고 있으면 사역에 대해 의논할 때 보다 적절하고 현명한 방안을 마련할 수 있을 것이다. 이에 대해 조사해 봤을 때 후원 교회 목회자들은 "선교사의 진실성과 성실성", "다른 선교사들에 의한 평가" 등 선교사가 신뢰할 만한가를 먼저 묻고 "선교사의 열정, 비전, 미래에 대한 전략", "선교사의 사명감과 그동안의 선교에 대한 경과, 그동안 어떤 후원을 받았는지, 어떤 것으로 먼저 후원해야 할지에 대한 정확한 정보", "독립을 위한 점진적인 계획" 등 비전과 구체적인 계획에 대해 설명해 줄 것을 요구하는 한편 "선교지를 적절하게 선정했는지", "교회가 가진 선교 방향과 일치 하는지", "현지 신학교와 지도자 양성에 충분히 주력하는지", "현지의 필요와 자신들의 능력" 등 방향성이 합치하는지를 점검한다는 의견을 피력했다. 이밖에 "반드시 현지답사를 해본 뒤 결정한다", "사진들이 나열된 기도 편지와 성과 위주의 보고는 오히려 신뢰를 잃게 한다"는 의견이 있었다. 이런 점에 주의해서 후원 교회와의 대화를 풀어간다면, 보다 오랫동안 파트너십을 명료하고 유연하게 유지할 수 있을 것이다.

평신도 선교사

선교지의 필요에 따라 전문 역량을 가진 평신도 선교사들이 점점 늘어나고 있다. 이들은 행정, 컴퓨터, 자료 관리, 언어에 있어 선교 사역에 큰 도움을 주고 솔선수범하는 모습으로 교인들에게 모범을 보여주기도 해서 좋은 평가를 받고 있다. 그러나 교회와 목회에 대한 이해 부족으로 성도들 관리나 양육에 취약한 점, 안수받은 선교사와의 경계를 명확하게 하지 못해서 세례를 직접 준다든가 급히 목사 안수를 받는 등 직능상의 혼란이 생기는 경우도 생긴다. 이에 대해 현지인들은 "전문인 선교사의 무덤이 목사 안수다. 자기 분야에서 잘하기 바란다", "안수에 대한 열등감 때문에 목사들을 무시하고 비하하는 경향이 있다"고 지적하고 있다. 안수받은 선교사와 평신도 전문인 선교사들의 협력은 아직 부정적인 사례가 더 많은 것이 현실이다. 경원시하고 방관하는 것보다는 서로 도와가며 사역하려는 적극적이고 열린 자세를 갖는다면 사역을 더 효율성 있게 이룰 수 있을 것이다.

한 선임 선교사는 현지인들의 바람을 이렇게 전한다. "우리가 갈 수 없는 곳에 가주세요. 재정을 현지 교회에 넣고 투명하게 사용해 주세요. 우리가 할 수 있는 일은 우리에게 맡기고 우리가 할 수 없는 일을 해주세요."

단기선교팀이 변해야 한다

교회마다 유행처럼 매년 단기선교팀을 선교지에 보내고 있다. 땅끝까지 복음을 전하는 일에 조금이라도 도움이 되려고 풍족하지 않은 돈을 아껴 쓰며 비용을 마련하고, 바쁜 가운데서도 열심히 훈련받은 사람들에 의한 단기선교는 선교지에 도움이 되고 좋은 본이 된다. 경제 성장과 교통수단의 발달로 쉽게 외국 여행을 할 수 있게 된 것도 중요한 배경 중 하나다. 그런데 선교지에 도움이 되지 않는 단기선교팀도 증가하고 있다. 단기선교팀들의 대부분이 중고등부나 청년부 학생들이라서 방문이 몰리는 여름방학과 겨울방학 시기에는 선교사들이 기존 사역에 손도 못 댈 정도다. 한 선교사의 말에 의하면 어느 해 여름에는 한 교단에서 한 지역을 방문한 단기선교팀이 300팀이나 된 적도 있다고 한다. 이에 심지어 "안 오니만 못하다"는 반응들도 있고, "단기선교가 더 이상 한국 교회 목회의 탈출구가 아니다"라고 불편한 마음을 전하는 선교사도 있다. 이렇게 많은 단기선교팀들이 선교지에 어떤 영향을 주고 있는지 점검해 볼 때다.

잘못된 단기선교의 문제점들

어느 단기선교팀이 같은 지역을 5일씩 두 번 방문해서 여름 성경학교, 의료 선교 등으로 사역을 했다. 사역 기간 동안 현지인들이 필요하다고 하는 것들을 다 사주고, 돌아올 때 남은 물품들을 모두 주고 왔으며, 돌아와서는 그들이 원하는 것을 구입해 보내기까지 했다. 3년째 되던 해, 그동안 참가한 팀원들의 만족도가 커서 또 그 지역으로 선교를 가려고 현장 답사를 떠났다. 이번에는 좀더 잘해 보고자 하는 마음에 현지 교회 대표들과의 모임을 마련했는데 "금년에는 어떤 사역을 원하느냐?"라는 질문에 모두 물질 지원만을 요청했다. 교회 건축을 위해 2,000달러를 보내 달라, 의자를 사야 하니 3,000달러를 달라, 여름 성경학교에 아이들을 더 모으고 싶으니 음향기기를 사달라는 등의 요청이 빗발쳤다. 선교팀은 현지 교회 대표들이 자신들의 말을 잘못 이해하고 대답하는 것 같아 다시 물어봤지만 역시나 돌아오는 대답은 같았다. 더 실망스러운 것은 그동안 스스로 계획하고 진행한 사역 없이 선교팀의 지원만 기다리고 있었다는 것이다.

이렇게 현지인들의 의존성이 심각해지는 현상은 단기선교팀 증가의 대표적인 문제점으로 꼽힌다. 장기적인 계획 없이 '잘해 주고 싶다'는 마음만 앞서 일회성으로 하는 사역들은 현지인들에게 대책 없는 의존성을 갖게 만든다. 심지어 현지 선교사도 같은 차원의 단기선교 후유증을 겪게 된다. 제한된 짧은 시간 안에 사역을 마쳐야 하는 압박감으로 현지인들과의 의논이나 협력 없이 '다 해주는 방식'을 택하다 보니, 현지인들이 두 손 놓고 선교팀만 기다리게 되는 것이다. 현지인들이 원하면 어떻게 해서든 도움이 되고 싶어서 현지에서, 아니면 돌아와서 물건이나 현금을 보내는 우리의 뜻과는 정반대의 병폐가 생기는 것이다.

참가자들의 신앙과 영성, 인성을 위하여 단기선교를 권하고 또 참가하는 경우들도 문제다. 방황하는 자녀 때문에 고민하고 있으면 "단기선교 보내 보세요. 거기 가서 어렵게 사는 사람들을 보고 오면 자기가 얼마나 축복받았는지 알고 좀 나아질 거예요" 하고 조언하는 사람들을 종종 볼 수 있다. 우울증으로 힘들어하는 사람들이나 삶의 의욕을 잃은 사람들에게도 단기선교를 권한다. 자기 교회나 가정에서 다루기 어려운 아이들을 아예 소속 선교사에게 데리고 있어 달라고 떠맡기는 경우도 보았다. 선교사들은 거절하지도 못하고 불평하지도 못한 채 "도대체 누구를 위한 선교인지 모르겠다"고 토로한다.

선교에 대한 소명이나 준비와 훈련 없이 호기심 혹은 해외에 가보고 싶은 마음으로 길을 떠나는 팀들도 선교사에게 어려움을 준다. 현지 문화에 대한 이해나 금기 사항, 조심해야 할 것들을 모르고 가면 오히려 그동안의 사역을 망치기도 하고, 심한 경우에는 현지 선교사가 추방되기도 한다. 선교사의 정책이나 계획 그리고 현지의 필요와는 상관없이 자기들이 하고 싶은 것을 하겠다고 우겨서, 선교지에 도움이 되는 '일꾼'이 아니라 '일감'이 되는 팀들도 의외로 많다. 어떤 현지 교회는 단기선교팀을 위해 한 계절에 여름 성경학교를 다섯 번이나 해야 했고 일부러 수리할 곳을 만들기까지 했다고 한다. 좋은 관계를 유지해야만 하는 선교사들이 이런 속사정을 내색하지 않다 보니 단기선교팀이나 후원 교회에서는 잘 모르고 같은 잘못을 되풀이하게 된다. 그렇다면 수많은 예산과 시간을 들여 가는 단기선교는 어떻게 해야 선교지에 도움이 될 수 있을까?

단기선교를 위한 준비 단계에서 주의할 점

단기선교는 20세기 중반에 들어서면서 선교를 직업으로 택하지 않은 사람들이 일정 기간 동안 선교지에 가서 섬기는 새로운 선교 형태로 나타나기 시작했다. 그 첫 예가 1949년 미국 감리교 선교국에서 50명의 대학 졸업생에게 6주간 훈련을 시켜 3년 동안 선교지에 파송한 것이다. 장기선교사가 아니었음에도 이들은 집중적인 훈련을 받고 선교에 임했다. 이에 비해 현대의 단기선교는 그 준비나 훈련, 책임감이 많이 결여되어 있으며 이에 따른 부작용이 심하기 때문에 변화가 절실히 필요한 상황이다.

따라서 단기선교 팀원을 선발할 때는 선교에 대한 분명하고 올바른 동기와 신앙의 성숙도를 평가하고 제대로 훈련해서 보내야 한다. 잘못된 동기를 가진 사람들은 선발에서 제외해야 하고 해당 부서 담당자는 리더로서의 역량, 위기 대처 능력, 타문화에 대한 이해와 적응성, 현지인에 대해 존경하고 섬기는 마음 등을 잘 살펴서 임명해야 한다. 그 후에는 영적·성서적·신앙적으로 체계적인 준비가 필요하다. 선교사와 현지인들은 단기선교 팀원들이 오히려 현지인들보다도 성경 지식이나 신앙이 부족한 모습을 많이 볼 수 있다고 지적한다. 가능한 한 선발을 서둘러서 교육 시간을 늘리고 목회자 팀에서 좋은 커리큘럼을 만들어 시간을 효율적으로 쓸 수 있게 하는 게 중요하다. 팀원들은 물론 온 교회가 함께 기도하며 준비해야 할 일이다.

선교지에 대한 이해를 높이는 교육도 필요하다. 현지 선교사의 정보와 제언을 토대로 현지의 역사, 문화, 전통, 한국과 선교국과의 관계나 민감한 이슈, 안정성, 현지의 주요 종교들과 기독교와의 관계, 한국에 대한 현지인들의 생각과 태도 등을 아는 것이 필요하다. 또한 현지인들의 생활이 '수준이 낮은 게 아니라 다를 뿐임'을 가르치고, 동시에 '문명화가 복음화는 아니다'라는 것도 이해시켜 주어야 한다. 현지에 도착한 후에는 반드시 현지 선교사들의 장기 계획과 전략을 듣고 원활한 협력이 이루어질 수 있도록 계획한다. 시간상 제한이 있지만 가능한 한 현지 언어를 많이 배워 가는 것이 좋다. 현지인들도 단기선교 팀의 제약을 잘 알고 있기 때문에 팀원들이 현지어를 익혀 가서 사용하면 관심과 존중의 태도를 읽고 마음을 열기 쉬워진다. 타문화권의 사람들을 어떻게 대하면 좋은지, 문화와 언어가 다를 때 어떻게 소통하는 것이 좋은지도 배워야 한다. 현실적인 어려움이 있겠지만 한 번 정도는 전문가를 초청하고 그 내용을 비디오나 녹취로 보관하여 계속 돌려보면 효율을 높일 수 있다. 이전 선교팀들의 사역과 평가를 학습하는 것도 같은 실수가 반복되는 것을 막아 준다. 마지막으로 공동체 생활에 대한 교육이 필요하다. 서로 잘 알고 있다고 생각했는데 서로의 이해와 기대가 달라 팀원들 간에 갈등이 생기고 선교에 방해가 되는 경우가 많다. 구체적인 가이드라인을 정하여 모두 지키기로 약속하면 도움이 될 것이다.

그렇다면, 무엇을 어떻게 선교할 것인가?

위에서 언급한 것과 같이 단기선교로 인한 의존성 문제가 생기지 않기 위해 주의할 점은 함부로 재성적 지원을 하지 않는 것과 더불어 두 가지를 주의해야 한다. 첫째, 현지인들이 스스로 할 수 있는 일은 해주지 않는 것을 원칙으로 한다. 선교사나 후원 교회들이 관여하기 전에 자신들 스스로 하며 살았던 일들, 예를 들면 건축이나 수리 등은 조상 대대로 하던 일인데도 불구하고 단기선교팀이 해주기 시작하면 그다음부터는 외부에 의존할 수 있다. 스스로 하기 어려운 것들이나 전문성이 필요한 것들을 중심으로 도와주고 스스로 할 수 있는 것들은 현지인들이 주도하게 하는 것이 바람직하다. 둘째, 사역의 수준을 현지인들이 이어받아 계속할 수 있는 선에서 정한다. 너무 월등한 수준으로 해주면 본인들은 할 수 없다고 생각하고 아예 시도도 하지 않을 수 있기 때문이다. 그들이 배워서 할 수 있는 사역들을 선택해

시범을 보이면 선교팀이 떠난 후에도 지속될 수 있다. 의료 선교의 경우 의료팀이 떠나면 사역이 전부 중단되는데, 현지인들에게 위생과 예방에 대한 교육이나 장기 환자 돌보는 방법들을 가르쳐 주면 의존성도 줄이고 현지에 지속적인 도움이 될 수 있다.

선교사와 현지인들은 단기선교를 일회성 행사가 아니라 장기적인 사역을 나누어 이루어 가는 과정으로 생각해 달라며 첫해에는 정탐한다는 생각으로 여러 지역을 돌아보고 현장 실사를 하는 기회로 삼고, 두 번째 해부터는 가진 은사와 능력에 맞는 프로그램과 프로젝트를 준비해 가서 시행하는 방식을 제안했다. 매년 지속적으로 사역하는 것을 전제로 단계별 계획을 세우고 일관성 있게 추진하면 '잠깐 와서 뭘 하겠느냐?'는 단기선교의 취약점을 크게 보완할 수 있을 것이다. 단기선교의 계획과 전략을 세울 때 현지 선교사와 협의하는 것은 물론이며, 가능하다면 현지인 교회 지도자와 현지 정부의 대표도 함께 초청하여 의논하면 더욱 좋다. 이런 시도는 현지 지도자 양성에도 도움이 되고, 불필요한 정부와의 마찰도 피할 수 있을 뿐더러 기독교인들이 그 지역을 섬긴다는 인식도 널리 심어 줄 수 있기 때문이다.

'단기선교가 어떤 분야에 도움을 줄 수 있을까?' 하고 선교사와 현지인들에게 물었더니 전도, 반주, 영어 교육, 건축 등의 노동, 교회학교, 여성 모임, 어린이와 청소년 교실, 의료, 음악, 직업 교육, 전교인 수련회 같은 행사, 찬양 사역, 현지인 위로 및 전도 집회, 사회사업, 재난 구제사역 등을 들었다. 이렇게 단기선교팀이 택할 수 있는 사역 형태를 크게 두 가지로 나누면 복음 전파와 사회복지를 꼽을 수 있다. 넓은 의미에서는 사회복지도 복음 전파의 한 형태로 볼 수 있지만 편의상 구분지어 본다.

복음 전파 | 단기선교팀은 대부분 평신도들로 구성되어 있고 전문적인 신학 지식이나 선교 훈련을 받지 않았기 때문에 이들의 복음 전파 사역에는 한계가 있음을 염두에 두고 사역을 계획해야 한다. 더구나 현지 언어를 잘 모르는 상태에서 문화의 차이뿐 아니라 종교적인 갈등까지 있는 현장에 가서 짧은 기간 동안 가능한 일은 그리 많지 않다. 한 번에 많은 성과를 내려고 욕심내지 말고 한 사람에게라도 하나님의 복음을 성실하게 열심히 전한다는 목표로 접근하는 것이 바람직하다. 타종교에서 기독교로 회심하는 사람들 중 기독교 교리를 잘 이해해서 회심하는 사람은 거의 드물고 대부분 '관계' 때문에 회심한다. 현지인들도 이미 단기선교팀들이 외워서 전하는 일반적인 전도 용어에는 익숙해져 있기 때문에, 하루에 여러 집을 다니는 무리한 일정보다는 한 집이라도 관계를 형성하는 것이 훨씬 선교에 도움이 된다고 한다.

통역을 할 수 있는 현지인을 동반할 수 있다면 이상적이겠지만 현실적으로 통역을 갖출 수 있는 선교지는 흔치 않다. 그러나 통역이 없어도 현지인들이 나가는 전도 활동에 동행하면 좋은 결과를 얻을 수 있다. 현지인들끼리만 방문하면 문을 안 열어 주는 집도 외국인이 함께 가면 환대하는 경우가 많다고 한다. 만약 통역과 함께 갈 수 있다면 일방적으로 전달하지 말고 대화를 하는 데 주력해야 한다. 가르치는 느낌을 주면 오히려 거부감을 일으킨다. 현지인들의 궁금증과 문제를 경청하면, 즉시 답을 주지 못하더라도 현지 목회자나 지도자와 연결해 줄 수 있다. 이런 과정에서 동반했던 현지인들이 잘 몰랐던 자신의 은사를 발견하는 경우도 종종 있다. 어떤 경우에도 교리에 관한 논쟁은 피하는 것이 좋다. 선교의 목적이 논쟁에서 이기는 것은 아니기 때문이다. 개별적인 전도 활동 외에 전도 집회, 교사 교육, 어린이

집회, 선교사 혼자서 자주 방문하기 어려웠던 개척교회 방문 등에도 단기선교팀이 도움이 된다고 하니 참고하기 바란다.

　　단기선교팀의 중요한 공헌 중 하나는 현지 교인들에게 격려와 위안을 주고, 신앙인의 본을 보여 주는 것이다. 많은 현지인들이 "어떻게 기도하는지 배웠다", "사명감이 확실해졌다", "신앙에 큰 도전이 되었다"며 이 부분을 긍정적으로 평가하고 있다. 그러나 단기선교팀이 잘못을 할 경우 그 실망과 상처, 좌절 또한 클 것임을 유념해야 할 것이다.

사회사업 |　　의료 선교를 비롯해 청소, 노동, 교량과 도로 포장, 우물 등의 건설, 교도소와 병원 방문, 여러 분야 전문가들에 의한 현지인 교육, 미용 등 다양한 봉사가 단기선교팀에 의해 이루어지고 있다. 남미 등 여러 나라에서는 십대 청소년들에게 성매매와 마약이 퍼지기 시작했다면서 같은 연령대인 단기선교팀이 와서 이들과 대화하면 효과적일 것 같다고 부탁하는 지도자들이 있다. 성매매, 인신매매, 마약, 가정 폭력 등의 희생자들을 상담할 수 있도록 기본적인 훈련을 받은 사람들도 현지에 도움이 된다. 후원 교회의 평신도들이 가진 은사와 현지의 상황을 잘 연구하면 새로운 사역들을 많이 발견해 섬길 수 있을 것이다. 이뿐만 아니라 단기선교팀은 현지인들을 외부와 연결시키는 교량 역할을 할 수 있다. 현지의 상황에 따라 외부 전문가들이나 단체에 도움을 요청하면 더 큰 도움을 줄 수 있다. 단기선교팀이 현지의 의료진이 감당할 수 없는 중병이나 장애를 외부의 유능한 의사들과 연결시켜 회복시킨 사례도 적지 않다. 현지 정부나 국가급 지도자들을 연결시켜 선교에 도움을 주는 경우도 있다. 선교사나 현지인들이 방문하면 만나 주지 않던 정부 관료들이 단기선교팀의 영향력이나

지위 때문에 만나 주기도 하고, 방문, 협조까지 가능하기 때문이다.

단기선교팀에게 가능한 열매

중고등부 학생을 포함한 젊은 세대의 단기선교가 대세인데, 이들이 단기선교를 통해 변화와 성숙을 경험하기 바라는 후원 교회의 기대가 크다. 팀원들의 인격적·영적 성숙을 바라고 선교에 임하는 것은 훌륭한 동기라고 할 수 없지만 젊은이들이 교회를 떠나고 중고등부가 위축되는 현실, 이들의 혼란과 방황과 자살이 한국 교회와 사회의 큰 문제로 떠오른 상황을 생각하면, 단기선교를 통해 이들의 인성과 영성의 성숙을 도울 수 있다면 더할 나위 없이 고마운 일이다.

머레이 데커Murray Decker는 《단기선교에 효과적으로 참여하기 Effective Engagement in Short-Term Mission》라는 책에서 단기선교가 젊은이들의 영적 성장에 기여할 수 있음을 강조했다. 그는 단기선교를 마친 후 참가 학생들의 경험과 생각, 혼동과 갈등에 대해 알아보고 대화할 수 있도록 다음과 같이 질문거리를 정리했다. 실제로 단기선교에서 돌아온 젊은이들이 주위에 그 마음과 생각을 나눌 수 있는 사람이 없어 괴로워하거나 방황하는 경우 유용하게 활용할 수 있다.

— 당신은 영적으로 어떤 상태입니까? 어떤 단어로 표현할 수 있을까요?

— 안식, 위로, 용서, 희망, 확신 등 영적으로 바라고 있는 갈망은 어떤 것입니까?

— 선교지에서의 경험 중 영적으로 도움이 된 것과 어려웠던 것은 각각 어떤 일이었습니까?

— 더불어 대화하면서 용서하고 싶은 사람이 있습니까?

— 선교 기간부터 지금까지 어떤 기도를 하고 어떤 응답을 받았나요? 혹시 하나님께

서 침묵하시는 것 같은 느낌이 있습니까?

— 하나님, 자신, 가족, 부모, 과거의 삶 등에 대한 새로운 깨달음이 있었나요?

— 단기선교 경험을 통해 하나님께서 당신의 영혼에 행하신 일에 대해 깨닫거나 느끼게 된 점은 무엇입니까?[20]

이같이 팀원들의 영적 성숙을 미리 염두에 두고 단기사역 기간과 전, 후에 세심하게 목회적 돌봄을 베풀면 선교지뿐 아니라 선교팀과 후원 교회에도 좋은 결과를 남길 수 있다. 현지 선교사에게도 이 목적을 설명하고 협조를 구하면 효과적일 것이다. 단기선교팀에 들어가는 시간과 노력, 재정에 비해 선교지에 직접 주는 효과는 적지만, 단기선교에 참가했던 이들의 선교 열정과 헌신이 고무되는 효과는 크다. 이들이 돌아가서 보고하는 것을 들은 후원 교회 성도들의 선교지에 대한 이해와 열정, 헌신도 회복되거나 깊어진다. 단기선교에 참여했다가 중장기 선교사로 헌신하는 이들도 생기고, 그렇지 않더라도 소속 교회가 선교 후원을 결정할 때 팀원들의 경험이 중요한 역할을 할 수 있다.

단기선교팀 입장에서는 선교하는 동안 많은 것을 이루고 싶겠지만, 현지인들은 이미 주어진 시간이 짧다는 것을 알고 있다. 또 많은 선교지가 업무보다는 관계 중심으로 돌아가기 때문에 관계 없이 선교만 가능한 곳은 흔치 않다. "관계가 없으면 되는 일이 없고, 관계가 있으면 안 되는 일이 없다"는 말이 통용되는 나라들도 있다. 한 번 다녀오는 것으로 끝나지 말고 함께 사역한 현지인들과 편지나 이메일, 작은 선물을 통해 지속적인 관계를 맺는다면 단기선교의 단점을 최소화할 수 있다. 참가자들이 매년 변경되기 때문에 관계 형성이 어려운 교회들은 교회와 교회 혹은 청년부와 청년부 등 그룹 단위로 관계 맺기를 시도하는 방법도 추천할 만하다. 그러나 무엇보다 중요한 것은 '함께하는 자세'다.

C국의 한 선교사는 "단기선교의 가장 큰 장점은 협력 선교의 귀중함을 배우는 것"이라고 말했다. 단기선교는 경쟁이 아니고, 경쟁이어서도 안 된다. 다른 선교팀들과 정보를 공유하고, 가능하다면 협력 선교를 시도할 때 중복 투자나 후원이 한 군데로 몰리는 것을 방지할 수 있고 현지인, 선교사, 후원 교회, 협력 선교의 좋은 모델을 만들 수 있는 기회가 된다. M국의 현지인 지도자는 "현지인들과 함께 선교할 때 가장 효과적이다"라고 강조했다. 현지인들이 "우리를 사랑하는 마음으로 와주세요. 짧은 시간 프로그램 끝내고 서둘러 돌아가지 말고, 현지 성도들과 많은 시간을 보낼 수 있도록 준비해 오면 좋겠어요", "선교하려고 하는 것보다 함께하려고 하는 자세가 선교의 문을 엽니다", "잠깐 다녀가는 손님처럼 머물지 마세요"라고 전하는 말들은 함께하고 싶어 하는 그들의 마음을 잘 표현해 주고 있다.

P국의 한 지역을 매년 방문하는 한국의 한 수도원의 경우가 좋은 사례다. 이들은 한국의 청소년들을 데리고 가서 현지인들의 예배를 함께 드리고, 같이 놀고, 같이 춤추고, 함께 통성기도하고, 축복기도도 하고, 장기대회를 하고, 서로를 안아 주고 오는데, 선교팀과 현지 아이들 모두가 기대하고 기다리는 시간이 되고 있다고 한다. 어떤 교회에서는 가난하고 열악한 빈민촌을 매년 방문하는데 담임목회자와 모든 교인들이 빈민촌에 텐트를 치고 함께 자고, 음식도 함께 만들어 먹고, 현지인들이 주관하고 설교하는 예배에 함께 참여하고, 필요한 사역에 동참하고 있다. 가서 무언가를 주고 오는 선교도 귀하지만, 이렇게 '함께하는' 선교가 단기선교의 가장 큰 강점이 될 수 있다.

단기선교팀에 대한 현지의 반응은 제각각이다. 어떤 곳은 "단기선교팀이 오면 선교지는 축제 분위기가 되고 기쁨의 시간을 선사해 준다"며 반기는 반면에 "특별한 도움이 없다. 보고 돌아가는 것이 돕는 것이다", "매년 8,000명 이상 오는데, 비행기 값을 일인당 500달러만 잡아도 400만 달러를 쓰면서 온다. 그 막대한 비용을 우리에게 주면 우리가 선교사들이 안 가는 시골로 가서 선교하겠다"는 냉소적인 반응을 보이기도 한다. 그러므로 현지의 상황과 후원 교회의 입장을 고려하면서 다양한 의논을 통해 바람직한 선교 형태를 만들어 가길 부탁하며, 한 선교사의 소망으로 글을 마무리한다.

"사역하고자 하는 순간적인 뜨거운 열정보다 차분히 현지 문화를 이해하고 현장의 역사를 듣고 배우고자 하며, 가슴에 기도 제목을 안고 돌아가 먼 미래까지 바라보며 준비하게 되기를 바란다."

지금까지 우리는 선교 현장의 여러 이슈들을 함께 살펴보았다. 우리가 열정적으로 해오는 선교들이 그동안 어떤 결과들을 낳았는지, 현재는 어떤 상황인지, 고쳐져야 할 부분, 그리고 우리가 간과했던 부분을 현지인들과 현장 선교사들의 소리를 통해 전달하며, 구체적이고 실제적인 제언들을 해 보았다. 그런데 선교의 이유와 목적, 방향을 생각지 않고, 방법만을 다루다 보면 또다른 위험한 실수들을 하게 된다. 현장과 사람은 변하기 마련이며, 또 선교의 단계에 따라 선교 정책과 방법도 변화해야 하는데, 선교의 이유와 목적을 분명히 알고 있지 않으면 방향을 잃거나 원치 않는 방향으로 가게 되기 때문이다.

몇년 전 목회자가 되는 시험에 합격한 초보 목회자들을 위한 강의를 한 적이 있다. 내가 선정한 제목은 "노아에게 나침반이 필요했을까?" 였다. 노아의 항해처럼 유명한 항해도 드물 것이다. 그러나 그의 항해는 특별했다. 정해진 목적지가 없었던 것이다. 어디를 가야 하는 것이 아니라 생존하는 것이 중요한 상황이었다. "생존"이 유일한 목표였던 그에게 나침반이 과연 필요했을까?

생존은 선교지에서도 중요한 이슈다. 일단 선교사가 살아야 하고, 후원 교회가 확보되고, 사역의 성과가 나타나고, 현지인들의 참여와 협력을 받아야 하는, 하루 하루가 긴급한 상황이다. 이런 상황에서는 당장 눈 앞에 닥쳐오는 물결을 가늠하며, 파선하지 않고 어떻게든 살아 남을 수 있도록 현실에 집중하고, 매 순간에 최선을 다하는 것이 현명한 선택으로 보이게 된다. 즉 나침반은 절실해 보이지 않는다.

나침반은 네비게이션과 다르다. 네비게이션은 어떻게 갈 수 있는지에 대한 방법과 눈앞의 장애물이 있는지 알려 주지만, 나침반은 우리가 어디로 가고 있는지를 알려준다. 지금 가는대로 그대로 가면, 결국 어디에 도달하게 되는지를 알려준다. 구체적인 방법 대신, 우리가 가는 길의 종착지를 알려 준다.

내 글은 네비게이션의 역할에 주력했다. 현장의 상황과 어떻게 가야 하는지에 대한 방법을 제시하려 했다. 특히 선교에 있어 가장 큰 영향력을 갖고 있으면서도 교육의 기회가 적은 후원 교회들에게도 도움이 되도록 노력했다. 박창현 교수의 글은 나침반의 역할을 한다. 새로운 선교학을 제시함으로써 우리 선교의 궁극적인 목적과 이제부터 우리가 나아가야 할 방향을 보여 준다. 끝으로 이덕주 교수의 글에서는 그동안의 선교 역사를 보게 될 것이다. 이 과정에서 오늘날 한국 교회가 당면한 문제들이 어디서 기인한 것인지 그 문제점을 찾을 수 있을 것이다. 이 책을 읽는 후원 교회와 머지않아 후원 교회를 이끌게 될 신학생들, 그리고 선교사와 선교 지망생들 모두가 선교의 나침반과 네비게이션을 함께 갖추게 되면 좋겠다.

시간상 제약 때문에 처음 의도했던 대로 세계를 다 다루지 못하고 아시아에 집중해야 했음을 애석하게 생각한다. 선교는 본래 '다름'과 '낯섦'을 전제로 하는 것이니만큼, 대륙이나 국가, 인종에 제약을 두지 말고 '모든 민족'과 연합하여 '모든 민족'을 위한 선교에 앞장서 한국 선교가 현지인들의 바람대로 '협력 선교'의 좋은 본이 되기를 소망한다.

모범적 선교 모델을 통한
새로운 가능성 엿보기

성서적 선교란 무엇인가

박창현

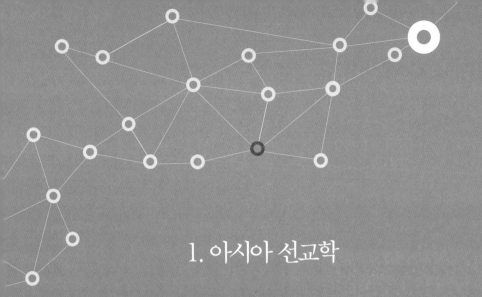

1. 아시아 선교학

선교학의 필요성

우선 본인의 글에서 쓴 '아시아 선교학'이라는 말은 오랫동안 서구신학을 교육받은 아시아인(한국인)이 아시아에서 특히 한국 교회의 선교 경험을 근거로 선교학을 추구하지만 아시아인만을 위한다는 의도는 없으며 전 세계를 위한 선교학을 추구한다는 의미임을 밝힌다.

선교학은 왜 필요한 걸까? 우리는 (해외)선교가 무엇인가를 묻지 않고 해외 선교를 해왔지만, 계속되는 선교에 대한 정당성을 위하여는 객관적이고 합리적이면서도 논리적인 이해가 전제된 학문적인 정리가 필요하다.[1] 즉 선교의 정의, 선교의 근거, 그리고 목표와 방법, 또 선교의 한계와 선교에 대한 혼동이 유발한 갈등을 극복하기 위한 척도로서의 체계 있는 지식(학문)이 필요한 것이다. 그것은 이론적으로는 교회가 하는 모든 것이 선교이기는 하지만, 실제로 교회가 행한 모든 것이 일반 사람들에게만이 아니라 교인들에게도 선교로 인정받지 못하는 형편이기 때문에 그렇다.

우리는 역사 속에서 선교학이 생기기 이전에 '사건'으로서의 선교가 이미 있었음을 알고 있다. 구약성서의 많은 예들(아브라함의 선교, 요나의 선교)과 신약성서에서 예수와 그의 직계 제자들 그리고 교회의 역사 속(어거스틴, 저스틴, 알렉산드리아의 클레멘트, 프란체스카, 도미니카, 예수회 수도사들)에서 선교가 먼저 행동으로 있어 왔다. 그뿐인가? 그레고리 교황(590-604년)이 어거스틴을 영국에 보내면서 현지 멜리투스 수도원장에게 보낸, 토속 종교와의 관계에서 이미 존재하는 토속종교의 예배 장소들을 파괴하지 말고 그대로 사용할 것을 권고한 선교 행위를 규범적으로 언급한 편지[2] 등이 선교학이 선교를 정의하기 전에 현지 토속종교에 대한 깊은 통찰을 통한 접촉점을 만드는 선교가 있어 왔음을 보여 준다.

선교학에 대한 깊은 통찰 없이 행해진 선교에 대한 다음의 비판적인 이야기는 선교학이 왜 필요한가에 대한 좋은 예가 된다.

— 어느 무인도에서 살아가던 원숭이가 갑자기 폭풍과 풍랑이 순식간에 일어 섬에 물이 불어나 죽게 되어 산 위로 도망을 가게 되었다. 이제는 겨우 산꼭대기에 나무 한 그루만 있어 차오르는 물을 바라보며 목숨을 겨우 연명하고 있을 때, 원숭이는 물고기 한 마리가 물에 밀려와 허우적거리는 것을 보게 되었다. 그런데 이것을 물고기가 물에 빠졌다고 믿은 원숭이는 불쌍하다는 생각에 좋은 일을 하고자 나뭇가지에 매달려 목숨을 건 행동으로 물고기를 겨우 건져 올렸다. 그렇게 물고기를 뭍에 올려 놓은 후 물고기가 죽을 것 같아 펄떡거리는 것을 지켜보고는 물고기가 구조되어 좋아서 춤을 춘다고 생각을 했고, 마침내 조용해져 죽어가는 모습을 보고는 이제 편안히 쉰다고 생각했다. 그러고 나서 날씨가 다시 좋아져 물이 빠지자 원숭이는 그곳을 기쁜 마음으로 떠나며, 자기가 베푼 선행이 하늘을 감동시켰다고 믿었다.[3]

짧은 이야기가 시사하는 바는, 신학이 없는 선교는 마치 이 원숭이가 행한 것과 같은 잘못을 저지를 수 밖에 없다는 사실이다. 원숭이는 왜 그런 짓을 했을까? 우리는 이러한 원숭이의 행동을 어떻게 판단할 것인가? 자기는 목숨을 걸고 일생을 바쳐서 타 지역에서 선교 사역을 했지만, '과연 그것이 현지인들에게 복음이 되었는가' 하는 선교학적 질문에 대한 확실한 답이 필요하다. 그런 의미에서 교회가 행한 모든 것이 선교가 될 수는 있지만, 과거의 선교의 결과는 우리에게 그중 어떤 것은 감히 선교라고 말하기에 부끄러운 것들이 있기에, 선교학은 그 가운데 선교라고 할 수 있는 것과 그렇지 않은 것을 구별하여 같은 잘못을 되풀이하지 않기 위한 교회와 선교사들에게 깨우치는 역할을 다해야 할 것이다.

그렇기에 선교학에 대한 필요성은 무엇보다도 지난 역사 속에서 행해진 선교에 대한 반성에서부터 시작되어야 한다. 선교학은 선교가 역사 속에서 잘못 실행된 사건을 직시하도록 돕고, 현실과 미래에 대해 교회가 올바른 선교를 행할 수 있도록 안내자 역할을 해야 한다. 선교는 교회가 행한 잘못된 행동을 통해 선교에 대한 잘못된 이미지를 갖도록 한 것을 지적하고 이를 극복하기 위한 방법으로 올바른 이미지를 형성해 갈 바른 선교를 일으킬 기반을 마련하는 데 기여해야 한다.

그러므로 본 글은 교회의 실천된 행위 속에서 선교를 돌아보고 오늘날 현실에 맞는 선교학을 정립하는 데 그 목적이 있다. 본인은 여기서 선교에 대한 잘못된 이미지와 그로 인해 한번 잘못 생겨난 선교에 대한 이미지의 문제점으로부터 어떻게 올바른 이해가 가능하고, 또 올바른 선교에 대한 이해로부터 어떻게 새로운 선교적 사건이 가능할까에 대해 진지하게 생각해 보고자 한다. 그러므로 선교는 지금까지 오해의 소지가 있었던 '선교 사건'들을 지적하고, 이를 극복하기 위한 '새로운 사건'들을 통해 세상에 다시 올바른 선교가 무엇인가를 드러내는 작업을 이루어야 한다. 그것을 위해 교회와 신학은 건강한 선교학이 필요하고 이것을 본 연구에서는 '다시 드러냄의 선교'라고 칭하기로 한다. 이러한 건강한 선교학을 위해 본 연구는 '다시 드러냄의 선교가 무엇인가?'와 또 그러한 다시 드러냄의 선교가 갖추어야 할 중요한 요소들을, 피선교 지역이었던 이 땅에 와서 가장 모범적으로 선교하신 것으로 여겨지는 초창기 모범적인 선교사 '스크랜튼'과 성서를 통해 우리에게 '너희도 이와 같이 하라'고 구체적으로 전해 준 예수의 모범적인 선교 모델을 통해 제시하고자 한다. 그러므로 이 연구는 한국의 선교 경험을 근거로 한 성서적 선교 모델을 제시하는 것에 관심을 갖는다.

선교학의 태동과 발전,
그리고 새로운 선교학의 정의를 위한 과제

오늘날 교회의 선교는 우리가 주장했던 선교와 실제 일으킨 사건에 대한 해석 차이, 그리고 교회와 신학이 규정해 놓은 선교 개념과 선교 사건의 경험이 만들어 낸 이미지 사이의 갈등을 조절해야 하는 사명 앞에 서 있다. 이것이 선교학이 필요한 이유이고 또 무엇이 선교학의 과제인가를 드러내고 있다. 그러므로 여기서는 선교학과 그 모델을 연구하기 전에 먼저 그간의 선교학이 어떠한 발전을 해왔는가를 살펴보고 그로부터 생겨난 과제를 생각해 보고자 한다.

선교학이 공식적으로 학문의 영역에서 독립적인 과목으로 자리 잡기 전에는 대게 선교사들이 접하는 사역의 현장에서 가장 필요한 것들을 미리 경험했던 선배 선교사들에 의해 전수하는 형식으로 이루어졌다.

가톨릭은 모슬렘 선교사로 잘 알려진 레이몬드 룰(Raymond Lull, 1232-1315년)에 의해, 복음이 전달되는 곳의 언어를 위한 학교를 세우는 데에 관심을 갖기 시작했다. 1276년 마조르카 언어를 위한 학원 설립이 있었고, 그 후 로마 공의회(1311년)가 로마, 볼로냐, 파리, 옥스포드, 살라만카에 언어학원을 설립했으나 이들 모두는 현장의 필요에 의해서 생겨졌기에 지속적인 요청이 없어지자 곧 사라져 버렸다.

개신교의 선교학 태동은 네덜란드 식민지 이론가들에 의해 17세기부터 시작되었다. 1622년 동인도회사가 라이덴 대학에 인도에서 일할 선교사를 위한 선교 위탁교육을 하기 시작했고, 이 일은 안톤 발레우스Anton Walaeus가 맡아 했으며, 교육 내용으로는 신학과 철학을 포함한 20개 과목(기도, 단식, 가난한 자들 방문, 경건의 실천 등)을 선교사 파송을 전제 조건으로 가르쳤다. 여기서는 10년간 12명을 훈련시켰으나 1633년 폐지된다. 그런가 하면 1702년 독일의 할레Halle의 프랑케A. H. Francke가 세운 동양신학대학교Collegium Oriental Theologicum는 지식을 통한 신앙 전파를 목적으로 만든 신학 후보생 훈련소를 운영했으나, 국내 선교에 치우치게 되고 실제 해외 선교 교육은 미비했다는 평가를 받는다.

근대 종합 대학에서의 선교학[4]은 어떠했을까? 선교 현장을 위한 언어와 필요한 기술을 위주로 가르쳤던 선교에 대한 수업들은 근대 종합 대학에서는 대부분이 단편적이고 실천신학의 한 부류로 행해졌고, 행해진 선교에 대한 정리와 해외 선교사를 위한 학문적 체계로 발전되는 특징을 보였다.

이렇듯 선교학은 학문으로는 다른 분야보다 늦게 정착되어 1832년 예나대학Jena Uni.의 역사학자 단쯔T. L. Danz가 사도학Apostolik이라는 이름으로 처음 정리했다. 가톨릭에서는 이러한 틀에서는 플라트J. Fr. Flatt가 1800년 튜빙겐Tubingen에서 강의했고, 장로교는 브레캔리즈Charles Breckenridge가 1836년 프린스톤대학에서 '목회신학과 선교의 교육'이라는 과목으로 가르쳤으나 그나마 1939년 그가 퇴직한 후에는 없어졌다. 루터교의 칼 그라울(Karl Graul, 1814-1864년)은 에어랑엔대학교Erlangen Uni.에서 선교역사, 선교통계학, 선교이론, 이교도역사 등 비교적 학문적이고 체계적인 선교를 강조하며 신학 안에서 중요한 위치를 주장했으나, 그가 죽고 난 후 1864년 이러한 과목들이 폐강되었다. 스코틀랜드의 알렉산더 더프 선교사(Alexander Duff, 1806-1878년)는 인도에서 30년간 선교를 한 경험을 근거로 1867년 에딘버러 뉴칼리지대학에서 '(신)복음주의적 신학Evangelistic Theology'이라는 선교학 교수직에 임용되어 첫 강의를 '창조 이전의 하나님의 법령God's Decrees before the Creation'으로 하여 사람들의 관심을 가졌으니 1909년 성서신학에 그 자리를 내주어야 했다.

바르넥(G. Warneck, 1834-1919년)은 할레대학Halle Uni.의 첫 선교학 교수(1896-1908년)였고 그의 취임 강연은 '신학의 분과로서 선교학의 권리'(1874년)로 기존 신학의 영역에 선교학의 위치를 자리 매김하고 선교이론을 정리하는데, 5권의 대작(Ev. Missionslehre, 1897-1903년)을 통해 개신교회만이 아니라 가톨릭까지 상당한 호응을 얻었다. 바르넥은 그 외에도 선교학 전문 잡지 〈알게마인네 미션스 짜이트쉬리프트 Allgemeine Missions Zeitschrift〉를 창간해 오늘날까지 전 세계적으로 선교학자들에게 널리 인정을 받고 있다. 그 외에도 다음과 같은 선교신학자들이 선교학에 중요한 업적들을 남겨 왔다. 발터 프라이탁(W. Freytag, 1899-1959년, 함부르크), 호스트 뷔클레(Horst Bukle, 뮨헨), 게하르트 로젠크란즈(Gerhard Rosenkranz, 튜빙겐), 다만(E. Damman, 마부룩), 한스 베르너 겐지헨(Hans Werner Gesichen, 하델베르크), 피터 바이어 하우스(Peter Beyerhaus, 튜빙엔), 죠지 휘세돔(George Viecedom, 노이엔데텔사우). 네델란드의 알폰 물더(Alphons Mulders, 네미매이헨 카톨릭대), 바벵크(J. Bavink, 암스텔담, 캄펜), 호켄다이크(J. C. Hoekendijk, 우트레히트). 미국의 평신도 신학자 모트John R. Mott, 유니온Union신학대학교의 플래밍Daniel Fleming, 예일대Yale의 매코믹MaComick, 하트포드대Hartford 케네디선교학교의 《기독교 팽창의 역사History of Expansion of Christianity》를 쓴 예일대 라토렛Kenneth Scott Latourette, 1952년 북미선교학 교수협의회를 창설한 피어스 비버R. Pierce Beaver 등이 있다.

선교학은 개론적으로 처음은 파송하는 국가의 입장에서 필요한 언어학, 종교학, 인류학적인 관점에서 시작되었고, 후에는 피선교지의 상황이 강조되면서 사회문화학, 토착화, 상황화라는 말로 관점이 이동되어 평화, 정의, 환경 등과 같은 문제에 관심을 갖게 되었다. 대부분이 초창기에는 단편적이고 실천신학의 한 부류로 행해진 선교에 대한 정리와 해외 선교사를 위한 학문적 체계로 이해된 선교학은 18, 19세기 선교의 부흥과 폭발로 발전의 계기를 마련하게 되었다. 개신교의 선교학 정리는 로젠크란쯔G. Rosenkranz가 이것을 성서적 보수성에 입각한 각성적인 경건성과 프리드리히 다니엘 에른스트 슐라이어마허(Friedrich D. Schleiermacher, 최초로 선교학을 실천신학으로 교회사 속의 선교 역사를 다루는 것으로 정의하고 강의한 사람)를 기억나게 하는 종합적이고 낭만적인 세계관을 드러낸다고 극찬한 바르넥(G. Warneck, 1897년)의 공헌이 크다. 천주교는 바르넥의 영향을 받은 슈미들린J. Schmidlin이 1910년 뮨스터Munster에서 처음으로 선교학을 강의한 것으로 알려졌다. 이처럼 발전되어 온 선교학은 그간의 선교 현장 문제와 그에 대한 신학에 문제를 집중하던 관점에서, 근래에 들어서는 종교학이나 교회 일치학 또는 간문화 신학 그리고 평화, 정의, 환경 등으로 이름을 바꾸어 변화하는 현실에 과제를 담당하기 위해서 노력하고 있다.

그러므로 선교(신)학이란 선교에 대한 체계가 선 지식을 말하고 교회가 행한 행위에 대한 해석이기에 다양한 결론들이 있을 수밖에 없다. 정리해 보면, 선교학, 선교신학은 그간 관심의 집중도에 따라서 다음과 같은 여러 이름들을 가져 왔다. '선교학Missiology'(베어클J. Verkuyl, 선교위임 명령에 관한 연구), '선교과학Science of mission(s), 선교에 관한 사회과학'(테리J. Terry, 호븐Jansen Schoonhoven, 린더J. M. van der Linde), '선교의 신학 또는 선교(이)론Theology of mission(s), Missions-theology, Theory of mission(s)'(바르넥G. Warneck), '간문화 신학Intercultural Theology, Cross

Cultural Theology'(홀렌베거W. J. Hoolenweger, 베커Dieter Becker), '증가학 Prosthetics'(아브라함 카이퍼Abrahm Kuyper), '사도적 임무의 신학'(사도의 증거 가르침 선포, 네델란드 신학자들, 룰러A. A. Van Ruler), '전도학'(마굴H. J. Margull), '선교사를 위한 선교사들의 경험을 모아 놓은 학문'(가울Karl Graul), '세계와 기독교신앙 사이의 의존성에 관한 학문'(호켄다이크J. C. Hoekendijk), '교회의 실천에 관한 학문'(뮬러K. Müller), '비교하는 학문'(엑슬러Adolf Exeler), '실험적인 신학'(뤼티Ludwig Rutti), '교회 성장에 관한 학문'(맥가브란D. McGavran), '개종자들을 다루는 학문'(슐라이어마허F. D. Schleiermacher), '죄를 깨달음의 학문'(바빙크J. Bavinck), '통합하는 학문'(미클레부스트O. G. Myklebust) 등.

이러한 선교학에 대한 지금까지의 상이한 정의들을 종합하는 의미에서 베어클Johannes Verkuyl의 다음 정의를 살펴보는 것은 도움이 된다.

— 하나님의 나라를 실제화시키는 깃과 맞물려 있는 성부·성자·성령의 구원 활동에 관한 연구로서 하나님의 위임 명령에 관한 연구이고, 그의 명령을 이행하는 전제, 동기, 구조, 방법, 협력 방식들 그리고 통솔력을(교회와 선교 단체들이 행하는 것들을) 과학적이면서도 비판적으로 연구하는 것이며, 인간의 활동이 하나님 나라의 범주와 목표에 적합한가를 조사하는 것이다. 그러므로 선교학은 신학 과목이다. 왜냐하면 선교학은 하나님을 알게 하고, 하나님에 의해 가르침을 받고, 하나님께 인도하기 때문이다[It teaches God(Deum docet), It is taught by God(a Deo docetur), It will lead one to God(ad Deum ducet)].

선교학의 문제점과 과제

교회가 행한 행위에 대한 해석학으로서 상이하게 규정된 선교학은 지금까지 살펴본 바에 의하면 다음과 같은 문제점을 드러낸다.

첫째, 선교학은 실험적일 수밖에 없다는 문제다. 누구도 해보지 않은 처음 일을 선교는 한다. 지역도, 언어도, 문화도, 종교도 아무것도 모르는 지역에서 교회가 행한 일을 대상으로 하기에 실험적일 수밖에 없다.

둘째, 선교학은 교회의 선교 행위만을 대상으로 하기에 교회의 '파송활동'만을 다루는 '선교사학'(선교사를 위한, 선교사를 위한 학문)으로 축소되는 문제를 가지고 있다. 그러므로 선교학이 교회가 하는 모든 활동을 선교로 범위를 확장하는 데 걸림돌이 되고 있다.

셋째, 선교학의 역할과 과제가 다른 의미로 해석될 수 있는 가능성이 배제되었다. 연구 대상이 선교사와 그 사역에 한정되어 선교단체들에 관한 것까지도 연구에서 배제되어 이해되기에 오늘날같이 선교학이 종교학이나 문화인류학, 교회 일치에 관한 학문, 간문화 신학, 평화, 정의, 환경 등으로 범위를 넓혀 가는 것에는 상당한 걸림돌이 있었다.

넷째, 지금까지의 선교학이 대부분 선교사를 파송하는 서구교회 중심에서 그들을 위해 다루어져 왔다는 것이다.

그렇다면 이러한 선교학의 문제점들이 우리에게 어떠한 과제를 남겨 놓았을까?

첫째, 선교학은 선교학의 전제인 세상의 상황이 변화되는 것에 민감하고 비판적이어야 하지만, 교회의 자기실현을 위해서는 세상과 소통해야 하고 그러기 위해서는 변화하는 세상의 상황을 수용하고 이에 대한 적절한 대처가 전문적이어야 한다. 그렇기에 선교학은 이미 전제된 그리고 규정지어진 지금까지의 교회와 신학의 경계를 넘어설 준비가 되어 있어야 한다. 선교는 항상 교회 안에 있는 신앙을 가진 사람들이 아니라 교회 밖에 있는 사람들에 초점이 맞추어야 하기 때문이다. 그렇기에 선교학은 탈 서구 중심, 제3세계 교회와 신학 인정 그리고 탈 교회 중심을 염두에 두어야 한다.

둘째, 선교학의 교회와 선교에 대한 비판은 세상적이 아닌 보편적 선교를 구성하는 교회 전통과 신앙에 근거해야 한다. 즉 초문화적 신학, 국제적 신학, 그리고 '신앙으로부터 신앙을 향하여'라는 신앙의 선교적 차원을 중시해야 한다. 선교학은 교회만이 할 수 있는 종교성에 답을 줄 수 있어야 한다. 선교사가 교육과 의료 등 사회 안전망이 없는 지역에서 선교라는 이름으로 학교와 병원 구제 기관들을 세워 사역을 시작할 수는 있지만, 후에 사회가 발전되었을 때 학교는 교육 전문가에게, 병원은 의사에게 맡기고도 자신만이 매진할 수 있는 전문 영역이 있어야 한다.

셋째, 선교학은 선교의 대상인 세상을 염두에 둔 신앙을 위한 책임과 복음의 전달을 위해 교회의 출애굽을 돕는 신학이어야 한다. 즉 역사의 베일 속에 싸인 그리스도의 몸의 신비와 인간 가운데 있는 하나님의 장막으로서의 교회는 다가오는 샬롬과 세상을 향해 근본적인 출애굽을 해야 한다. 그러기 위해서 뤼티Rudwig Rüti가 말한 것처럼 선교학은 교회의 모음과 파송에 관한 것이지만 비판적 선교학으로서 그 의무를 다해야 한다. 그래서 선교학은 교회와 신학에 논쟁을 일으

킬 수 있어야 하고, 상황과 관계해야 하고, 새로운 대결에서 이겨나갈 수 있어야 한다.[5]

넷째, 선교학은 복음주의와 교회 일치주의 논쟁에서 어느 하나를 비평하는 단순화보다는, 둘의 발전적 토론이 더 큰 진리를 위한 공동의 추구가 되어 '일치를 향한 변화'로 만들어 가야 한다.

다섯째, 선교학은 다음의 네 가지 요소를 항상 염두에 두어야 한다. 1) 선교의 기본 문서로서의 성서, 2) 지나온 역사 속에서의 선교의 실제 경험을 근거로 하는 교회의 전통으로서 선교 역사와 선교학, 3) 선교가 이루어졌던 그 당시 현장으로서의 상황과 지금 복음이 전해져야 하는 현장으로 현실 사회와 세계의 상황, 4) 선교를 삶으로 전해야 하는 증인의 삶과 증거.

여섯째, 교회가 행한 행위와 사건에 대한 해석(선교 행위 점검, 변화 확인, 대안 마련, 선교사 동원과 행위에 관한 연구)과 그 결과에 대한 계몽(나눔)이 학문적 방법으로 설명이 가능해야 한다.

일곱째, 그러나 선교학은 지금까지 해보지 않은 새로운 환경에서의 새로운 시도(하나님의 명령과 인간의 시도)로서 독립적이면서도 기존 신학의 동료로서 보완하고 협력하는 학문이어야 한다. 선교학은 스스로가 개혁적이어야 한다. 새로운 상황에서 대답을 줄 수 있어야 하고, 미래의 상황에도 응답할 수 있는 완성을 향해 출발된 과정임을 알아야 한다.

여덟째, 선교학은 지금까지의 교회와 신학이 확고하게 지켜 왔던 경계선을 넘는 것을 가능하게 하는 학문이고, 경계선을 넘어선 선교 활동을 신학화하는 과제를 안고 있다. 선교는 복음을 모르는 사람에 관한 것으로 경계선상에서 일어나는 기독교의 모든 활동이다. 그러므로 선교학은 교회의 바깥 피부로서 교회가 교회 밖으로 나갔을 경우

제일 먼저 만나는 그 나라의 종교와 문화와의 경험에서 생기는 일에 관한 것이다. 즉 '기독교가 지금까지 역사 속에서 많은 다른 문화들을 어떻게 건너 왔는가?' '어떻게 대화 속에서 다른 문화를 건널 수 있었고 그 능력이 어디에 있는가?'를 확인하고 또 '어떻게 계속 종교로서 자기를 선교의 대상자들에게 소개하고 그들의 문화로 선교하는가?'에 대한 해석학적인 면들을 다룬다. 경계선상의 신학은 항상 타 종교와의 만남을 전제로 하기에 그의 경험을 정리하여 신학화하고 열린 신학으로서의 선교학이 필요하다.

이러한 선교학의 과제에 대하여 칼 뮐러Karl Mühler는 '선교란 무엇인가?'에 대한 질문을 통하여 다음과 같은 적절한 답을 내놓고 있다.[6]

— ① 선교는 신앙 확장이다(내용).
  ② 하나님 나라의 확장이 선교다(영역).
  ③ 이방인의 회심이 선교다(대상).
  ④ 교회의 건립이 선교다(가시적 사역).
  ⑤ 경계선을 넘어가는 것이 선교다(영역과 문화권 그리고 계층).
  ⑥ 선포자의 봉사가 선교다(삶의 변화와 실천).

이 말을 종합해 보면 선교가 무엇이든 여섯 번째의 복음을 전하는 증거자의 정체성에 따라서 선교가 달라진다는 것을 내포한다. 그러므로 선교학 역시 그 주체에 따라서 선교에 대한 다른 돌아봄과 다른 선교적 사건들을 일으키게 된다는 것을 전제하기에, 본 연구는 지난 선교에 대한 돌아봄과 현재와 미래를 위한 새로운 사건을 일으키는 근거로서의 선교학 역시 한국 신학자의 경험과 철학에 근거한 것이 되어야 한다고 생각하다. 다만 한국적인 것이 아시아적인 것과 곧 세계적인 것과의 단절이 아니라 서로 다른 것들을 인정하고 통합되고 연합하는 신학이 되도록 노력할 것이다. 이는 이국문화에 기반한 (서구적) 기독교가 서구적이며 한국적인 기독교에서 다시 자기 토착화를 통해 한국적 기독교로, 그러나 마침내는 전 세계가 수용할 만한 보편적 기독교로 변하는 과정을 말한다. 즉 외부 선교사로부터 전해 들은 복음이 처음에는 현지 문화와 종교와 만나 자기 토착화를 이루지만, 전 세계를 위한 기독교 선교를 위하여는 다시 보편적이며 우주론적인 기독교가 되어야 하는 것과 같다. 이는 나사렛과 갈릴리의 예수 복음이 유대의 예수 복음을 통과해 우주적인 예수의 복음이 된 것과 같다. 결과적으로는 서구와 동양이 협력하며 조화를 이루는 선교학과 선교의 유형이 필요한 때가 되었다.

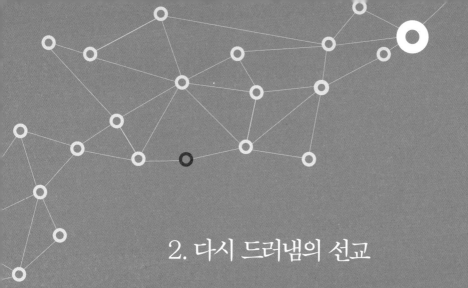

2. 다시 드러냄의 선교

기독교 선교의 문제점

기독교는 선교(여기서 선교라 함은 일반적으로 자기 나라를 떠나 문화와 언어
가 다른 지역에서 하나님을 모르는 사람들에게 하나님을 알게 하고 그 하나님과
직접 만나게 하려는 모든 행동으로서의 '해외 선교'를 의미함을 밝혀 둔다)의 종
교이고, 선교는 부활한 예수의 말(마 28:16-20)에 근거를 가지는 성서의
핵심적인 명령이다.

> 열한 제자가 갈릴리에 가서 예수께서 지시하신 산에 이르러 예수를 뵈옵고
> 경배하나 아직도 의심하는 사람들이 있더라 예수께서 나아와 말씀하여 이
> 르시되 하늘과 땅의 모든 권세를 내게 주셨으니 그러므로 너희는 가서 모든
> 민족을 제자로 삼아 아버지와 아들과 성령의 이름으로 세례를 베풀고 내가
> 너희에게 분부한 모든 것을 가르쳐 지키게 하라 볼지어다 내가 세상 끝날까
> 지 너희와 항상 함께 있으리라 하시니라

그러므로 선교는 교회의 존재의 이유다. 그런데 요즘 교회 밖 사회
에서는 교회의 이러한 해외 선교에 대해 의문을 제기하고, 교회 안에
서는 해외 선교 포기, 해외 선교 중지의 목소리가 높아지는 염려스러
운 상황들에 직면하게 되었다. 이러한 상황은 그렇지 않아도 90년대
이후 교회 성장의 정체와 쇠퇴를 통해 해외 선교의 위기를 맞이하고
있는 한국 개신교회에 해외 선교의 미래를 더욱 암울하게 만들고 있
다. 사람들은 교회의 '선교'에 대한 의미와 그 실제에 의문을 제기하고

교회가 행한 선교에 대해 부정적인 판단을 하고 있다. 그럼 여기서 해외 선교 위기를 구체적인 예를 통해 살펴보기로 하자.

— 2007년 7월 19일(현지 시각) 아프가니스탄 카불에서 칸다하르로 향하던 23명(남자 7명, 여자 16명)의 대한민국 국민이 탈레반 무장 세력에 납치되는 사건이 있었다. 탈레반은 피랍된 23명 중 심성민과 배형규 목사를 살해했고, 대한민국 정부와 탈레반의 협상으로 다른 인질 21명은 8월 31일까지 단계적으로 모두 풀려나 피랍사태는 발생 42일 만에 종료되어, 9월 2일 생존한 피랍자 19명이 한국으로 돌아왔다. 이때 아프가니스탄 정부는 한국 정부에 "한국인 피랍자들이 개신교 선교와 관련이 있다는 한국 언론 보도를 막아 달라"고 요청했다. "개신교 선교가 문제"라는 것이었다. "선교사 수 세계 2위… 교회끼리 '오지 파견' 과당경쟁"이라는 한겨레 기사 제목(조연현 종교 전문기자)이 말하듯 교회가 선교를 하는 것이 문제라는 것이다. 기사 중에는 "'한국=기독교 선교'라는 이미지를 심어 놓은 기존 선교단체들의 과격한 행동이 화근이 됐을 가능성을 배제할 수 없다. 다만, 박은조 목사가 이끄는 샘물교회는 현지 사정을 무시하고 전도에만 매달리는 일부 복음주의 교회들과 달리, 어려운 현지인들을 돕는 데 주력해 온 교회로 알려졌다"라는 표현이 등장한다. '한국=기독교 선교' 이미지란 2006년 8월 한국 개신교 신자 1,300여 명이 아프간에서 축제를 벌이려다가, 당시 아프간 대통령까지 나서서 추방 방침을 밝히자 그 직전에 행사를 취소한 사건의 이야기일 것이다. 이에 대해 당시 한국기독교교회협의회KNCC 총무인 권오성 목사는 "이번 피해자들은 경우가 다르지만, 앞으로는 다른 문화, 다른 종교로 살아가는 사람들을 자극하는 행사나 이벤트에서 벗어나 선교가 실질적으로 효과를 낼 수 있도록 노력할 필요가 있다"는 말로 선교의 부작용은 지적을 하지만 선교 자체를 부정적으로 이야기하는 것과는 거리를 두었다.

선교는 교회가 행한 행위에 대한 해석인데 그간 한국 교회가 행한 행위로서의 해외 선교는 교회 밖의 판단으로 볼 때는 다른 종교나 민족을 자극하여 폭력을 유발하게도 하는 행동으로 받아들여졌다는 것이다. 결국 이러한 해외 선교는 신학에 영향을 주어 선교 자체를 문제 삼아 해외 선교 중지를 주장하는 것만이 아니라 '선교'라는 말 자체를 쓰지 않으려는 분위기를 만들게 했다.

아프가니스탄 단기선교 봉사는 교회와 신학에 "과연 이들이 (해외) 선교를 한 것인가?" 하는 물음과 함께 "선교란 무엇인가?" 하는 본질적인 질문을 제기했다. 그 이유는 탈레반이 그들의 경험과 역사 속에서 '선교mission'라는 단어를 곧 '개종conversion'이라는 의미로 이해하고 있었기 때문이고, 정교일치를 주장하는 '움마공동체'를 이루는 이슬람교의 특성상 개종은 국가와 민족을 배반하는 행위에 해당되기에 피랍자 전원을 그들이 믿는 신(알라)의 이름으로 처형할 수도 있기 때문이었다.

그런데 이러한 문제 앞에서 교회의 입장은 잡혀간 사람들의 안전이라는 명목하에 서로 다른 입장을 표해 선교에 대한 개념을 오히려 더욱 혼란스럽게 만들었다. 당시 '한국선교신학회'는 8월 25일 긴급 모임을 소집하여 샘물교회 교인들이 아프가니스탄에서 활동한 내용은 분명한 개신교의 선교지만, 탈레반의 무장 전사들을 자극하지 않고 인질들의 생명을 보호하고 정부의 협상에 유리한 입지를 위해 '침묵하며 기다릴 것'과 부득이한 경우 의견을 발표해야 한다면 가능한 한 '선교'라는 단어를 사용하지 않고 '의료봉사'라는 말로 통일해야 한다는, 비상적인 상황에서만 취할 수 있는 입장을 확인했다. 그런데 이러한 와중에 일부 교회와 목사들이 무분별하게 "이것은 선교가 아니라 의료봉사였다"고 목소리를 높이고 성명서를 내는가 하면(인터뷰, 한

기총 이용규 대표회장, '개신교 목사' 7명 해외 선교 반성), 다시 인질들이 공항에 도착하자마자 다른 성명을 발표해 "그들이 한 것이 선교였고, 정부가 정한 여행금지구역이라도 선교는 계속되어야 한다"는 입장을 밝혀 사람들을 혼동스럽게 만들었다. 선교라는 말에 대한 대중들의 혼동이 가중되고 그 결과는 선교 행동에 대한 변화, 즉 '해외 선교 중지'를 요구하는 분위기가 마련된 것이었다.

인터넷 게시판들은 연일 개신교회의 선교를 문제 삼아, 선교 중지의 분위기를 고조시키느라 들끓고, 마침내 기독교연구소의 이태형 소장은, 19세 이상 1,003명을 설문 조사해(글로벌리서치 의뢰, 개신교인 197명, 비개신교 806명 대상) 사람들이 "비기독교 국가에서는 선교 중지를 해야 한다"는 의견에 64.5퍼센트가 동조하고 있으며(개신교인 44.5퍼센트, 비개신교인 69.4퍼센트), 위험 지역 선교는 국가가 막아야 하고 이를 어길 시는 처벌해야 한다는 사람이 77.2퍼센트였다고 발표해(국민일보 2007년 8월 9일자) 비개신교 지역에 대한 개신교회의 해외 선교 포기 또는 중지 분위기가 고조됨을 보여 주었다. 미국 언론들도 한국 교회의 해외 선교를 19세기 미국의 잘못된 제국주의적 선교를 그대로 답습한다며 강하게 비판을 하면서, 한국 교회의 선교에 대한 재고를 촉구하고 나섰다. 모든 피랍자 인질들이 풀려난 후, 한국 정부는 아프가니스탄을 여행금지국으로 지정했고, 교회의 아프가니스탄 선교는 실제적으로 금지되었다.

이에 일부 보수 개신교계가 '아프가니스탄 피랍 사태 사후 대책' 관련 회의를 통해 "정부가 탈레반과의 공식 합의에서 아프가니스탄 내의 기독교 선교 금지 조항에 합의한 것"에 '우려'를 표하고, 세계선교협의회는 이후로도 위험지역 선교를 계속할 뜻과 피랍 등의 사태가 재발될 경우 교단 차원에서 직접 대처하겠다는 의지도 피력했다는 소식에 해외 선교에 대한 논의는 마치 타는 불에 기름을 부은 듯이 진행되어 갔다.

본인은 당시 아프가니스탄 사태로 인해 생겨나는 논의들을 안타깝게 지켜보면서, 그 사건이 당시 교회에 주는 메시지를 다음과 같이 정리해 보았다.

첫째, 이 사회의 적지 않은 사람들이 가지고 있는 교회에 대한 불만과 불신이 폭발적인 상태에 직면해 있다는 사실이다. 그간 여러 설문조사를 통해 교회 이미지와 공신력 추락에 대한 상황은 어느 정도 예측되기는 했지만, 이 정도로 심각한 수준이구나 하는 것을 분명하게 느끼게 되었다. 이들의 비판은 개신교가 배타적이고 공격적이며 자기중심적인 이기주의 집단으로 이 사회에 장애물이라는 것이다. 매체가 전해 주는 여행 제한지역 표지판 앞에서 'V' 자를 그리며 사진을 찍은 아프가니스탄 선교 단원들의 모습이나 천 원짜리를 싫어하시는 하나님에 대한 어린이들이 부르는 헌금송을 듣고 있는 개신교의 예배 현장 동영상이 순식간에 높은 조회수를 보이는 모습은 부인할 수 없는 교회의 선교 현장 문제를 그대로 드러내고 있었다.

둘째, 그 사건을 통해 교회를 반대하는 악의적인 세력이 인터넷이라는 대중문화매체를 이용해 연합된 힘을 얻고 있다는 사실이다. 그들은 피랍자들의 개인 '싸이홈페이지'를 방문하여 이슬람에 자극적인 자료를 편집해 탈레반 공식사이트에 영어로 올리며 피랍자들의 참수를 요구하고 온갖 악의적인 말을 쏟아내는 비인간적이고도 참람한 세력들이다. 그들이 쓰는 글들은 기독교 세력을 무조건적으로 파괴하려는 반기독교 성향을 드러내며, 비윤리적이고 배타적이고 자기중심적이고 폭력적이며 생명 경시적인 사람의 대표적인 단면을 보여 준다. 그러므로 우리는 이러한 세력과 건전한 비판을 하는 목소리와는 구별하여 대응해야 한다. 왜냐하면 저들은 교회나 해외 선교활동에 대한 개선과 발전이 아닌 파멸을 원하는 세력이기 때문이다. 앞의 첫 번째 메시지가 우리 스스로가 변해야 한다는 요청이라면, 여기서는 악한 세력에 맞서 선으로 악을 이겨야 하는 영적 능력의 문제다.

셋째, 교회를 비판하는 미디어와 매체들을 보면서 이 사태가 교회에 주는 메시지는 분명하다. 지금처럼의 모습으로는 한국 교회는 절대로 이 땅의 대부분의 사람들을 위한 희망의 종교가 될 수 없다는 사실이다. 사태가 일어난 기간에 계속적으로 살펴본 바로는 게시판을 떠도는 교회에 대한 증오와 불만은 이미 그 도를 넘었다는 것을 느끼게 된다.

무엇이 문제인가? 세상은 교회의 선교를 경험하고 이에 대한 부정적 이미지를 가지고 있고, 기독교 선교를 방해하려는 악의적인 세력들과 연합하여, 선교 중지를 요구하고 교회와 신학은 이에 선교 포기로 응답하는 분위기가 조성되어 기독교 존재 자체가 위기에 직면 했다는 것이다. 하지만 교회는 아프가니스탄 사태를 통한 선교 위기를 기회로 삼을 수 있어야 한다. 위기라는 말은 위험하다는 뜻의 '危'와 기회라는 뜻의 '幾'가 합쳐져 생긴 말이기에 그렇다. 이러한 상황이 심각한 위기인 것은 이런 사태가 주는 영향은 교회 다니는 교인들보다는 교회 바깥에서 교회를 바라보는 사람들, 선교의 대상인 사람들이 교회에 대한 호감을 잃어버리게 된다는 것이다. 교회가 선교의 걸림돌이 되고 교회가 행하는 행동으로서의 '선교'가 선교의 발목을 잡고 있다는 사실이 이 사건이 주는 중요한 교훈이다. 이전에는 '선교를 어떻게 하느냐?'의 방법의 문제가 중요했으나, 이제는 교회가 선교를 하는 것, 그 자체가 문제가 된다는 것이다.

우리에게는 개신교인이라는 이유 하나 때문에 인질을 붙잡고 있는 탈레반보다, 인질로 붙잡힌 봉사단원들이 더 비판을 받는 기이한 일이 일어난 것이다. 샘물교회 박 목사는 분별력 없는 선교지상주의자로 매도되고, 해외 선교 봉사단원이 미친 광신자로 돌변하고, 처참하게 처형을 당한 사람들조차 동정을 못 받고, 죽음의 계곡을 겨우 빠져 나온 사람에게 계란 던지기로 모이자는 사람들이 오히려 주목을 받았다. 선교라는 이름으로 행해진 봉사의 가치는 무시되고, 선교가 나쁜 것, 불손한 것으로 매도된 것이다.

교회가 행한 선교가 역사 속에서 선교에 대한 잘못된 이미지를 심어 놓는 결과가 된 것은, 한국에만 일어난 현상이 아니며 안타깝게도 서구교회의 역사, 특히 가장 먼저 해외 선교를 개척했던 가톨릭에 심각하게 드러난 현상임을 다음의 실화를 배경으로 한 〈미션The Mission〉라는 영화 이야기 속에서 찾아볼 수 있다.

1986년 칸느영화제 그랑프리상을 수여받은 롤랑 조페Roland Joffe 감독, 로버트 드니로(Robert de Niro, 로드리고 멘도자 역), 제레미 아이언스(Jeremy Irons, 예수회 수도사 가브리엘 역) 주연의 이 영화는 '지나간 (가톨릭) 교회가 실행한 선교의 사건을 통해 선교가 역사 속에서 어떤 이미지를 가질 수 있는가?'를 그 사건을 주도했던 추기경의 눈으로 회상하는 형식으로 일반 대중들에게 솔직하게 소개해 주면서, 교회의 실천된 행위로서 선교에 대한 해석으로 중요한 사례가 된다고 생각한다.

― 먼저 영화의 배경이 되는 15세기 이후 가톨릭교회의 해외 선교 정책의 현실을 이해할 필요가 있다. 1454년 교황 니콜라스 5세Nicolaus PP. V는 교서 'Romanus Pontifex'를 통해 아프리카 서해안에서 발견될지도 모르는 비신앙인들의 땅들에 대한 포르투갈의 평화적 점유권을 인정했고, 이어 교황 칼릭투스 3세Pope Callixtus III는 1456년 항해 왕 엔리케Navigfator Don Henrique가 관리인으로 있

는 포르투갈 국가 안의 그리스도의 회the Order of Christ의 대원장에게 포르투갈 뿐만 아니라 장차 추가될지도 모르는 영토에서의 영적 감독권을 부여했다(스티븐 니일, 《기독교 선교사》, 홍치모, 오만규 공역, 서울: 성광문화사, 2004, 173).

그 후 스페인 왕실의 후원을 받은 콜롬버스의 항해 후 이루어진 영토와 그에 대한 영적 지배권을 교황 알렉산더 6세Alexander PP. VI가 1493년 인정했고, 두 나라 간의 갈등을 해소하기 위해 대서양의 한가운데 아조레스Azores에서 서쪽을 북극과 남극까지 이어서 그로부터 서쪽은 스페인에게, 그 반대쪽은 포르투갈에게 속하도록 했다. 그 후 1494년 브라질이 포르투갈에 의해 발견됨에 따라 이 경계가 서쪽으로 브라질까지 이동되었다. 이미 교황으로부터 그들이 발견하고 점령한 영토에 대한 교회 건립과 주교 임명까지를 위임받았던 스페인과 포르투갈이 1750년 아르헨티나와, 파라과이 그리고 브라질과 국경을 함께하고 있던 남미의 험악한 지형의 폭포수 위, 과라니족이 사는 오지에 대한 영토관할권을 유럽 한 구석의 탁자 위에서 선을 그어 스페인에서 포르투갈로 인계하기로 합의한 후, 그곳에 살고 있던 기독교화된 과라니족의 운명을 다루는 역사적 실화에 근거해 만든 영화다.

그곳에서 선교활동을 하던 예수교 신부들은 선임 선교사가 순교한 것이 계기가 되어 그 선교지 책임자였던 가브리엘 신부가 순교할 각오로 선교해, 그 결과로 과라니족을 감화시켜 근대적인 기독교 원주민 자치 마을로 발전시키고, 교회(산 카를로스 선교회)를 세우는 데 성공한다. 신부들 중 악랄한 과거 노예상이었던 로드리고 멘도사는 개인적인 사랑의 문제로 동생을 살해하고 괴로워하며 자기 삶을 포기하던 중에 가브리엘 신부의 권유로 고행을 통한 참회의 여정을 하기로 결단했는데, 결국은 자기가 잡아서 노예로 팔아 넘기고 때론 살인까지 자행했던 과라니족에서 자기 죄를 용서받고 그들을 위한 신부가 되어 헌신적으로 원주민을 위해 봉사하며 살게 되었다.

그런데 이렇게 성공적 선교를 통해 밀림 속을 나와서 신앙마을을 형성하고 살던 과라니 족은 신앙마을의 모든 것을 버려 두고 원래 거주하던 밀림으로 되돌아 가라는 교황청의 요구를 받게 된다. 교황청의 명령에 과라니족과 예수회 신부들이 불응하자 이들을 설득하려는 추기경이 로마로부터 파견되어왔다. 추기경은 현장에서 로마 교황청 결정의 무모함과 포르투갈과 스페인 사람들의 사악한 의도를 보게 되지만, 결국 하나님의 뜻이 아니라 교황의 명령을 수행하는 것이 자신의 임무라고 고백하고, 유럽 정치의 이권 다툼에 끼여 교황청을 보호하기 위해 스페인과 포르투갈의 군대가 선교사들이 만든 원주민 복음의 땅을 초토화시키는 것을 묵인하고 만다. 자기의 일은 하나님의 뜻을 따르는 것이 아니라, 교회가 주어진 명령을 수행하는 것이 최종 목표라 여기는 추기경은 정치적인 결정을 하며 "저들에게 차라리 선교사가 오지 않았더라면 좋았을 뻔했다"라는 말을 남기고 원주민 신앙촌을 포기한다. 그는 떠나고, 그 결과로 멘도사를 중심으로 한 신부들과 남자 원주민들은 포르투갈과 스페인 연합 군대와 맞서 싸우다 죽고, 가브리엘 신부는 전투에서 제외된 아이들과 부인들, 노약자들과 함께 예배를 드리면서 포르투갈과 스페인 연합군의 총칼 앞에서 처절하게 죽어 과라니족은 전멸하게 된다.

여기서 추기경은 원주민 신앙촌을 전멸시킨 것을 포함한 기독교인이 만들어 놓은 세상의 참혹함 앞에서, 포르투갈의 식민통치자가 "원래 세상은 다 그런 것"이라고 이야기한 것에 대해, 그것은 세상이 원래 그렇게 생겨먹은 것이 아니라, "우리가 그렇게 만들었다, 아니 내가 그렇게 만들었다We made the world, Just I made the World"라는 말을 한다. 그는 마지막으로 죽은 자들의 정신이 산 자들의 기억 속에서 영원히 살게 되기 때문에, 비록 그들(과라니족과 선교사들)은 죽었지만 영원히 살아 있는 것이고, 우리는 살았지만 죽었다는 표현을 한다. 선교는 물론 "만약 폭력이 승리한다면 사랑이 설 곳이 어디 있느냐"고 반문하며 "하나님은 사랑이고 절대로 살인은 허락하지 않으신다"는 말을 남기며 절대적인 비폭력으로 순교한 가브리엘이나, 천사의 말을 할지라도 사랑이 없으면 아무것도 아니라는 고린도전서 13장에 감동되어 원주민에게 복음을 전하던 멘도사가 포르투갈의 총칼과 대포를 앞세운 공격에 맨몸으로라도 처자식을 지켜내려는 원주민과 함께 다시 칼을 잡고 어쩔 수 없는 폭력을 행사하다 결국은 전사하는 감동적인 모습을 비교하는 데서 오는 것이라기보다는 선교라는 이름으로 자행되어진 조직적이고 파렴치한 포르투갈과 교황청의 잘못된 선교가 문제의 핵심이 되어야 한다.

결과적으로는 멘도사나 가브리엘과 같은 신부들의 선교적 삶은 남미에 복음의 씨를 뿌렸다고 할 수는 있지만, '선교가 무엇인가?'를 말하는 사건으로서의 남미 선교는 부끄럽고 수치스럽기까지 한 것이다. 원주민 지도자는 추기경에게 "왜 하나님이 마음을 바꾸었는가?"를 물으면서 "당신들을 믿은 우리가 잘못이다!"라는 말을 남긴다. 여기서 선교는 예수회 선교사들의 의도와는 달리 그 당시 남미의 폭력에 의해 희생된 사람들에게나 오늘날 영화를 보는 일반인들의 인식 속에서 식민 통치자들의 천박한 수단과 로마교회의 확장을 위한 정치적 이기주의의 산물이었음을 부인할 수 없는 부정적인 사건의 이미지를 지워 버릴 수가 없다.

그러므로 교회와 신학은 앞에서 본 두 가지의 교회가 행한 행위에 대한 해석으로 선교에 대한 잘못된 이미지가 원인이 된 선교 위기를 기회로 삼을 수 있는 신학, 즉 이러한 상황이 몰고 가는 결과에 대한 올바른 판단과 대책이 필요하다. 그러나 본인의 판단에는 이러한 교회가 행한 행위에 대한 부정적 결과로서 선교 이미지에 대한 교회와 신학의 대응은 오히려 선교의 위기를 가중시키는 듯한 모습으로 전개되고 있다고 여겨지기에, 이어지는 글에서는 그러한 문제와 그에 대한 대안을 제시하기로 하겠다.

'해외 선교'라는 말을 사용하기에
부담스러워 하는 교회와 신학의 분위기

국제선교협의회International Missionary Council, IMC가 1958년 가나Ghana
의 아히모타Achimota에서 열렸을 때, 발터 프라이탁Walter Freytag이 "이
전에는 선교가 어려운 문제들을 가지고 있었지만, 지금은 선교 자체
가 하나의 문제가 되어 버렸다"라는 언급을 했는데, 우리는 이 말을
통해 이미 50년대에 'mission'이라는 말로 표현된 '선교'라는 말 자체
가 우리나라만이 아니라 이미 서양의 교회와 신학의 부담스러운 개
념이 되어 가고 있었음을 보게 된다. 그런가 하면 세계선교와복음화
위원회Commission on World Mission and Evangelism, CWME는 1973년 태국
의 수도 방콕에서 서구 선교 국가에 대해 제3세계에 대한 선교의 일
시중지moratorium를 요구하기까지 했다. 선교라는 말을 부담스럽게 만
드는 선교에 대한 부정적인 평가들은 선교의 대상이 되었던 나라들
이나 선교사를 파송하던 나라의 교회 내에서 계속적으로 증가되어,
2002년 10월 31일 독일의 '그나다우어브라질선교회Gnadauer Brasilien
Mission' 75주년을 축하하는 심포지움에서 헬무드 에겔크라우트Helmut
Egelkraut는 '하나님의 선교Missio Dei'를 주창한 1952년 IMC 빌링엔
Willingen대회 50주년을 준비하는 독일교회를 비롯한 세계 교회의 선
교 문제를 지적하면서 '원 세상에, 또 선교를 한다고Um Gottes Willen
Mission!'라는 강연의 제목으로 '해외 선교mission'라는 말 자체를 입에
오르내리는 것조차 부담스러워하는 오늘날의 교회와 신학의 분위기
를 역설적으로 표현했다.

한국 개신교회는 이미 오래 전부터 이 땅에 먼저 자리잡은 여러 종교집단(불교, 유교, 무속, 천주교)들과 어깨를 나란히 하면서도 1980년 대 개신교 선교 100주년을 맞아 '선교의 기적'이라는 말로 전체 국민 3명 가운데 한 명이 기독교인이라면서 1,300만 명까지 개신교인이라고 숫자를 부풀려 왔었다. 그러한 개신교회가 2005년 11월 1일을 기점으로 한 총인구 조사에 의한 종교 인구 변동은 끝없이 추락하는 개신교회의 현주소를 숫자적으로 적나라하게 드러내 주었다(불교 22.8퍼센트, 개신교 18.3퍼센트, 천주교 10.9퍼센트). 선교 120년 동안 국민의 마음도 얻지 못하고 급격한 교인 감소 현상을 보인다는 것이다. 한 시대의 국가 종교로서 굳건한 위치를 지켰던 고려시대의 불교와 조선시대의 유교도 국민들로부터 외면당했던 것을 기억한다면 개신교회의 위기는 생각보다도 심각할 수 있다. 그런가 하면 1975년 OMOperation Mobilisation 선교회 소속 선교선이 이 땅에 처음 닿을 때만 해도 선교사는 백인들 만의 일로 생각하던 교회가 2014년 12월 말 현재 선교사가 총 170개국에 26,677명(이중 소속 선교사 수의 절반 제외) 파송된 것으로 나타났다 (한국세계선교협의회 통계). 이는 구체적으로는 교단(선교부)에서 11,764명을 파송했고, 선교 단체는 총 217곳에서 15,987명(이중 집계 포함)을 파송해 세계에서 두 번째로 선교사를 많이 보내는 나라가 되었지만, 아프가니스탄 사태로 급격한 선교사 감소와 위축을 경험하고 있다.

이런 한국 개신교회가 해외 선교라는 말을 사용하기에 부담스러 워하는 세계 교회와 신학의 분위기를 어떻게 이해하고 받아들이고 있는가? 한국 교회의 분위기 역시 80년대를 고비로 이러한 국제적인 분위기에서 제외되지 않았음을 앞에서 언급한 아프가니스탄 사태 이후의 교회의 대처 모습 속에서 찾아볼 수 있다. 이제 교회의 위기를 좀더 구체적으로 언급해 보고자 한다.

교회가 해외 선교라는 말을 사용하기에 부담스러워하는 근거들

앞에서 언급했듯이 오늘날 교회와 신학에는 전체는 아니라고 하더라도 '해외 선교'라는 말을 꺼내기를 부담스럽게 생각하는 선교의 존재 자체를 위협하는 분위기는 교회 외적인 면만이 아니라 교회 내적인 면에서도 분명하게 드러나고 있다. 그렇다면 이러한 분위기가 왜 생겨난 것인가? 중요한 몇 가지만을 열거해 보자.

첫째, 교회가 역사 속에서 행한 선교가 화해와 사랑이라기보다는 오히려 폭력을 통한 제거였다는 역사적 증거들 때문에 그렇다. 이 세상의 대표적인 갈등과 반목, 폭력을 수반했던 사건들(예를 들면, 십자군전쟁, 1, 2차 세계대전, 베트남전, 아프리카의 식민지화와 노예무역, 중동전쟁, 9·11테러와 이라크침공 등)의 발발과 그 결과에 대해 막중한 책임을 물어야 했던 대부분의 서방 국가들이 기독교 국가였다는 것에 대한 내부 반성과 외부의 질책이 계속 있어 왔다. 실제로 교회는 1910년 에딘버러Edinburgh에서 최초의 선교사대회를 가진 후 1차 세계대전을 그리고 연이어 2차 세계대전까지를 치렀고, 1947년 캐나다의 휘트비Whitby에서 모인 국제선교협의회IMC에서 다시는 전쟁이 없는 화합과 통일의 하나님 나라를 복음화를 통해 이룩하기로 결의했고, 또 그 이후 60년대의 평화Schalom신학을 주장했지만 교회는 항상 계속되는 전쟁에 휘말렸고 베를린 장벽의 붕괴와 소련의 해체 등으로 기독교인들의 기도가 이루어지고 새로운 평화의 시대가 도래할 것 같은 분위기가 잠시 있기는 했지만, 다시 9·11테러와 미국의 이라크 침공과 같은 사건들을 통해 교회는 다시 폭력의 한가운데서 헤어나오지 못하고 있는 형편이다.[7] 그 가운데 하나가 기독교의 세계적인 종교의 출발을 알리는 로마의 콘스탄티누스 황제(Flavius Valerius Aurelius Constantinus, 272-337년)의 기독교인에 대한 환대의 문제다. 콘스탄티누스는 자신이 전쟁에 나가기 전, 군대의 전열을 정비하던 중 보았던 태양 위에 겹쳐진 십자가와 "이 표식을 가지고 나가면 승리하리라"는 문구에 대한 환상을 보고, 그대로 행하여 전쟁에 승리한 후에 기독교를 이용하여 로마 제국을 재건하기 위해 밀라노칙령으로 그리스도교를 공인(313년)하고, 이어 테오도시우스 황제(Flavius Theodosius, 347-395년)가 이를 국교로 정했다(391년)고 전해진다. 그러나 이렇게 함으로 우리는 기독교의 세계적인 종교로서의 첫 출발이 불행하게도 로마제국에게 전쟁에서 승리를 안겨 주는 전쟁의 신, 폭력적인 신과 밀접하게 관계가 있었음을 부인할 수 없다.[8] 근래에 와서는 2001년 9월 11일 소위 '9·11테러' 이후에 미국의 제국주의적 입장에서의 이슬람교에 대한 '선교'라는 이름 하에 자행되어진 폭력에 대해 침묵과 무비판으로 일관하고 있는 대부분의 기독교국가와 기독교인들에 대해 현대의 지성인들은 신랄한 비판을 가하며, 오늘까지도 지속되는 이라크 백성의 불행을 바라보며, 이에 깊숙이 가담된 서방 기독교에 대한 사랑과 평화에 대한 신뢰성을 의심하고 있는 형편이다.[9] 미국의 세계 패권주의적 정치적 폭력은 미국 감리교회의 장로로서 국정 수행에 있어서도 신실하고 경건한 모범적 기독교인으로 잘 알려진 부시George Walker Bush 전 대통령이 "세계에 3개의 악의 축이 있고 이는 북한, 이라크 그리고 아프가니스탄인데 이를 제거해야 세계의 평화가 온다"고 한 말에서 잘 드러난다. 이는 사랑을 통해 다른 사람을 감동시키는 선교를 원하던 예수의 십자가 지심의 정신과 정면으로 대치되는 잘못된 기독교 신앙이라고 여겨진다.

둘째, 기독교는 선교의 역사 중에 선교사들은 선교라는 이름으로 정치적으로 식민주의자들의 앞잡이 노릇을 한 결과를 부인할 수 없을 뿐만 아니라, 복음을 서구 세계가 가진 자신들이 가진 '우수한 문화유산'으로 곡해하여 복음을 전한다는 명분하에 선교 대상 지역의 고유한 '문화 증거들die Zeugnis-Kulturen'을 파괴하고, 그 자리에 서양의 문화만을 강요한 사람들로 비평을 받고 있기 때문이라는 것이다.[10]

사실 기독교는 복음을 전하기만 하면, 그래서 복음을 듣지 못한 사람들이 듣기만 하면 온 세상은 곧 기독교화되고 하나님의 나라가 도래되리라는 긍정적이며 낙관적인 생각을 가진 적이 있다. 구스타프 바르넥Gustav Warneck은《개신교 선교학 개론Evangelische Missionslehre》에서 "세상의 모든 종교들이 기독교가 그의 특별한 영적인 기반으로 세상의 현대화에 앞장서기만을 기다린다"며 '전 인류를 위한 기독교 또는 기독교를 위한 전 인류'라는 말로 승리를 눈앞에 둔 개선장군처럼 20세기 초의 선교적 분위기를 서술했다. 그 근거로 "기독교는 율법이 아니요 영이요 생명이기에 인간의 개인적인 삶과 공동체적인 삶을 헤치고 들어가 '민족교회의 형태', 한 사회를 특정 짓는 '사회 전체적인 형태', 또는 '문화의 형태'로서 모든 세계에 별 문제 없이 받아들여질 수 있다"고 했다.[11] 이러한 이해에 근거해 바르넥은 "선교란 믿지 않는 비기독교인들의 지역에 교회를 이식하고, 그 조직을 세우기 위한 일련의 모든 행위다"라고 보았다. 그에 의하면 선교는 개개인을 전도하는 것이라기보다는 집단적으로 민족 단위로 이루어지는 것이어서, 한 나라에 중산층 중심으로 사람들이 믿기 전까지의 그들의 종교와 문화와 관습에서 해방되어, 옛 것을 완전히 벗어 버리고 새로운 서양의 '고도의 문화'와 '고도의 문명'을 받아 들이는 기독교 문화 국가를 만드는 것을 의미한다는 것이다. 준더마이어Theo Sundermeier는 이러한 새로운 서구 문화를 받아들이는 것을 회개라고 보고 그 증거로 세례를 이야기한다 하여 이를 '회심적 선교 이해의 모델'이라 명했다.[12]

그런데 선교에 대한 이러한 이해는 서구의 문화 우월주의에서 출발한 것으로, 선교와 역사에 대해 너무 낭만적이고, 진화론적인 사고와 과학적 사고에 입각해 다음과 같은 해석학적 한계를 드러냈다. 역사의 이해를 작은 것에서 큰 것으로, 덜 진화된 것에서 진화되는 것으로, 불완전한 것에서 완전한 것으로 이해하는 진화론의 영향은 기독교와 서구 문화만을 역사의 가장 진화된 단계로 보고, 다른 민족의 문화와 종교는 진화 이전의 단계 또는 덜 진화된 문화가 없는 민족 또는 미신으로 보게 만들었다. 또 과학적 방법론에 의해 논증되는 신학만이 과학적 사고의 시대에 살아남을 수 있는 고등종교로 인식하고 그 외의 다른 종교와 민족들은 비과학적인 미신으로 폄하하여 과학과 기술의 발전으로 모두 도태되어 없어져 버릴 것들로 생각했다. 하비 콕스Harvey Cox는 그의 책《세속도시The secular City》(1965년)에서 당시 시대의 특징을 도시 문명의 부흥과 전통종교의 붕괴라 하며 문명의 발달에 따라 곧 전통종교의 전폐가 오리라 했다. 그런데 콕스는 그 후 20년이 지나서는 동서양이 세속화와 도시화의 상황이 전개되어가는 중에 종교의 복귀 현상을 접하며 자신의 이론을 수정하기에 이르렀다. 그런가 하면 절망의 감옥에서 종교의 무용론과 말씀의 사멸을 예언했던 본훼퍼Bonhoffer의 말[13]은 전후에 기독교 내의 여러 경건주의의 발전과 여러 유사 종교들의 등장으로 잘못된 예측이었음을 알 수 있었다. 급기야는 홀렌버거W. J. Hollenweger의 말[14]처럼 우리 인간은 불신앙으로써는 살 수 없는 사람으로 운명 지어졌다는 것에 동감하게 되었으며, 니콜라이 베르댜예프Nikolai Alexandrowitsch Berdjajew

의 표현처럼 교회를 떠난 사람들은 다만 교회를 떠났지 하나님을 찾아 다른 곳으로 나선 것일 뿐 "인간은 고칠 수 없는 종교적인 병"에 걸렸다는 것을 스스로 확인하게 되었다.[15] 그런데 60년대 이후로 이슬람교(방글라데시, 파키스탄, 말레이시아, 이란), 불교(스리랑카, 태국, 미얀마), 유교(싱가포르) 등의 이웃 종교의 부흥과 피선교 지역에 있는 토착화 교회들(한국, 브라질 등의 남미 교회들)의 급격한 성장으로 선교 역전 현상이 빚어져 서구의 교회에게 선교에 대한 새로운 이해를 강요하게 되었다. 역사는 더 이상 역사에 대한 직선적 사상에 근거한 진화론적 발달이 아니고, 서구식의 과학과 기술의 발전이 꼭 선교 대상국들의 타종교의 쇠퇴나 일반적인 종교성을 사라지게 하는 요인으로 작용하지 않는다는 것을 깨닫기에 이른 것이다. 더욱이 서구 선교사들의 문화적 우월주의는 피선교 지역의 나라들과 주민들에게 기독교와 그 복음을 서양의 문화와 관습으로, 예수 그리스도를 서구 식민주의자들과 동일시하여 이해하게 되는 결과를 초래해 반기독교의 정서가 연합적으로 자리하게 만들었다.

여기에다 문화우월주의에 대한 서구교회와 서구사회 내부의 자기비판은 곧 선교에 대해 언급하는 것을 부담스럽게 만들었다. 여기에는 과학과 기술의 발달이 가져온 인류 사회의 심각한 문제(환경 파괴, 전쟁 무기 생산, 기계에 의한 인간 소외 등) 인식과 기독교가 만들어 놓은 세계 정치사에서의 분열과 폭력의 문화에 대한 갈등의 자성이 포함되어 있다. 이와 함께 서구의 자본주의 실패와 식민주의 정책의 반성이 소위 '제1세계' 자국민의 지식층들에게 새롭게 경제성장을 이룬 아시아의 신흥 경제대국들(한국, 대만 싱가포르, 일본)을 유교나 신도교 등의 우수한 점으로 인식하게 하고 무한한 연민의 정을 갖게 하는 정서를 이룬 반면, 서구의 기독교는 자기들의 선교의 개선을 힘쓰기보다는 오히려 선교 포기 선언을 하게 만들었다.

선교를 눈에 보이는 서양의 교회와 문화를 피선교지에 '있는 그대로' 옮겨 놓는 것(이식)으로 이해한 기독교의 선교적 이해는 서구의 교회를 아무런 전제나 조건 없이 하나님의 나라와 일치시켰다.[16] 그러므로 이러한 이해에서는 복음의 내용이 아닌 서구 문화의 형식을 선교로 오해하는 유럽 중심의 세계관이 적나라하게 드러난다. 여기서 선교의 목적이 되는 지역과 그 대상이 되는 사람들은 서구 선교의 겉으로 드러나는 성과 위주 때문에 자기들의 '선교 대상물', '수확물', '노획물'로 전락시켜 사람을 숫자밖에 보지 못하도록 만들었다. 그러므로 하나님의 사랑의 대상인 인간 모두가 하나님 앞에서 동일한 창조물로서 자기 삶의 주체적인 인격체임을 무시당한 체, 소수의 구원받을 자와 다수의 저주받을 자의 이원론적인 도식 속에서 선교를 이해했다. 이러한 선교적 이해는 선교지의 문화와 종교를 악으로 규정하고 다만 '제거해야 할 대상'으로밖에 생각하지 않았다. 또 선교를 다만 개인의 고백과 공동체의 의식이라는 면에서만 보기에 실제 삶의 구체적이고 계속적인 내면적 변화에는 관심을 갖지 않게 한다. 이러한 교회의 선교적 행위는 윤리·도덕적인 면에서 결국 피선교지 사람들이 후에 자각하게 되는 '자기 민족종교'들과의 비교와 경쟁에서 불리한 위치를 차지하게 만들었다.

상기한 과거 기독교의 성숙치 못한 선교 이해에서 출발한 해외 선교의 결과는 필연적으로 제3세계와 제1세계에 대한 반목으로, 또 비기독교 문화 국가와 기독교 문화 국가 간의 갈등으로 나타났고, 급기야는 2차 세계대전으로 서구의 식민지 정치가 몰락함과 함께 서구 세력의 쇠퇴와 추방은 곧 서구문화와 기독교의 쇠퇴로 이어지게 만들었다(Theo Sundermeier, 18). 칼 라너Karl Rahner는 이와 같은 현실 상황을 과

거처럼 서양의 문화와 기독교에 침묵하고 긍정적이며 수용적이던 시대는 지나갔고, 온 세계가 기독교화된다는 것도 허망한 것으로 드러났으며, 이제 세계는 다중심적, 다문화적, 다종교적 상황에서 특히 반기독교적이며 반유럽적 성향을 띠면서 이웃 종교의 르네상스를 경험하는 시대가 왔다고 한다. 그러한 상황에서 기독교는 기독교의 절대성과 유일성에 대해 그것이 아직도 유효한가를 진지하게 물어야 한다고 한다.[17]

셋째, 기독교가 추구하는 이상이 과연 이 세상 전체를 구원할 만한 종교인가에 대한 비판이다. 혹자들이 주장하는 바처럼 "예수 천당! 불신 지옥!"이 맞다면, 선교는 선교라는 이름으로 2천 년이 넘는 세계의 역사 속에 구원한 사람(예수 천당)보다 저주로 내몬 사람(불신 지옥)이 더 많은 현실을 어떻게 변명할 것인가? 한국의 천주교 220여 년 역사와 개신교회 120년 역사는 2005년 11월을 기준하여 각각 전 국민 중에 약 11퍼센트와 18퍼센트의 국민만을 선교했을 뿐이다.[18] 그런가 하면 미국 해외 선교연구센터OMSC가 발행하는 국제선교통계보고서는 2013년 전 세계 71억 인구 가운데 기독교인이 33퍼센트, 이슬람교도가 22.9퍼센트이고, 기독교인 중에선 천주교가 12억 명(51퍼센트)으로 가장 많고 개신교 4억 3,900만 명(18.6퍼센트), 독립교회 3억 6,900만 명, 정교회 2억 7,900만 명, 성공회 9,100만 명 순이다. 세계 교회는 가톨릭과 정교회 그리고 유사 기독교까지를 다 포함해 현재 세계 인구 가운데 약 33퍼센트의 교인만을 구원했을 뿐이다.[19]

만일 하나님이 세상을 창조하시고 모든 나라와 민족을 구원하기 원하신다면 2천 년이 지난 오늘날 세상의 33퍼센트만을 구원의 백성으로 만들고 나머지 67퍼센트의 사람들에게 저주를 선포한 하나님은 과연 진정한 의미에서의 구원의 하나님인가? 하나님은 언제, 어떻게 나머지 75퍼센트의 세상을 구원할 것인가? 그러므로 지금과 같은 성장 속도를 인정한다 하더라도 전 세계가 구원되는 시기는 앞으로 4천년 후에나 가능하게 될 것이다.

313년 로마제국이 휘호 아래 세국의 종교가 되어 지중해 연안의 북부 아프리카까지 거의 모든 지역을 기독교화했던 기독교가 7세기 초에 발흥한 이슬람교에게 70여 년 만에 북부아프리카에서 스페인까지를 너무 쉽게 이슬람에게 내주었던 이유는 무엇일까? 유럽 전역에 걸쳐 기독교화되었던 많은 나라들이 빠른 속도로 세속화되어 교회와 멀어지는 경향을 보이고, 작금의 세상이 기독교 없이도 보다 잘 사는 모습은 세상을 위한다는 기독교의 지금까지의 자기 주장과 예측에 문제가 있음을 보여 주고 있다. 레나드 스윗은 이러한 21세기를 "대중적인 영적 각성의 서막"이라고 특징 지으며 지난 10년간 (미국 내에서) 영성이라는 이름으로 사람들이 몰려서 심지어는 영성 자기 개발 등의 극단적 경험이 돈벌이의 수단이 되어 가고 있는데, 정작 영성의 본 고장인 교회는 이것을 도난당하고, 세상은 교회 없이도 교회보다도 더 잘 살고 있다고 한탄을 한다.[20] 로마의 확장을 하나님 나라의 확장이라고 오해했던 것처럼, 북미와 서구 열강들이 소위 제3세계 국가들에게 행한 정치적 해방과 정권 장악의 시도가 선교라는 이름하에 자행된 자국 이익을 위한 식민지 확장의 역사로서 드러나게 되어, 오늘날까지도 선교에 대한 부정적인 인식을 갖게 하고 있다.

1997년 한국갤럽의 한국 교회의 공신력을 묻는 설문 조사[21]는 해외 선교에 대한 인식뿐만이 아니라 국내 전도를 의미하는 선교 역시 다음과 같이 부정적인 이미지를 가지고 있음을 보게 해준다. 이에 따르면 조사 당시 최근에 개종한 종교인 가운데 58.4퍼센트(204만 명)가 이전에 개신교인이었다고 하고, 또 종교를 버리고 비종교인이 된 사람 가운데는 73.0퍼센트(886만 명)가 개신교인이었다고 한다. 비종교인 가운데 81.5퍼센트는 전도받아 본 경험이 있는데, 그중 84.3퍼센트가 기독교에 부정적이라는 것이다. 한국 사람들의 72.2퍼센트는 종교가 본래의 뜻을 잃고 자기 이익을 추구(교세 확장)한다고 판단한다는 것이다. 같은 질문에 대한 2004년의 갤럽 결과는 무려 80.7퍼센트로 더 부정적이 되었음을 나타낸다. 교회는 영적인 문제에 해답을 주지 못한다고 보는 사람이 81.45퍼센트, 지도자의 자질에 문제 있다고 봄이 76.0퍼센트이다.[22] 종교 탈퇴 인구 중 개종의사가 있는 사람은 32.9퍼센트로 720만 명인데 '그들이 만약 개종을 한다면 어디로 갈 것인가?' 하는 가능성에 대한 질문에, 불교 41.8퍼센트, 천주교 36.7퍼센트, 그리고 개신교가 21.4퍼센트로 가장 적다고 한다. 이 조사의 시점이 97년이고 1995-1999년 당시 불교의 성장률이 가장 높았던 것을 감안하면, 지난 통계에 의한 천주교의 급격한 성장은 이제 천주교가 가장 많은 사람들이 개종하고 싶어 하는 종교가 되지 않겠는가 생각해 본다.

한국 교회는 이와 같이 그동안의 성장을 통해 인구의 18퍼센트는 선교했는지 모르지만 그동안의 부정적 이미지로 인해 결국 수많은 사람들을 교회로부터 등을 돌리게 만든 책임도 있는 것이다. 약 860만 명의 개신교인과 97년 당시 교회를 등진 1,100만 명의 개신교 탈퇴자가 이에 대한 명백한 증인들이다. 개신교와 불교, 천주교와의 비교에서 개신교는 배타적이고, 시대의 변화에 가장 잘 적응하는 종교, 교세 확장 혈안, 헌금 강조, 사랑하지 않음, 종교 규칙 엄격의 질문에서는 다른 종교를 앞서가지만, 구제 봉사, 지도자 자질, 영적 문제 등에서는 여실히 문제를 드러내고 있으며 이것이 오늘날 '선교'라는 말을 부담스러워하는 구체적인 이유가 되고 있다. 세상은 교회의 선교를 이기적 집단의 자기 확장 수단으로 보고 있다.

세상은 교회의 선교를 자기 세력을 불리기 위해 반대 세력을 폭력으로 제거하는 데 주저하지 않는다는 이미지를 갖고 있다. 교회의 선교는 다른 문화와의 갈등을 조장하고 시대의 걸림돌이 되어 세상의 문화를 따르기에 바쁘다. 교회는 값없는 사랑을 나누는 헌신과 봉사의 공동체이기를 원하지만, 세상은 더 많은 이익을 위해 투자하는 집단이기주의자들로 이해한다. 역사의 한 축을 형성하며 역사 속에서 하나님의 선교에 주도적 역할을 감당해야 할 교회는, 오히려 역사 앞에 굴복하고 스스로 타락한 모습으로 서 있다. 교회는 문화 창조자와 사회 개혁가의 이미지보다는 그때 그때 지배문화의 포로로 전락하여 저질문화의 창조자 또는 답습자가 되어 사회 개혁의 걸림돌로 개혁의 대상자가 되어 가고 있다.

그렇다면 선교에 대한 이러한 부정적 이미지와 근거들이 오늘날 교회의 선교에 어떠한 결과를 초래하고 있는지 살펴보도록 하자.

현대 교회의 선교 위기: 선교 포기

앞에서 언급한 선교에 대한 반성과 질책은 교회 내외에 과거의 선교에 대한 성토의 분위기를 조장했고, 결국 선교는 과거에 잘못된 길을 걸어 왔기에 '선교'라는 말 대신 이제 다른 말을 사용해야 한다는 분위기다. 교회에 대한 잘못된 이미지의 결과가 마치 '선교'라는 말 때문인 듯한 분위기가 만연되어 가고 있다고 생각한다.

그래서 해외 선교는 이제 더 이상 회개하고 복음을 믿으라는 '회심'을 말하면 안 되고 그 대신 폴니터Paul F. Knitter가 말한 "선교 대신 대화"[23]라는 말로, 또는 한스 큉Hans Küng이 말한 "선교 대신 세계 평화"[24]라는 말로, 또는 테오 준더마이어Theo Sundermeier처럼 "초청" 또는 "함께 축제함"(콘비벤쯔Konvivenz)[25] 같은 말로 바꾸어 써야 한다는 것이다. 또는 혹자는 선교라는 말의 영어식 표현인 'mission'은 오히려 '사명'이라는 말로 번역해야 한다고 보거나[26] '복음화'로 사용되어야 한다고 한다.[27] 해외 선교는 라민 사네Lamin Sanneh가 말한 것처럼 다만 "피선교 지역의 문화를 위한 인류 문화학이나 언어학의 발전에 학문적인 도움은 주었다"[28]는 면을 강조할 때만이 긍정적 평가를 받게 되는 것으로 인식된다. 선교는 실제에 있어서는 교회의 장식품으로 전락했고, 별 의미 없이 필요에 따라 교회 사역을 나타내는 아무데나 (남·여선교회 등) 사용할 수 있을 뿐이지, 그것을 학문적으로 또는 교회 밖을 향해 사용하게 되면, 마치 시대에 뒤떨어지거나 신학적 소양이 부족한 사람 또는 '극단적 보수주의자'들이 되어 오히려 교회 선교에

방해가 된다는 것이다.[29]

해외 선교라는 말을 이처럼 기피하는 오늘날의 현상은 무엇이 문제인가? 심각한 것은 이러한 선교라는 말의 사용에 대한 주저함이 결국 선교 포기[30]라는 상황으로 교회를 몰고 가는 잘못된 분위기를 초래하게 되었다는 것이다. 선교의 문제를 극복하려는 시도가 오히려 선교를 포기하려는 어처구니없는 결과를 낳게 된 것이다. 이렇게 교회는 믿지 않는 사람에게 하나님을 소개하고 하나님을 직면하게 하는 복음을 전한다는 적극적 의미에서의 선교라는 말을 주저하게 되므로, 그와 함께 땅 끝까지 하나님의 말씀을 전하여 사랑으로 영혼을 구원하여 하나님 나라를 만드는 일에 참여해야 한다는 의미를 잃어버린 것이다. 교회에서는 (해외 단기)선교를 '선교 여행mission tourism' 쯤이나 취미처럼 이해한다(H. Egelkraut, 205; 대체로 한국 교회가 방학을 이용해 평신도들과 함께 해외 선교지를 찾아서 훈련하고 현지 선교를 돕는 것을 일반적으로 '해외 선교 여행'이라 부르는 형편이다). 에겔크라우트는 이러한 해외 선교라는 말에 대한 부정적인 분위기가 갖는 위기에 대해 다음과 같은 올바른 지적을 한다. 이제 신(하나님)적인 것은 모든 세상에 편재하기에 이웃 종교들에게 그들을 회심시키려는 것은 잘못된 것이고, 이웃 종교인들은 선교의 대상이 아니라 잠재적인 교우로 보아서 다만 대화만 나누어야 한다는 것이다. 전 세계를 하나님의 나라로 기독교화하는 것을 위험천만한 제국주의적 발상이고, 목숨을 건 순교를 각오한 오지나 핍박이 심한 다른 종교에 대한 선교는 잘못된 근본주의라는 시선을 감수해야 하고, 종교 간의 개종은 절대 있어서는 안되고, 다만 자기 종교 안에서 하나님께만 향하면 된다고 한다. 결국 개신교 내에서는 해외 선교헌금이 급격히 줄어들고, 장기 해외 선교 지원자도 찾아보기 힘들게 되었다. 전에는 "복음을 위한 우리의 불꽃을 다른 백성에게 퍼뜨리는 선교를 위해서는 어떠한 값어치라도 비싼 것이 아니고, 아무리 어려운 길이라도 감당할 만하다고 했다면, 요즘은 선교를 위해 치러야 할 값과 그 길이 그 효과에 비해 너무나 비싸다고, 힘이 든다고들 투덜거리는 분위기다".

교회는 이제 선교라는 말을 사용하는 것을 부담스러워하는 이상과 같은 이유들로 인해, 이제 선교라는 말 자체를 다른 말로 바꾸는 '대치'와 '변용'의 시도들을 하고 있다. 교회는 다종교신학과 다원화된 세상 속에서 마치 자기 우물을 떠나지 못하고 두려워서 떨고 있는 개구리와 같은 이미지를 갖고 있다. 그럼 이러한 선교 위기에 대한 선교신학적 대안은 무엇이 되어야 하는지 생각해 보기로 하자.

선교의 새로운 가능성: 다시 드러냄의 선교

독일의 가톨릭 선교학자 칼 뮐러Karl Müller와 개신교 신학자 한스 베르너 겐지헨Hans Werner Gensichen이 함께 쓴 《선교학개론서 Missionstheologie》에서 뮐러는 기독교의 선교 전통을 전 세계를 통해 새로운 상황에 순응하고 적절히 대처하려는 노력이라 했다.[31] 뮐러는 선교가 항상 새로운 상황의 변화에 대한 위기와 그에 대한 극복(순응 또는 대처!)이라는 사명 사이에서 생겨나는 사건이라고 보기에 '선교가 무엇인가?'라는 것에 대한 답으로서 '선교'라는 용어는 변하지 않는 고정된 어떤 것이 아니라 교회에 의해 실천된 행위, 바로 앞에서 언급한 사건에 대한 새로운 번역으로서 완성되어 가는 것과 변화되어 가는 것[32]일 수밖에 없다고 한다. 여기서 '번역'은 원래 파펜디S. Pavendi, 《La Chiesa Missionaria》(Manuale)가 선교가 다양한 다른 말로 사용됨을 의미하는 말로 사용한 것으로 '사실에 대한 번역'쯤으로 해석함이 더 정확한 듯하다. 뮐러는 그의 책에서 이러한 이해에서 선교라는 것이 역사적 사건 속에서 어떻게 다양하게 번역되었는지 보여 줌으로, 선교를 새로운 역사의 사건과 정황 속에서 새롭게 만들어지거나 또는 변화될 수 있는 것임을 밝혔다. 그래서 선교는 새로운 실천을 통해 역사적 정황 속에서 좀더 분명해지거나 때론 다른 의미로 변화를 하는 것으로 본다는 것이다. 이렇게 본다면 선교는 기독교의 역사 속에서 잘못된 선교적 실천과 선교적 사건에 의해 잘못 인식될 수도 있다는 가능성을 인정한다는 말이 된다. 여기서 선교에 대한 반성이 가능한 것이다. 그러므로 선교란 무엇인가는 교회의 잘못 실천된 행위의 반성에서 시작되는 새로운 '드러냄의 선교'라고 정의될 수 있다. 이러한 뮬러의 입장에서 우리는 선교에 대한 해석은 각각 다르고 그러므로 다른 번역은 있을 수 있어도 선교라는 말 자체를 바꾸는 일은 잘못된 시도임을 알아야 한다. 왜냐하면 우리는 지금 선교라는 말의 개념이 잘못된 것이 아니라, 선교라는 개념에 대한 이미지가 잘못 되었기에 생기는 문제와 직면해 있기 때문이다.

신학적인 용어들은 항상 '개념'과 '이미지'라는 두 가지의 상호작용을 통해 전달되는데, 이는 마치 사람들이 어떤 단어를 듣게 되면, 그 단어를 구성하는 객관적인 의미(언어의 의미 등)보다도 그 단어가 역사적이며 사회적인 상황 속에서 사람들에게 이해된 이미지를 자동적으로 더 떠올리게 되는 것과도 같다 하겠다. 이는 '목사'라는 말이 우리에게는 설교자, 영적인 자, 거룩한 자와 같은 의미로 사용되지만, 일반인에게는 매체거물, 정치협상자, 치료사, 경영관리인, 사회운동가 그리고 때론 "이중인격자"와 같은 이미지로 받아들여진다거나,[33] 아니면 '선교'라는 말이 우리에게는 하나님의 계시를 전달하는 선한 사역으로 이해되지만, 피선교지 사람들에게는 '문화침략'식의 이미지를 갖는 것과도 같다. 이런 측면에서 볼 때, 선교에 대한 잘못된 이미지는 선교라는 말을 구성하는 단어가 갖는 주관적인 의미와 선교라는 사건을 통해 일반인들이 갖게 되는 객관적 평가로 얻어지는 이미지가 서로 다른 것이 문제의 핵심이다. 사람들은 오히려 어떤 단어를 명확하게 설명하는 것이 어렵기 때문에 이미지나 은유를 의지하여 쉽게 전달한다. 이런 면에서 이미지는 관계적이고 인격적이다. 이미지는 개념을 살찌우고, 개념은 이미지를 훈련시킨다. 그러므로 개념 없는 이미지는 맹목적이 되고, 이미지 없는 개념은 공허하다.[34] 그러므로 우리는 선교라는 개념에 대한 잘못된 이미지를 어떻게 바꿀 것인지 논할 수는 있어도, 선교라는 말 자체를 바꾸려고 해서는 안 된다. 결국 새로운 경험도 교회의 선교적 실천을 통해 세상 사람들에게 이미지를 갖게 되는 것이 필연적이기 때문이다.[35]

지금까지 우리가 앞에서 문제시한 선교에 대한 것은 사실 신학에 있어서 별로 새로운 것은 아니다. 그러나 분명한 것은 이제 다시 한 번 선교에 대한 문제점으로부터 그렇다면 어떻게 선교에 대한 올바른 이해가 가능하고 또 어떻게 올바른 선교에 대한 이해로부터 새로운 선교적 사건이 가능할까에 대해 진지하게 생각해 볼 시점에 서 있다는 것이다. 그러므로 교회의 선교는 지금까지 오해의 소지가 있었던 '선교 사건'들을 지적하고, 이를 극복하기 위한 '새로운 사건'들을 통해 세상에 선교를 다시 올바로 소개하는 '다시 드러냄의 선교'를 이루어야 한다. 그것은 구체적으로 다음과 같다.

1) 먼저 기독교는 선교의 종교이고 선교는 복음과 하나님의 뜻에 관하여는 가장 중요한 핵심임을 분명히 드러내야 한다.[36] 게하르트 에벨링Gerhard Ebeling이 말한 "선교가 없는 기독교는 상상할 수가 없다"[37]는 것은 가장 성서적인 표현이다. 우리가 앞에서 보았듯이 기독교 역사는 그동안 '하나님의 선교'를 이야기했지만, 실제로는 하나님의 뜻을 찾아 그의 뜻에 복종하는 선교를 했다기보다는 인간 중심의 선교를 해온 것이 문제의 핵심이다. 그러므로 선교에 대한 문제의 해결점은 결국 하나님의 선교를 회복해야 한다는 것이다.

예를 들어 보자. 구약의 요나는 하나님의 분명한 부르심을 듣고 그 뜻을 알았지만, 선교를 처음 실행함에 있어서는 결국 하나님의 낯을 피해 자기가 원하는 곳으로 가는 모습을 보여 주는데(여호와의 말씀이 아밋대의 아들 요나에게 임하니라 이르시되[욘 1:1] 너는 일어나 저 큰 성읍 니느웨로 가서 그것을 쳐서 외치라 그 악독이 내 앞에 상달하였음이니라 하시니라[욘 1:2] 그러나 요나가 여호와의 낯을 피하려고 일어나 다시스로 도망하려 하여 욥바로 내려갔더니[욘 1:3]), 이는 현실 교회의 잘못된 선교적 사건에서 드러난 모습을 적나라하게 보여 주고 있다. 즉 교회의 선교를 해석해 볼 때, 그의 출발점은 분명하게 예수 그리스도의 말씀에 근거했으나 역사 속에서 선교를 행한 실천은 하나님의 낯을 피해 움직이는 선교를 행하여 사람들에게 선교가 인간의 뜻을 따르는 것으로 오해하게 만들었다.

하나님이 선교를 회복하는 선교, 즉 지금까지의 선교에 대한 이해와는 다른 새로운 이해를 가능하게 하는 선교는 그 목적과 내용에서 분명한 차이를 드러내야 한다. 그래서 우리는 다음과 같은 질문에 분명하게 대답할 수 있어야 한다. 과연 우리의 선교가 '복음'을 내포하고 그것을 말하고 있는가? 선교가 복음에 관해 말한다는 것은, 인간을 사랑하시어 모든 수단 방법을 다 동원해 인간을 구원하시려는 하나님의 계획을 세상에 알리는 것이고, 구체적으로는 예수 그리스도의 삶과 가르침에 드러난 하나님의 사랑을 알리는 것이며, 초대 공동체가 그들의 삶을 통해 보여 준 것에 그 근거를 갖는 것을 말한다. 그런 의미에서 선교는 기독교 공동체의 특징이며 성서적인 분명한 근거를 가지고 있어야 한다.

그런데 역사 속에서 오해를 불러일으킨 잘못된 선교의 일반적인 전제는 '선교는 인간의 상황으로부터 출발해야 한다'는 인간의 고통과 필요의 중심에서 시작하는 선교로, 결국 인간의 욕구와 행복에 목적을 두어, 하나님을 소외시킨 결과를 초래했다. 이는 마치 모세가 하나님의 뜻을 받기 위해 잠시 백성을 떠난 사이에 백성들이 금송아지로 자기들을 위한 신을 만든 것과도 같다. 선교는 인간을 돌보는 것이지만 그것은 하나님의 뜻을 따르는 것이어야 하고, 선교는 개인의 욕구 충족을 넘어 모든 사람에게 미치는 구원의 복음이 되어야 한다. 예수가 복음서에서 '말씀에 기록되기를' 하며 운을 떼신 것처럼, 하나님의 뜻은 바로 성서에 쓰여진 것이고 그것은 구약성서이고, 또 신약성서의 예수의 삶과 죽음 그리고 부활을 통해 나타난 하나님의 구원의 계획이고, 선교는 이러한 하나님의 선교에 인간이 다만 동참하는 것, 즉 참여를 허락받은 것을 말한다. 그러기에 선교는 철저히 하나님의 뜻이 이루어지고, 구약이 완성되며, 예수 그리스도 안에서 이루어진 모든 인간의 구원을 의미한다. 바로 이것이 복음이고, 모든 백성들에게 땅 끝까지 전해져야 할 선교의 본래적인 의미다.

기독교는 선교의 본질을 회복하고 각성해야 한다. 기독교는 선교의 공동체였고, 선교는 초대교회의 삶의 핵심이었으며, 교회의 존재의 자연스러운 결과물이기도 했다. 성서에 선교란 무엇인가가 기록되기도 전에 이미 교회는 선교를 생명력으로 가지고 있었기에 예수가 부활한 후 50년도 채 못되어 로마의 거의 모든 도시에 기독교인들이 거부할 수 없는 종교적인 영향력을 행사할 수 있었다. 그리고 그 핵심에는 예수 그리스도의 선교적 사건으로서의 십자가와 부활이 있었다. 당시의 헬라 문화의 영향 속의 사람들은 그들이 만들어 놓은 알 수 없는 헬라신들의 신화 속에 갇혀, 그들의 삶과는 전혀 무관한 먼 신화 속의 헬라신들에게 실망해 영적인 고갈을 느끼고 있었다. 그런데 이를 극복할 수 있었던 것은 실제로 얼마 멀지 않은 과거로 그들의 삶 한가운데 오셔서 직접 폭력과 갈등을 극복하고, 자기를 따르는 사람들에게 감동을 주어 그들이 순교하기까지 헌신하게 한 예수 그리스도의 십자가와 부활의 사건의 열기가 아직 식지 않고 있었기 때문이었다. 그러므로 선교적 교회의 가장 중요한 모델은 복음서가 증언하는 부활한 예수이고, 그 구체적인 목표는 하나님 뜻의 실천이다. 예수의 십자가와 부활의 선교적 의미는 전 인류의 폭력과 갈등의 문제를 한꺼번에 풀 수 있는 유일한 하나님의 선교적 사건이다. 예수의 사건에서 갈릴리 출신의 예수와 제자들이 예루살렘성과 그 거주민들을 점령하여 갈릴리 사람들이 영원한 승리자가 되거나, 예루살렘 거민의 영원한 패배자로 몰리는 것을 극복한 것이 십자가라면, 예수를 폭력으로 제거하려던 예루살렘 사람들이 승리하고 영원한 살인자로 남고, 선생을 잃은 갈릴리 사람들이 영원한 패자로 선생의 복수의 한을 품고 살게 되는 것을 극복한 것이 부활이다. 그래서 그들이 불의하게 죽인 예수를 하나님이 살리신 것을 믿는 예루살렘 사람들은 하나님과 화해하게 되고, 그들이 등을 돌리고 외면한 예수를 하나님이 다시 살리신 것을 믿고 다시 갈릴리로 돌아가 예수의 분신으로 살려는 갈릴리 사람들도 하나님과 화해를 하게 된다는 것이다.

결국 죽인 자는 있어도 죽은 자는 없는 것이 십자가이기에, 여기서 완전한 화해가 이루어진다. 예수는 자기에게 가해진 폭력을 폭력으로 맞서지 않고 그것을 자기의 몸에 받아들임으로 폭력을 극복했다. 그래서 십자가의 죽음 앞에서 예수를 인정한 백부장이나 부자 아리마대 요셉이 예수의 장례를 돌봄은 바로 이 십자가에서 이방인, 군인, 부자도 모두 화해할 수 있는 문을 활짝 열어 놓았다는 것이다. 그러나 예수의 추종자들이 십자가 사건에서 예수에게 등을 돌렸기에 그들도 예수의 죽음 앞에서 회개하고 화해해야 한다는 것을 의미하여 바로 이 십자가에서 새로운 선교적 이해 곧 '모든 사람을 위한 선교'가 가능하게 된다. 누구든지 이 십자가 앞에서 (예수를 따르던 제자들이나 예루살렘의 반대자들이나) 회개하고 돌아서면 하나님과 화해의 가

능성이 있는 것이다.[38]

2) 교회는 이제 선교에 대한 올바른 해석이 가능한 사건, 즉 '다시 드러냄의 선교'를 일으켜야 한다. 우리는 이제 과거의 역사 속에서 선교를 오해하게 만들었던 교회가 행한 사건들을 지적하고, 우리의 죄를 고백하고, 교회가 이러한 사건들에 대한 과거사 정리를 할 수 있는 능력까지를 보여 주어야 한다. 그러므로 교회는 하나님의 뜻에 따른 선교의 실천을 위해 노력을 해야지, 선교 포기를 말해서는 안 된다.

이런 차원에서 1994년 WCC가 세계화가 급속히 진행되는 과정 속에서 난무하는 폭력에 대한 대안을 시도한 것은 좋은 예라 할 수 있다. WCC는 일차적으로 1994년 '도시를 위한 평화'라는 캠페인을 펼쳐, 폭력을 폭력으로 극복하지 않기 위해, 다시 말해 선으로 악을 이기기 위해 다음과 같은 제안을 했다. ① 폭력 극복을 위해 작은 집단까지를 포함한 모든 사회집단을 대화에 참여시키기 ② 얻은 결과를 전파하기 ③ 교회는 절대로 폭력에 가담하지 말고 중재자의 위치에 서기 ④ 폭력 없는 사회와 시기에도 계속적 되풀이되는 교육을 통해 폭력의 실체를 알리고 폭력과 단절하기. 그리고 계속해서 2001년 베를린 포츠담에 모여 '폭력 극복을 위한 선언문'을 작성하기에 이른다. 그 내용은 ① 교회는 현존하는 폭력에 저항할 것 ② 폭력을 분석하고 폭력에 관해 학습할 것 ③ 폭력 지지나 폭력의 영성 논리에서 해방되기 위해 화해의 영성과 적극적 비폭력을 개발하기 ④ 다른 종교의 비폭력 사례 배우기. 이상과 같은 일을 통해 '평화의 문화'를 위해 교회가 중심이 되어 좋은 경험들을 교환하고 신학적 기초를 만들어야 됨을 강조했다.[39] 교회는 폭력에 대한 경악에서 시작해야 하고, 교회 참여 없이는 이러한 평화와 화해의 사건이 일어나기 어려움을 인식하고 적극적으로 참여하되, 과거 자신들이 참여한 폭력에 대한 철저한 반성과 회개 위에 교회가 폭력 없는 평화의 '하나님 나라의 표식과 먼저 드러내 보여 줌'으로 역사의 가능성을 말할 수 있어야 한다는 것이다.

그런 의미에서 한국 교회는 선교라는 말이 영어 mission으로 표현되는 한계와 오해(군사적 사명으로까지 이해가 가능한 mission!)를 불러일으키는 요소들을 역사 속에서 주의 깊게, 구체적으로 관찰해 그것을 극복하려는 노력을 해야 한다. 선교가 군사작전과 구별이 되지 않는 영어식 이해 때문인지 한국 교회는 선교에 있어서 전투적인 용어가 너무 많다. 전도 폭발, 기도 특공대, 여리고 함락작전, 선교 전략 등···. 교회가 사용하는 수많은 말들이 기독교의 본질인 사랑을 부정하는 이미지를 내포하고 있으므로 이것들을 분명하게 지적하고 제거해야 할 것이다. 우리는 선교가 다른 문화와 종교의 사람들을 하나님의 피조물로 인정하는 대화의 자세를 취하는 것이고, 전 세계가 하나님 안에서 평화를 가져올 수 있는 세계적 윤리의 지평을 가져야 한다는 의식이 필요하며, 또 그 선교 결과가 그러므로 하나님 앞에서 모든 피조물이 함께 어우러져 벌이는 공동의 축제임을 분명히 인식해야 한다. 그러기 위해 선교는 영어식의 표현이 아닌 우리말의 '宣敎'를 올바로 이해하고 이미지 개선을 위해 적극 활용해야 하지 않는가 생각해 본다. 왜냐하면 우리말의 선교는 폭력이나 군사작전을 연상케 하는 어떠한 의미도 내포하지 않은 베풀고宣, 가르친다敎는 예수의 가르침(敎, 말씀 선포)과 사랑의 실천(宣, 사회 봉사)을 모두 포함하기 때문이다.

3) '다시 드러냄의 선교'는 선교가 다만 상황에 따라 강조점의 차이나 해석의 변화만이 있을 수 있음을 인정한다. 교회는 하나님의 뜻에 따른 선교의 실천을 행할 뿐이지, 교회가 자의적으로 선교를 다른 어떤 것으로 대치하거나 또는 포기를 선언할 수 없다.[40] 그런 의미에서 선교 포기의 분위기에서 중심을 잃고 방황하는 교회와 신학에 새

로운 활력소가 되기 위해 믿는 사람들의 삶을 통해 드러나는 실천적인 고민을 해야 한다. 이제 선교는 기독교 역사 속에서 잘못된 부분을 찾아 우리 스스로가 그 문제를 극복하는 모습 속에서 과거의 잘못된 선교에 대한 자정능력이 있음을 보여 주어야 한다.

"개혁된 교회는 계속적으로 개혁되어야" 한다(칼뱅)는 개신교회의 근본 정신처럼, 교회의 선교는 전 세계를 염두에 둔 자기 개혁을 통한 세상의 개혁으로 나타나야 한다. 그러므로 선교는 잘못된 인간중심의 구조 한가운데서 하나님 중심으로 나아가려는 교회의 선교에서 가능하게 된다. 만일 우리가 오늘 기독교인으로서의 교회의 잘못된 선교적 인식에 근거하여 선교를 실행하고, 그 결과를 내일의 교회가 책임 지고 살게 된다면, 개혁이란 그것을 깨달은 순간 반성과 함께 올바른 선교를 행위로 다시 드러내는 것을 말한다. 이것을 요한 바오로 2세의 교황의 교서 〈구속자의 선교Redemporis missio〉(1990년)는 선교지 교회의 복음화와 관련해 다음과 같은 세 가지 단계의 상황을 구분하는 데서 찾아볼 수 있다.[41] 첫 번째 단계는 믿지 않는 사람(이방인)에게 복음을 전하는 본질적 선교의 상황으로, 선교지에 교회가 없고, 외부로부터 선교사가 선교를 하는 단계다. 모든 피선교 지역의 선교의 출발점에서 만나는 현상이다. 두 번째 단계의 상황은 첫 단계의 상황이 발전되어 건전한 교회의 구조가 마련되어 이를 근거로 세워진 교회의 교인들을 양육하는 제자화의 단계다. 그런데 여기서는 이방인에 대한 선교는 끝나지 않았지만 철저한 양육을 통해 긍정적인 효과를 기대할 수 있는 상황이기는 하지만 교회가 선교를 포기한 채 이미 교인 된 이들에게만 관심하여 선교의 열기가 식어질 수도 있다는 위험이 있다. 마지막으로 세 번째 단계의 상황은 대부분 기독교가 오랜 전통을 가진 이미 복음화가 이루어진 나라들의 상황이지만 가끔은 신생 교회에게도 해당되는 상황인데, 여기서는 이미 세례를 받은 기독교인이 그리스도와 복음으로부터 멀어져 신앙의 생동성이 없어져 이를 바라보는 비기독교인들이 교회에 등을 돌리는 교회 존재 자체가 교인들에 의해 위협당하는 선교 위기의 상황이라고 한다. 그러므로 이 세 번째 상황에는 '새 복음화'와 '재복음화'가 일어나야 한다고 한다.

이제 한국 교회는 한때 통계의 거품과 숫자 부풀리기로 자기도취에 빠져 두 번째 상황에 들어서지도 못하고 벌써 세 번째 단계 상황의 위기를 맞이했다. 이는 33퍼센트의 교인 복음화를 이루지 못하고 고전하는 세계 교회의 전체적인 상황이기도 하다. 그러므로 기독교의 미래는 이제 약 33퍼센트의 개신교인들이 67퍼센트의 믿지 않는 사람들을 헌신과 봉사를 통해 건전한 교회 구조를 마련하느냐에 달려 있다고 해도 과언이 아니다. 이제 기독교는 마치 전 세계를 다 얻은 것 같은 자기중심적 착각과 너무 이른 축제로 우리가 잘못 이해하고 이 세상이 기독교와 복음에 대해 잘못 인식된 것을 진정한 예수의 사랑의 복음을 새롭게 드러냄을 통해 회복하고 선교에 대한 새로운 인식을 위해 매진해야 할 것이고 이에 한국 개신교가 앞장서야 할 것이다.

그런 의미에서 2007년 평양성령부흥운동 100주년의 물결이 한국 교회의 전체 분위기를 압도해 가는 현실에서 2006년 11월 영적대각성 100주년기념학술대회를 '각성, 갱신, 부흥'이라는 주제로 11명의 감리교 신학자들이 모여 발표회를 가진 현장에서 전체 발표하는 교수들이 청중을 향해 먼저 무릎 꿇고 절을 하는 '깜짝 예식'을 펼쳐 보인 것은 새로운 선교의 가능성을 열어 주는 좋은 예라 하겠다. 이는 한국 교회의 처음 성공적이며 건강한 선교의 시작이 죄를 깨닫는 회개로부터 시작했음을 분명하게 인식한다는 것과, 이제 위기의 시간을 맞은 한국 교회가 다시 생명력을 얻어 부흥하기 위해서는 무엇보다도 먼저 철저한 회개에서 시작해야 한다는 고백을 표현한 것(다시 새롭게 드러냄)이기 때문이다. 그렇기에 기념학술대회를 엮은 책 제목이 각성 → 갱신 → 부흥의 순차적 의미의 '각성, 갱신, 부흥'이었다. 위기를 극복하기 위한 한국 교회의 대안은 공격적인 선교보다는 자기 성찰에 두어야 한다는 것으로 해석된다.

끝으로 선교 포기의 분위기에서 중심을 잃고 방황하는 교회와 신학에 깊은 우려를 표하며, 적극적 선교에 새로운 활력소가 되기 위해 적어도 다음과 같은 구체적인 고민들을 해야 한다고 본다. ① 선교를 사명으로 생각하지 않는 신학과 교회의 분위기에서 선교는 교회의 모든 영역에서 지도자를 양성하는 데 가장 중요한 근거로 강조되고 가르치고 실천되어야 한다. ② 선교가 교회생활에 있어서 부수적인 것이 아님을 설교나 예배 등을 통해 교회의 전 영역에서 항상 강조되어야 한다. ③ 선교는 하나님의 선교에 인간이 참여를 허락받은 것으로 인간 중심이나 내 교회 중심을 극복하고 하나님 중심의 하나님의 교회를 위한 모든 사람들을 포함한 우주론적 하나님의 나라를 목표로 해야 한다. ④ 그러므로 선교는 인간의 현실적인 삶에 관심을 갖지만 궁극적으로는 영혼의 구원과 하나님의 영광을 위한 것임을 알아야 한다.

3. 칭친구稱親舊 선교

교회 위기를 극복하기 위한
선교학의 과제

선교는 교회가 행한 행위에 대한 해석이다. 이것은 교회가 행한 모든 것은 선교이지만 그렇다고 모든 교회의 행위가 다 선교가 된다고 할 수는 없다는 의미를 내포한다. 그런 의미에서 선교 신학은 교회가 행한 행위로서의 선교에 대한 단순한 서술만이 아니라, 그 행위에 대한 선교학적 판단(해석)을 통해 어제보다 나은 오늘의 선교를 할 수 있도록 도와야 하고 또 지금보다 나은 내일의 선교를 계획할 수 있도록 도와야 한다. 앞에서 언급한 과거에 행해진 교회의 선교적 행위와 신학을 비판적으로 돌아보고 현재에 올바른 길을 제시하고 미래의 지속 가능한 신교 모델을 세시하는 것은 선교학의 중요한 과제다. 이러한 과제를 이루기 위해 선교학은 선교가 행해진 그 당시의 상황에 대한 이해는 물론, 성서가 규정해 주는 선교에 대한 올바른 이해라는 두 가지 틀을 근거로 해서 해석할 수 있어야 한다.

그러므로 선교학은 교회가 과거에 행한 선교에 대한 해석이지만, 건강한 선교학은 과거에 교회가 행한 선교를 단순하게 정리하여 새로운 시대와 환경을 전혀 고려함 없이 그 결과를 그대로 반복 적용하는 것을 거부해야 한다. 과거의 선교 결과는 비판적으로 수용되어야 하고, 여기서 나온 결과는 현실의 변화된 상황에 맞게 적극적으로 반영하여 현실과 미래의 교회 문제에 올바른 길을 제시할 수 있어야 한다. 그러나 선교의 위기는 인간적 상황 중심의 선교와 하나님의 복음 중심의 선교가 균형을 이루지 못하고 어느 한쪽만이 강조되었을 때 찾아온다. 교회가 위기에 봉착하게 되면, 선교학자들은 교회의 위기 상황은 항상 본질로의 회귀를 강요한다면서 그것이 성서와 전통임을 분명히 밝히곤 한다.[42] 선교의 위기 극복은 역사 속에서 올바로 행해진 선교(=전통)와 성서에 대한 올바른 이해에 근거해야 한다는 것이다. 인간이 중심이 되어서 인간에게 봉사하는 역할만을 강조하는 교회의 실천과 신학은 하나님을 소외시키고, 하나님을 인간의 도구로 전락시키며, 결국 지난 선교 사건(전통)과 성서를 인간을 위해 자의적으로 해석하는 잘못을 범하게 한다. 여기에 성서와 상황의 건전한 긴장이 필요한데, 적어도 오늘날처럼 교회의 권위가 추락하고 신뢰성을 상실한 상황에서, 고통 당하는 이웃들이 죽음으로 내몰리는 현실[43]을 침묵으로 일관하는 교회와 신학의 한계는 역사 속의 모범적인 선교 행위와 성서의 핵심적인 줄기를 통해 극복되어야 한다. 선교의 역사와 성서에 대한 이해에 근거해 선교에 대하여 잘못 인식되고 잘못 실행되어 온 선교의 극복은 오늘날 현실에 맞는 선교 모델과 성경 본문에 대한 올바른 해석을 통해 가능하다 하겠다. 보프L. Boff는 이러한 잘못된 서구교회의 선교 역사를 극복하고 성서의 올바른 해석을 통해 이루어야 하는 건강한 선교를 교황 요한 바오로 2세의 말을 따라 "새 복음화"라는 말로 표현한다.[44]

이런 의미에서 본인은 오늘 한국 교회와 세계 교회의 선교 위기와 그 극복을 위해, 이 땅의 우리 교회의 역사 속에서 모범적으로 행해진 선교, 즉 스크랜튼William Benton Scranton 선교사의 선교 행위[45]와 그가 자기 선교 사역의 근거로 이해한 성서의 '선한 사마리아인의 비유'(눅 10:25-37)의 관계를 선교학적 관점으로 재조명해 보고자 한다. 즉 예수가 행했고, 예수 당시의 사람들이 행했으며, 그래서 예수 당시의 사람들이 예수의 이야기로 전해 왔던 것 속에서 선교란 무엇인지를 지난 한국 교회의 선교 사역 가운데 모범적인 스크랜튼의 선교 사역을 통해 확인하고 오늘날에도 적용 가능한 선교적 제안을 하고자 한다.

야코보 바사노의 유화 속
선한 사마리아인

'선한 사마리아인'의 이미지

(Jacopo Bassano, Good Samaritan c. 1557. Oil on canvas. National Gallery, London. 참고: Heidi J. Hornik and Mikeal C. Parsons, Illuminating Luke, The Public Ministry of Christ in Italian Renaissance and Baroque Painting, t&t clark New York London)

성서학자가 성경을 보고 해석을 통해 의미를 설명하듯 화가는 그림을 통해 성서에 대한 해석을 한다. 르네상스 시대의 화가 야코보 바사노 는 1557년 누가복음의 '선한 사마리아인의 비유'를 자신의 독특한 해 석을 통해 '선한 사마리아인'이라는 유화로 그렸는데 본인은 이 그림 을 다음과 같이 해석한다. 여기서는 강도 만난 자의 위기가 얼마나 암 담한지를 화폭의 반 이상이 어두움으로 표현된 데서 느껴 볼 수 있다.

여기에서 이 그림의 궁극적 관심이 어디에 있는지가 분명히 드러난다. 거의 보이지 않는 칠흑 같은 어둠 속에, 그 어두움과 잘 구별되지도 않는 거의 같은 어두운 색으로 나귀를 그려 넣었지만, 그중에서도 나귀의 안장을 밝은 색으로 표현하여, 절망에 빠져 죽음으로 내몰린 한 인간의 '나는 저기 안장 위에만 오르면 산다!'는 절박한 외침과 이에 대한 선교의 대응으로 '선교는 이러한 긴박한 요청에 대한 답이다'라는 것을 잘 표현해 주고 있다. 그림의 좌우 반으로 나뉘어 표현된 왼쪽의 어두운 지역과 오른쪽의 밝은 지역의 대비는, 지옥과 같은 암울한 상황에서 죽음에 놓인 한 인간이 어두운 곳에서 밝은 곳으로 인도되고 있는 희망을 보여 준다. 피에 흥건히 젖은 두건, 다리에 감은 붕대, 혈기 있고 건장한 사마리아인과 비교되는 핏기 없는 피부, 거기다가 어두운 화면의 아래쪽에 두 마리의 개를 그려 넣은 것은 누군가의 도움이 없이는 들개의 먹이로 전락할 위기 상황, 곧 죽음이 임박했던 강도 만난 사람의 상황을 잘 대변해 주고 있다. 이는 마치 부자의 집 문 앞에서 죽은 거지 나사로의 이야기에서(눅 16:19-31) 앓고 있던 나사로의 헌데를 개들이 핥는 것이 죽음으로 이끌어간 것(21절)과 연관해 상상한다면, 죽음 앞에 놓인 한 인간의 위기감이 고조되어 얼마나 구원이 절실한지가 잘 표현되고 있다.

여기서 자연스럽게 보는 이들에게 전해 주는 메시지는, 야코보 바사노가 바로 이런 죽음의 계곡에서, 처절하게 죽음에 내몰린 사람에 대한 구원의 손길이 바로 선교임을 표현하고 있다는 것이다. 강도 만난 자의 일어서려는 시도, 어떡해서든 사마리아인의 부축을 받아 일어나 살아서 이 죽음의 계곡을 벗어나려고 최선을 다하는 모습, 거기에 어둠 속에 마치 한 줄기 희망처럼 환하게 한 줄기 빛의 형태로 표현된 나귀의 안장은 절망에 빠진 사람에게 ('저기만 오르면 나는 산다!'

는) 희망이 바로 선한 사마리아인의 행위, 곧 선교임을 암시해 준다. 지금 내가 돌보지 않으면 죽을 수밖에 없는 사람에 대한 긴급한 돌봄이 생명을 살리는 선교임이 느껴진다. 이는 험난한 세상에서 신앙인이 부담을 가지고 돌보아야 할 선교적 사명지가 어디인지를 분명히 해서 사회에 대한 교회의 책임을 일깨워 준다. 제사장이나 레위인과는 달리 평범한 사람으로 표현된 피해자는, 특정한 사람만이 아닌 그 지역을 가는 사람 누구에게나 처할 수 있는 고난과 이에 대한 교회의 사회적 연대를 요청하고 있다는 메시지로 읽힌다.

여기서 바사노는 특별히 선한 사마리아인을 생명의 상징인 정맥과 동맥을 상징하는 당시의 의사를 나타내던 파란색 반바지에 붉은색 셔츠를 입은 모습으로 등장시켜, 생명을 살리려는 사역을 소명으로 아는 선교사(기독교 사역)의 의미를 잘 드러내 준다. 본인은 조선 선교 초기에 이 땅에 와서 자신의 선교를 일관되게 '선한 사마리아인' 사역으로 이해했던 선교사 스크랜튼의 선교 행위를 살펴보고 그가 과연 어떤 사람이기에 자신을 선한 사마리아인에 비유하고 조선에서의 자신의 선교 사역을 '선한 사마리아인 (병원) 프로젝트Good Samaritan's (Hospital) Project'라고 한 것인지 평가하고자 한다.

스크랜튼과 '선한 사마리아인 (병원) 기획' 선교

한국인이 관심을 갖는 강도 만난 조선인의 친구 스크랜튼은 누구인가?[46] 그는 1856년 5월 29일 미국 코네티컷 주 뉴헤이븐에서 아버지 윌리엄William Falcott Scranton과 어머니 메리Mary Fletcher Benton 사이에 아들로 태어났다. 아버지는 영국에서 뉴잉글랜드로 이민 와서 정착한 사람으로 뉴헤이븐에서 제조업을 하던 평범한 사업가였으나, 어머니는 미국 메사추세츠의 전통 있는 감리교 '벤튼 가문' 출신으로 아버지 에라스투스 벤튼Erastus Benton과 동생, 조카도 감리교회 목사였다. 신앙적으로 스크랜튼은 어머니 메리 스크랜튼(일찍부터 목회와 선교에 관심을 가진 가정 환경)의 영향을 많이 받았다. 스크랜튼은 1872년 아버지가 사망하고[47] 홀어머니 밑에서 자라 홉킨스중학교를 거쳐 뉴헤이븐의 명문인 예일대학을 1878년에 졸업, 뉴욕 의과대학(후의 컬럼비아 의과대학)에 진학하고 1882년 졸업해 그해 미국의 유명한 회중교회 지도자이자 예일대학 이사인 암즈Hiram P. Arms의 손녀딸 루리Loulie W. Arms와 결혼했다. 스크랜튼은 결혼 후 오하이오 주 클리블랜드로 옮겨 유클리드 애비뉴Euclid Av. 감리교회에 출석하면서 의사로 활동하다가 갑자기 2년 만인 1884년 12월 선교사로 임명받고 한국으로 오게 되었다.[48]

이렇게 1885년 2월 3일 자신이 경영하던 병원을 정리하고 54세의 어머니 메리 스크랜튼과 부인 룰리 스크랜튼, 그리고 딸 오거스타 Augusta를 데리고 "미지의 땅"[49] 조선으로 가는 배 아라빅 호에 몸을 실었던 당시 스크랜튼은 29세 청년이었다. 그는 감리교 선교사로서는 최초로 한양에 입성했고, 뒤에 들어오는 아펜젤러 선교사를 위시한 감리교 한국 선교사들의 거처와 사역지를 마련해 안정적인 선교의 시작을 가능하게 했으니, '한국 감리교 선교의 세례 요한'과 같은 역할을 했다. 그렇게 한 명의 선교사로 시작하여 의사와 목사, 교사, 번역자 그리고 선교 관리자로 22년 동안 1인 5역의 막중한 책임을 착오 없이 추진했다.[50]

　　스크랜튼은 선교 역사에서는 드물게 '엄마와 함께'[51] 선교사로 파송받은 사람이다. 그는 한국 감리교 최초의 의료선교사로 당시 국가에서 처음 세운 광혜원보다 시설과 규모가 더 큰 사설 병원을 세웠고, 한국인과 함께 최초로 성만찬을 베풀었으며, 한국 최초의 남자학교 배제학당에 학생 두 명을 발굴해 아펜젤러에게 소개했고, 또 최초의 여자 학교 이화학당에 여학생이 생기도록 해서 한국 최초로 남자와 여자 학교가 세워지도록 한 장본인이다. 그는 한국의 여인들을 위한 여성 전용 보구여관(병원) 설립이 가능하도록 여의사 하워드M. Howard를 초청했고, 한국 감리교회에 최초로 지방을 나누어 장로사 역할을 감당했다. 한국 감리교회의 토착 지도자를 양성하는 '신학회'를 세워 전덕기 같은 훌륭한 인재를 양성 배출하여 교회와 국가의 지도자로 세웠고, 그를 통해 독립운동가 모임인 '상동파' 등이 형성되도록 했으며, 친일적인 감독 해리스M.C. Harris에 맞서 한국 교회와 한국 민족을 변호하다 결국 이것이 통하지 않자 선교사와 목사직을 벗어 던지고 감리교단을 떠났다. 미국 감리교회의 교리를 처음으로 한국어로 번역해 주고, 감리교회의 헌법과 미이미(美以美, 미국감리회)교회 장정 규칙 등을 출판해 토착 교회의 신학적 기반을 다지는 일을 했으며, 성경과 찬송, 주일학교 공과 등을 교파를 초월해 사용하도록 하여 에큐메니칼 정신을 심어 주었다. 스크랜튼은 한국에서 병원을 세우고, 학교를 설립하고, 오늘날의 아현, 상동, 동대문교회가 설립되는 기초가 되도록 시약소를 만든 사람이다. 그러나 그는 앞서 언급했듯이 감리교회의 친일적 성향과 미국 선교국의 한국 선교정책에 대한 불만을 품고 감리교 목사와 선교사직을 버리고 성공회 교인으로 나머지 삶을 의사로 사역하다가 일본 고베에서 생을 마쳤다.[52]

한국 초기 감리교회 선교에서 이처럼 위대한 일을 한 선교사 스크랜튼이 삶의 모토로 삼은 것, 그리고 특별히 마지막까지 삶을 통해 보여 주고자 했던 것이 바로 '선한 사마리아인 선교 명령'이었다. 특히 스크랜튼은 복음 전도의 전초기지로 부자나 권력층보다는 가난하고 소외당한 사람들이 사는 곳에 시약소를 설립하고 여기서 전염병 등으로 죽음으로 내버려진 사람들을 돌보며 그들의 영혼을 구원하는 사업을 추진했는데, 이를 '선한 사마리아인 병원 기획Good Samaritan's Hospital Project'이라 지칭했다.[53]

그렇다면 스크랜튼의 '선한 사마리아인 기획'이란 어떠한 특징이 있을까? 첫째는 의료선교 사역이고, 둘째는 강도 만나 죽을 지경에 놓인 사람에 비교되는 사람을 직접 찾아 선교하는 일이었다. 감리교 선교사 가운데 최초로 서울에 입성한 의사인 스크랜튼은 도착한 날부터 곧바로 먼저 온 북장로회 선교사 알렌의 재동에 있는 병원(제중원)에 나가 진료활동을 돕는 일로 선교 사역을 시작했다.[54] 그 후 자신의 의료 도구가 도착하자 1885년 6월 중순 공사관 길 건너편 정동에 한옥 기와집을 구입해 9월부터 찾아오는 환자를 치료했고,[55] 얼마 지나지 않아 아래쪽에 기와집 한 채[56]를 더 구입하여 1886년 6월부터 대문에 '미국인 의사 병원'이란 간판과 함께 "남녀노소를 불문하고 어떤 병에 걸렸든지 매일 열 점 종에 빈 병을 가지고 미국 의사를 만나

시오"란 안내판을 내걸고 환자들을 치료했다. 스크랜튼은 처음 1년 동안 1,937명, 그 이듬해 4,930명을 진료했는데, 그 수고가 인정되어 고종 황제로부터 1887년 4월 스크랜튼의 병원엔 시병원施病院이란 이름의 사액현판賜額懸板을 받았다. 감리교 선교 사업에 대한 정부 차원의 인가와 지지를 받은 것이다.[57] 그러나 스크랜튼은 본인이 치료하는 장소에는 양반과 외국인들이 주로 오고 또 올 수 있는 곳이지만 당시 유행하던 전염병 콜레라에 죽어가던 일반 사람들이나 비천한 계급의 사람들은 오지 못하고 성문 밖에서 죽어가는 것을 안타깝게 생각했고, 또 유교적인 생각이 지배하는 당시 사회에서 한국 여인들이 서양 남자 의사에게 진료와 치료를 받을 수 없는 상황을 간파하고 도울 방안을 생각했다. 그래서 그는 미국에 요청해 자신의 병원이 있는 정동에 여자 의사 하워드를 초청해 1888년 10월 여성 전용병원인 '보구여관'을 개원했다. 그리고 앞서 말했듯이 사대문 밖에 시약소를 차리는 일에 온 열정을 쏟았다. 당시 스크랜튼에게 병고침을 받은 한국 사람들은 그의 초기 1901년 시병원 사역 경험을 다음과 같이 평가했다.

─ 시장로[스크랜튼]끠셔 나오시던 해에 대정동에다 병원을 설시하여 대한에 잇는 병든 불상한 사람 보시기를 시작하셧난대 우리나라 대황제페하끠셔 이를 아시고 깃버하샤 시장로사의 대한백성 사랑하심을 치하하신 후에 그 병원 일홈을 시병원施病院이라 하라 하시고 시병원이라 쓴 현판을 사급하시샤 시병원 문압헤 걸게 하시니 시장로사끠셔 이래 이 일에 대단히 주의하야 밤낫으로 괴로옴을 생각지 아니하시고 여러 병을 곳치셧시며 죽을 쳐지에 잇난 사람을 만히 구원하셧나니라. 그 병원에 단이여 병 곳친 사람의 수효는 도합 오만 명 가량이 되어슬듯 하더라.[58]

주목할 것은 이렇게 시병원과 배재학당, 이화학당, 보구여관이 자리 잡은 정동을 중심으로 안정적으로 성장 발전하는 감리교 선교 사역에 대해 스크랜튼 자신은 불편하게 생각했다는 사실이다. 궁궐(경운궁과 경희궁)과 양반집, 외국 공사관들로 둘러싸인 정동은 소위 양반 귀족들이 드나드는 곳으로 가난한 환자, 특히 격리 치료가 필요한 전염병 환자들은 감히 들어올 수 없는 곳이었다.[59] 그는 절실하게 치료가 필요한 하층 계급의 사람들과 죽을병에 걸린 소외 계층 사람들은 그곳에 올 수 없어 사대문 밖에서 죽음을 맞이하고 있는 것을 알았기 때문이다. 이덕주는 당시 콜레라 환자를 수백 명씩 갖다 버리는 상황을 전하며, 본인의 최초 환자가 어머니 스크랜튼 여사가 산책 나갔다 어린이와 함께 서대문 성벽 아래 버려진 여인이었다고 하며, 그 후 1886년 여름 두 달 동안 500명의 환자를 치료했다고 전한다.[60] 그래서 그는 서울에 도착해 정동에서 사역한 지 2년 만에 자신에게 안전하고 편리한 장소인 정동을 떠나 소외되어 죽음의 경계에서 신음하는 사람들이 있는 곳, 그러나 자신에게는 불안하고 불리한 곳으로 선교 거점을 옮길 계획을 수립했다. "나는 국왕의 환심보다 민중의 환심을 얻기를 원한다 I prefer the favor of the people to that of the King"[61] 라는 말과 함께 스크랜튼은 마침내 '선한 사마리아인 병원 기획'을 시작했다. 그는 국왕이나 양반 등 상류 지배 계층보다는 가난하고 소외당한 민중 계층에 보다 가까이 다가가기를 바랐다. 그해(1887년) 8월 선교본부에 보낸 편지에 이렇게 적었다.

— 한국에서는 집안에서 운명하지 못하는 것을 대단한 불행으로 여기고 있습니다. …하인 같은 사람들이 회생 불가능한 병이 들거나 전염병에 걸리면 성 밖으로 추방되어… 버려지는데… 서울 성문 밖 어느 곳을 가보든 언제나 이처럼 버려진 환

자들을 수백 명씩 발견할 수 있습니다.[62]

스크랜튼의 '선한 사마리아인의 병원 기획'은 이러한 민중들의 삶을 안타깝게 여겨 환자들이 버려져 치료도 받지 못하고 죽음을 기다리는 곳, 즉 정동에서 멀지 않은 곳, 성문 밖이나 그 근처, 가난하고 버림받은 사람들이 몰려 사는 곳으로 병원을 옮길 계획을 말한다. 이때 스크랜튼은 예루살렘에서 여리고로 가는 길에서 강도를 만나 거의 죽게 된 사람이 놓여 있는 죽음의 계곡을 연상하고 그 사람을 살리기 위해서 그곳을 찾아간 선한 사마리아인의 사역을 생각해 그 이름을 '선한 사마리아인의 병원 기획'이라고 칭했을 것이다. 스크랜튼은 우선적으로 이런 곳에 '시약소施藥所'를 차려 기본적인 의료 시설을 갖추고 응급환자들을 치료했지만, 동시에 매서인 혹은 전도부인을 상주시켜 복음을 전함으로써 육신의 치유만이 아닌 영혼의 치유까지를 고려했다. 궁극적으로 그는 선교에 대한 분명한 인식을 가지고 있었던 것이다.

이러한 선교적 복안을 가진 스크랜튼은 1887년부터 선교 후보지를 물색하기 시작했다. 그가 생각한 당시 한국의 '강도 만난 현장'의 첫 번째가 서대문 밖 애오개 언덕이었다. 그 골짜기에는 당시 어려서 죽은 아이나 연고 없는 시체를 묻는 공동묘지가 있었고, 전염병 환자를 수용하던 정부 기관 서활인서西活人署가 있는, 죽음과 질병의 저주받은 땅이었다. 스크랜튼은 1889년 12월, 이 애오개 언덕 도로변에 초가집 한 채를 구입해 시약소를 차렸고, 찾아오는 환자들을 돌보아 처음 7개월간 721명을 진료했다[63]고 한다. 당시 백성들의 상황이 얼마나 심각했는지를 짐작하게 하는 대목이다. '애오개 시약소' 혹은 '서대문 시약소'로 불린 이곳이 바로 오늘날 아현교회의 전신이다.

스크랜튼이 찾은 두 번째 후보지는 서울 시내에서 가장 번화한 거리 중 한 곳인 남대문 안 언덕이었다. 그곳은 당시 지방에서 올라오는 공물들을 수합했던 선혜청이 있어 이곳을 중심으로 자연스럽게 시장이 형성되었고, 여기에 서민 시장인 남대문밖 칠패전七牌廛과 연결되면서 남대문 일대는 상인과 서울 주민들의 왕래가 끊이지 않았다. 그리고 그곳에 몸을 붙여 사는 상인들과 노동자, 걸인과 부랑인들이 밀집해 있어 스크랜튼이 보기에는 강도 만나 거의 죽을 지경에 이른 '선한 사마리아인'이 있는, 선교가 필요한 '여리고로 가는 골짜기'였다. 스크랜튼은 1889년 6월부터 이곳 언덕의 한옥과 인근 부지를 구입하고 수리를 해서 1890년 10월, '남대문 시약소'란 이름으로 문을 열었는데, 자기보다 후에 온 의료 선교사 맥길W. McGill에게 맡겨 1년간 2천 명을 진료하는 결과를 낳았다.[64] 스크랜튼은 처음부터 육신의 병만 치료하는 것이 목적이 아니었기에, 여기가 언덕 위에 위치한 데다 넓고 주변 환경도 좋아 징식으로 병원 건물을 세우고 성동에 있던 시병원을 그곳으로 옮겨 감리교 의료선교의 새로운 중심 기지로 삼고, 특히 복음을 위한 전진 기지로 삼고자 했다.[65] 이렇게 시작된 남대문 시약소가 오늘날 상동교회의 모체가 되었다.

스크랜튼이 선택한 '선한 사마리아인 병원'의 세 번째 장소는 동대문 안, 동학東學 뒤쪽 언덕이었다. 성벽 바로 안쪽에 위치한 이곳 언덕 일대엔 갓바치와 백정과 같은 천민들이 살고 있었고, 상인과 평민들의 왕래가 잦아 서대문이나 남대문 부지와 같은 성격의 '여리고 골짜기'였다. 그는 1889년 9월 이전에 부지를 구입해[66] 안식년 휴가를 다녀온 후 시약소를 설치했다. 이곳이 오늘날의 동대문교회다.

이처럼 스크랜튼은 1885년 5월, 서울에 도착한 이후 정동의 시병원을 중심으로 서대문과 남대문, 동대문에 시약소와 선교부지를 마련함으로써 서울 중심 정동에서 시작한 서울 선교를 사대문 방향으로 확산시켰으며, 이들 대문을 통해 복음이 전국으로 확산되는 계기와 기반을 조성했다. 이것이 그의 선교가 단순한 '의료 선교' 영역에만 국한되지 않고 복음의 전진기지 역할을 하여, 성령이 임하면 권능을 얻고 예루살렘으로부터 온 유대 그리고 사마리아를 거쳐 전 세계로 나가는 것(행 1:8)의 모형을 보여 주고 있다.

스크랜튼이 자신의 선교를 '선한 사마리아인 병원 기획'이라고 한 것이 누가복음의 선한 사마리아인의 비유에 근거한 것이라고 할 때, 과연 구체적으로 어떤 신학적·선교적 요인들이 그러한 선교를 가능하게 만들었는가 하는 선교학적 해석의 필요성이 요구된다. 누가복음의 어떤 신학적 특징이 스크랜튼의 선교 사역을 가능하게 한 것일까?

누가복음의 선교학적 관점에 비춰 본
스크랜튼의 칭친구 선교의 의미

누가복음의 관점에서 보는
선한 사마리아인 비유의 신학적 위치

우선 선한 사마리아인의 비유가 갖는 누가신학적 관점에 대한 논의를 해보도록 하자. 이것은 스크랜튼 선교사가 선교의 가장 중요한 근거로 삼았다는 그 이유 외에 정말 우리가 이 선한 사마리아인의 비유에 관심을 가져야 할 좀더 보편 타당한 선교학적 근거를 마련하기 위함이다.

먼저, 이 이야기는 적어도 누가복음의 핵심을 드러내는 본문으로[67] 기독교 사랑의 교훈을 가르치는 대표적인 비유이며 동시에 누가복음 전체의 구조를 분석해서 누가의 핵심을 드러내는 비유다.[68] 또 이 비유는 교회와 신학의 중심인 영생에 관한 문제에 직접적인 답을 하고 있다. 이 이야기는 "내가 무엇을 하여야 영생을 얻으리까"(25절)라는 한 율법사의 고민에 대한 답으로서, 이 비유를 통해 해석되고 규정되는 "너희도 이와 같이 하라"는 답이 신앙인들이 꼭 행해야 할 모범적인 삶의 형태로 제시되며, 따라서 영생을 위해 꼭 행해야 할 전제조건으로 이 본문은 다루어진다. 그런가 하면 이 이야기는 비유인데, 비유가 형식상 예수의 비유들과 경구들은 현실의 대안적 구조로 '들어가는 문'으로, '예수의 상상'을 볼 수 있는 창이고, 불가능한 인간의 현실에서 하나님 나라의 임재를 느끼면서 새로운 공동체의 기틀을 놓은 예수 사역의 특징 [69] 이라는 것을 인정할 때, 이 선한 사마리아인의 비유야말로 2천 년 전의 교훈을 담고 있지만, 130년 전 강대국들의 식민지 찬탈이라는 폭력 속에서 신음하던 조선의 백성들을 찾아온 선교사 스크랜튼에게나 지금의 한국 교회가 가진 딜레마 속에서 죽음으로 내몰린 사람들을 마음 아프게 바라보며 해결을 시도하려는 사람들에게나 그리고 예수의 복음을 들고 진 세계에 흩어져 선교 사역을 감당하려는 사람들에게나 가장 적절한 해답을 줄 수 있는 이야기라고 생각된다.

이러한 관점에서 볼 때 누가복음 본문에 대한 스크랜튼의 관심은 지극히 기독교의 본질과 일치하는 것이며 현재 교회의 해외 선교를 위한 선교적 모델로 제시하기에 적합한 것으로 이해된다. 130년 전 스크랜튼이 찾은 조선은 강도 만나서 거의 죽음에 놓인 여리고로 가는 길의 죽음의 계곡의 처참한 한 남자와 같았기에 스크랜튼 스스로가 자신에게 '이 강도 만난 조선인의 이웃이 누구냐?'라는 질문을 던졌고, 그것에 대한 답을 찾아가는 선교를 한 것으로 이해된다. 강도 만난 자가 자신을 도와 삶을 살게 하고 생명을 이어가게 하는 그 사랑에 감동받아 자기를 도와준 그 사람이 자기의 진정한 이웃이라고 하나님 앞에서 이야기해 주는 바로 그 축복받은 선교사가 되는 것이 스크랜튼 선교의 목적이었을 것이다. 이렇게 그는 강도 만나서 거반 죽게 된 사람에게 '자비를 베푸는 선교사'가 되기 위해, '너희도 가서 이와 같이 하라'는 예수의 명령을 철저하게 몸으로 실천하는 선교적 시도를 목표로 하였다. 그렇다면 '강도 만난 조선인이 이웃으로 받아들인 선교', 즉 '자비를 베푸는 선교'는 과연 구체적으로 어떤 모습일까? 이것에 대한 답을 찾기 위해 본인은 누가 복음의 본문이 주는 '선한 사마리아인의 선교'적 의미를 살펴보고 이것을 구체적인 스크랜턴의 '친구로 인정받는 선교'를 의미하는 '칭친구 선교'와 비교해 보기로 하겠다.

선한 사마리아인 비유의 선교학적 의미에서 찾아보는 스크랜튼의 칭친구 선교

이미 언급했듯이 스크랜튼이 선교사로 이 땅에 왔던 시절 조선의 상황은 예수 비유에서처럼 길을 가다가 강도를 만나 죽음으로 내몰린 사람들과 유사하게 보여졌을 것이기에, 여기서는 누가복음이 주는 선교적 메시지와 스크랜튼이 행한 선교적 행위에 대한 비교를 통해 스크랜튼 선교를 '칭친구 선교'라고 이름하고자 선교학적 근거를 찾아보도록 하겠다.

먼저 본인이 왜 스크랜튼의 선교를 '친구로 인정받는 선교', 즉 '칭친구 선교'라는 말로 표현하는지에 대한 설명하고자 한다. 이는 누가복음 본문에서 율법학자가 예수께 먼저 "그러면 나의 이웃이 누구입니까?"(10:29)라는 질문에 대해 직접 답을 하는 대신, 비유를 들려준 후 그러면 자기의 비유 속에서 "누가 강도 만난 자의 이웃이 되겠느냐?"(10:36)라는 말로 질문에 답하게 한다. 율법학자가 관심하는 영생은 도움을 주는 자가 '내가 도움을 주었다'고 주장하는 '내가 정하는 이웃'에 따르는 것이 아니라, 도움을 받는 자가 감동받아 '도움을 받았노라'고 말하는 '너가 인정해 주는 이웃'(친구로 인정받는 선교=稱親舊)에 달려 있다는 가르침을 전제한 선한 사마리아인의 비유가 주는 신학적 의의에 근거한다. 다만 본문의 '이웃'이라는 개념이 '가까이 있거나 접하여 경계를 맞대고 있는 집, 또는 거기에 사는 사람'을 의미하여 '거리상 가까움과 그로 인한 친밀함'에 유비된다면 지금처럼 전 세계가 정보화의 발전으로 지구촌화된 상황globalization에서는 이웃이라는 본문의 개념은 지금의 친구의 의미인 '가깝게 오래 사귄 사람'에 해당된다고 여겨져 '칭이웃'보다는 '칭친구'로 하게 되었다. 이러한 관점에서 어떤 사람의 어떤 행동이 '친구로 인정받는 선교'인지 살펴보기로 하자.

누가복음의 본문이 전해 주는 선한 사마리아인의 비유는 예수의 선교에 대한 다음과 같은 새로운 선교학적인 비전, 즉 칭친구 선교의 비전을 담고 있다.

1) 선한 사마리아인의 비유가 주는 선교적 깨달음은 일차적으로 유대인들을 대상으로 한 그들의 잘못된 종교 관행, 즉 행동하지 않는 신앙의 형태를 수정하기 위한 대단히 계산적인 가르침, 즉 독특한 '선교적 대화' 형식을 취하고 있다는 사실이다. 영생은 '율법을 아는 지식에 근거한 결과로 주어지는 것이 아닌 행동하는 신앙에서 온다'는 전통적 유대교에 근거한 당시의 신앙의 척도에 반기를 드는 것이지만, 이 이야기를 듣는 유대인 청중들은 별 부담을 느끼지 않으면서 새로운 가르침을 받아들일 수 있게 하는 선교학적 기교가 들어 있다. 이것을 선교의 역사 속에 적용한다면, 이 비유는 이미 교회가 역사 속에서 행한 잘못된 선교 관행을 바로잡기 위한 좋은 대화법이라고 생각된다. 이것이 유대교 내의 개혁을 일으키면서도 전통적인 유대인들에게 그들의 문화의 틀 속에서 전하기에 어색함과 불쾌감을 주지 않으면서 그들을 대화의 장으로 이끌어낸 것처럼, 이러한 대화법은 사회의 신뢰를 잃고 개혁의 주체가 아닌 개혁의 대상으로 변해 가는 교회와 자신의 종교와 민족 문화 속에서 습관화되고 고정된 현지인들을 변화시키기 위한 적절한 도움을 유도할 수 있는 방법일 수 있다.

이러한 선교적 대화의 양식은 예수와 율법사와의 이야기 전개 과정이 자연스러운 유대인들과 그들의 문화와 종교에 익숙한 랍비의 대화 틀을 취하고 있지만, 사실 결과적으로는 유대교에 대한 비판을 담고 있다. 본문은 유대인 탈무드에서 보이듯이 전형적인 랍비의 대화 형식으로 율법사와 대화를 나눈 것으로 되어 있지만, 사실은 유대인의 종교 지도자인 율법사를 가르치는 내용을 담고 있다. 예수는 율법사의 질문에 대해 다시 질문을 함으로써 질문자 스스로가 깨닫게 하고, 나아가서는 "가서 너도 이와 같이 하라"(37절)는 분명한 훈계의 말로 대화를 마치고 있다. 이 이야기는 예수가 유대인으로서 유대교의 틀 안에서 유대인들의 새로운 개혁적 공동체를 이루어 가는 데 있어 그들이 가장 익숙하고 선호하는 방법을 택해 효과를 보고 있다는 것을 나타내 주고 있다. 유대교 내에서 가르치는 자로 인정받는 율법사를 예수가 가르치는 것으로 묘사된 이 이야기는, 전통적인 유대인들에게 예수의 권위와 새로운 가르침을 선포하고 있는 것이다. 여기서 우리는 하비 콕스가 말한 "1세기의 예수가 유대인들에게 인상적이었던 이유를, 그가 유대인의 랍비로서 그들과 대화를 했기 때문"이라고 한 것에 관심을 가질 필요가 있다.[70]

여기서 또 한 가지 주지해야 할 것은, 이러한 예수의 선교적 대화의 자세는 포용적이면서 개방적인 선교의 결과를 낳아 자기와 의견을 달리하며 율법에 대해 상이한 해석을 하고 있는 사람들까지도 자기 편으로 만들 수 있다는 사실을 보여 준다는 것이다. 실제로 예수의 이야기는 전체 이야기에서 율법사를 영생에서 제외시키는 것이 아니라 율법사이든 제사장과 레위인이든, 누구든지 선한 사마리아인처럼 산다면 영생을 얻으리라는 분명한 메시지를 담고 있다. 실제로 예수의 강조는 28절의 "예수께서 이르시되 네 대답이 옳도다 이를 행하라 그

러면 살리라 하시니"라는 '행하면 사는 길'을 제시하는 데 놓여 있다.[71]

　누가는 여기서 유대인의 종교적 깨달음의 순수함과 정열이 오랫동안 지속적으로 반복된 종교적 제의와 교리 교육 등을 통해 생동감을 잃고, 관습적이고 규범적이며 배타적인 종교로 전락한 것을 지적한다. 그러나 그것을 극복하는 것 역시 유대교의 체계 안에서 그들의 눈높이에 맞추어 이루어져야 함을 보여 주는 효과적인 선교적 예와도 같은 것이다. 유대인인 예수가 유대교의 세계관과 가치관 속에서 유대인들을 위해 꼭 필요한 변화를 효과적으로 시도하고 있으며, 또한 이것은 왜 예수의 새로운 운동이 유대교인들에게 커다란 마찰 없이 단시일 내에 성공할 수 있었는지 보여 주는 것이다. 그런 면에서 오늘날 우리는 이 비유를 교회 밖 사람이 아닌 우리의 기독교 선교 역사 속의 개혁을 위해 대입해 볼 수 있어야 하고, 왜 스크랜튼이 의사이며 상류층에 속한 사람으로 마치 비유 속의 제사장과 레위인과 같은 신분의 그가 조선과 같은 열악한 환경에서 그 선한 일을 하려고 결심하게 되었을지에 대한 이유를 설명할 근거가 될 것이다.

　스크랜튼은 이 비유 속에서 사마리아인과 계층이나 신분적으로는 일치할 수 없지만 그 비유를 통해 자신을 선한 사마리아인과 일치시키며 스스로를 위한 선교 사명의 부르심으로 이해한 것이다. 이것이 또한 당시 일본제국주의 침략의 비인간적 만행을 겪고 있는 한국인을 변화시킨 스크랜튼 선교사의 '친구로 인정받는 선교'의 방법을 이해할 수 있는 중요한 단초를 제공하게 될 것이다.

　스크랜튼이 자기를 '사마리아인'으로 이해할 만한 이유는 없었지만, 그렇다고 명문대 출신의 유능한 의사이지만 자기를 제사장이나 레위인과 동일하게 볼 필요도 없었던 것은, 위에서 언급한 예수의 선교적 대화 방식 때문이라 생각된다. 예수는 이 비유를 통해 자기와 다른 상대에 대한 포용적이고 개방적인 자세를 취했다. 스크랜튼은 이러한 예수의 선한 행위에 근거한 영생의 축복에 동의하며, 자신의 선교에 대한 동기를 얻었을 것이다. 전문의사로 상류층의 삶을 살고 있었을 그가 자신의 일상적인 의사의 일로 미국 현지에서 병이 든 사람들을 치료하고 선하게 살면서 어머니가 관심 갖는 선교사들을 후원하는 일을 돕는 것으로만 만족하지 않고, 당시의 가난하고 불쌍한 조선으로 선교사로 파송받기 원한 것은 이와 같이 '행동하는 신앙인'으로 살기 위한 결단이었을 것이다.

2) 선한 사마리아인의 비유는 그때까지의 일반적인 가르침이 아닌 새로운 가르침, 새로운 선포를 내포하고 있는데, 이는 영생의 전제 조건으로서 '행동하는 선한 이웃', 즉 '이웃'에 대한 새로운 정의를 통해 예수운동이 유대교의 경계를 넘어 모든 민족에게 선교하는 세계적인 종교로 발전하는 틀을 마련해 준다.

누가는 '선한'과 '사마리아인'의 결합을 통해 드러나는 예수의 공동체가 추구하는 이상과 그에 도달하는 길에 대해 설명을 해준다. '선한', '사마리아인', 이 두 단어의 결합은 그 당시에는 어울리지 않는 조합일 뿐만 아니라, 그렇게 해서는 안 되는 시도였다.[72] 유대인들은 사마리아인을 멸시하고 천대해 이방인들처럼 여겼는데, 예수가 이 둘을 결합한 것은 예수의 새로운 공동체의 구성원은 인종, 계층, 종교 간의 차이가 아닌, 윤리적인 삶에 근거하는 선한 행동을 중시하는 공동체임을 선언하는 것이다. 영생은 선한 행동에 근거한다는 것이다. 선한 행동, 이는 조상으로부터 물려받는 민족적인 것도 아니고, 그러기에 신분적인 것도 아니다. 영생으로 인도하는 선한 행동은 죽음에 내버려진 사람을 보고 그냥 지나쳐 가는 제사장이나 레위인의 행위가 아니다. '그를 보고 피해 가는 행위'는 선한 행동이 아니다. 여기서 제사장(31절)과 레위인(32절)이 행한, 죽음에 처한 사람을 보고 그를 '피해 가다'에 해당하는 ἀντιπαρῆλθεν는 '오던 길에서 거리를 건너 다른 길로 가다'[73]라는 의미로, 적극적으로 분명한 생각을 가지고 죽음에 처한 이웃을 외면하고 피해 간 선한 행위에 반하는 행위를 말한다. 그렇기에 그들의 행위는 예수에게 쉽게 동정을 받을 수 없다.

그러나 비록 지금까지의 유대교가 그들에게 율법을 통해 이미 영생을 약속했을지라도, 또 율법이 그들의 행위를 정당화할지라도, 예수 공동체에서는 그들에게 영생을 약속하지 않는다. 다만 여기서는 '어떤 어떤' 행동이 선한 행동이라는 것을 규정하고, 이러한 선한 일을 한 사람은 그들이 비록 율법의 영생을 허락받지 못하는 천대받는 사마리아인일지라도 그들에게 영생이 허락된다는 분명한 메시지를 보내고 있다. 비천해서 기름과 포도주를 사용하는 것조차 허용되지 않은 사마리아인일지라도[74] 그들이 죽어가는 사람을 찾아가 마음에 ① 불쌍히 여기는 마음이 생기고 ② 기름과 포도주를 부어 상처를 싸매고 치유하고 ③ 짐승에 태워 ④ 여관으로 데려가 밤새 돌보아 주고 ⑤ 다시 돌아올 것을 약속하며 여관 주인에게 그간의 비용까지 지불하는 그 사람의 행위가 영생을 약속받은 행위임을 분명히 하고 있다. 예수를 사마리아인이라고 여기고 미친 사람으로 여겼던("유대인들이 대답하여 가로되 우리가 너를 사마리아 사람이라 또는 귀신이 들렸다 하는 말이 옳지 아니하냐"[요 8:48]) 당시의 상황에서 예수의 이야기가 얼마나 엄청난 이야기였을지 짐작할 수 있을 것이다. 그러나 사마리아인에 대한 예수의 축복은 그 구체적인 선한 행위에 초점이 맞추어져 있다. 사마리아인은 죽어가는 사람을 바라보며 '불쌍한 마음'을 가졌고, 이 마음이 그를 제사장이나 레위인과는 다른 행동을 가능하게 만들었다. 어쩌면 이 사람은 그러한 어려움에 처한 사람들을 돌보기 위한 '방랑 선교사'였을 수도 있다. 중요한 것은, 이 사람이 선교가 어려움에 처한 이웃, 내가 돕지 않으면 죽음에 이르는 사람의 형편을 불쌍히 여겨, 가던 발걸음을 멈추고 전적으로 그 사람의 치유와 회복을 위해 일한 것이다. 바로 이러한 불쌍히 여기는 마음을 갖는 행위, 어려움에 처한 사람에게 필요한 것을 전문적으로 알고, 긴급히 필요한 치료를 할 줄 아는 행위, 그리고 긴급 치료만이 아니라 이 사람을 안전한 곳으로 운반해 완전한 회복까지 도와줄 줄 아는 행위가 바로 선한 행위임을 분명하게 이야기하고 있다. 특히 여기서 '그에게 자비(=선)를 베푼 사람 ὁ ποιήσας τὸ ἔλεος μετʼ αὐτοῦ'(v.37a)이라고 하여, 구체적으로 자선을 베푼 행위가 강조되고 있다는 사실을 간과해서는 안 될 것이다.

그러므로 이 본문은 당시 예수 공동체가 유대교의 경계선을 넘어 전 세계적으로 선교하는 종교로, 그리고 그렇게 확장할 수 있었던 이유를 설명해 줄 수 있는 좋은 예다. 선한 사마리아인 비유는 종교적 언어를 일상적 언어로 바꾸어 보여 줌으로써, 믿지 않는 사람들에게 그들의 입장에서 영생에 대한 희망을 갖게 해준다. 중요한 것은 이 비유가 사마리아인을 새로운 종교적 모범으로 제시하는 것만이 아니라, 영생의 전제로서 이웃에 대한 이해를 '내가 이웃이 되다'라는 주관적인 신앙의 자기도취적 판단에서 '내가 다른 사람의 이웃이 되어 주다'라는 수동적이고 타인의 판단에 근거한 신앙의 객관성으로의 전환을 요구한다는 점이다. 영생의 조건으로서의 이웃은 내가 이웃을 선택하는 것(내가 정하는 이웃)이 아니라 어려움에 처한 이웃이 나를 이웃이라고 여겨 주는(너가 인정해 주는 이웃) 데서 결정된다는 뜻이다. 그래서 보봉François Bovon이 "내가 이웃을 갖는 것"이 아니라 "내가 다른 사람에게 이웃이 되어 주는 것"이라는 말로, '이웃이 되다'는 능동이 아니라 수동이라는 것을 지적한 것은 적절한 표현이다.[75] 영생은 내가 도움을 주었다고 주장하는 '내가 정하는 이웃'에 달린 것이 아니라, 도움을 받는 자가 이웃이라고 감동받아 말하는 '너가 인정해 주는 이웃', 즉 상대로부터 친구로 인정받는 선교적 행위인 칭친구 선교에 달려 있다.

스크랜튼은 의사로서의 선교사였다. 이것은 전문적인 선교사 훈련을 받고 의술을 보조적으로 받은 선교사가 아니라, 의술을 배웠기에 어찌 보면 선교 현장에서는 언더우드나 아펜젤러처럼 교회의 목회 사역을 맡아서 하기에는 부족한 이방인처럼 느껴졌을 수도 있는 대목이다. 그러한 추측을 가능하게 하는 예 가운데 하나가 1895년 10월 25일 레오나르도Leonardo에게 보낸 헨드릭스 감독Bishop Dr. E.R. Hendrix과 리드 목사C. F. Ried에 관한 보고 편지에 들어 있는 다음의 대목이다. "You(그들이 스크랜튼을 두고 한 말) are weak in the evangelistic line."[76] 그는 아펜젤러와 같이 선교사 파송을 받고 그보다 먼저 서울에 들어왔고, 그래서 그들을 위한 집을 구하고 실제적으로 감리교 선교에 대한 모든 일을 준비하고, 가능한 분위기를 만든 장본인으로서 엄청난 일을 했음에도 결국은 한국 감리교회 역사 속에 의도적으로 감춰질 만큼 수모를 당한 사람이다. 결국 한국 선교의 현장에서 목회 전문가들에게 사마리아인 취급을 받았던 사람이라고 판단해 볼 수 있다. 그럼에도 불구하고 스크랜튼은 '선한'이라는 중요한 의미가 붙은 사마리아인의 정체성을 가졌기에 오히려 '선한' 사역의 구체적인 일에 관심을 가진 것이고, 그것이 강도 만난 조선인들이 감동받아 그들의 이웃(친구)이라고 고백할 이유라는 확신이 있었을 것이다.

그의 선한 행동은 구체적으로 다음과 같이 드러났다. 그는 전염병으로 죽음으로 내몰린 천민들을 보았을 때 동정을 느끼고, 자기가 있던 편하고 안전한 정동을 떠나 과감하게 그들이 있는 무덤가로 또 빈민촌으로 다가갔다. 그는 자기가 돌보는 일상 업무, 왕족과 귀족 그리고 외국인에게 봉사하는 시간으로 만족하지 않고 특별한 사명을 위해 애오개 언덕과 남대문 장터, 동대문의 언덕으로 다가가서 그들의 처참함을 가까이서 지켜보았다. 이것이 그가 신분상으로는 선한 사마리아인의 비유에서 강도 만난 사람을 그냥 지나쳐 가던 그 제사장과 레위인에 해당하는 것처럼 보이지만, 실제적인 행동으로는 걸음을 멈추어 가까이 다다가 불쌍히 여기는 마음을 가진 선한 사마리아인이 될 수 있었던 이유다. 그는 자신이 가던 걸음(일상적인 의사의 일)을 멈추고 강도 만난 조선인의 비참한 삶을 들여다보고 그들에게 연민의 정을 느꼈기에 선한 사마리아인이 된 것이다. 그렇기에 그가 마음을 결정하고 새로운 시약소를 만들 장소를 구하는 시점에서 이미 그는 주변에서 죽음의 계곡을 금방 정할 정도로 죽음에 처한 사람들을 찾아 발품을 팔고 다녔으리라는 추측을 해본다.

3) "예수께서 대답하여 가라사대 어떤 사람이 예루살렘에서 여리고로 내려가다가 강도를 만나매 강도들이 그 옷을 벗기고 때려 거반 죽은 것을 버리고 갔더라"(30절). 이 본문은 선교란 특별하게 구분되어진 영역과 그 대상이 있음을 분명히 해준다. 즉 지금 내가 돕지 않으면 죽을 수밖에 없는 환경에 내몰린 사람들을 돌보는 것, 그리고 선교는 도움이 절실히 필요한 곳에서 이루어져야 함을 이야기한다.[77] 당시 부유한 사람들이 살고 있는 여리고를 떠나서 예루살렘을 올라가기 위해 꼭 지나쳐야 하는 이 길은 그 당시에 가장 위험한 길로 여겨졌다. 그러므로 본문은 강도 만난 사람이 발견된 곳으로 생각되는 장소나 정확한 위치에 대한 설명이 필요 없이 예루살렘에서 여리고로 가는 길이라고만 해도 청중들이나 독자들이 그 위험을 이해하는 상황임을 가리켜 보여 준다.

선한 사마리아인, 스크랜튼 선교의 독보적인 선교의 유사성은 바로 여기에 있다. 그는 처음부터 선교의 목표를 조선의 고난 받는 죽어 가는 민중으로 생각했다. 그는 자신의 선교를 선한 사마리아인의 선 교를 이해하면서 조금도 주저함 없이, 어린이가 죽으면 가져다 버리 는 애오개, 전염병으로 죽음에 처한 사람들을 가져다 버리는 저주받 은 서활인서, 비참한 농민, 노동자, 떠돌이 상인, 부랑아, 백정, 갓바치, 천민 주거지를 자신의 선교지로 결정했던 것이다. 그렇기에 강도 만난 사람에게 사마리아인이 삶의 소망을 주는 이웃이었듯, 스크랜튼은 강 도 만난 조선인에게 감동을 주는 그들의 이웃으로, 친구로 다가온 것 이다.

야코보 바사노가 누가복음의 본문을 근거로 그린 선한 사마리아 인에 대조되는 도망가는 자와 멀리 떨어져 등을 돌리고 가는 어두운 얼굴의 두 부류의 사람은 무엇을 의미하나? 영원한 생명은 제사장으 로 성전의 제사를 인도하고, 레위인으로 성전에 대한 봉사를 잘하는 사람으로, 그들이 말씀은 잘 알고, 하나님을 사랑하는 일은 잘 하고, 또 종교 지도자로 전통적인 유대교 입장에서 그 직분은 잘 감당했을 수는 있어도, 예수가 문제시하는 율법의 실천이라는 면에서 하나님이 원하시는 이웃에 대한 사랑을 이루지 못한다면, 결국 실패한 사람들 의 대표적인 모습이 된다는 사실을 보여 준다. 즉 하나님 안에서 받은 소명에 따라 제사장 또는 레위인으로 자기 사역에는 충실했을 수 있 어도, 생기를 잃어버리고 관습화된 신앙은 오히려 꼭 필요한 장소에서 꼭 필요한 하나님의 선교 일꾼이 되는 일에는 방해가 될 수 있다는 메 시지를 담고 있다. 제사장과 레위인이 보여 준 행동("마침 한 제사장이 그 길로 내려가다가 그를 보고 피하여 지나가고 또 이와 같이 한 레위인도 그곳에 이 르러 그를 보고 피하여 지나가되"[31-32절])은 사마리아인과 똑같이 한 사 회에서 일어나는 불행한 일을 목도하지만, 그들의 종교 지도자로서의

신앙 지식과 직업에서 얻은 편견이 오히려 죽어가는 사람 앞에서조차
도 발길을 돌릴 수 있는 참람함을 부끄러움 없이 보여 주는 것이다. 그
러므로 이 이야기 전체의 주제인 사마리아인을 예수는 전면에 등장
시켜 '이 사람을 보라'라고 하고, '너희도 이와 같이 하라'(37절)고 하는
것이다. 이런 이해에서 볼 때 스크랜튼은 제사장과 레위인이 자기들의
전문적이고 관습적인 삶의 테두리를 벗어나지 못해 죽어가는 사람을
못 본 체한 것과는 달리, 자신을 의사로서, 선교사로서 외국인들이 사
는 지역의 안전한 곳에서 자신의 역할을 감당하는 지체 높은 외국인
전문의사와 선교사로만 이해하지 않고, 죽음에 놓인 사람을 위해 기
꺼이 선한 사마리아인의 역할을 감당한 모범적인 선교 모델을 제공한
다 하겠다.

4) 마지막으로 선한 사마리아인 비유는, 그럼에도 사회적 책임에
대한 이웃을 사랑하라는 행동하는 신앙의 강조가 결코 복음 전파나
하나님 사랑을 배격하거나 부인하지 않고 오히려 그 당시 유대교의
부족한 종교적 실천을 강조함으로 인한 통합적·실천적 선교의 이해
를 제시한다.

선한 사마리아인의 이야기가 담고 있는 예수의 정신은 영생을 얻
기 위한 조건 가운데 기본적인 하나님에 대한 전적인 사랑을 이룬 이
들에게 부족한, 다른 말로 하자면 더 개발되어서 그들의 신앙의 완성
을 이루기 위한 가르침인 것이다. 변화된 세상 속에서 교회와 신앙인
이 과거의 전통을 그대로 답습하는 구태의연한 선교의 자세가 아니
라, 새로운 환경과 요구에 능동적으로 대처하여 창조적인 실행을 통
해 이룩해야 할 통전적인 선교 모델을 보여 주는 것이라 하겠다. 삶의
구석진 곳, 사회의 어두운 곳을 찾아서 고통 당하는 사람들과 함께
고통을 인내하며 그들의 필요한 것을 제공하고 생명을 살리는 '불쌍

히 여기는 마음'이 이룩한 창조적 선교 활동의 결과다.

이런 면에서 스크랜튼 선교의 선교학적 종합 평가는 그의 선교가 가지는 통전적인 성격이라 하겠다. 그는 처음부터 병원을 기초할 때, 이미 그 병원 시설에 전도부인을 배치하고 복음을 전하게 했고, 또한 초창기의 정동 시절부터 진료비를 낼 수 없는 환자들에게는 대신 성경을 읽도록 한다든지 하는 선교적인 자세를 잊지 않았다. 특히 수술 환자들을 위해서는 가족이 스크랜튼과 함께 기도하는 시간을 갖도록 해서 선교의 본질을 잃지 않고 통전적인 선교를 이루어 갔다. 아마도 그는 수술 전, 마취 주사를 놓기 전 '수술은 나의 힘만으로 하는 것이 아니라 하나님이 도와주시는 것이라 믿기에 함께 기도하자'고 했을 것이라 추측된다. 스크랜튼은 의사로서 병든 사람들의 육신의 병을 치료하는 일을 일차적으로 했지만, 의료적인 봉사에 더해 영혼을 구원하기 위해 영적인 병까지를 치유하는 데 관심을 가졌기에 그의 선교는 통전적이었다고 평가할 수 있다. 특히 그가 처음 의료 선교사로서의 역할을 다하고 안식년을 갔다 온 후에 시작한 진료소들을 모두 교회 개척의 전초지가 되도록 한 것이나, 감리교회들을 효율적으로 관리 발전시키기 위해 지방을 만들고 나누어 관리사 역할을 하고 토착 교인들을 양성해 목회자를 만들고 신학 교육까지 시킨 것은 복음과 사회봉사라는 선교의 두 영역을 균형적으로 이끌어간 좋은 모델이라 할 수 있다.

선교적 교회론에 근거한 콘비벤쯔 선교[78]

지금까지 스크랜튼의 선교를 정리해 볼 때 특히 다음과 같은 중요한 선교학적인 모델을 정리할 수 있을 것 같다.

첫째, 스크랜튼은 항상 '선교적 교회론'을 지향했다. 레슬리 뉴비긴 L. Newbigin이 오늘날 교회의 문제점으로 지적한 '선교적 교회론'의 부재는, 교회의 본질이 선교라고 하는 '선교적 교회론'을 잃어버린 교회 존재의 위기를 낳고 있다.[79]

'선교적 교회론'에 의하면 선교적 교회는 교회의 본질이고, 이는 성서의 핵심이다. 교회의 사역이 교회의 본질로부터 나와야 하고, 교회의 조직이 사역의 효율성에 대한 이해로부터 나와야 한다[80]고 볼 때, 교회의 사역과 조직의 본질은 선교에서 나와야 한다. 하나님은 보내는 분으로 선교적이고, 그러므로 교회는 선교적이고, 성령의 능력으로 해방된 교회는 같은 해방을 전 세상에 선포해야 하기에 외부를 향한 성격을 가지며, 그러기에 선교적이고, 그러므로 선교는 모든 민족 모든 세대에게 하나님의 사랑과 자비를 나누는 것이다. 선교하지 않으면 교회가 아니고 하나의 '인간적 기구'에 불과하다.[81] 교회는 하나님의 위대한 선교사인 예수 그리스도의 공동체이기 때문에 유전학적으로 선교적이다. 교회는 하나님의 선교로 인해 현존하게 된 공동체인 그리스도의 몸이다.[82]

그런데 잘못된 교회론, 즉 '선교적 교회론'이 없는 교회의 모습은 교회의 본질인 선교를 '교회가 성장해서 하는 것' 정도로 이해하고,

또 선교는 교회가 '여유가 있어서 하는 일'로, 그래서 '보내는 선교와 가는 선교', '직접 가든지 누굴 대신 보내든지'라는 식으로 선교를 오해하게 만든다는 것이다. 즉 목회와 선교를 나누어, 목회자는 (국내)교회를 관리하는 사람이고 선교사는 해외에 나가는 사람으로 교회론에 대한 오해를 재생산하고 있다.

그러므로 선교적 교회는 선교회를 가진 교회(선교 프로그램을 가진 교회)와 선교를 교회가 운영하는 하나의 프로그램으로 보는 입장에서 벗어나 교회 자체가 선교여야 한다는 것이다. 바로 오늘날 교회의 잘못된 성장의 문제점으로 지적되는 '목사는 교회의 관리자이고 선교사만 교회 밖의 선교를 해야 한다'는 식의, 자신을 선교 교회의 관리인으로만 이해하는 목회의 구별에 대한 오해는 스크랜튼의 선교에서는 찾아볼 수가 없다.

둘째, 스크랜튼 선교의 모범적인 모델은 그가 선교사로서 토착인의 친구이고 하나님 나라의 선교를 이루는 데 있어서 토착인을 선교사의 동역자, 친구로 보는 유형, 즉 '콘비벤쯔Konvivenz 선교'의 유형을 드러내고 있다. 테오 준더마이어는 서구 선교의 전체적인 역사 속에서 근본적인 문제를 지적하면서, 서구 선교사들은 선교를 제1세계의 선교사들이 소위 제3세계의 토착인들에게 가르치고, 나눠 주고, 도움을 주는 역할로만 이해하고, 토착인들은 스스로를 일방적으로 이러한 서구 선교사들로부터 가르침을 받고 도움을 받으며 물건을 나눠 주는 대상으로 착각하고 있다고 했다. 그래서 선교사들은 자신을 천한 토착인과는 다른 고귀한 신분으로 이해하고, 토착인의 문화와 종교 등은 저속하거나 저급한 문화 또는 미신으로 취급해 타파의 대상으로만 여기는 결과를 초래하여 결국 선교가 토착인과의 갈등을 유발시키게 하고, 복음을 문화제국주의나 식민제국주의로 오해하게 만들었다고 한다. 선교사들은 자기 존재를 토착인들을 위한 존재로 보기에 항상 자기를 다른 사람의 선생으로, 도움을 주는 사람으로, 또 물질 등을 나눠 주는 사람으로만 여겨서 스스로를 무식하고 불쌍한 사람들을 위한 존재로만 인식하기에, 그들을 자기들과 같은 사람이나 하나님의 사랑 받는 존재로 인식하지 못하고 대상화한다. 선교가 갖는 그런 근본적인 문제를 해결하려면 어떻게 해야 할까? 선교는 하나님 나라의 잔치에 초대된 모든 사람들이 하나님 앞에서 서로(선교사도 토착민에게) 배우고, 서로 도우며, 서로 나누어 함께 축제하며 만들어 가는 것이라는 콘비벤쯔 선교(함께 축제함의 선교)로 이해해야 한다.[83]

스크랜튼은 토착 목회자를 양성하고 그들을 '친구'(=형제, Brother)라고 불렀다. 한번은 지방 관리의 호의를 받아들여 주인으로부터 정중한 대우를 받던 중 그 집 하인에게 격의 없는 반말로 대화를 나누어 지방 관리의 심기를 불편하게 한 일이 있었다. 주인이 호의를 베풀어 존대하는 외국인 선교사 스크랜튼이 자기의 종과 격의 없는 대화를 함으로써 주인이 하인 앞에서 수모를 당했다고 느낀 것이다. 이때 스크랜튼의 안내를 도와주던 토착인이 역정을 내게 되었을 때, 스크랜튼은 그 사람에게 귀중한 것을 '배웠다'라는 표현을 사용한다. 이이야기는 선교사로서의 스크랜튼이 토착인에 대해 얼마나 건강한 자기 이해와 그로 인한 겸손함을 지녔었는지 잘 드러내 준다. 스크랜튼은, 자기는 토착인들에게 절대로 '핀잔을 들을 수 없는 존재' 또는 '가르침을 받을 수 없는 존재'로 이해하지 않았음을 알게 하는 대목이다. 준더마이어가 자신의 실패한 선교사 경험과 서구 선교 역사를 오랫동안 분석해 얻은 콘비벤쯔 선교에 대한 깨달음이 스크랜튼의 선교에서는 처음부터 자연스럽게 존재했음을 볼 수 있다.

셋째, 스크랜튼은 선교를 통해 토착적 자립교회를 세우고 존중하려는 '건강한 교회론'을 가지고 있었다. 그는 한국인의 영성을 발견하고 그것을 존중했고, 토착 교회의 독립을 목표로 해서 복음의 전달도 한국인들이 거부감을 갖지 않는 4·4조의 운율로 만들어 공급했으며, 한국인이 정성스럽게 헌금해서 만든 '작은 교회'의 자립 가치를 높이 평가했고, 선교사인 자기 역할은 언젠가는 결국 토착인들에게 모든 것을 넘겨 주고 떠나가야 할 '조력자'로 이해했으며, 미국 교회가 가진 것보다도 더 독특한, 그래서 아직까지 세상에 알려지지 않은 한국인만의 교회에 대한 기대까지 서슴없이 이야기했다. 그런가 하면 스크랜튼은 일본의 식민제국주의에 반대하고 자본주의의 병폐를 지적하면서 준비도 되지 않은 상태에서 교인들이 증가하는 현상에 염려를 표하며 이를 적극 반대했고, 작지만 건강한 교회를 지향하고 선교를 지원하는 '외국 교회'로부터 완전 독립된 '한국 교회'를 지지했다.

스크랜튼의 칭친구 선교가
우리에게 주는 과제

지금까지 우리는 스크랜튼의 선한 사마리아인의 비유에 근거된 칭친구 선교를 정리해 보았다. 그 결과 누가복음에 근거한 선한 사마리아인의 비유에 근거해 스크랜튼이 행한 선교의 이해를 다음과 같이 간략하게 정리하게 된다.

첫째, 선교는 내가 지금 돕지 않으면 죽게 될, 강도 만난 사람들이 있는 죽음의 골짜기를 찾아가는 것으로 시작해야 하고, 그렇기에 죽음의 늪에 빠진 사람들에게 희망을 보여 주는, 영혼을 구원하는 것이어야 한다.

둘째, 선교는 준비된 전문가를 필요로 하는데, 강도 만나 거의 죽게 된 사람을 치료하는 기술과 그를 끝까지 도울 수 있는 자원이 준비되어 죽음의 문 앞에서 사람을 살릴 수 있는 기술이 있어야 한다.

셋째, 선교의 성패는 영원한 생명을 얻는가에 달려 있고, 그 결과는 죽음의 문턱에서 살아 나온 강도 만난 사람이 결정하는 것, 즉 강도 만난 사람이 이웃이라고 인정하는 말에 달려 있는 칭친구 선교이지, 내가 그들의 친구임을 주장하는 것으로는 결코 되지 않는다.

넷째, 첨가적으로 선교는 혼자 하는 것이 아니라 함께하는 것임을 보여 준다. 선한 사마리아인은 선교의 성격상 혼자서 죽음을 무릅쓴 선교를 감행한다. '그가 혼자서 이 길을 갔다'라고 보기보다는 아무도 이러한 어려운 일에 동참할 엄두를 못 냈을 수 있다. 그러나 그가 협력적인 선교 사역을 위한 준비가 되어 있었음은, 그가 죽어가는 강도 만나 사람을 데리고 여관을 찾아 주인에게 자기가 다시 돌아올 동안 강도 만난 이를 돌봐 줄 경우에 부비를 더 주리라는 말로 그 여관 주인을 선교에 참여시키는 것을 통해 짐작할 수 있다. 그는 단순한 여관이었던 그곳을 선교 지원처로 동원한 것이다. 이것은 스클랜튼이 자신의 사역에 조선 사람들을 동원시키고 그렇게 해서 전덕기와 같은 인물을 만들어 낸 것을 통해서도 알 수 있다.

그런데 이러한 선교사의 선교 행위에 대한 해석과 성서 안에서의 정당성에 대한 확인은 이미 앞에서 언급했듯이, 이것들이 현재의 선교와 미래의 선교에 반영되지 않는다면 무의미하게 될 것이다. 그렇다면 누가복음의 선한 사마리아인의 이해에 근거한 스크랜튼의 칭친구 선교가 우리에게 주는 선교학적 과제는 무엇일까?

선교는 스크랜튼이 몸으로 이룬 사역에 대해 우리가 머리로만 헤아리는, 지적인 욕구를 충족하는 것으로 만들어서는 안 된다. 선교는 머리로 안 것을 뇌와 최단 거리에 있는 입으로 바로 쏟아 내는 것이 되어서는 안 되고, 가슴으로까지 좀더 이동해서 손과 발로 옮겨져 몸으로 삶 속에서 열매를 맺어야 한다. 스크랜튼의 선교 행위에 대한 결과 생겨난 한국 개신교회들로서 부끄럽지 않도록 스크랜튼과 같이 행하는 것, 곧 '너희도 스크랜튼과 같이 행하라!'는 그 선교 명령, 즉 칭친구 선교는 구체적으로 무엇일까? 만일 행위로써 우리가 스크랜튼과 동일한 유전인자를 느낄 수 없다면, 우리는 스크랜튼이 강도 만나 죽게 된 조선을 살린 선한 사마리아인이었는데 반해, 그의 후손들은 전혀 그렇지 않다는 선교의 후예로서의 불충함만을 세상에 알리는 결과를 낳게 될 것이고, 그리하여 스크랜튼의 명예에 흠을 남기게 될 것이다. 그렇다면 스크랜튼의 후예들로서 동질성과 연계성을 갖는 우리의 모습은 어떤 것인가?

스크랜튼 선교의 정체성은 칭친구 선교의 여부에 달려 있다. 스크랜튼의 선교는 강도 만난 사람을 우리가 정하고, 우리가 '자비를 베푼 이가 바로 이 사람이다!'라고 주장하는 것이 아니다. 스크랜튼의 선교는 강도 만나 죽게 된 사람이 깨어나서 '이 사람이 나에게 자비를 베푼 자니이다'라고 하는 말에 초첨을 맞춘 선교다. 이것이 친구로 인정받는 선교다.

스크랜튼의 칭친구 선교의 후예들이 자긍심을 가질 수 있는 선교란, 스크랜튼의 후예로서 우리가 좀더 노력을 기울여야 할 선교란, 이 세상 속에서 '강도 만난 자'에 대한 치유와 회복이라는 지금까지의 차원과 지금까지의 경계를 과감히 넘어서 강도에게까지 관심을 갖는 '경계선을 넘는 선교', 즉 강도 만나 죽음의 경지로 내몰린 사람을 양산해 내는 악한 구조와 존재, 즉 악한 '강도의 구원'에 관심을 갖는 선교의 이해까지 성장하는 것이다. 이것을 한편으로는 지금까지 교회가 선교하고 익숙한 20퍼센트의 교인들에게 맞추어진 선교를 넘어서 80퍼센트의 믿지 않는 사람들, 이단과 이웃 종교로까지 나아가는 선교를 의미하고, 다른 한편으로는 해외 선교로서 지금까지 아무도 가보지 않은, 또 선교에 아무런 효과를 내지 못하던 나라와 민족을 찾아 선교하는 것을 의미한다.

김기덕 감독의 영화 〈피에타〉(2012년)는 이런 면에서 우리에게 누가복음의 본문과 스크랜튼 선교사가 암시하는 '경계선을 넘는 선교'의 구체적인 이해를 도와준다. 이 영화에 주인공으로 등장하는, 인간의 탈을 쓴 악마의 모습을 하고 있는 이강도는, 급전을 쓰고 갚지 못하는 서민들에게 비싼 이자를 물게 하고 결국은 그들의 신체를 담보로 보험을 들게 한 후, 멀쩡한 사람의 팔 다리를 자르거나 부러뜨려 장애인을 만들어 그들이 진 빚 대신 보험금을 타서 챙기는 사람이다. 김 감독은 이렇게 잔인한 사람, 매일 아침 교회의 십자가를 창문을 통해 바라보지만 절대로 교회에 속할 수 없는 악마의 화신 같은 사람의 구원에 관심을 드러낸다. 〈피에타〉는 너와 나 같은 사람에 대한 선교가 아니라, 일반적인 목회나 설교 또는 전도지 등으로는 절대로 돌이켜 놓을 수 없는 완악한 인간에 대한 구원은 어떻게 해야 하는지에 대한 질문을 하게 만들어 준다. 즉 지금까지의 선교 방법으로는 관심의 대상도 되지 못한 인간의 구원에 대한 관심, 경계선을 넘는 선교의 영역을 확장시켜 준다.

스크랜튼의 선교를 자세히 들여다보면, 사실 그는 당시 사람들에 대한 욕으로 쓰이는 '쌍놈', 사람 취급을 받지 못하는 하인, 부랑아 등과 같은 강도와 같은 부류를 선교 대상으로 선택했기에, 그가 특히 그 시대의 강도라고 할 만한 소외된 사람들을 선교의 대상에 포함시킨 것으로 볼 수 있다. 그래서 그는 육신의 치유만이 아닌 영혼의 구원에 더 관심을 가진 것을 보게 된다. 영화 〈피에타〉는 주인공 이강도라는 인물을 등장시켜, 한 번도 사랑을 받아 본 적이 없어 사랑할 줄 모르고, 악을 행하면서도 그것이 악인 줄 모르고, 그래서 그가 행한 행위로 사람들에게 원한을 사고 저주를 받으며 결국 하나님의 심판대 앞에 서야 할 운명에 놓여 있는 한 인간 이강도의 구원에 대한 이야기를 담고 있다. 강도의 구원은 어떻게 가능한 것일까? 결국 주인공은 자신의 잘못을 자식을 잃은 한 어머니의 계획된 복수로 베풀어지는 '엄마의 사랑'(사랑받게 하고, 그 사랑을 잃게 만들어, 사랑을 잃은 사람들의 아픔을 느끼게 하는…)을 통해 깨닫게 된다. 결국 이강도는 자신이 저지른 악의 실체를 파악하고 자기가 피해를 준 사람들에게 저지른 과오가 되돌릴 수 없는 것임을 괴로워하면서, 자신이 저지른 죄의 무게에 눌려 회심하는 마음으로 죽음을 선택하게 된다. 이때 주인공은 자신이 씻을 수 없는 죄를 범한 한 부부의 부인이 홧김에 그에게 내뱉은 '너 같은 인간은 쇠사슬로 차에 매달고 다니며 죽여야 한다'는 말대로 그 부인이 운행하는 뺑튀기 트럭의 차 밑에 자기를 스스로 쇠사슬로 묶고 매달리게 해서 결과적으로는, 그 부인이 새벽에 일어나 장사 가기 위해 시동을 걸고 출발하는 그 차에 끌려가며 죽는 모습으로 자신의 죄과를 달게 받고자 한다. 그가 그런 방법으로 구원을 받을 수 있는가는 다른 문제다. 그러나 악한 삶을 살며 구원의 축복에서 멀리 떨어져 있는 사람에게도 구원의 가능성을 열어 두는 선교는, 어쩌면 이 포악해진 세상에 하나님 나라를 불러들이는 가장 신뢰할 만한 방법이 될지도 모른다.

이 땅에 재개발이라는 이름으로 떼돈을 버는 몇몇 사람들이 살기 위해 많은 사람들이 삶의 자리를 다 빼앗기게 되고, 이에 반항하다가 목숨을 잃은 용산 참사 사건을 만든 그 강도가 회개하지 않는다면, 개발이라는 이름으로 이 땅의 자연 환경을 논과 밭, 산과 강을 밀어버리고 물길을 내고 골프장을 지어 자손 대대로 물려줄 산지를 파손하는 강도들을 선교하지 않는다면, 민족의 숙원인 화해와 평화 통일의 길을 막고 긴장을 만들어 젊은이들을 전쟁터에 내모는 일에 조금의 양심의 가책도 받지 않는 정치하는 강도들을 선교하지 않는다면, 그래서 이러한 강도를 만나 신음하는 이 민족과 국토를 구원하는 '선한 사마리아인의 기획'에 가담하지 않는다면, 우리는 스크랜튼의 자랑스러운 후예가 되지 못할 것이다. 전 세계를 죽음의 그늘 속으로 끌어들이는 이슬람 극단주의자들과 이러한 세력들을 자극하며 전쟁과 폭력의 긴장을 만들어 이를 빌미로 이익을 얻는 미국을 위시한 강대국들의 악한 인간들을 사랑의 감동으로 돌려 놓지 못한다면 세상은 악의 구렁텅이 속에서 '강도 만나 죽어가는 사람들'만을 양산하고, 가끔씩 그들을 치유하는 데 만족하려 할 것이다. 세상의 구원은 강도 만난 자의 치유만이 아니라 강도의 구원에까지 관심을 가질 때, 그래서 강도가 비로소 '자기에게 자비를 베푼 것이 교회니이다'라고 교회를 구원의 방주로 인정할 때에만, 우리의 선교적 삶을 통해 하나님 나라의 축복이 임하게 될 것이다.

선한 사마리아인의 삶을 살다 간 스크랜튼 선교사의 삶을 곁에서 종노릇하면서 지켜보다가 예수를 믿고 세례 받기로 한 전덕기라는 청년은, 고아로서 남대문 숯장수 출신이었다. 그는 '영아소동' 때 스크랜튼을 해할 목적으로 그의 집에 돌을 던지는 것으로 선교사와 인연을 맺었고, 그렇게 스크랜튼의 집에 '일꾼'으로 들어가 4년 동안 스크랜튼 일가의 생활을 유심히 관찰하다가, 결국은 하인 신분의 자신을 가족처럼 따뜻하게 대해 주는 스크랜튼 가족의 성품에 감동해 '그들의 종교'인 기독교에 관심을 갖게 되었고, 스크랜튼이 주는 성경을 읽고 개종을 결심해 1896년 스크랜튼에게 세례를 받았다.[84] 그렇게 전덕기는 스크랜튼의 충실한 후계자가 되어 권사, 전도사가 되었고, 1905년 목사 안수를 받은 후 상동교회를 서울의 대표적인 교회로 육성하는 담임목사가 되었다. 또한 교회 안에 상동청년회, 상동청년학원, 공옥학교 등을 설립하여 이곳을 통해 양기탁, 이회영, 이시영, 유동열, 이준, 김구, 주시경, 박용만, 정순만, 이동녕 등 기라성 같은 독립운동가들을 결집, '상동파尙洞派'를 결성했고, 1907년에는 도산 안창호와 함께 항일 비밀결사 신민회新民會를 결성, 한말 민족운동을 주도해 '민족운동의 선구자' 칭호를 받게 되었다.[85] 이처럼 스크랜튼의 인격과 신앙에 감화를 받고 개종한 전덕기 목사는 평소 주변에 있는 이들에게 '나는 스크랜튼 박사님이 하라는 대로 하고 싶습니다. 박사님처럼 되고 싶을 뿐입니다'라고 고백했다.[86] 이것이 바로 자비를 받은 전덕기가 고백한 '스크랜튼은 나에게 자비를 베푼 사람입니다'라고 그 사람에 대해 하나님 앞에서 고백한 것이고, 스크랜튼이 이룬 칭친구 선교의 모습이다.

조선의 유교적 관점에서 전덕기는 타인에게 비인간적인 악을 행했기에 '강도'가 된 〈피에타〉의 이강도 같은 '강도'는 아니었지만, 신분적으로 그가 그렇게 달리 태어났다는 것 하나만으로도 저주를 받아 인간의 대접을 받지 못하고 심지어는 교회의 선교 대상이 될 수 없다고 생각했을 수도 있었던 '강도'였다. 전덕기는 조선 사회에서는 양반이나 외국인과는 달리 인간으로 취급받지 못하는 '강도' 같은 위치였지만, 스크랜튼은 그런 부류의 사람들을 불쌍히 여기고 연민의 정을 느껴 그들에게 다가가 생명의 그리스도를 전해 준 것이다. 그래서 조선인들은 스크랜튼을 '조선인의 친구'로 기억하고 있다. 바라기는 오늘도 스크랜튼의 후예라고 히는 교회들에서 이처럼 그리스도를 통해 새로운 삶을 살아가는 '강도'의 구원을 이루기를, 그래서 강도들에게 '자기에게 자비를 베푼 교회'라는 칭찬을 듣는 축복이 있게 되었으면 한다.

본인은 이 글을 통하여 본인이 지금까지 기독교인으로 살아오면서 가지고 있는 질문, 즉 "선교란 무엇인가?", 특히 "해외에 나가서 하는 선교란 어떻게 하는 것이 가장 성서적이고, 기독교 전통에 맞는 것이며, 그렇기에 예수라면 과연 어떤 선교를 원하실까?" 하는 질문에 대한 신학적인 답을 하고 싶었다. 그래서 교회가 과거에 실천한 행위 속에서 선교가 무엇인지 돌아보고, 오늘날 현실에 맞고 미래에도 지속 가능한 선교를 위한 건강한 신학을 제시해 보고자 했다.

이것을 위해 우선 "교회가 하는 모든 일이 다 선교이지만 교회가 행한 것이 다 (올바른, 모범적인) 선교가 아니다"라는 역사적인 경험을 통해 분명하게 설명하고자 했다. 그래서 우리의 잘못된 선교적 행위를, 영화 〈미션〉이 실화를 배경으로 보여 주었던 천주교의 과라니족 선교와 한국의 아프카니스탄 선교가 가져온 한국 교회와 세계 교회의 비극과 그로 인한 교회 위기와 선교 포기 현상 등을 통해 드러내고자 했다. 선교의 위기는 선교 자체가 잘못된 것이기 때문에 생겨난 것이 아니라, 교회가 행한 잘못된 선교가 세상 가운데 선교에 대한 잘못된 이미지를 만들어 냈기에 생겨난 것이다.

이 같은 진단은 "만일 교회가 이제라도 잘못된 선교적 행위를 구체적으로 지적하고 다시 올바른 행위로 세상에 드러낸다면, 본질적인 선교의 이미지를 다시 회복할 수 있을 것"이라는 소망을 갖게 했다. 그러나 이 소망이 결실을 맺기 위해서는 교회의 올바른 경험에 근거한 전통과 신학 그리고 성서, 즉 그리스도 예수의 삶과 모범으로부터 그 해법을 제시할 당위성이 있었다. 한편으로는 선교학에 '선교적 교회론'이 등장하게 된 배경과 그 신학적 특징을 소개해야 했고, 또 그러한 '선교적 교회'로서의 모범적 사례로서 한국 교회의 선교 경험을 예로 들어 설명할 필요가 있었다. 즉 종교의 본질을 지키며 선교적 교회로 성장할 수 있었던 배경으로, 한국 사람들이 처음 접한 스크랜튼 선교사 같은 사람의 '선한 사마리아인 프로젝트'를 소개하고, 그의 모범적 선교의 근거가 되었던 예수가 가르쳐 준 "너희도 이와 같이 하라"는 선교를 선교학의 중요한 본문으로 '칭친구 선교'라는 관점으로 해석하여, 미래 한국 교회와 세계 교회의 선교적 대안으로 '경계선을 넘는 다시 드러냄의 선교'를 제시해 보았다.

선교학은 그 주체에 따라 선교에 대한 다른 돌아봄과 다른 선교적 사건들을 일으키게 된다는 것을 전제하기에, 본 연구는 지난 선교에 대한 돌아봄과 현재와 미래를 위한 새로운 사건을 일으키는 근거로서의 선교학 역시 한국의 한 선교 신학자의 경험과 철학에 근거한 것이 되었음을 인정해야 한다. 하지만 이러한 한국적인 것이 아시아적인 것, 곧 세계적인 것과의 단절이 아니라, 서로 다른 것들을 인정하고 통합하고 연합하는 신학이 되었으면 한다. 이는 우리가 처음 접한 이국 문화에 기반한 (서구적) 기독교가, 그다음 단계에서 서구적이며 한국적인 기독교로, 또 다음 단계에서 피선교지 문화와의 상호관계를 맺으며 자기 토착화를 이루어 한국적 기독교로 변하는 것을 의미한다. 그러나 마침내는 전 세계가 수용할 만한 보편적 기독교로 변하는 과정을 염두에 둔 것이다.

그렇기에 이러한 한국 교회의 경험에 근거한 '칭친구 선교' 선교신학이 한국 교회에 긍정적 영향을 주어, 전 세계를 향해 선교하는 현장에서 예수님이 기뻐하는 선교의 결과를 맺게 되길 소망한다. 이는 팔레스타인의 지역적 특징을 가진 나사렛과 갈릴리의 예수 복음이 예수의 삶과 실천을 통과해 전 세계적이고 우주적인 예수의 복음이 된 것과도 같다. 결과적으로는 서구와 동양이 협력하며 조화를 이루는 선교학과 선교의 유형에 예수가 가르친 '칭친구 선교'가 대안이 되길 바란다.

이제 본인은 처음부터 '아시아 선교학'이라는 제목으로 글을 써야 하는 한계와 맞닥뜨려 고민해 오던 문제에 대한 마지막 변론을 하고자 한다.

그 고민은 이 글이 다른 두 분의 신학자들과 함께 본인이 한국 교회의 선교 현장을 고민하며 해온 신학적 작업의 이름이지만, 결국은 '아시아 선교학'이라는 큰 틀 안에서 이해될 것이라는 사실 때문이었다. '아시아 선교학', 이것은 과연 무엇을 의미하는가? 서구 사람들이 신학을 하면 '신학'이라고 하는데, 왜 아시아 사람들이 신학을 하면 굳이 그 개념 앞에 그 주체나 지명을 나타내는 '아시아 신학', '아프리카 신학' 또는 '토착화 신학', '흑인 신학'이라고 부를까? 본인이 공부했던 독일에서는 신학생들이 신학대학교에서 신학을 배우면, 자연스럽게 자기 문화와 환경을 염두에 두고 전개된 '토착화' 신학(=독일 학자들의 신학: 칼 바르트, 루도프 불트만, 디트리히 본훼퍼, 칼 뮬러, 테오 준더마이어 등)인데, 왜 우리는 '토착화 신학'이라는 이름의 과목을 개설하지 않으면 우리 것을 가르치지 않고, 혹자는 '토착화'라는 말을 붙이면 의심의 눈으로 보게 될까? 거기에는 다음과 같은 간단한 이유를 생각해 볼 수 있다.

— 1. 학문의 전통과 교회의 역사 때문이다. (기독교) 신학은 교회가 먼저 생겨난 유럽 문화에서 생성되어 북미 대륙을 거쳐 발전되는 과정 속에서 다른 학문(철학, 과학, 예술 등)과 구분은 되었지만 역사적으로 처음 시행된 학문이기에 특정 지명이나 이름이 필요치 않은 독립적인 학문 분야로서 자리를 지켜 왔기 때문이다. 더군다나 그들의 신학은 그들의 문화와 종교성 등에 익숙하여 별다른 갈등 없이 서구 사람들에게 편안하게 받아들이게 했다. 역사적으로 처음 인정받은 학문으로서의 신학은 다만 자기 문화 속에서 다른 학문과의 차이만을 드러내기 위한 정체성으로서의 이름만이 필요했다고 본다.

2. 그러나 후에 서구 이외의 지역에서 생겨난 신학은 우선은 서구 전통에 영향을 받아 생겨났지만 서구와 다른 지역에서 생겨났기에 지명의 구별이 필요한 이름이 필요했고, 어떤 것들은 내용적으로 서구 신학 자체를 그대로 전수받아 답습했지만, 어떤 것들은 내용적으로 문화와 종교적 측면에서 서구의 것들과는 분명하게 구별되었다. 특히 후자의 것은 현지인들의 상황과 문화와 종교 전통에 더 가깝게 느껴지기에 서구 신학과의 차이와 구분을 위해 '아시아 신학', '토착화 신학', '남미 해방신학', '아프리카 신학', '민중신학'과 같은 부연 설명이 담긴 신학의 이름이 필요했다.

그렇기에 이러한 특징은 남성이 하면 '신학'이라 하지만, 여성이 하면 '여성 신학'이라 이름 붙여야 하고, 백인이 한 것은 '백인 신학'이라 쓰지 않지만 흑인이 하는 신학은 '흑인 신학'과 같이 부르는 것과도 같은 맥락이다.

'아시아 신학'은 아시아 지역의 특성(문화와 종교)을 가진 신학이다. 즉 이 특징은 아시아라는 지역에서 일어난 신학이고, 아시아 사람들이 자기 상황과 문화 그리고 종교적인 전통에서 이해하고 삶에 적용한 신학이기도 하다. 이는 아시아라는 공간에서 아시아 사람들이 아

시아 사람들을 위해 추구하는 신학을 말한다. 다른 말로 하면, 여기에
는 아시아적 (사람과 환경의) '관점'이 중요한 역할을 한다. 그렇기에 '아
시아 신학'은 아시아 사람들이 서구의 기독교를 전수받아(선교받아) 아
시아 문화와 종교적인 특징(힌두교, 불교, 유교, 도교, 무속)에서 자신들의
관점이 반영된 신학을 말한다. 신학적으로는 피선교지의 문화와 종교
적인 전통을 중심으로 기독교를 받아들인 것을 '토착화 신학'이라 하
고, 서구 기독교 신학이 중심이 되어 아시아의 종교와 문화에 맞게 복
음을 해석한 것을 '상황화 신학'이라 한다. 결과적으로는 아시아의 신
학과 서구의 신학은 분명한 차이점이 드러난다는 것이다. 즉 전달받은
신학에서 피선교지의 특징이 두드러지게 드러난 신학을 이야기한다.

본인은 이러한 함의에 근거해 다만 본인의 신학적 시도를 '아시아
선교학'이라고 인정하면서도 그저 단순히 '선교학'이라고 인정받기를
기대해 본다. 그 이유는 다음과 같다.

그럼에도 본인은 중요한 두 가지 보편적 신학의 가치를 지향했기
때문이다. 첫째, 본인의 신학은 개별적인 특징에도 불구하고, 기독교
의 핵심 정체성인 성서와 그로부터 생겨나 오랜 시간 이어온 기독교
의 역사와 전통과 일치하기 위해 노력했다. 그 일은 기독교의 핵심과
정체성인 예수 그리스도와 성서에 철저하게 근거하려는 노력이었다.
둘째, 본인의 신학에는 지역적 특수성이 드러냄과 동시에 전 세계를
염두에 둔 보편적이며 우주론적 신학의 가치를 지향했다는 것이다.
서구 신학이 복음이 전해지는 아시아와 아프리카 그리고 중남미 아
메리카 등을 고려하지 못한 자기 문화와 종교적 이해 중심의 한계에
갇혀 그 빛을 잃었던 것을 반성하며, 아시아 신학 역시 지역적 특징을
가져야 하지만 종국적으로는 모든 나라와 모든 사람을 위한 보편적이
고 우주적인 차원의 신학을 위한 노력을 했다.

가장 잘된 세계화globalisation는 잘 이루어진 지방화localization 위에 가능할 것이라는 전제하에, 건강한 한국인과 예수를 믿는 한 사람으로서의 선교적 행위가 곧 전 세계의 예수 믿는 사람과 소통할 수 있으리라는 믿음으로 글을 마친다.

2부

아시아에서 아시아로

아시아 기독교 선교 역사 새로 읽기

이덕주

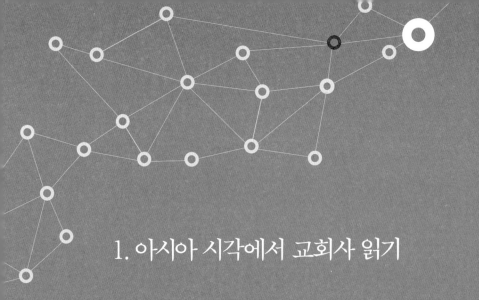

1. 아시아 시각에서 교회사 읽기

아시아에서 발원한 기독교

— 애석하도다. 이 도가 근본 동양에서 났으니 동양 사람이 먼저 행하여 서양 사람을 가르칠 터인데 도리어 우리가 서양 사람에게 가르침을 받으니 이상하도다. 모르는 사람은 말하기를 서양 도이니 동양에서는 쓸 데 없다 하니 어찌 어리석지 아니하리오. 대저 도의 근원은 하늘로부터 난 것이라. 어찌 서양 하늘과 동양 하늘이 다르다 하리오.[1]

한국 기독교(개신교)의 최초 변증서로 알려진 《파혹진선론破惑進善論》(1897)의 저자 노병선의 말처럼 기독교는 근본 '동양'(아시아)에서 발원한 종교였다.[2] 예수 그리스도의 출생지와 사역 공간도 그러하거니와 사도 바울이 마지막 여행을 로마로 간 것을 빼면 초대교회 사도들의 사역도 아시아에서 이루어졌다. 신약이든 구약이든 성경의 역사적 무대는 아시아였다.[3] 그렇게 아시아에서 시작된 종교임에도 기독교가 오늘 한국을 비롯한 아시아권에서 '서양 종교'로 인식되고 있는 이유는 무엇일까? 그것은 노병선이 진술한 대로, "동양 유대국 베들레헴에 사는 처녀 마리아에게 탄생하신 예수씨의 가르치신 도를 행하는 이들이 많아져서… 이 도를 믿는 사람이 필경에 지중해를 건너 구라파를 지나 대서양을 넘어 북아메리카로, 남아메리카까지 이 도가 퍼져" 결국 태평양을 건너 아시아 한국 땅까지 이르게 된 전파 경로 때문이었다. 아시아 대륙 서쪽 끝인 팔레스틴에서 발원한 기독교 복음이 서쪽으로 방향을 잡아 소아시아와 그리스, 로마를 거쳐 유럽 모든 나라에 전파된 후 거기서 다시 서쪽으로 대서양을 건너 미국과 캐나다에 전파되었고 그 나라 선교사들이 태평양을 건너 일본을 거쳐 한국에 들어옴으로 한국인들이 보기에 기독교는 분명 '서쪽'에서 온 종교였다.

신학교에서 교회사를 배울 때도 그렇게 배웠다. 첫 시간에 복음서와 사도행전을 중심으로 예루살렘에서 발원한 기독교가 '땅 끝까지' 전파되는 과정을 배우는데 사도 바울의 전도 여정을 따라 안디옥에서 소아시아와 그리스를 거쳐 로마에 이르는, '서쪽으로' 진행된 선교 역사를 배운다. 이어서 초대교회사 시간에는 로마제국 내에서 이루어진 기독교 박해 역사, 초기 기독론 논쟁과 삼위일체 논쟁에서 알렉산드리아학파를 배경으로 한 서방교회의 승리, 이레니우스로부터 테르툴리아누스, 클레멘스, 오리게네스, 아우구스티누스에 이르는 서방 교부들의 신학을 배운다. 중세 교회사도 마찬가지다. 로마의 붕괴와 신성로마제국의 설립, 로마 교황권 확립과 수도원운동, 성화icon 논쟁과 동서교회 분열, 서임권 논쟁과 십자군운동 등 주로 유럽에서 이루어진 교회 역사를 배운다. 종교개혁사는 완전히 서양 교회사다. 루터로 시작해서 뮌처와 츠빙글리, 깔뱅, 낙스에 이르는 종교개혁운동을 독일과 스위스, 프랑스와 네덜란드, 영국과 스코틀랜드 등 서유럽 국가들의 정치경제, 종교문화 상황과 연결해서 배운다. 종교개혁 이후 근현대사도 크게 다르지 않다. 종교개혁 직후 가톨릭교회의 반동종교개혁운동과 세계 선교, 개신교 내부의 신학 갈등과 청교도운동, 경건주의와 계몽주의, 자유주의, 근본주의, 신정통주의 신학운동을 배운 후 영국과 미국에서 일어난 종교 각성운동과 확장운동의 결과로서 이루어진 국외 선교의 마지막 부분에 아시아 및 한국 선교를 언급한다.

이렇듯 세계 교회사는 철저히 '서방西方, westward' 중심으로 기록되었고 그렇게 가르쳤다. 이런 서구 중심의 교회사에서 아시아(동방)는 기독교 전통에서 이단으로 정죄를 받은 영지주의와 에비온주의, 아리우스파와 네스토리우스파의 활동 무대였고 기독교 선교의 최대 장애물인 이슬람 본거지로 인식되었다. 그래서 서구 기독교 국가들에게 아시아는 포교와 개종의 대상, 때로는 공격과 정복의 대상이었다. 기독교가 서구 국가들에는 편하였지만 아시아 국가들엔 불편했다. 그 결과 아시아권에서 기독교는 '서방 종교western religion'로 인식될 수밖에 없었다. 기독교가 아시아에서 발원한 종교임에도 유럽에서 온 종교로 오해를 받게 된 배경이다. 이런 '서방' 중심의 교회사 이해가 모두 틀렸다는 말은 아니다. 그러나 기독교가 이렇게 '서양 종교'와 '서방 종교'로 인식됨으로 아시아에서 기독교는 '외래foreign' 종교, '낯선unfamiliar' 종교로서 한계를 극복하지 못했고 기독교 복음은 아시아 문화 토양에 뿌리를 내리지 못했다. 그 결과 기독교는 아시아인들에게 '겉도는' 종교로 남았다. 그것이 근대 이후 서구 기독교 국가들의 아시아 선교가 어렵게 진행된 이유다.

그러나 이제는 바뀌었다. 소위 '식민후시대postcolonial era'가 되었다. 선교 주체도 바뀌고 환경도 바뀌었다. 지금도 아시아 선교에 참여하는 서구 국가 선교사들이 없는 것은 아니지만 18-19세기 때처럼 선교 현장에서 주도권을 갖고 영향력을 행사하지는 못하고 있다. 20세기 후반부터 한국과 일본을 비롯한 아시아권 출신 선교사들이 적극적으로 아시아 선교에 나서 과거 서구 선교사들이 담당했던 일을 인계받아 하고 있으며 아시아 각 나라에서도 토착 교회 지도자와 교인들이 외국 선교사들의 도움을 받기보다 스스로 자국민 선교를 감당하려는 추세가 강하다. 그러나 상황이 이렇게 바뀌었음에도 대부분

아시아 국가들에서 기독교 선교는 여전히 힘들고 어려운 과제로 남아 있다. 이슬람과 힌두교, 불교 등 기독교에 반감이 강한 토착종교 세력과 기독교 선교를 정치적 도전으로 이해하는 사회주의(공산주의) 이념에 바탕을 두고 수립된 아시아 국가 정부의 기독교 선교활동에 대한 규제와 탄압은 줄어들지 않고 있으며, 이에 맞서 현장에서 복음 전도와 선교 사역을 추진할 토착 교회 지도자들의 사회경제적 위상과 영향력도 '중간층 이하'여서 효과적인 동력을 얻지 못하고 있는 실정이다. 아시아에서 기독교 선교가 이처럼 어려운 이유를 여러 가지로 설명할 수 있겠지만 무엇보다 근대 서구 기독교 국가들의 아시아 선교에 대한 '불편했던 기억'에서 근본적인 원인을 찾을 수 있다. 17세기 이후 활성화된 서구 기독교 국가들의 아시아 선교는 가톨릭 국가든, 개신교 국가든, 제국주의 식민지 개척이라는 정치·경제적 세력 확장을 배경으로 해서 추진되었다. 그래서 아시아인들은 '서세동점西世東漸'으로 표현되는 서구의 침략과 지배를 기독교 선교와 동시에 경험했다. 그 결과 아시아에서 선교사는 '서구 제국주의와 식민주의 침략'의 선봉이라는 오명을 쓰게 되었고 그것이 수백 년이 지난 지금까지 아시아에서 기독교 선교의 장애물이 되고 있다.

그렇다면 이처럼 시대와 주체가 바뀐 상황에서, 그럼에도 여전히 기독교 선교가 어려운 아시아 상황에서, 과연 기독교 선교는 어떻게 추진되어야 하는가? 선교 방법론의 문제인가? 선교 정책의 문제인가? 방법도 정책도 이제는 바꾸어야 한다. 그러나 그보다 먼저 바꾸어야 할 것이 있다. 선교신학의 재정립이다. 방법론이든 정책이든 그것은 선교사가 지닌 신학을 바탕으로 해서 만들어지는 것인데 새로운 시대에 걸맞는 새로운 선교신학이 나와야 한다는 말이다. 과거 서구 선교사들은 '서구 중심적west-centric' 사고와 '서구 우월주의orientalism' 의식에 근거한 선교신학을 바탕으로 아시아에서 공세적이고 지배적인 선교를 추진했고 그 때문에 아시아인들의 마음에 기독교 선교로 인한 상처와 고통이 남게 되었다. 이제는 서구 중심의 신학이나 선교가 아니라 아시아 중심의 신학과 선교가 필요하다. 아시아인에 의한, 아시아인을 위한, 아시아인의 신학, 곧 '아시아신학Asian theology'을 바탕으로 전개하는 '아시아 선교Asian mission'가 이루어져야 한다는 말이다. 서구에서 서구신학을 바탕으로 효율적인 선교가 이루어졌듯이 이제는 아시아에서 효율적인 선교가 이루어질 수 있도록 그 이론적 바탕이 되는 '아시아 선교신학Asian mission theology'이 정립되어야 한다. 아시아가 서구 신학이나 선교의 대상이나 객체object가 아니라 주역과 주체subject가 되는 신학을 의미한다. 그렇다고 아시아신학이 서구교회 역사전통과 신학을 부정하고 단절하는 것은 아니다. 신학은 동양과 서양을 아우르는 '우주적 기독교Universal Christianity'를 지향하기 때문에 아시아신학은 서구신학과 계속 대화해야 한다. 다만 아시아신학은 서구신학과 대화하고 교류하면서 과거처럼 수직적인 종속 관계가 아니라 수평적인 협력 관계가 되어야 한다. 그렇게 아시아인으로서 자의식과 주체성에 근거한 신학이 정립되고 거기서 도출한 방법론과 정책으로 아시아인에게 선교할 때, 과거 서구 선교사들의 공세적인 선교로 자존심이 상하고 상처를 받았던 아시아인들이 기독교에 대한 오해와 의심을 풀고 마음으로부터 복음을 받아들일 수 있을 것이다. 결국 '아시아인에 의한 아시아 선교Asian to Asian mission', 이것만이 오늘 한계에 부딪힌 아시아 선교의 문제를 풀 수 있는 비결이다.

그렇다면 아시아 선교의 이론적 바탕이 되는 아시아 선교신학과 아시아신학은 어떻게 가능한가? 그것은 '아시아인의 관점Asian perspective'에서 성경과 기독교 역사와 신학전통을 읽고, 또한 '기독교인의 관점Christian perspective'에서 아시아의 종교문화 전통과 정치사회적 현실을 읽는 과정을 통해 이루어진다. 아시아인으로 기독교를 읽고, 기독교인으로 아시아를 읽는 과정을 통해 아시아신학이 정립된다는 말이다. 서구 신학자들이 서구 관점에서 성경과 교회 문헌을 읽고 신학이론을 전개해 나갔듯 아시아 신학자들은 아시아 관점에서 성경과 역사 문헌을 '다시' 읽으면서 아시아에 적합한 신학을 도출해야 한다. 이미 20세기 후반부터 이런 관점에서 아시아신학을 모색하는 흐름이 있어 왔다.[4] 하지만 서구신학을 우선시하고 거기에 초점을 맞추는 주류 신학자들에 의해 무시, 외면당했다. 그러나 이제 시대가 바뀌었다. 이제라도 아시아인의 심정과 정서에 맞는, 그래서 아시아인들을 개종시키는 데 효과적인 아시아 선교신학과 방법론이 나와야 한다.

아시아 선교 역사, 다시 보기

이런 맥락에서 이 글은 '아시아 관점'에서 성경과 기독교 역사를 '다시 읽는' 작업을 시도할 것이다. 특히 아시아의 역사신학자로서 팔레스틴에서 시작된 기독교 선교가 어떤 경로와 과정을 거쳐 아시아에서 이루어졌는지 주목할 것이다. 앞서 살펴본 대로 지금까지 서술과 해석이 '서방 중심으로' 이루어졌다면 이제는 교회가 '동방의 관점'에서 그 역사를 재조명할 필요가 있다. 사도행전과 초대교회 문헌을 통해 예루살렘으로부터 안디옥을 거쳐 '서쪽으로' 전파된 복음과 선교의 역사는 소상하게 밝혀졌다. 반면에 예루살렘으로부터 '동방東方, eastward'으로 전개된 복음 전도와 선교 역사는 모호하고 불부명한 것이 사실이다. 과연 사도행전 기록내로 "성령이 아시아에서 말씀을 전하지 못하게 하신"(행 16:6) 것인가? 그럴 수는 없다. 그것은 '서쪽(유럽)으로' 복음을 전파할 사명을 지닌 바울 개인에게 임하신 성령의 계시였다. 바울 외의 다른 사도들은 여전히 아시아에서 또한 동쪽으로 복음을 전파했을 것이다. 분명한 것은 그리스도와 사도 시대에 이미 예루살렘에서 서쪽(로마와 스페인)으로 가는 지중해 뱃길만 있었던 것이 아니라 동쪽(인도와 중국)으로 가는 뱃길과 육로(비단길)도 있어 그리로 동서 교역이 활발하게 이루어졌다는 점이다. 이 길을 따라 기독교 복음이 서쪽으로만 전파된 것이 아니라 동쪽으로도 전파되었을 것은 분명하다.

서방으로 전개된 선교의 역사는 비교적 소상하게 밝혀진 반면 동방에서 이루어진 선교 역사는 그러하지 못한데 그 이유는 무엇일까? 두 가지로 설명할 수 있다. 첫째, 초기 기독교 공동체 내부에서 일어난 동·서 진영 사이의 신학적·정치적 갈등을 배경으로 설명할 수 있다. 사도행전 기록에서도 확인되는바 이미 예루살렘 신앙공동체 안에도 히브리파 신도와 헬라파 신도 사이의 갈등이 있었다(행 6:1). 이 갈등은 단지 신도 간의 언어나 문화의 문제만이 아니었다. 교회가 어느 문화권을 중심으로 선교 사역을 할 것인가 하는 지향성의 문제였다. 헬라파 중심 선교는 그리스와 로마가 있는 서방을 향했고 히브리파 중심 선교는 예루살렘을 거점으로 동방에서 이루어졌다. 이런 양측의 갈등은 사도행전 15장에 나오는 예루살렘 공의회에서 야고보가 이끄는 '할례파'(히브리파)와 바울이 이끄는 '무할례파'(헬라파) 사이의 논쟁으로 발전했고 회의 결과는 '사실상' 바울의 승리로 끝났다. 이후 사도행전은 '이방인(헬라파)의 사도'를 자처한 바울(롬 11:13)을 중심으로 서쪽으로 진행된 선교 역사를 충실하게 담았다. 이는 사도행전 기록자 누가가 바울의 전속 의사이자 비서로서 로마까지 바울과 동행했던 '헬라파'였기에 당연했다. 그렇게 해서 초대교회 정보를 후세에 알려주는 핵심 자료인 사도행전을 통해 복음이 예루살렘에서 로마로 전파되는 과정이 소상하게 밝혀졌을 뿐 아니라 그에 따라 기독교의 무게중심도 예루살렘(동방)에서 로마(서방)로 옮겨졌다. 이후 야고보가 지도하던 예루살렘교회는 점차 쇠퇴한 반면 바울과 베드로의 '순교' 위에 세워진 로마교회는 기독교의 중심 거점으로 위상을 확립했다.

이런 상황에서 300년 박해 시대를 거친 교회는 313년 밀라노칙령으로 신앙의 자유를 얻었지만 곧바로 신학적인 논쟁과 종교회의로 심각한 내홍을 겪었다. 즉 325년 니케아공의회로부터 시작해서 431년 에베소공의회에 이르는 초기 종교회의는 교회 안에 야기된 신학적 갈등으로 제국 내 평화가 깨질 위기에 처하자 로마 황제가 '종교 평화', 좀더 정확하게는 '교회 내 평화'를 모색하라며 소집한 회의였다. 잘 알려진 대로 공의회 소집의 빌미가 된 기독론 논쟁의 배경에는 시리아의 안디옥학파와 이집트의 알렉산드리아학파 사이의 반목과 대립이 있었다. 니케아공의회에서 아리우스와 아타나시우스, 에베소공의회에서 네스토리우스와 키릴루스는 각기 안디옥과 알렉산드리아를 대변하는 상징적 인물이었다. 한 치의 양보 없이 상대방을 비난하고 공격했던 기독론 논쟁은 겉으로 '동일본질homoousios'이나 '유사본질hoiousios', '신의 어머니theotokos'와 '그리스도의 어머니christokos' 같은 용어와 개념을 둘러싸고 진행되었지만 그 배경에는 두 학파 사이의 교리와 전례, 철학적 사고에 대한 서로 다른 경향과 입장이 있었다. 알렉산드리아학파가 헬라어 문화권을 배경으로 헬라철학, 특히 플라톤의 이원론에 기초하여 초월적 가치와 사고 원리를 강조했다면 안디옥학파는 아람어와 시리아어 문화권을 배경으로 아리스토텔레스철학에 보다 근접하여 윤리와 실천을 강조했다. 성경을 읽더라도 알렉산드리아학파는 '비유로allegorical' 읽었지만 안디옥학파는 '문자적으로in a literal sense' 읽는 경향이 있었다. 지리적으로 보더라도 안디옥은 시리아를 중심으로 형성된 동방 문화권이었다면 알렉산드리아는 그리스·로마에 가까운 서방 문화권이었다. 이처럼 서로 다른 종교문화와 철학적 배경, 신학적 경향을 바탕으로 형성된 안디옥학파와 알렉산드리아학파는 타협이 불가능한 적대적 관계가 되어 니케아공의회와 에베소공의회에서 정치적 '표 대결'로 승부를 갈랐는데 두 번 모두 알렉산드리아학파가 승리했다.[5] 안디옥에 대한 알렉산드리아의 승리는 동방에 대한 서방의 승리라고도 할 수 있다. 그 결과 안디옥학파를 배경으로 활동했던 교부나 목회자들은 비정통 내지 이단으로 몰려 로마제국 내 활동이 제한되었다.

이처럼 기독론 논쟁을 중심으로 공의회와 종교재판이 진행되는 같은 기간에 '정경화正經化, canonization' 작업도 함께 이루어졌다. 교회가 '공인하는' 예전문서로서 성경을 목록화(정경화)하는 작업은 이단 논쟁과 함께 시작되었다. 즉 2세기 마르시온파와 에비온파, 영지주의 등 이단과 논쟁을 경험한 교부들은 교회의 '바른 신앙' 수호를 위해 교회 예전에 사용할 수 있는 문서와 금할 문서를 구분하기 시작했다. 지금 우리가 읽고 있는 신약 성경 27권에 대한 정경화 작업은 419년 로마의 식민통치를 받고 있던 아프리카의 카르타고에서 개최된 공의회에서 최종 확정되었다. 2세기 이후 정경 목록을 작성(시도)한 대표적 교부들은 이레니우스와 알렉산드리아의 클레멘스, 오리겐, 아다나시우스, 히포의 아우구스티누스 등 대부분 알렉산드리아학파 소속이거나 서방(로마)교회 전통에 속했다. 그런데 이들 교부들이 정경화 작업을 하면서 세운 기준은 '사도전승使徒傳承, Apostolic tradition'이었다. 즉 그리스도에게 직접 선택과 파송을 받은 사도들의 증언과 서신으로서 의심을 받지 않는 문서들이 우선적으로 정경에 포함되었다. 그런 기준에 따라 4복음서와 13개 바울서신은 초기 정경화 작업 때부터 '의심할 수 없는 사도문서'로 분류되었다. 그 결과 최종 정경으로 확정된 27권 가운데 '바울 계통Pauline' 문서는 바울이 쓴 서신 13개(교부시대에는 히브리서도 바울서신으로 분류되었다)에다 바울의 제자였던 누가가 쓴 누가복음과 사도행전을 포함하여 총 15개로서 전체의 절반(55.5퍼센트)이 넘는다. 그리스도 생전에 (육적으로) 사도로 부르심을 받음으로 '사도적 권위'에서 바울보다 앞섰던 베드로나 야고보, 요한, 마태 등의 문서들을 전부 합쳐도 이에 미치지 못한다. 결국 사도행전에서 바울의 위상과 가치가 그러했듯 정경화 작업을 거쳐 확정된 신약성경 안에서도 '바울전승Pauline tradition' 문서들은 '절대적인' 위치를 차지했다.

이러한 신학 논쟁과 종교회의, 정경화 작업을 거치면서 초대교회의 '정통' 신학 노선은 바울-이레니우스-클레멘스-오리겐-아우구스티누스로 이어지는 서방(그리스-로마)교회 역사와 신학 중심으로 확정되었다. 당연히 안디옥을 거점으로 동방에서 활동했던 교부들의 신학은 (서방교회 관점에서) 비주류 내지 이단으로 분류되어 무시 내지 배척을 받았다. 그런 상황에서 동방 지역 교회의 역사와 신앙고백, 신학이 담긴 (주로 시리아어로 기록된) 문서들이 '정경'에 포함되지 못하고 외경外經, apocrypha 내지 위경僞經, pseudepigrapha으로 분류되어 제대로 보존, 연구되지 못한 것이 사실이다. 더욱이 7세기 이후 시리아와 파르티아, 메소포타미아, 바빌로니아, 페르시아 등 동방 지역 국가들이 대부분 이슬람 국가로 바뀌면서 이후 1천 년 넘게 이 지역 교회들은 이슬람 종교 및 정치 세력의 탄압과 박해를 받았다. 종교활동과 선교활동이 위축된 깃은 물론이고 동방교회 신앙과 역사를 증언할 만한 많은 교회 문서들이 소실되거나 파괴되었다. 로마를 중심으로 한 서방교회가 로마 황제의 보호와 후원을 받으며 '제국의 종교'로 융성과 위세를 구가할 때 동방교회는 멸절의 위기에서 '생존'을 위한 고난의 역사를 경험했다. 이런 역사적 배경과 상황 때문에 서방교회사는 소상하고 일관성 있게 정리된 반면 동방교회 역사는 단절되고 불확실한 형태로 남아 있다. 서구 교회사에 비하여 아시아 교회사가 빈약하게 서술된 이유라 하겠다.

그럼에도 서구교회가 서구 중심의 선교신학을 바탕으로 아시아에서 추진한 선교가 한계에 봉착한 오늘의 현실에서 '아시아인에 의한 아시아 선교'가 이루어지기 위해서는 그 이론적 바탕으로서 '아시아의 역사와 문화를 담은 아시아신학'이 수립되어야 할 것은 물론이고 그런 아시아신학의 정립을 위해 역사신학 분야에서 '아시아인의 시각으로' 아시아에서 전개된 교회 역사를 읽고 재정립할 필요가 있다. 그리고 그것은 1) 기존 '서구 중심'으로 기록된 교회사 및 관련 문헌 자료들을 아시아 관점에서 재해석하며 읽고, 2) 그동안 서구 교회사에서 외면 혹은 배제되었던 동방(아시아) 교회사 관련 자료들을 찾아내 아시아 교회사를 재구성하는 작업을 통해 이루어질 수 있다.

2. 고대 아시아 선교 역사

시리아에서 비롯된 비단길 선교

교회의 시작을 알리는 오순절 성령강림사건 때 예루살렘에 왔다가 성령을 받고 '방언하는' 사도들로부터 복음을 들은 이들은 '천하 각국으로부터 온 경건한 유대인들'(행 2:5)이었는데 사도행전은 이들의 출신지에 대하여 '바대와 메대, 엘람, 메소보다미아, 유대, 갑바도기아, 본도, 아시아, 브루기아, 밤빌리아, 애굽, 구레네, 리비야, 로마, 그레데, 아라비아'(행 2:9-11) 등지로 밝히고 있다. 여기 언급된 지역 가운데 유럽에 속하는 그레데Crete와 로마Rome, 아프리카에 속하는 애굽Egypt과 구레네Cyrene, 리비야Lybia를 빼면 모두 아시아 지역이다. 아시아 지역은 다시 세 구역으로 나눌 수 있는데 예루살렘 남방의 유대Judea와 아라비아Arabia와 바울의 활동 무대였던 소아시아(지금의 터키)의 브루기아Phrycia와 밤빌리아Pamphylia, 본도Pontus, 갑바도기아Capadocia, 그리고 시리아 동편(지금의 이라크와 이란)의 바대Parthia와 메대Mede, 메소보다미아Mesopotamia, 엘람Elam, 곧 지금의 이라크 지역이다. 이들 지역에 살던 유대인 '디아스포라diaspora'들이 오순절 순례 행사로 예루살렘에 왔다가 사도들의 '방언 설교'를 들었던 것이다.

그렇게 오순절에 사도들에게 복음을 듣고 믿기로 결심하고 세례를 받은 신도 '3천'(행 2:41) 가운데 상당수 '디아스포라' 교인들이 나왔을 것이다. 그리고 그렇게 예루살렘에서 복음을 접한 교인들이 고향(주거지)으로 돌아가 전도하여 이들을 중심으로 신앙 공동체가 아시아와 아프리카, 유럽 각지에 설립되었을 가능성 또한 충분하다. 그것은 다메섹과 로마에 사도들이 가기 전 이미 '그리스도의 형제' 혹은 '그리스도의 제자'로 불리는 신앙인들의 공동체가 있었던 것에서 확인할 수 있다(행 9:10-19; 28:14-15; 롬 1:6-7). 그런 식으로 아시아 각 지역에도 복음이 퍼져 나갔고 사도들의 도래 이전에 '자생적인' 교회가 설립되었을 것이다. 이런 식으로 예루살렘에서 오순절 사도들의 설교를 들은 디아스포라들의 귀향과 전도활동으로 아시아 교회 역사는 시작되었다. 초기엔 성경에 '경건한 유대인'으로 표기된 유대인 디아스포라 그리스도인이 같은 유대인 디아스포라에게 전도하는 '디아스포라 선교diaspora mission' 형태로 시작되었지만 시간이 흐르면서 디아스포라들이 거주하는 지역의 토착민들에게도 복음이 전파되어 토착민 교회로 발전했다.

유대인이 아닌 순수 토착민들로 조직된 첫 번째 교회는 시리아의 안디옥교회로 알려지고 있다. 사도행전에 의하면 스데반 순교 이후 예루살렘 교인들이 사방으로 흩어지면서 복음도 널리 퍼졌는데 유대와 사마리아뿐 아니라 시리아 경내인 베니게Phoenicia와 구브로Cyprus, 안디옥Antioch에 전파되었다. 그리고 안디옥으로 피신한 교인들은 처음에 "유대인(디아스포라)에게만 말씀을 전했는데" 구브로와 구레네 출신 디아스포라 유대인 몇 사람이 "헬라인(비유대인)에게도 말하여 주 예수를 전파한" 결과 "수많은 사람이 믿고 주께 돌아와" 그 소식을 들은 예루살렘교회 지도자들이 구브로 출신 바나바를 파송하여 교회를 설립하도록 했다. 바나바는 길리기아 다소Tarsus 출신 바울을 불러 공동 목회를 한 결과 '큰 무리'가 몰려들었고 거기서 처음으로 신도들이 '그리스도인Christian'이란 칭호를 얻게 되었다(행 11:19-26). 바로 이 안디옥교회 교인들이 바나바와 바울을 구브로에 전도자로 파송하여 복음이 소아시아와 그리스를 거쳐 로마로 전파되었던 것이다. 이처럼 사

도시대 초대교회 역사에서 중요한 위치를 점하고 있는 안디옥에 세워진 교회, 즉 아시아 교회였다.[6]

　최초 아시아 토착민 교회가 설립되었던 시리아의 안디옥은 현재 터키 남부 도시 안타키야Antakya이다. 지중해로 연결되는 오론테스강 하류에 위치한 안디옥은 고대로부터 동·서 교역의 요충지였다. 지중해를 통해 서방으로 소아시아와 아프리카, 그리스와 로마, 멀리 스페인까지 갈 수 있는 항로의 출발점이었다. 그 길을 따라 바울의 3차 전도 여행과 로마 여행이 이루어졌던 것이다. 또한 안디옥은 서방으로 떠나는 뱃길의 출발점이기도 하지만 동시에 중국에서 발원하여 아시아 대륙을 횡단, 서방으로 향하던 비단길silk road의 육지 종점이기도 했다. 아시아 대륙을 동서로 횡단하는 비단길이 언제부터 존재했는지 정확한 시점을 알기는 어렵지만 이미 중국 전한시대(BC 202-AD 8)에 중국 장안(서안)을 출발한 무역로가 돈황에서 남북으로 나뉘어 사마르칸트(우즈베키스탄)와 파르티아(이란 북부)를 거쳐 아나톨리아(터키)에 이르는 북로, 간다라(파키스탄)와 칸다하르(아프가니스탄), 메소포타미아(이라크 북부)를 거쳐 시리아에 이르는 남로가 있어 그 길로 활발한 동서 무역이 이루어지고 있었음을 감안할 때[7] 사도시대 안디옥에서 뱃길을 따라 서쪽으로 복음이 전파되었듯 비단길을 따라 동쪽을 향한 복음 전도도 이루어졌을 것은 당연하다.

　실제로 사도행전 기록에 따르면 안디옥보다 먼저 다메섹Damascus에 교회가 설립되었다. 안디옥 동남부에 위치한 시리아의 고대 도시 다메섹 역시 지중해 연안 도시 두로Tyre로 연결되는 비단길의 중요 거점이었다. 바로 그곳에 '그리스도의 제자' 아나니아Ananias가 지도하는 강력한 신앙 공동체가 있어 바울이 이들을 박멸할 목적으로 가던 중 '주님의 음성'을 듣고 개종했다. 다메섹에 들어간 바울은 그곳 '제자들'

의 보살핌을 받고 건강을 회복한 후 다메섹의 유대인 디아스포라 회당을 돌며 전도했다(행 9:10-25). 따라서 바울의 첫 목회지는 안디옥이 아니라 다메섹이었다. 바울은 그 출신지(소아시아 다소)도 그러했지만 첫 목회와 전도 사역지도 아시아였다. 그리고 그는 아시아 출신으로 유럽(그리스와 로마)에 건너가 복음을 전한 첫 번째 '아시아 선교사Asian missionary'였다.

사도시대에 안디옥과 다메섹 외에 시리아 경내 다른 곳에도 신앙 공동체와 교회가 설립되었을 가능성은 충분하다. 그것은 이미 앞서 살펴보았듯 예루살렘에서 사도들의 '오순절 방언 설교'를 들은 디아스포라들 가운데 "바대와 메대, 메소보다미아, 엘람" 등 바빌로니아(지금 이라크)와 페르시아(지금 이라크) 출신들이 있어 이들의 귀향 전도로 시리아 동부 내륙 지역에 복음이 전파되고 교회가 설립되었을 것이기 때문이다. 이들 지역 역시 동서 교역로(비단길)의 중요 거점에 위치하였음은 물론이다. 이처럼 시리아이 안디옥과 다메섹, 그리고 그 동부 파르티아와 메대, 메소포타미아, 엘람 등 고대 도시국가의 수도로서 동서 교역로의 요충지였던 곳에 기독교 복음이 전파되어 유대인 디아스포라 혹은 지역 토착민 중심의 교회가 설립되었고 이들 아시아 지역 교회들을 거점으로 해서 복음은 동쪽으로, 비단길을 따라 시리아와 페르시아를 넘어 중앙아시아와 중국, 인도까지 전파되었다. 사도행전이 전하는바 안디옥에서 서쪽으로 그리스와 로마에 이르는 선교 여정 못지않게 중요한 것이 동쪽으로 전파된 복음의 여정이다. 이렇게 비단길을 따라 동쪽으로 전개된 복음 전도와 선교의 여정을 규명함으로 '아시아에서 이루어진 아시아 선교의 역사'를 온전하게 복원하는 작업이 시급하다.

다대오의 에뎃사 선교

아시아 초대교회사에서 중요한 위치를 차지하는 시리아 교회사에서 안디옥과 다메섹 다음으로 언급되는 지역은 에뎃사Edessa이다. 안디옥에서 280킬로미터 동북방으로 유프라테스강 상류에 위치한 에뎃사는 지금의 터키 동남부 시리아와 마주하고 있는 국경 도시 샨리우르파Sanliurfa인데 줄여서 우르파Urfa라 한다. 유대교와 이슬람 전승에서 우르파(에뎃사)는 아브라함이 이곳에 살다가 아버지가 만들어 팔던 우상을 부수고 남쪽 팔레스타인으로 출발한 곳으로 알려지고 있다. 고대로부터 에뎃사는 중국에서 출발하여 중앙아시아를 거쳐 안디옥에 이르는 비단길의 중요 길목에 위치하여 동서교역뿐 아니라 북쪽 아르메니아에서 출발하여 남쪽 아집트로 이어지는 남북 교역로의 초반 거점이기도 했다. 이처럼 에뎃사는 세계 교역의 요충지에 위치했기 때문에 앗수르와 메소포타미아, 바빌로니아, 페르시아(엘람), 파르티아(바대), 아르메니아, 그리스, 시리아, 로마 등 고대 제국과 왕국들 사이의 각축장이 되었다. 사도시대(AD 33-100) 에뎃사는 '에뎃사 왕국Kingdom of Edessa'으로도 불렸던 오스론 왕국Kingdom of Osroene의 수도였다. 오스론 왕국은 기원전 2세기 후반 이 지역을 통치하고 있던 셀류키아 제국이 파르티아와의 전쟁에서 패하면서 세력을 상실한 틈을 타 아라비아 북부 나바테 부족출신의 압가르Abgar 왕조가 설립했던 도시국가로서 4세기 동안 존속했다. 오스론 왕국은 기원전 132년 수립된 도시국가로서 28대 왕이 통치했는데 기원후 118년 로마의 트라야누스 황제가 에뎃사를 침공한 이후 로마제국의 보호령이 되었다가 214년 로마제국의 지방령이 되면서 독립국가로서 자치권을 완전히 상실했다. 이로써 에뎃사는 로마제국의 동쪽 최변방 지역이 되었는데 그때문에 3세기 초반 파르티아 왕국을 붕괴시키고 신흥제국으로 떠오른 페르시아의 사산왕조와 로마제국 사이의 국경 분쟁 무대가 되었다. 특히 260년 직접 원정대를 이끌고 전쟁에 참가했던 로마제국의 발레리아누스Valerianus 황제가 에뎃사 전투에서 페르시아 군대에 체포된 이후 이 지역을 둘러싼 로마와 페르시아, 두 제국의 세력다툼이 더욱 치열했다. 바로 이런 시기에 기독교 복음이 에뎃사에 전파되었다.

에뎃사도 언제 복음이 전파되었는지 그 정확한 시기는 알 수 없다. 그러나 그 전파된 과정은 유세비우스(Eusebius, 260경-340경)의《교회사Ecclesiastical History》와《사도 앗다이의 교훈Doctrine of Addai, the Apostle》을 통해 비교적 소상하게 밝혀지고 있다.[34] '교회사 교부father of Church history'로 불리는 유세비우스는 가이사랴 주교로서 325년 니케아공의회에 참석했던 4세기 교회 지도자 가운데 한 명이었다. 그는 '종교 평화'를 위해 공의회를 소집했던 콘스탄티누스 황제의 입장에서 알렉산드리아학파와 안디옥학파, 양측의 분쟁을 중재하려 노력했고 그런 배경에서 양측 신조를 절충한 '가이사랴 신조Creed of Caesarea'를 공의회에 제안하기도 했다. 유세비우스는 오리겐의 제자인 팜필루스Pamphilus로부터 가르침을 받았기 때문에 학문적 배경이 알렉산드리아학파에 가까웠지만 기독론 논쟁 초기에 아리우스를 지지했다가 아타나시우스 지지자들에게 파문을 당했고 이후 황제의 신임을 얻어 오히려 니케아공의회 후 안디옥 주교로 임명을 받기도 했다. 이처럼 유세비우스가 알렉산드리아학파와 안디옥학파 사이에서 '중립'을 취하였던 그의 입장은 그가 쓴《교회사》를 통해서도 확인된다. 그는 사도 시대 이후 속사도들의 전도와 목회 활동, 로마제국 내 기독교 박해 역사, 그리고 밀라노칙령(313년) 이후 유세비우스 당대(340년)까지의 동방과 서방 교회 역사를 '중립적' 위치에서 충실하게 기록하려 노력했다.

그런데 이런 유세비우스의 '중립적' 입장은 초기 교리 논쟁에서 승리한 서방(알렉산드리아와 로마) 측에서 보았을 때 자신을 지지하지 않는 '반대편' 입장으로 해석될 수도 있었다. 그래서 그의 저작은 서방교회 신학자나 역사가들에게 지지를 받지 못했다. 오히려 그런 점 때문에 유세비우스의 저작은 오늘 아시아 교회사를 연구하는 이들에게 중요한 가치를 지닌다. 지금까지 세계 교회사가 지나치게 서방교회 중심으로 기술된 측면이 있기 때문에 그것을 '균형 잡힌' 역사로 교정하기 위해서는 그동안 소홀했던 동방 지역 교회 역사를 복원, 규명할 필요가 있는데, 유세비우스의 《교회사》에 수록된 동방 지역 교회사가 그 부분을 채워 줄 수 있기 때문이다. 특히 유세비우스는 자신의 목회 지역이었던 유대와 사마리아, 시리아 지역의 교회사와 관련된 문서와 증언 자료를 광범위하게 수집하여 기록했기에 그의 《교회사》를 통해 사도행전이나 서방 교부들의 저작에서 언급되지 않는 동방 지역 교회 역사에 대한 정보와 자료를 얻을 수 있다. 그런 맥락에서 유세비우스는 《교회사》(제1권 13장)에서 에뎃사에 기독교 복음이 어떻게 전파되었는지 상세히 기록하고 있다.[8]

유세비우스의 기록에 의하면, 유프라테스강 유역을 통치하던 악바루스Agbarus란 왕이 병에 걸렸다가 남쪽 유대 지역에서 예수라는 인물이 많은 병자를 고치며 기적을 행한다는 소문을 듣고 "약이나 양초를 쓰지 않고도 병자들을 치료한다는 당신에 관한 소문을 들으니 당신은 하나님의 아들인 것이 분명하다. 그러니 내게 와서 내 병을 고쳐 주기 바란다. 또한 당신이 그곳 유대인들에게 어려움을 당한다고 하니 비록 작지만 내 나라에 와서 일을 하라"는 내용의 편지를 써서 신하를 통해 예수에게 보냈다. 그런 악바루스 왕의 편지를 받은 예수는, "보지도 않고 믿는 그대에게 복이 있도다. 하지만 내가 이곳에서 일을 마치기 전에는 당신에게 갈 수 없다. 일을 마친 후 내 제자 중 한 사람을 당신에게 보내 당신이 처한 어려움에서 구해 줄 것이다"라는 답장을 보냈다. 그리고 예수 그리스도 승천 이후 사도 도마가 생전에 예수가 악바루스 왕에게 했던 약속을 기억하고 그리스도의 '70인 제자'(눅 10:1) 중 한 사람인 다대오Thaddeus를 에뎃사에 파송했다. 에뎃사로 간 다대오는 곧바로 악바루스 왕에게 가지 않고 유대인 토비아Tobias의 집에 머물면서 '그리스도의 이름'으로 병자들을 고치며 전도하기 시작했다. 얼마 후 그 소식을 들은 악바루스 왕이 토비아를 불러 "그가 내게 보내기로 약속했던 예수의 제자인가?" 물었고 토비야는 그가 목격한 바를 그대로 전했다. 토비야의 안내로 궁에 들어가 악바루스 왕을 만난 다대오는 몇 가지 문답을 통해 악바루스 왕이 이미 예수 그리스도에 대한 믿음이 있음을 확인하고 그에게 안수하여 그의 병을 고쳐 주었다. 고침을 받은 악바르 왕은 곧바로 다대오에게 가르침을 청했다. 그러자 다대오는 왕뿐 아니라 신하와 백성을 모아 준다면 그 앞에서 말씀을 전하겠다고 했다. 유세비우스는 그 대목을 이렇게 소개했다.

— 내일 모든 백성을 모아 주신다면 그들 앞에서 하나님의 말씀, 생명의 말씀을, 씨를 뿌리듯 전할 것인데 주님의 오심에 대하여, 그 하신 일에 대하여, 어떤 목적을 갖고 아버지로부터 오셨는지에 대하여, 그 사역의 능력에 대하여, 세상에 계시면서 보여 주신 신비로운 일에 대하여, 어떤 능력으로 이런 일을 하셨는지에 대하

여, 새로운 가르침에 대하여, 낮고 비천한 데 처하신 것에 대하여, 초라했던 외모에 대하여, 스스로 얼마나 겸손하셨는지에 대하여, 하나님이셨음에도 자신을 낮추시고 죽으신 것에 대하여, 유대인들에게 고통을 당하신 것에 대하여, 십자가에 달려 죽으신 것에 대하여, 지옥에 내려가신 것에 대하여, 한 번도 부서진 적이 없는 철장을 부수고 다시 살아나신 것에 대하여, 그와 동시에 오랜 세월 잠들어 있던 자들이 함께 부활한 것에 대하여, 홀로 내려가셨다가 많은 무리와 함께 아버지께 올라가신 것에 대하여, 하늘에 오르시어 영광 중에 하나님 아버지의 오른편에 앉아 계신 것에 대하여, 영광과 능력으로 다시 오셔서 산 자와 죽은 자를 심판하실 것에 대하여 전하겠습니다. [9]

사도신경과 통하는 부분이 많았던 이 내용은 에뎃사교회의 신앙고백과 신학의 기본이 되었다. 그렇게 악바루스 왕과 그의 신하, 그리고 에뎃사의 많은 백성들이 다대오가 전하는 말씀을 듣고 믿게 되었다. 유세비우스는 이런 사실을 에뎃사 왕궁 문서실에 보관 중이던 예수와 악바루스 왕 사이에 오고 간 편지와 거기 덧붙인 주석을 참조하여 기록했음을 밝히면서 시리아어(아람어)로 되어 있던 편지들을 헬라어로 번역해 소개했다.

이런 '다대오의 에뎃사 선교' 이야기는 5세기 초 문헌인 《사도 앗다이 교훈집》을 통해서도 확인된다. 다만 다른 것이 있다면 에뎃사에 파견된 사도 이름이 다대오가 아닌 '앗다이Addai'로, 에뎃사 왕의 이름도 악바르가 아닌 압가르Abgar로 표기되고 있다. 그리고 유세비우스의 기록이 다대오가 에뎃사의 악바르 왕을 만나기까지 과정을 기록했다면 《앗다이 교훈집》은 앗다이(다대오)가 압가르(악바르) 왕을 만난 이후 전개된 에뎃사 선교와 교회 역사를 기록하고 있다. 우선 《앗다이 교훈집》에 의하면 앗다이의 설교를 듣고 개종한 에뎃사 왕국의 고위 인사 중에는 압가르 왕과 그 어머니Augustin, 왕비Shalmath, 왕자 Maanu, 그리고 왕국의 2인자였던 압두Abdu가 있었고 가르마이Garmai 와 세마쉬그람Shemashgram, 아부바이Abubai, 메헤르다스Meherdath, 아비두Avidu, 바르칼바Barcalba 등 귀족들도 포함되었다. 또한 그 당시 에덧사 백성들이 가장 많이 섬겼던 느부Nebu와 벨Bel 신전에서 일하던 사비다Shavida와 에벳네두Ebednebu, 프리오스Prioz, 디쿠Diku 등 제사장들도 앗다이의 설교를 듣고 개종한 후 자신들의 신전을 부수었다. 개종 후 압가르는 자기 영토 내에서 앗다이의 선교활동을 적극 후원하는 한편 아시리아왕 나르세스Narses에게 앗다이의 기적과 교훈을 전했고 남쪽으로 팔레스틴에 원정하여 "그리스도를 십자가형에 처했다는 이유로" 유대인들을 살육한 후 그 내용을 로마황제 티베리우스Tiberius에게 알리기도 했다.

이처럼 에덧사 왕족과 귀족의 후원을 받은 앗다이의 선교와 목회는 수월하게 전개되었다. 앗다이는 에덧사와 인근 지역에 교회를 설립하고 제자들을 집사와 장로로 세워 교회를 관리하도록 했다. 앗다이의 대표적인 제자 중에는 압가르 왕의 황금 사슬과 머리띠를 제작하는 일을 맡아 보던 악가이Aggai와 서기관이었던 압셀라마Abshelama를 비롯하여 팔루트Palut와 바르셀라마Barshelama, 바사미아Basamya 등이 있었다. 앗다이는 이들 가운데 악가이를 교회 관리자로, 팔루트를 장로로, 압셀라마를 집사로 세웠다. 다음은 《앗다이 교훈집》에 실린바, 앗다이가 악가이를 통해 소집한 에덧사교회 총회에서 제자들에게 행한 설교다.

— 여러분이 알고 또 증언할 것은 여러분이 내게 들은 모든 것, 내가 여러분에게 무엇을 가르치고 전하였든 여러분이 내게서 들은 모든 것을 내가 여러분 가운데서

행했다는 것을 여러분이 직접 보았다는 사실입니다. 우리 주님께서 우리에게 이처럼 하라고 부탁하셨으므로 우리는 사람들에게 말로 무엇을 전하든 그것을 그들 앞에서 행함으로 보여 주어야 합니다. 예루살렘에서 제자들이 정한 규례와 법에 따라 나와 같은 사도들이 그대로 행하였으니 여러분도 거기에서 벗어나서도 안 되고 하나라도 어겨서도 안 됩니다. 나도 그와 같이 여러분 가운데서 그 법에 따라 좌로나 우로나 치우치지 않음으로 그 가운데 약속된 구원에 이를 수 있게 되었습니다. 그러므로 여러분도 매일 매일 두렵고 떨리는 마음으로 각자 맡은 직분에 충실해야 할 것입니다. 직분을 감당하되 게으름으로 습관에 따라 할 것이 아니라 확실한 믿음 안에서 할 것이며, 입에서 그리스도 찬미가 끊어져서도 안 되고 기도를 쉬어서도 안 됩니다. 심판 때가 여러분 앞에 임하고 있기 때문입니다. [10]

여기서 에뎃사교회가 예루살렘 제자공동체에서 그 역사적·신앙적 정통성을 찾고 있음을 알 수 있다. 안디옥교회가 예루살렘의 사도들이 바나바를 파송해서 세워진 것처럼 에뎃사교회도 예루살렘의 사도 도마가 앗다이(다대오)를 파송해서 세움으로 예루살렘에서 시작된 '사도 전통'을 계승한 교회인 것을 강조한 것이다. 한편 《앗다이 교훈집》에 의하면 앗다이가 다리를 다쳐 급작스럽게 별세하는 바람에 미처 자신의 후계자인 팔루트에게 손을 얹어 사제권(목회)을 부여하는 안수를 하지 못했다. 그래서 팔루트는 직접 안디옥으로 가서 안디옥 주교(감독) 세라피온Serapion에게 안수를 받았는데, 세라피온은 로마 주교 제피리누스Zephyrinus로부터 안수를 받았고 제피리누스는 가이사가 통치하던 30년 동안 로마에서 사역했던 사도 베드로에게 안수를 받은 것으로 기록했다. [11] 그렇게 해서 에뎃사교회는 예루살렘에서 발원한 '사도적 교회Apostolic Church'로서 정통성을 확보했다.

니시비스 선교와 시리아교회

 후기 역사가들은 유세비우스의 《교회사》나 《앗다이 교훈집》에 나오는 다대오(앗다이)의 에뎃사 선교가 2세기 후반(150-190년), 즉 압가르(악바르Ukama) 5세 또는 압가르 8세가 통치하던 시기에 이루어진 것으로 추정한다. [12] 이처럼 압가르 왕가의 보호하에 기독교는 북부 시리아에 강력한 기반을 구축했다. 에뎃사를 비롯한 시리아 교회에서는 예배 중에 시리아어로 번역된 구약성경과 역시 시리아어로 번역된 4복음서 발췌본 《페쉬타Peshitta》와 타티아누스의 《디아테사론Diatessaron》을 낭독했다. 에뎃사교회는 특히 구약성서를 중시했는데 이는 유프라테스강 유역이 아브라함의 고향이기도 했지만 포로기에 바빌로니아와 페르시아에 이주한 유대인 디아스포라 가운데 기독교로 개종한 이들이 많았기 때문으로도 보인다. 이런 경향은 3세기 에뎃사교회에서 제정하여 중세 때까지 시리아 동부지역 교회에서 사용했던 성찬식 기도문에서도 확인된다. 《앗다이와 마리 기도문Eucharistic Prayer of Addai and Mari》으로 알려진 성찬 교독문의 도입 부분이다. [13]

— **사제:** 우리 주 예수 그리스도의 은혜와 성부 하나님의 사랑과 성령의 교제가 우리
　모두와 함께, 또한 이제와 영원무궁하도록 있을지어다.
　회중: 아멘.
　사제: 너희 마음을 높이 들지어다.
　회중: 아브라함과 이삭과 이스라엘의 하나님, 영광의 왕이신 주님께 향하나이다.

사제: 만물의 주인이신 하나님께 드려야 할 것을 드리나이다.

회중: 그것이 바르고 마땅하기 때문이니이다.

부제: 우리 모두에게 평화.

— **사제:** 존귀와 영광을 받으시기에 합당하신 주님, 성부와 성자와 성령의 이름을 모든 입으로 찬양하며 모든 혀로 감사함이 마땅하도다. 그는 은총 가운데 세상을 만드시고 사랑하심으로 피조물을 지으셨으며 자비하심으로 사람의 자녀들을 구속하시고 죽을 인생들까지 은혜를 입히셨도다.

오 나의 주여, 만만의 천상의 것들과 천천의 천사들이 주님의 위대하심을 찬양하오며 영의 주관자들과 불과 영을 다스리는 자들이 게루빔과 거룩한 세라빔과 함께 주님의 이름을 쉬지 않고 소리 높여 찬양하오니 서로 화답하여 이르되

회중: 거룩, 거룩, 거룩하다, 전능하신 주여. 하늘과 땅이 그의 영광으로 가득 찼도다.

성부 하나님을 "아브라함과 이삭과 이스라엘(야곱)의 하나님"으로 지칭한 것이나 구약의 시편 기도문과 유사한 표현에서 친親유대적인 경향을 읽을 수 있다. [14] 이처럼 에뎃사에 거점을 둔 시리아교회는 예루살렘과 유대 전승을 중요시함으로 그리스-로마 중심의 헬라문화에 접근했던 서방교회와는 다른 신앙과 신학 전통을 수립했다. 이 신학 전통은 바르다이산Bar-Daisan으로도 불리는 바르데산(Bardesanes, 154-222년)에 의해 설립된 것으로 알려진 에뎃사학교Edessa school를 중심으로 형성되었다. 에뎃사 출신으로 압가르 8세의 궁정학자로 활동했던 바르다이산은 기독교 개종 후 갈대아 지역에 유행했던 천문학 개념을 도입하여 성경의 창조론과 인간론 그리고 기독론을 설명하면서 신앙의 윤리적 실천을 강조했고 150여 곡을 수록한 찬송시집을 편찬했다. [15] 바르데산 사후 아들 하모니우스Harmonius와 제자들이 에뎃

사학교와 신학 전통을 계승했다.

그러나 에뎃사교회 역사가 이처럼 순조롭게 진행된 것만은 아니다. 201년 유프라테스강 유역에 대홍수가 나서 에뎃사에 있던 많은 교회들이 소실된 적이 있었고 로마제국의 강력한 통치를 받던 시절에 순교자들이 많이 나왔는데 데키우스 황제 박해 시절(249-251년) 샤르빌Scharbil과 바르사미야Barsamya, 디오클레시안 황제 박해 시절(284-305년) 구르자Gurja와 샤모나Schamona, 하비브Habib 등 교회 지도자들이 에뎃사에서 순교했다. 그런 박해 시대를 거치고 밀라노칙령 이후 종교 자유를 얻었을 때 에뎃사교회는 다시 부흥했고 325년 니케아공의회에 에뎃사 주교 앗틸라티아Atillatia도 참석해서 에뎃사교회의 부활을 증언했다. 이후 5세기에도 라불라Rabbula와 이바스Ibas, 누나Nuna 등이 에뎃사 주교로 활동하면서 시리아의 중심 교회 역할을 수행했다.

초기 시리아교회 역사에서 에뎃사 다음으로 중요한 위치를 차지한 곳이 니스비스Nisibis였다. 에뎃사(우르파)로부터 동쪽으로 200킬로미터 떨어진 곳에 있던 니시비스는 지금의 터키 동남부, 시리아와 접한 국경도시 누사이빈Nusaybin으로서 역시 고대 비단길 교역로의 중요 거점 중 하나였다. 유프라테스강 상류에 위치한 니스비스는 본래 아르메니아 혹은 파르티아왕국에 속했으나 298년 이후 로마제국의 통치를 받았고 363년 페르시아 영토가 되었다. 니시비스에 기독교 복음이 언제 들어갔는지 정확한 시점은 알 수 없지만 에뎃사보다 조금 늦은 시기(3세기 중반)에 니시비스에 복음이 전파되고 교회가 설립된 것으로 보인다. 초기 니시비스교회의 대표적인 인물은 마르 야콥(Mar Jacob, ?-338년)과 에프라임(Ephraim, 혹은 Ephrem, 306년경-373년)이었다. '메소포타미아의 모세'란 칭호를 얻었던 야콥은 니시비스 주교 자격으로 325년 니케아공의회에 참석했으며 신앙과 경건, 목회와 학문에서 뛰어난 지도력을 발휘했고 샤르빌과 바르사미야, 구르자, 샤모나, 하비브 등 에뎃사 순교자들의 전기도 썼다.[16] 그는 지금도 시리아교회와 아르메니아교회에서 '성인'으로 추앙받고 있다.

야콥의 후계자 에프라임은 니시비스에서 이교도 사제의 아들로 태어났으나 독실한 기독교인이었던 어머니의 영향으로 기독교로 개종한 후 야콥의 지도를 받았으며 야콥과 함께 니케아공의회에도 참석한 것으로 전해진다. 야콥 사후 니시비스교회를 이끌던 에프라임은 363년 로마 황제 요비아누스와 페르시아 사산왕조의 샤푸르 2세 사이에 체결된 협정에 따라 니스비스가 페르시아 영토로 확정되면서 에프라임은 로마제국 영토인 에뎃사로 이주했고, 이후 별세할 때까지 금욕적인 수도생활을 하면서 성경 주석과 찬송가 편찬에 몰두하여 시리아교회 전례를 수립하는 데 크게 기여했다. 이처럼 에프라임과 영향력 있는 교회 지도자들이 에뎃사로 옮겨간 후 페르시아 치하에서 니시비스교회의 영향력은 급속도로 약화되었다.

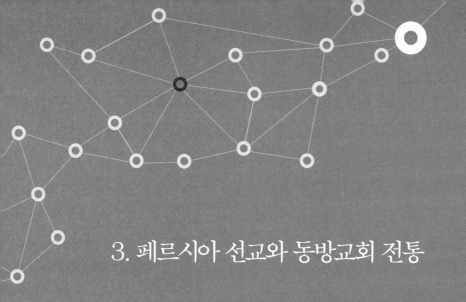

3. 페르시아 선교와 동방교회 전통

셀류키아 선교

시리아의 에뎃사교회와 니시비스교회의 운명이 이처럼 굴곡이 심했던 것은 당시 유프라테스 북부 지역 지배권을 둘러싸고 페르시아와 로마 사이에 벌어진 정치·군사적 충돌 때문이었다. 시리아는 이미 독립국가로서 지위를 상실했고 그 영토는 동로마제국과 페르시아 사산왕조, 두 강대국의 각축장이 되었다. 특히 에뎃사와 니시비스는 두 나라의 경계선에 위치하고 있어 전쟁 결과에 따라 그 주인이 수시로 바뀌는 혼란을 겪었다. 그런 상황에서 예루살렘에서 발원하여 안디옥과 에뎃사를 거쳐 니시비스에 이른 기독교 선교 행로는 동남쪽으로 방향을 잡아 유프라테스강과 티그리스강을 따라 페르시아만에 이르렀다. 그렇게 페르시아 내부로 진출하여 강력한 선교 거점을 확보한 곳이 티그리스 중류, 지금 이라크 수도 바그다드 남쪽 30킬로미터 지점의 강변 도시 셀류키아Seleucia였다. 거기서 다시 60킬로미터 남쪽으로 고대 도시 바빌로니아가 있었다. 본래 이곳은 고대 메소포타미아 혹은 바빌로니아 영토였는데 기원전 312년 그리스(마케도니아) 알렉산더 대왕의 후계자인 셀류쿠스 니카토르Seleucus Nicator가 이곳을 거점으로 셀류키드Seleucid 왕국을 건설하면서 그 수도로서 '셀류키아'란 이름을 얻었다. 알렉산더 대왕 사후 셀류쿠스가 왕국 수도를 시리아 안디옥으로 옮겼지만 셀류키아는 동·서 교역의 중요 거점으로 계속 발전했다. 그리하여 셀류키아에 그리스인과 시리아인, 그리고 유대인들까지 몰려와 이집트의 알렉산드리아에 뒤지지 않는 국제 도시가 되었다.

그렇다 보니 셀류키아는 메소포타미아 지역 패권을 노리는 신흥 제국들로부터 자주 침략을 당했다. 셀류키드 왕국의 세력이 약화된 기원전 141년, 북부 파르티아(바대) 왕국의 미드리다테스Mithridates 1세가 셀류키아를 정복하고 파르티아 왕국의 서부 수도로 삼았다. 그러면서 강 동쪽 건너편에 체시폰Ctesiphon이란 위성도시를 새롭게 조성하여 이후 셀류키아·체시폰Seleucia-Ctesiphon이라 불렸다. 그러나 이후 파르티아 왕국의 세력 감퇴와 함께 셀류키아의 위세도 약화되었다. 특히 기원후 2세기에 접어들어 셀류키아는 로마제국의 동방 원정대의 최종 목적지가 되었다. 그리하여 117년 로마제국의 트라야누스 황제가 이끄는 파르티아 원정대가 셀류키아를 침공하여 도시를 불태웠으며 165년 아비디우스 카시우스Avidius Cassius 장군, 198년 로마황제 셉티무스 세베루스Septimius Severus가 이끈 로마군에 이해 도시가 파괴되었다. 이처럼 로마군의 잇단 침공으로 셀류키아와 파르티아 왕국의 위세는 크게 약화되었다. 그리고 마침내 224년 페르시아 사산왕조에 의해 파르티아 왕국이 붕괴되면서 셀류키아의 운명도 바뀌었다.

페르시아 사산Sassanid 왕조는 고대 페르시아제국(기원전 550-331년)의 영광을 재현한다는 명분을 내세우고 지금의 이란 중남부 파르스Fars 지방을 통치하고 있던 아르다시르Ardashir가 기원후 208년에 세운 왕국이다. 처음 수도를 파르즈 지방의 피루자바드Firuzabad에 두었으나 점차 세력을 동북쪽으로 확대하여 224년 파르티아의 마지막 왕, 아르타바누수Artabanus 5세를 호르모즈간 전투에서 사살한 후 체시폰에서 페르시아제국의 통치자로 왕관을 쓰면서 스스로 '왕 중의 왕'이란 뜻의 '샤한샤shahanshah'란 명칭을 붙였다. 셀류키아·체시폰이 신흥 페르시아 사산왕조의 수도가 된 것이다. 이후 아르다시르는 북방으로 영토를 넓혀 아르메니아까지 점령했고 230년 시리아의 로마제국 영토까지 진출하여 로마에서 원정 온 알렉산더 세베루스Alexander Severus 황제와 전투를 벌이기도 했다. 아르다시르의 뒤를 이은 샤푸르Shapur 1세와 나르세Narseh도 계속 영토를 확장하여 동쪽으로 박트리아와 쿠산까지 이르렀고 로마제국 영토였던 니시비시와 에뎃사, 안디옥까지 진출했다. 그러나 로마제국의 반격도 만만치 않아 아르메니아와 시리아, 메소포타미아 지역의 소유권을 둘러싼 두 나라 간의 전쟁은 계속 이어졌다. 그러다가 298년 로마황제 갈레리우스Galerius의 원정대가 아르메니아와 시리아 니시비스를 탈환한 후 티그리스강을 따라 남하하여 체시폰까지 점령했다. 이에 299년 나르세와 갈레리우스 사이에 평화협정이 체결되었다. 그 결과 아르메니아와 시리아는 로마제국 소유가 되고 티그리스강을 국경으로 삼아 동서를 나누어 통치하고 니시비스는 두 나라 공동 무역도시로 개방하기로 했다. 이후에도 두 나라 사이의 전쟁이 계속 이어지기는 했지만 티그리스강을 경계로 한 두 제국의 분할통치는 이슬람이 이 지역을 장악하기까지 300년 동안 유지되었다.

이처럼 로마와 정치적·군사적 경쟁 관계에 있던 페르시아에 언제부터 기독교 복음이 전파되었는지 그 정확한 시기는 측정하기 어렵다. 고대 바빌로니아 왕국의 수도와 가까웠던 이곳에 기원전 6세기 예루살렘 멸망 후에 바벨론으로 끌려 온 유대인들이 상당수 거주했고 이후 페르시아제국이나 셀류키드왕국, 파르티아왕국 시절에도 무역에 종사하는 유대인들이 공동체를 형성하고 회당 중심의 유대교 전통을 고수했다. 따라서 사도시대 이 지역에 살던 유대인 디아스포라 가운데 기독교 복음을 접하고 교회를 시작했을 가능성은 충분하다. 실제로 사도행전은 오순절에 예루살렘에 와서 사도들의 설교를 들은 디아스포라들 가운데 '바빌로니아 출신'도 있었음을 언급했다(행 2:9). 그리고 20세기 이루어진 셀류키아 지역 고고학 발굴을 통해 이미 1세기 후반 이곳에 활동적인 기독교 공동체가 있었음을 확인할 수 있었다. 이처럼 예루살렘에서 발원한 기독교 복음은 시리아의 안디옥과 에뎃사, 니시비스를 거쳐 페르시아 셀류키아에 전파되었는데 그것은 페르시아만을 통해 뱃길로 동방에 이르는 비단길을 통한 복음 전파의 역사이기도 했다. 그렇게 해서 페르시아 사산왕조가 셀류키아를 거점으로 삼아 서북방으로 세력을 확장했던 3세기에 이르러 페르시아교회는 동방 선교의 거점으로 자리잡았다.

그러나 페르시아교회는 페르시아의 국내외 정치적 상황에 따라 부흥과 탄압을 반복했다. 그것은 페르시아 사산왕조의 종교정책에 기인했다. 우선 사산왕조를 건설한 아르다시스 통치 시기(224-240년 통치)에 기독교는 크게 위축되었다. 부족 통합과 강력한 왕국 건설을 위해 아르다시스는 국가종교로서 조로아스터교를 적극 육성했다. 그는 로마군이 파괴한 셀류키아를 재건하고 '베-아르다시르Veh-Ardashir'란 명칭을 붙이고 사산왕조의 수도로 삼고 대규모 조로아스터 사원을 건설했고 조로아스터교 경전(베스타)을 편찬했다. 그런 상황이었기에 기독교는 크게 발전하지 못했다. 그러나 그의 아들 샤푸르 1세 통치 기간(240-270년)에는 상황이 바뀌었다. 건국과 세력 확장에 초점을 맞추었던 아버지와 달리 샤푸르는 왕국의 안정적 기반 조성과 도시 건설에 초점을 맞추었다. 그는 댐과 다리, 신흥도시를 건설하면서 주변 국가들로부터 이민을 적극 받아들였는데 그 과정에서 로마제국과 시리아에 살던 기독교인들도 많이 들어왔다. 그 역시 조로아스터교를 국교로 삼았지만 개인적으로는 마니교에 더욱 심취하여 마니교를 적극 육성했고 유대교와 기독교에 대해서도 유화정책을 펼쳤다. 그래서 샤푸르 1세 통치 기간 중에 기독교는 크게 부흥했다.

페르시아 동방교회 전통

그렇지만 샤푸르 사후 바흐람 1세(271-274년)와 바흐람 2세(274-293년)가 통치하던 시기에 환경이 또 바뀌었다. 특히 바흐람 2세는 국교인 조로아스터교를 제외한 마니교와 기독교, 유대교 등 '외래 종교'를 모두 탄압했다. 페르시아 제국 내에서 기독교 박해는 샤푸르 2세 통치 기간(309-379년)에 최고조에 달했다. 영토 확장에 대한 의욕이 강했던 샤푸르 2세는 남쪽으로 아랍과 전쟁을 벌였고 북쪽으로 로마제국을 후원하고 있던 아르메니아를 침공하여 로마와 두 차례 대규모 전투를 벌였다. 당시 로마제국 황제는 기독교 박해를 종식시키고 제국의 종교로 공인한 콘스탄티누스였다. 그렇기 때문에 샤푸르 2세는 기독교를 더욱 싫어했다. 그런데 당시 페르시아교회를 이끌던 셀류키아·체시폰 대주교 세몬 바르 사배Shemon Bar Sabbae는 개인적으로 콘스탄티누스 황제와 서신을 교환할 정도로 친분이 깊었다. 그로서는 기독교를 탄압하는 샤푸르보다 기독교를 보호하는 콘스탄티누스 황제에게 우호적일 수밖에 없었다. 그런 세몬 대주교의 행위가 샤푸르 2세 눈에는 페르시아를 배반하고 적국인 로마 편을 드는 것으로 비쳐질 것은 당연했다. 샤푸르 2세는 기독교인들에게 과도한 세금을 물리며 조로아스터교로 개종할 것을 명령했다. 결국 샤푸르 2세는 개종을 거부한 세몬 대주교를 비롯하여 사제와 기독교인 1천 여 명을 345년 성금요일에 참형했다. 페르시아교회 역사상 가장 많은 순교자들이 이때 나왔다. 샤푸르 2세는 기독교를 철저하게 탄압한 것과 달리 유대인과 유대교에는 관대했는데 그것은 유대인 역시 기독교를 반대했기 때문이었다. 이처럼 로마와 페르시아 사이의 정치·종교적 '경쟁 관계rivalry' 때문에 기독교 희생자들이 나온 것이다.

379년 샤푸르 2세 사후 20년 동안 네 명의 왕이 페르시아를 통치했지만 샤푸르 2세만큼 많은 치적을 쌓지 못했다. 크고 작은 국내 정치 분쟁 때문에 영토 확장은 이루어지지 못했고 종교정책도 크게 바뀌지 않았다. 기독교인 사제와 교인들이 계속 살해당하거나 투옥되었다. 그러다가 399년 야즈다게르드Yazdagerd 1세가 왕위에 오르면서 상황이 크게 달라졌다. 야즈다게르드 1세는 평화정책을 추구하여 동로마제국은 물론 아르메니아, 아랍 등과 우호적인 외교 관계를 조성하고 자국의 경제와 문화 발전에 주력했다. 그런 배경에서 소수종교에 대해 포용정책을 펼쳤는데 특히 기독교와 유대교에 우호적이었다. 유대교 귀족의 딸을 아내로 삼고 궁전에 탈무드를 두고 읽을 정도였다. 그는 또한 동로마제국 황제의 특사로 페르시아를 두 차례 방문했던 마루다Marutha 주교와 가깝게 지냈다. 시리아 북부, 메소포타미아의 마이페르캇Maypherkat 주교였던 마루다는 시리아어와 헬라어에 능통했고 의술도 뛰어나 야즈다게르드 1세의 신임을 얻었다. 이에 야즈다게르드 1세는 410년 마루다의 요청을 받아들여 기독교 박해를 금하면서 옥에 갇힌 사제와 교인들을 석방하고 무너진 교회당을 재건하도록 했으며 셀류키아·체시폰 주교 이삭Isaac을 페르시아교회의 합법적인 최고 지도자로 인정하고 기독교 사제들이 페르시아 경내를 자유롭게 여행할 수 있도록 허락했다. 이로써 야즈다게르드 1세는 '동방의 콘스탄티누스 황제', 그가 내린 칙령을 '동방교회의 밀라노칙령'이라 불렀다. 야즈다게르드는 개인적으로 조로아스터교 신봉자였고 조로아스터교가 여전히 국교였지만 기독교에 대해 이처럼 우호적으로 대한 것은 기독교가 국교인 동로마제국과의 평화 관계를 유지하기 위한 정치적 방략 때문이기도 했다.

이런 분위기에서 410년 1월 6일, 페르시아뿐 아니라 시리아까지 포함하는 동방교회 역사에서 주요한 의미를 지닌 페르시아교회 제1차 종교회의Synod가 셀류키아에서 개최되었다. 회의 소집은 야즈다게르드 황제가 했지만 회의 실무는 셀류키아 주교 이삭과 동로마황제 특사 마루다 주교가 주도했다. 특히 마루다 주교는 셀류키아 종교회의를 계기로 동방과 서방 교회 사이에 화해와 일치가 이루어지기를 기대했다. 그는 알렉산드리아와 콘스탄티노플 등 서방교회 주교들과 시리아의 안디옥, 알레포Aleppo, 에뎃사, 텔라Tella, 아미드Amid 주교들이 서명한 "동방교회도 서방교회의 전통을 받아들이기를 바란다"는 서한을 페르시아교회 주교들에게 제시했다. 페르시아의 야즈다게르드 1세도 이런 마루다의 입장을 지지했다. 그 결과 셀류키아 종교회의는 1) 325년 동·서방 교회가 참여하여 결정한 니케아공의회 신조를 페르시아교회의 신앙고백으로 채택하고 2) 성탄절과 부활절 등 교회의 중요 절기를 서방교회와 일치시키기로 결의했다. 니케아공의회에서 이단으로 정죄받은 아리우스파는 시리아나 페르시아보다 북유럽 쪽으로 피신했기 때문에 동방교회는 아리우스파 영향을 거의 받지 않아 니케아신조를 받아들이는 것이 크게 어렵지 않았다. 그렇게 해서 410년 셀류키아 종교회의를 계기로 니케아공의회 이후 소원했던 동방교회와 서방교회의 관계가 어느 정도 회복되었다.

410년 셀류키아 종교회의는 이처럼 동·서교회의 화해와 일치를 이룩한 것 외에 시리아와 페르시아를 중심으로 한 동방교회의 체제와 제도를 재정비했다는 점에서도 큰 의미가 있었다. 즉 종교회의는 셀류키아·체시폰 주교에게 '총대주교Archbishop 혹은 Catholicos'란 칭호로 동방교회의 최고 지도자로 지위와 역할을 부여했고 그 아래 페르시아 경내의 카스카르Kaskhar와 벳라파트Beth Lapat, 니시비스Nisibis, 페라트Pherat, 아벨라Abela, 카르카Karka에 대교구를 설치하고 페르시아의 동북방 변방에 위치한 페르시스Persis와 메디아Media, 쿠라산Khurasan에도 교구를 설치하여 주교들로 하여금 지역교회를 관리하도록 했다.[17] 이로써 셀류키아·체시폰 대교구는 동방교회의 수위 교구로서 서방교회의 로마와 콘스탄티노플과 비슷한 위치와 역할을 행사했다. 이후 동방교회는 총대주교가 2년마다 소집하는 종교회의를 통해 교리와 신조, 교회 현안 문제를 논의했다. 여러모로 410년 셀류키아 종교회의는 서방교회의 325년 니케아공의회와 같은 의미를 지닌 회의였다.

이처럼 야즈다게르드 1세 치하에 페르시아교회는 정부 그리고 서방교회와 우호적인 관계를 형성하고 그것을 바탕으로 크게 발전할 수 있었다. 그러나 그런 상황은 10년을 넘기지 못했다. 야즈다게르드 1세는 자신의 종교정책을 비판하는 조로아스터교 지도자들을 처형할 정도로 기독교에 우호적이었는데, 그런 정책을 오해하고 조로아스터교에 배타적인 선교정책을 펼친 교회 지도자들이 나온 것이다. 대표적인 예로 420년 페르시아교회에서 셀류키아·체시폰 다음으로 중요한 위치를 차지하고 있던 카스카르 대교구의 압다스Abdas 주교가 자기 관구 내의 조로아스터 사제와 격한 논쟁을 벌인 끝에 조로아스터교 신도들이 신성시하는 아후라 마즈다 신전을 훼파한 사건이 벌어졌다. 그 소식을 들은 야즈다게르드 1세는 압다스에게 무너뜨린 조로아스터교 신전을 교회 비용으로 재건할 것을 명했다. 그러나 압다스는 그것을 거부했고 이에 왕은 교회 예배당도 허물도록 명했다. 또한 그 무렵 페르시아의 통치를 받고 있던 아르메니아에서도 조로아스터교도와 기독교도 사이에 충돌이 빚어져 상황이 더욱 악화되었다. 당시 왕은 투병 중이었고 국정을 담당한 미르 나르세Mihr Narseh 총리는 열렬한 조로아스터교 신봉자로서 국교인 조로아스터교를 강화하는 방향으로 정책을 수행했다. 그 결과 아르메니아와 페르시아에서 또다시 기독교는 박해를 받게 되었다. 그러나 과거 샤푸르 2세 때만큼 잔혹하지는 않았다. 그것은 그만큼 기독교가 페르시아에서 정치세력이 무시할 수 없을 정도의 세력을 형성했기 때문이었다.

야즈다게르드 1세 사후 그 뒤를 이어 페르시아를 통치한 바흐람Bahram 5세(421-438년)와 야즈다게르드 2세(438-457년), 호르미즈드Hormizd 3세(457-459년), 페로스Peroz 1세(459-484년), 코스라우Khosrau 1세(484-488년) 등의 종교정책도, 왕에 따라 편차가 있지만, 조로아스터교를 국교로 삼고 기독교나 유대교 등 소수종교에 대해 포용 혹은 탄압정책을 펼쳤다. 그것은 국왕이 동로마제국과 어떤 정치·외교적 관계를 맺는가, 페르시아의 종교·문화적 정체성을 강화하기 위해 조로아스터교를 집중 육성하는가 아니면 외래 종교와 문화에 개방적인가 정책에 따라 달라졌다. 이런 상황에서 5세기 중반 이후 페르시아교회는 부흥과 압제를 반복해서 경험했다. 페스리아교회는 410년 셀류키아 종교회의를 주재했던 마르 이삭의 뒤를 이어 아하이Ahai와 야흐발라하Yahbalaha, 다드예수Dadjesus 등이 총대주교가 되어 교회를 관리했는데 어려운 상황에서도 교회는 꾸준히 부흥했고 선교 영역도 넓어져 북쪽으로 아르메니아, 동쪽으로 중앙아시아 방면으로 확장되었다. 종교회의Synod도 꾸준히 열렸는데 특히 420년과 424년 종교회의를 거치면서 동방교회는 더 이상 서방교회의 지휘나 조언을 받지 않는 '독립교회'로서 위상을 확립했다. 이것은 410년 셀류키아 종교회의가 마루다 주교를 통해 전달된 서방교회의 "서방교회 신앙과 전통을 받아들이라"는 요청에 응하여 이루어진 것이라면 이제부터는 교리나 신조, 제도와 전례에서 서방교회의 그것에 구애받지 않고 독자적인 노선을 추구하겠다는 독립선언이었다.[18] 그 결과 이후 페르시아교회의 셀류키아·체시폰 총대주교Catholicos는 로마가톨릭교회의 로마 주교(교황, Pope)나 그리스정교회의 콘스탄티노플 주교(총대주교, Patriarch)와 '동등한' 지위와 권위를 확보했다. 그것은 다른 의미에서 동방(페르시아)교회와 서방(그리스·로마)교회 사이의 신학적·제도적 교류가 단절되었음을 의미했다.

네스토리우스파 및 단성론파

이런 상황에서 451년 에베소공의회를 계기로 동방교회와 서방교회 사이가 더욱 벌어졌다. 잘 알려진 대로 에베소공의회는 안디옥학파에 속한 네스토리우스Nestorius의 교리를 심의하기 위해 소집된 종교회의였다. 그런데 에베소공의회가 다룬 교리 문제는 사실 325년의 니케아공의회에서 채택한 신조의 해석에 뿌리를 두고 있다. 니케아공의회는 '참하나님이시며 참인간vere deus vere homo'이신 그리스도(성자)의 '신성神性, divinity'에 대하여 성부 하나님의 신성과 완전 일치하는 "동일 본질homo ousios"을 주장했던 아타나시우스Athanasius의 입장을 택하고 그와 달리 성부의 신성과 성자의 신성 사이에 차이가 있음을 전제로 "유사 본질homoiousios"을 주장했던 아리우스를 이단으로 정죄했다. 그 결과 니케아신조는 그리스도를 "하나님의 하나님deos ek deon"으로 표기하여 그리스도의 신성을 극대화했다. 그렇다 보니 상대적으로 그리스도(성자)의 인성이 약화되거나 무시되는 것이 아니냐는 우려가 제기되었다. 특히 그리스도의 (신성 못지않게) 인성을 중요시하며 형이상학적인 철학 이론보다 윤리와 실천을 강조했던 안디옥학파와 동방교회로서는 그리스도의 '초월적' 본성(신성)에 '현실적' 본성(인성)이 소멸되는 것에 불안을 느꼈다. 그래서 381년 콘스탄티노플공의회에서는 이런 동방쪽(안디옥학파)의 우려를 감안하여 (그리스도의 완전한 신성을 강조한 나머지) '그리스도의 완전한 인성'을 부정한 아폴리나리우스Apollinarius를 정죄함으로 그리스도의 신성과 인성을 '동시에, 함께' 강조하는 교리를 확립했다.

　결국 니케아와 콘스탄티노플 공의회를 거치면서 그리스도는 "한 위격에 두 본성mono persona dia ousia을 지닌 하나님"으로 확정되었다. 그러나 이러한 교리적 표현은 해석과 적용에서 계속 논쟁을 불러일으켰다. 그리스도의 초월적 신성을 구원의 기본 조건으로 이해했던 서방의 알렉산드리아학파와 윤리적 실천 근거로서 그리스도의 인성을 포기할 수 없었던 동방의 안디옥학파 사이의 논쟁이 계속될 수밖에 없었다. 알렉산드리아학파는 '하나님 그리스도', '초월적 그리스도'를 강조한 반면, 안디옥학파는 '인간 예수', '역사적 예수'를 강조했다. 그런 긴장 관계 속에서 5세기 초반 '데오토코스theotokos'란 용어를 둘러싼 신학 논쟁이 벌어졌다. "하나님을 잉태한 자", 나아가 "하나님의 어머니"란 뜻을 지닌 '데오토코스'는 동정녀 마리아를 지칭하는 것으로 3세기 초반 오리겐이나 히폴리투스 같은 서방교회 교부들이 처음 사용했다. 그리스도(성자)의 신성을 강조하는 서방교회(알렉산드리아학파) 전통에서 이 용어를 당연하게 여겼다. 그러나 그리스도의 인성을 강조하는 안디옥학파 쪽에서는 하나님이 (인간인) 마리아의 배 안에 잉태되었다는 것을 받아들이기 어려웠다. 그런 배경에서 네스토리우스는 마리아에 대하여 '데오토코스'란 칭호를 쓰지 말고 대신 "그리스도의 어머니"란 의미의 '크리스토코스christokos'란 칭호를 쓸 것을 주장했다.

　네스토리우스는 시리아 북부 게르마니키아에서 출생하여 안디옥에 있던 수도원에 들어가 거기서 안디옥학파 신학자 데오도레Theodore of Mopsuestia에게 신학 수업을 받았다. 그는 젊어서 명설교가로 명성을 얻었고 안디옥 출신으로는 드물게 428년 콘스탄티노플 대주교가 되었다. 그것은 그의 신앙과 설교 능력을 인정한 동로마황제 데오도시우스Theodosius 2세의 초청에 의한 것이었다. 서방교회 안에서 알렉산드리아, 로마에 뒤지지 않는 영향력을 지닌 콘스탄티노플의 대주교로서, 더욱이 동로마황제가 거주하는 수도에 거주하게 된 네스토리우스는 교회와 제국의 평화를 위해 노력했다. 그러나 알렉산드리아학파가 보편적으로 사용하던 '데오토코스' 사용은 계속 거부했고 콘스탄티노플 교구 설교자 아나스타시우스Anastasius가 '데오토코스' 사용을 비난하는 설교를 했을 때 이를 적극 지지했다. 이처럼 콘스탄티노플 교구 안에 '데오토코스' 반대파가 세력을 확장하는 것에 위기를 느낀 알렉산드리아학파의 반격이 시작되었다. 그 선봉은 알렉산드리아 대주교 키릴Cyril이 맡았다. '타고난 논쟁가'로서 정치적 수완도 뛰어났던 키릴은 430년 11월, 네스토리우스에 대하여 12개 항목의 오류를 지적한 편지를 콘스탄티노플에 발송하는 한편 데오도시우스 황제에게 네스토리우스를 심판할 공의회 소집을 요청했다.

그렇게 해서 431년 6월 소집된 에베소공의회에서 키릴은 로마 교황 켈레스틴Celestine의 지지를 얻어내 네스토리우스를 지지하는 주교들이 미처 회의장에 도착하기 전에 자신을 지지하는 주교 50여 명으로 공의회를 소집하고 네스토리우스를 이단으로 파문하면서 콘스탄티노플 대주교직을 박탈하고 네스토리우스는 지지했던 안디옥 주교 요한도 파문했다. 이런 결정이 내린 직후 이번에는 네스토리우스를 비롯하여 그를 지지하는 안디옥학파 주교 40여 명이 에베소에 도착해서 대항 공의회를 열고 키릴을 파문했다. 이처럼 알렉산드리아 대주교와 콘스탄티노플 대주교가 서로를 파문하는 상황이 되자 공의회를 소집했던 데오도시우스 2세 황제는 두 주교를 모두 파문하고 투옥했다. 이후 키릴은 정치적 수완을 발휘해서 온건파 안디옥교회 지도자들과 타협안을 만들어 내고 대주교직에 복직하였지만 네스토리우스는 황제의 명대로 안디옥 수도원에 감금되었다가 아라비아 페트라를 거쳐 이집트 사막에서 유배 생활을 하던 중 451년 별세했다. 그래서 네스토리우스는 서방교회로부터는 '이단heretic'으로, 동방교회로부터 '순교 영웅martyr hero' 칭호를 받았다.

결국 동방교회 정서를 대변하는 안디옥학파는 325년 니케아공의회에 이어 431년 에베소공의회에서도 알렉산드리아학파에 또다시 패했다. 그리고 서방교회로부터 '이단'으로 정죄된 네스토리우스파는 로마제국 밖으로 추방되거나 피신했다. 동쪽으로 시리아와 페르시아가 그 피신처였다. 당시 시리아와 페르시아 교회 지도자들은 대부분 네스토리우스를 지지했다. 에베소공의회 당시 에뎃사 주교였던 랍불라Rabbula는 처음엔 네스토리우스를 지지했다가 도중에 키릴을 지지하는 바람에 네스토리우스 지지자들이 다수였던 에뎃사에서 많은 공격을 받았고, 결국 435년 네스토리우스의 열렬한 지지자 이바스Ibas에게 주교직을 넘겨 주어야 했다. 이바스는 에뎃사 주교가 되기 전 에뎃사학교 교장으로 있을 당시부터 네스토리우스는 물론 그의 스승인 데오도레의 저작을 시리아어로 번역하여 학생들에게 가르쳤다. 당시 에뎃사학교에는 시리아 출신뿐 아니라 페르시아 출신 학생들이 많았는데 이들을 통해 네스토리우스의 신학이 시리아와 페르시아에 확산되었다. 그 결과 에베소공의회 이후 네스토리우스 신학은 소멸되지 않고 오히려 동방교회 안에서 강력한 지지를 얻었다. 동방교회가 '네스토리우스파 교회Nestorian Church'로 불리게 된 배경이다.

에베소공의회에서 네스토리우스파가 패함으로 그리스도의 '한 위격에 두 본성'을 규정했던 니케아신조는 다시 한 번 '정통 교리'로 인정을 받았다. 니케아공의회에 이어 에베소공의회도 그리스도를 "참으로 하나님이며 참으로 인간"으로 규정하여 그리스도 안에 두 본성이

'함께 존재consubstantial'함을 인정했다. 그런데 문제는 서로 다른 속성을 지닌 두 본성이 어떻게 한 위격 안에서 충돌하지 않고 공존할 수 있느냐 하는 점이다. 이 부분에 대하여 보다 분명한 설명을 시도한 것이 네스토리우스였다. 그는 그리스도 안에 두 본성이 각기 다른 위격으로 존재한다고 설명했다. 즉 '신의 본성이 신의 위격으로, 인성이 인간의 위격으로' 존재한다고 하여 '두 위격dia persona'을 주장한 것이 '한 위격'을 규정한 니케아신조를 위반한 것으로 심판을 받은 것이다. 이처럼 '두 위격'을 주장했던 네스토리우스가 에베소공의회에서 이단으로 정죄된 후에도 그리스도 안에서 두 본성의 존재와 관계에 대한 논쟁이 지속되었다.

이런 상황에서 콘스탄티노플 대수도원장이었던 유티케스Eutyches가 "인성과 신성이 그리스도 안에서 연합된united, 즉 성육신incarnated된 후에는 두 본성이 아니라 하나의 본성만 존재한다"는 주장을 펼쳤다. 여기서 '단성론monophysitism'이란 신학 개념이 나왔다. 유티케스는 네스토리우스의 '두 본성, 두 위격'을 비판했다. 네스토리우스가 (신성 못지않게) 그리스도의 인성을 강조함으로 그리스도 안에서 두 본성이 서로 대립하고 갈등을 일으킬 수도 있다는 점을 비판하면서, 그리스도 안에서 두 본성이 연합된 후 우리와 같은 인간의 본성은 사라졌다는 점을 강조했다. 이런 유티케스의 단성론은 그리스도의 인성을 포기할 수 없었던 네스토리우스와 동방교회로부터도 비판을 받았지만 '두 본성'을 주장하는 서방교회에서도 비판을 받았다. 결국 유티케스의 단성론을 둘러싸고 교회 안에 논쟁이 치열하게 전개되었다. 이에 동로마황제 마르키아누스Marcianus는 이 문제를 다룰 공의회를 소집했다. 451년 10월 소아시아 칼케돈에서 개최된 공의회에는 5, 6백 여명의 주교들이 참석했는데 로마교황이 파견한 두 명의 특사 외에는 대부분 동방교회 출신들이었다. 공의회는 유티케스를 이단으로 정죄하면서 '한 위격 두 본성' 교리를 정통교리로 다시 한 번 확인했고 네스토리우스를 파문했던 431년 에베소공의회 결정을 재확인했다.

칼케돈공의회가 유티케스를 파문하고 네스토리우스에 대한 파문도 재확인함으로 로마제국 내에서 거주하기 힘들어진 네스토리우스파나 단성론파의 시리아 및 페르시아 탈출이 이어졌다. 앞서 431년 에베소공의회 직후 네스토리우스 지지자들이 에뎃사로 피신하여 이바스 주교의 보호와 지원을 받으며 세력을 확산했던 것처럼 칼케돈공의회 후에도 그런 일이 벌어졌다. 특히 471년 소아시아 몹수에스티아 Mopsuestia 주교였던 나르세Narseh가 471년 페르시아 영내인 니시비스로 피신하여 당시 니시비스 주교였던 바르사우마Barsauma의 도움을 받아 니시비스에 학교를 설립하고 신학과 의학과 철학을 가르치기 시작했다. 나르세는 자신보다 앞서 몹수에스티아 주교로 사역했던 데오도레Theodore와 그의 제자 네스토리우스의 신학사상을 적극 지지했는데 니시비스에 정착한 이후 30년 동안 신학 교육에 주력하면서 성경 주석과 신학 논문, 설교와 찬송을 저술하여 동방 시리아교회의 신학과 전례의 전통을 정립했다. 에뎃사에 이어 니시비스가 네스토리우스파의 신학 교육 거점이 된 것이다. 그리고 니시비스에 신학교가 설립됨으로 페르시아 학생들은 동로마제국 영내에 있는 에뎃사까지 유학을 가지 않고 페르시아 안에서 교육을 받을 수 있게 되었다. 그런 상황에서 칼케돈공의회 이후 에뎃사학교가 단성론 찬반 논쟁에 휘말리다가 동로마황제 제노의 명으로 489년 폐교되자 에뎃사에서 공부하던 학생들이 니시비스로 옮겨 왔다.[19] 이후 니시비스는 641년 페르시아가 이슬람 국가가 되면서 학교가 폐쇄되기까지 동방(페르시아)교회 신학 교육의 중심 거점으로서 역할을 감당했다. 페르스아의 수도 셀류키아가 교회 정치의 중심이었다면 니시비스는 신학 교육과 선교 운동의 중심이 되었었다. 그리고 네스토리우스파에 비하면 그 세력이 약하였지만 칼케돈공의회에서 이단으로 정죄받은 단성론파도 시리아와 페르시아로 피신해서 그 명맥을 이었다. 그 결과 페르시아와 시리아의 교회는 신학적 입장이 서로 다른 네스토리우스파와 단성론파가 공존하면서 때로는 대립, 때로는 협력하면서 알렉산드리아와 콘스탄티노플, 그리고 로마를 중심으로 형성된 서방교회와는 구별되는 동방교회 전통을 이어나갔다.

이처럼 에베소공의회와 칼케돈공의회에서 이단으로 정죄당한 네스토리우스파와 단성론자들이 페르시아로 피신해서 니시비스와 셀류키아를 거점으로 신학 교육과 선교활동을 펼칠 수 있었던 것은 당시 로마제국과 페르시아 사산왕조 사이의 정치적 대립 구도 때문에 가능했다. 로마제국과 경쟁 관계에 있었던 페르시아는 조로아스터교를 국교로 삼고 있었지만 종교 관용정책을 펴면서 로마제국 교회로부터 이단으로 정죄당하고 박해를 받던 네스토리우스파와 단성론파 지도자들을 받아들여 자국 내에서 선교활동을 허용하였던 것이다. 특히 동방교회 정서와 문화를 대변했던 안디옥학파에 뿌리를 둔 네스토리우스파는 알렉산드리아학파가 주도한 서방교회와의 '세 대결'에서 패하여 비록 이단으로 정죄를 받았지만 기독교 복음과 신앙에 대한 충성심과 선교 열정은 서방교회의 그것에 결코 뒤지지 않았다. 그리하여 페르시아 니시비스와 셀류키아에 거점을 확보한 '네스토리우스파' 동방교회 전도자들은 서쪽은 포기하고 '동쪽으로' 방향을 잡아 비단길을 따라 선교 영역을 넓혀 나갔다. 그렇게 해서 페르시아 동쪽으로 중앙아시아와 인도, 중국에 기독교 복음이 전파되었다.

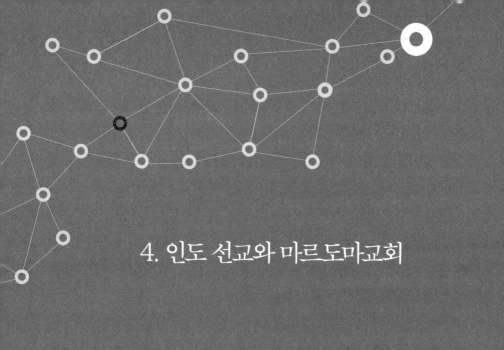

4. 인도 선교와 마르도마교회

사도 바돌로매와 도마의 인도 선교

그렇다면 인도에는 언제, 누구에 의해, 어떤 식으로 기독교 복음이 전파되었을까? 인도에 처음 복음을 전한 인물은 예수 그리스도의 12사도였던 바돌로매와 도마로 알려지고 있다. 우선 바돌로매의 인도 선교에 관해서는 앞서 '다대오의 에뎃사 선교'를 기록했던 유세비우스의 《교회사》에서 읽을 수 있다. 유세비우스에 의하면 2세기 후반 알렉산드리아 교리학교 교장을 지낸 판타에누스Pantaeus가 동방 선교에 대한 열정을 품고 인도에 간 적이 있는데, 그는 그곳에서 자신보다 1세기 앞서 사도 바돌로매가 히브리어 마태복음을 가지고 와서 복음을 전했고 그 결과 신앙공동체가 형성되어 있음을 확인했다. 유세비우스보다 반세기 늦게 활동한 제롬(Jerome, 345-420년)도 이와 비슷한 기록을 남겼는데 제롬은 판타에누스가 알렉산드리아 주교 데메트리우스Demetrius의 파송을 받아 인도에 갔으며 알렉산드리아로 돌아올 때 바돌로매가 인도에 전해 주었다는 히브리어 마태복음을 가지고 왔다고 증언했다. [20]

후기 역사가들은 바돌로매와 판타에누스가 방문한 곳을 인도 서남부 케랄라주 코친Cochin으로 추정한다. 말라바르 해안가에 위치한 항구도시 코친에는 지금도 '코친 유대인Cochin Jews'으로 불리는 유대인 공동체가 있는데, 그 역사적 연원은 고대 솔로몬 왕 시절 인도를 오가며 무역하던 유대인 상인들의 후예로까지 거슬러 올라간다. 이후 기원전 587년 바벨론에 의해, 기원후 70년 로마군에 의해 예루살렘 성전이 파괴되었을 때도 예루살렘을 탈출한 유대인들이 코친에 정착해서 유대인 디아스포라 공동체를 형성하고 동·서 해상무역에 종사했다. 그런 배경에서 사도시대 바돌로매가 '유대인을 겨냥한 복음서'로 알려진 마태복음을 가지고 인도 코친에 와서 유대인 디아스포라들에게 복음을 전했을 가능성은 충분하다. 그렇게 해서 코친의 유대인들 사이에 기독교인들이 생겨났는데 이들은 "나사렛 예수를 믿는 사람들"이란 뜻의 '나스라니Nasrani'로 불렸다.[21] 그리고 1세기 후 알렉산드리아 주교의 파송을 받은 판타에누스가 코친에 도착해서 이들 기독교 공동체를 확인하고 히브리어로 쓴 마태복음을 가져왔다는 이야기는 코친의 초기 '나스라니'(기독교) 공동체가 알렉산드리아 교구와 연결되었음을 보여 준다. 이처럼 바돌로매와 판타에누스의 인도 선교는 1) 인도에 있던 유대인 디아스포라를 대상으로 시작되었고, 2) 서방교회의 신학 거점인 알렉산드리아 교구와 연결되어 진행되었음을 보여 준다. 그러나 이렇게 코친에서 시작된 '나스라니' 공동체는 독자적인 교회로 발전하지 못하고 또 다른 루트로 진행된 시리아교회 전통의 '마르도마교회' 흐름에 흡수되었다.

인도에 복음을 전한 또 다른 사도, 도마에 관한 자료는 비교적 풍부하다. 이미 다대오를 시리아 에뎃사에 처음 파송한 인물이 도마였음을 언급한 《교회사》 저자 유세비우스를 비롯하여 오리겐Origen과 루피니우스Rufinius of Aquileia, 소크라테스Socrates of Constantinople, 에프렘Ephrem of Nisibis, 그레고리 나지안주스Gregory Nazianzus, 암브로시우스Ambrosius 등 4-5세기 동·서 교부들의 저작에서 도마는 '인도에 복음을 전한 사도'로 언급되고 있다. 도마의 인도 선교에 관한 보다 구체적인 자료로 신약 외경인 《도마행전Acts of St. Thomas》이 있다. 에뎃사 교회 전승에 의하면 인도에서 선교하다가 '순교'한 도마의 유골이 232

년 에뎃사에 전달되었고 그것이 계기가 되어 도마의 행적에 대한 기록이 이루어졌다. 그렇게 해서 《도마행전》은 처음(3세기 중반) 시리아어로 기록되었고 후에 헬라어로도 번역되었다. 따라서 《도마행전》은 시리아교회(에뎃사교회) 전통에 충실한 자료라 할 수 있다. 모두 170장으로 되어 있는 《도마행전》의 제1장은 이렇게 시작된다.

— 모든 사도들이 예루살렘에 모였으니 시몬 게바(베드로)와 안드레, 야고보와 요한, 빌립과 바돌로매, 도마와 세리 마태, 알패오의 아들 야고보, 가나안 사람 시몬 그리고 야고보의 아들 유다라. 이들은 각각 나라를 나누어 맡아 각자 주님께서 보내는 것으로 가서 복음을 전하기로 했다. 제비를 뽑은 결과 사도 유다 도마에게 인도가 배정되었다. 그런데 그는 가고 싶지 않다면서 '이 일을 감당할 수 없을 만큼 나는 약하다. 더구나 나는 히브리인인데 어찌 인도인들을 가르칠 수 있겠는가?' 했다. 유다가 이처럼 핑계를 대자 우리 주님이 밤중에 환상 중에 나타나시어 그에게 이렇게 말씀하셨다. '도마야, 두려워 말라, 내 은혜가 너와 함께함이라.' 그럼에도 그는 고집을 꺾지 않고 '주여, 나를 어디로 보내시든 뜻대로 하소서. 다만 인도만은 가고 싶지 않습니다' 하였다.[22]

이후 이야기는 이렇게 전개된다. 제비뽑기로 인도를 배정받은 도마가 계속 인도에 가기를 거부하는 상황에서 하반Habban 혹은 Abban이라는 인도 상인이 예루살렘에 왔는데 그는 인도 군다포루스Gundaphorus 왕으로부터 "내 궁전을 지을 목수를 구해 오라"는 명을 받고 온 상태였다. 그런 하반이 예루살렘 시장 거리를 돌며 목수를 찾던 중 부활하신 주님을 만나, "내게 노예가 있는데 목수다. 그를 당신에게 팔겠다"는 말을 들었다. 도마는 제자들 사이에 '쌍둥이'란 뜻의 '디디무스'로 불렸는데 그것은 그의 외모나 직업(목수)이 예수 그리스도와 같았기 때문에 붙여진 별명이었다. 그렇게 해서 '은 이십'에 팔린 도마는 "주님의 뜻이라면 어디든 가겠습니다" 하며 순종하고 하반을 따라 인도로 떠났다. 그렇게 해서 인도로 간 도마는 군타포루스 왕으로부터 "도성 밖에 새 궁전을 지어 달라"는 부탁과 함께 은과 물자를 받았다. 도마는 그 재물을 도성 안팎의 가난한 사람들에게 '왕이 주는 선물'이라고 나눠 주면서 복음을 전했다. 얼마 후 왕이 도마에게 건축 상황을 묻자 그는 "지붕만 덮으면 된다"고 했다. 이에 왕은 또다시 금과 은을 내주고 여행을 떠났다. 도마는 그 재물도 가난한 사람들에게 나누어 주었다. 그리고 얼마 후 여행에서 돌아온 왕은 주변 친구들로부터 궁전 건축에 대하여 다음과 같은 이야기를 들었다.

— 궁전 건축 같은 것은 없습니다. 그는 그런 일은 전혀 하지 않고 있습니다. 다만 도시와 마을을 돌면서 가난한 이들에게 물질을 나누어 주고 새로운 신에 대해 가르치며 병자를 고치고 귀신을 내어 쫓는 일을 하고 있습니다. 우리가 보기에 그는 마술사 같은데 그렇게 좋은 일을 하고 병을 고치면서도 돈을 받지 않으며 금욕적이고 경건한 것으로 보아 그는 현자Magi이거나 새로운 신의 사도인 것이 분명합니다. 왜냐하면 그는 자주 금식하고 기도를 많이 하며 빵과 소금만 먹고 물만 마시며 옷도 한 벌만 입고 사는데 자신을 위해서는 남으로부터 어떤 것도 받지 않고 생기는 모든 것을 남에게 줍니다.[23]

친구들의 말을 들은 왕은 하반과 도마를 불러들였다. 그리고 도마에게 "나를 위해 궁전을 지었는가?" 묻자 도마는 "다 지었습니다" 했다. 왕이 "언제 볼 수 있는가?" 하고 묻자 도마는 "지금은 볼 수 없습니다. 그러나 왕께서 이 세상을 떠나신 후에는 볼 수 있습니다" 했다. 왕은 속은 것으로 알고 대노하여 도마와 함께 하반까지 옥에 가두었다.

두려워하는 하반에게 도마는 "두려워하지 말고 믿기만 하시오, 그러면 이 세상 속박으로부터 자유를 얻고 다가올 세상에서 영생을 얻을 것입니다"라고 위로했다. 왕은 도마를 가죽을 벗긴 후 불에 태워 죽이기로 결심했다. 그런데 그날 밤 왕이 사랑하던 동생 가드Gad가 죽었다. 죽은 가드의 영혼은 하늘로 올라가 천사의 안내로 거할 곳을 찾다가 도마가 왕을 위해 지은 궁전을 보았다. 그는 화려한 궁전을 보고 "저 곳에 방 하나만 내달라" 하였지만 천사는 "그대는 그곳에 살 수 없다. 이미 주인이 있다"면서 "한 그리스도인이 그대의 형을 위해 지은 것이다" 했다. 이에 가드는 천사에게 "형의 궁전을 사겠다"며 다시 세상에 돌려 보내달라고 부탁하여 허락을 받았다. 그리하여 다시 살아난 가드는 동생의 죽음으로 슬픔에 잠겨 있던 왕에게 천상에서 본 것을 말하며 "하늘에 있는 궁전을 내게 팔라"고 요청했다. 이에 왕이 "누가 나를 위해 하늘에 궁전을 지었다는 말이냐?" 묻자 "한 그리스도인이 형을 위해 지었다"고 했다. 이에 왕은 그동안 도마가 자신을 위하여 '하늘의 궁전'을 지었음을 깨닫고 옥에 갇혀 있던 도마를 풀어 주고 신하들과 함께 도마에게 세례를 받았다. 군타포루스 왕국에 기독교 복음이 확산되었음은 물론이다.

이후 《도마행전》은 도마가 인도의 또 다른 지역, 미스다에우스 Misdaeus, 시리아어로 Mazdai 왕이 통치하는 곳에 가서 복음을 전하다가 순교한 것으로 채워진다. 도마는 미스다에우스 왕의 아들 비잔 Vizan과 테리타Terita 부부, 왕의 고관 카리쉬Karish의 부인 믹도니아 Mygdonia, 또 다른 고관 시푸르Sifur 등에게 세례를 베풀고 결혼해서 함께 살더라도 '순결'을 지킬 것을 권면했다. 그 때문에 도마는 왕과 귀족(브라만) 사회로부터 미움과 배척을 받았고 마침내 체포되어 투옥되었다. 사형에 처해지기 전 도마는 왕 앞에 끌려가 다음과 같이 심문당했다.

— 왕: 그대는 노예인가 자유인인가?

도마: 나는 노예입니다. 하지만 전하께서는 내게 어떤 일도 하실 수 없습니다.

왕: 그대는 어떻게 해서 이 나라에 왔는가?

도마: 나는 말씀으로 많은 이들에게 생명을 주려고 이곳에 왔으며 당신의 손에 의해 이 세상을 떠날 것입니다.

왕: 그대 주인은 누구인가? 그의 이름은 무엇인가? 그대의 나라는 어디인가?

도마: 내 주인은 전하의 주인이기도 하고 하늘과 땅, 온 세상의 주인이기도 합니다.

왕: 그의 이름은 무엇인가?

도마: 전하께서는 지금 그의 참된 이름을 들으실 수는 없을 것입니다. 하지만 그에게 주어진 이름이 있으니 메시아 예수입니다.

왕: 나는 지금까지 그대를 파멸시키지 않고 인내하면서 참아 왔다. 그러나 그대는 계속 일을 했고 그대를 따르는 술법사들이 저지른 일들로 온 나라가 시끄럽다. 이제는 그대와 술법사들을 모두 처분해서 우리나라를 그대로부터 구할 것이다,

도마: 전하께서 말한 술법사들은 나를 좇을 것이며 누구도 그 자리를 떠나지 않을 것입니다.[24]

그 후 도마는 왕의 군인들에게 끌려 나가 창에 찔려 순교하였는데 죽기 전에 시푸르를 사제로, 비잔을 집사로 세웠다. 도마가 순교한 얼마 후 왕의 아들이 귀신에 들려 누구도 제어하지 못하게 되었는데 왕은 도마의 무덤을 열고 그의 뼈를 가져다 아들 머리 위에 걸어놓으면 나을 것 같은 생각이 들었다. 그때 환상 중에 도마가 나타나 "살아 있을 때도 믿지 못했는데 죽은 자를 믿을 수 있습니까? 하지만 두

려워하지 마십시오. 우리 주님 메시아는 자비하심으로 전하에게 은총을 베풀 것입니다" 했다. 이에 왕은 도마의 무덤을 찾아갔는데 그의 유해는 이미 제자들이 거두어 서방으로 옮겨 가고 없었다. 왕은 무덤에 있던 흙을 가져다 "나의 주 예수여 내가 믿나이다" 하며 아들 머리 위에 올려놓았더니 아들이 나았다. 그리하여 왕은 시푸르 사제에게 무릎을 꿇고 안수를 받은 후 그의 왕국에서 복음을 전하도록 했다. 《도마행전》은 이렇게 끝난다.

근대 이전 서방교회 역사가들은 《도마행전》 기록에 나타난 사도 도마의 인도 선교를 크게 신뢰하지 않았다. 《도마행전》이 도마 사후 2세기가 지난 3세기 안디옥에서 기록되었다는 점, 그 내용에 신화적이고 영지주의적인 요소가 많다는 점, 《도마행전》 내용을 뒷받침할 다른 자료가 발견되지 않고 있다는 점, 그리고 《도마행전》에 나오는 인도 왕 '군다포루스'와 '마즈다이'가 실존 인물이 아니라는 점 등을 이유로 들었다. 그런데 1834-1835년 영국 고고학 발굴 조사단이 아프가니스탄의 카불 계곡을 탐사하던 중 기원 후 1세기 이 지역을 다스렸던 왕 '군다파르Gundaphar'의 이름이 새겨진 동전들을 대거 발굴하면서 《도마행전》에 나오는 '군다포로스' 왕의 실존을 부인하던 서방 역사학자들의 시각에 변화가 생겼다. 이후 계속된 추가 발굴과 유물 판독을 통해 동전에 새겨진 '군다파르'를 인도 북서부를 지배했던 쿠산Kushan 왕조의 곤도파레스Gondophares 왕으로 추정하게 되었다.[25]

쿠산 왕조는 이란 북부를 다스리던 파르티아 왕조가 붕괴된 후 기원전 20년경 곤도파레스가 스스로 "왕 중의 왕"이란 칭호를 쓰는 통치자가 되어 인더스강 상류 편잡 지역(오늘의 아프가니스탄과 파키스탄)을 중심으로 세력을 확장하여 서쪽으로 페르시아 북부 파르티아 왕국, 동쪽으로 중국 한나라 접경까지 진출했다. 쿠산 왕조의 수도 탁실라

(Taxila, 지금 파키스탄의 라왈핀디와 이슬라마바드의 중간 지점) 역시 육로 비단길, 즉 동서 교역로의 요충지였기에 서방의 그리스·로마 문화는 물론 시리아와 페르시아, 예루살렘의 종교문화도 일찍이 이곳에 전파되었던 관계로 사도 도마와 기독교 전도자들의 방문, 선교도 그 길을 통해 이루어졌을 가능성은 충분하다. 그리스도가 탄생했을 때 예루살렘과 베들레헴을 방문했던 '동방 박사Magi' 가운데 한 사람으로 알려진 '가스파르Gaspar'가 바로 인도에서 온 군다파르였다는 고대 기독교 전승이 이런 배경에서 나왔다.[26] 아직 규명되어야 할 부분이 많이 있지만 사도 도마가 인도에 복음을 전했다는 기록을 '역사적 사실'로 받아들여야 할 충분한 근거는 있다. 교파를 초월해서 인도의 기독교인들은 사도 도마가 인도교회를 시작했다는 점을 신앙으로 고백하고 있다.

말라바르 지역의 마르도마교회

사도 도마의 인도 선교에 대한 또 다른 근거자료는 인도 서남부 해안 말라바르Malabar 지역의 마르도마교회Mar Thoma Church 교인들 사이에 구전으로 전해 내려오던 전승 자료다. '마르도마'의 '마르Mar'란 시리아 말로 '위대한great' 혹은 '성인Saint'이란 뜻이다. 이는 사도 도마를 지칭하는 것으로 그의 행적을 담은 노래가 인도의 전통 민요pattu 형태로 1천 년 이상 구전으로 내려오다가 16세기 인도 선교를 위해 인도에 왔던 포르투갈 선교사들에 의해 처음으로 문자로 기록되어 서방교회에 알려졌다. 지금까지 구전으로 전승되어 도마교회 교인들 가운데 불리는 대표적인 찬송으로는 '도마 라반 노래Thomas Rabban Pattu', '베라디얀 노래Veeradyan Pattu', '마이란치 노래Mayilanchi Pattu', '날루 팔리 노래Nallu Palli Pattu', '안뎀 차르두 노래Anthem Charthu Pattu', '마르감 칼리 노래Margam Kali Pattu' 등이 있다. 그중에 사도 도마의 인도 선교 이야기를 충실하게 담고 있는 것은 '도마 라반 노래'다. 그 내용을 요약하면 다음과 같다.[27]

— 사도 도마는 주후 50년 다누월(12월에서 1월) 아라비아로부터 배를 타고 와서 말랑카라Malankara에 상륙했다. 거기서 얼마간 머문 후 마일라푸람Mailapuram으로 갔다가 거기서 다시 중국으로 갔다. 중국에서 마일라푸람으로 돌아왔다가 배를 타고 말랑카라에 와서 일곱 곳에 교회를 세웠다.

주후 59년 카니월(9~10월)에 마일라푸람으로 다시 와서 왕의 명령으로 투옥되었는데 이유는 왕이 궁전을 지으라고 준 돈을 가난한 사람들에게 준 때문이었다. 그러나 그때 왕의 동생이 죽었다가 살아나서 하늘에 있는 왕의 궁정을 보았다고 했다. 이에 도마는 풀려났고 왕은 다른 700명과 함께 세례를 받았다.

사도는 마일라푸람에서 2년 6개월을 머물다가 말라바르로 돌아와 거기서 사역하면서 많은 사람을 기독교로 개종시켰다. 사도는 말라바르에서 자제와 주교를 안수했다. 사도는 69년 그곳을 떠나 타밀 지역으로 갔다.

사도는 72년 마일라푸람으로 돌아와 카르다캄월(7월) 3일 작은 동산에서 칼리Kali 여신에게 제물을 바치러 가는 브라만들을 만났다. 그들은 사도에게 함께 가서 예배를 드리자고 원했다. 그러나 사도는 십자가를 그리면서 사당을 부셨다. 그러자 브라만들은 그를 날카로운 창으로 찔러 죽였다. 사도는 바닷가 언덕에서 기도를 하면서 숨을 거두었는데 그의 영혼이 천사들에게 둘러싸여 흰 비둘기 모양으로 하늘로 올랐다. 사도는 환상 중에 그의 무덤에서 기도하는 모든 사람들을 도와주겠다고 약속했다.

'입에서 입으로' 천년 넘게 전승되어 내려온 자료이기 때문에 역사적 사실과 신앙적 고백이 섞이고 여러 다른 신앙과 교회 전통들이 습합되면서 역사적 고증이 어려운 부분이 많은 것은 사실이지만 앞서 살펴본 《도마행전》과 함께 사도 도마의 인도 선교를 확증하는 중요한 자료인 것만은 틀림없다. 특히 도마가 인도 왕을 위해 '하늘 궁전'을 지은 것과 복음을 전하다 힌두교도들에 의해 희생된 이야기는 두 자료 모두에 나옴으로 "건축가'였던 사도 도마가 인도에 와서 복음을 전하다가 순교했다"는 증언은 인도 기독교계에서 보편적인 사실로 인정받고 있음을 보여 준다. 다만 다른 것은 《도마행전》에서는 도마의 행적이 군다포로스 왕이 통치하던 인도 서북부 편잡 지역이었던 것에 비하여 마르도마교회 구전 자료는 인도 서남부 말라바르Malabar 해안가 말랑카라 지역과 동남부 코로만델 해안가 마일라포르Mylapore 지역을 배경으로 하고 있다. 그것은 현재까지 구전 전승 자료를 지켜온 마르도마교회가 인도 남부 말라바르와 마일라포르 지역에 근거를 두고 있었던 때문으로 풀이된다.

특히 마일라포르(지금의 첸나이)에는 사도 도마가 은거했다는 동굴, 힌두교도들의 창에 찔려 순교했다는 작은 언덕, 그리고 그의 시신을 안장했다는 장소로 알려진 곳에 16세기 이곳에 온 로마가톨릭교회의 포르투갈 선교사들이 설립한 기념교회들이 설립되어 있어 지금도 많은 가톨릭 신자들이 순례 장소로 찾고 있다. 기념교회의 건축 형식은 서구 고딕 혹은 바실리카 양식이지만 이 지역에서 발굴되어 각 기념교회에 보관 중인 유물을 통해 16세기 이전 이 지역에 있었던 마르도마교회의 흔적을 확인할 수 있다. 특히 세 곳 기념교회에 남아 있는 고대 시리아교회의 십자가 문양의 조각과 고대 시리아어가 표기된 묘비석 등을 통해 말라바르의 마르도마교회와 연계된 신앙공동체가 이 지역에도 존재했음을 확인할 수 있다. 그리고 이러한 '시리아교회'의 영향을 받은 것으로 보이는 유적과 유물이 인도 남부 섬나라 스리랑카에서도 대량 발견되고 있으며 멀리 말레이시아와 인도네시아에도 마르도마교회가 지금도 존재하고 있는데, 이로 미루어 말라바르와 마일라포르에 거점을 구축한 마르도마교회 교인들에 의해 스리랑카를 비롯하여 동남아시아 지역에 복음이 전파되었던 것으로 보인다. 페르시아와 동남아시아 지역을 잇는 남방 해상 교역로를 따라 복음이 전파된 결과였다.

그런데《도마행전》과 마르도마교회 구전 자료에 나타난 사도 도마의 선교와 순교 이후 인도교회 역사를 알려 줄 만한 자료는 많지 않다. 인도교회가 시리아나 페르시아 교회처럼 독자적인 교회 전통을 세우고 신학 교육을 통해 토착인 전도자와 목회자를 양성하는 데까지 이르지 못하였던 때문으로 보인다. 인도의 집권세력과 토착 종교(힌두교)의 탄압과 박해로 인도교회는 소멸의 위기를 여러 번 겪었는데 그때마다 시리아와 페르시아로부터 전도자들이 인도에 와서 교회를 다시 살리곤 했다. 그 결과 인도교회는 시리아와 페르시아 교회와 밀접한 관계를 맺으며 관리를 받는 형태가 되었다. 325년 니케아공의회에 참석한 페르시아의 요한John the Persian이 '페르시아와 인도를 관리하는 주교'로 기록된 것도 그런 배경에서 이루어진 것이다. 이처럼 전도자들이 인도를 방문해서 전도하는 경우 외에 시리아와 페르시아로부터 기독교인들이 집단적으로 인도에 이주하여 기독교 공동체를 이룬 경우도 있었다. 4세기 중반 인도에 도래한 페르시아 상인 카나의 도마Thomas of Cana가 그런 경우다.

전승에 의하면 독실한 기독교 신자였던 카나의 도마는 345년 페르시아(시리아 동부)에서 일어난 기독교 박해를 피하여 바그다드와 니느웨뿐 아니라 예루살렘 출신 기독교인 72가정으로 이민단을 구성하고 인도양을 건너 말라바르 코둔갈로Kodungaloor에 정착해서 그곳에 기독교 공동체 마을을 조성했다. 그때 이민단 속에는 신앙지도를 위한 주교와 사제도 포함되었다. 카나의 도마 이민단은 종교박해를 피하여 인도에 왔다는 점에서 앞선 마르도마교회 신도들과 구별되었다. 그렇게 해서 생겨난 말라바르의 새로운 기독교 공동체 교인들을 "도마의 자녀들"이란 뜻의 '크나이 도만Cnai Thomman'이라 불렀다. 이들은 앞서 사도 도마의 선교로 형성된 마르도마교회 교인들과 교류하면서도 구별된 종파를 형성했다. 이후 인도교회 안에서는 카나의 도마 이민단이 정착한 곳이 남쪽에 있어서 "남쪽파"란 의미의 '데쿰브하가르Thekkumbhagar'로 불렸고 사도 도마의 전도로 세워진 마르도마교회는

"북쪽파"란 의미의 '바닥쿰브하가르Vadakkumbhagar'로 불렸다. 카나의 도마 이후에도 시리아와 페르시아로부터 기독교인들이 개인 혹은 집단으로 이주해 오는 경우가 계속 이어졌다. 예를 들어 9세기 말 10세기 초에 아르메니아 출신 사포르Sapor 주교와 프로트Prot 주교가 이끈 대규모 기독교인 이민단이 시리아를 떠나 말라바르 남부 해안도시 콜람Kollam에 정착해서 기독교 공동체를 형성했다.[28]

페르시아 동방교회와 인도 마르도마교회

이처럼 종교박해 혹은 정치적인 이유로 시리아와 페르시아로부터 집단 이주한 기독교인들로 인하여 말라바르의 마르도마교회는 활력을 얻었고 인도교회와 시리아동방(페르시아)교회와의 관계는 더욱 긴밀해졌다. 인도교회를 지원하려는 시리아와 페르시아 교회의 노력도 증대되었다. 특히 페르시아제국의 새로운 수도 셀류키아·체시폰에 근거를 둔 시리아 동방교회는 4세기 초반부터 성직자와 선교사뿐 아니라 페시타를 비롯하여 시리아역본 성서와 예문 등을 인도 말라바르교회에 보내 주었다. 그리고 341년 에베소공의회와 451년 칼케돈공의회에서 서방교회로부터 이단으로 정죄를 받은 네스토리우스파와 단성론파 교인들도 페르시아를 거쳐 인도에 도래했다.

대표적인 예로 6세기 기독교 세계관을 바탕으로 세계지도를 제작했던 비잔틴 제국의 지리학자 코스마스Cosmas를 들 수 있다. 그는 알렉산드리아 출신이었으나 시리아동방교회 대주교 압바Aba 1세의 문하생이 되어 네스토리우스파 지지자가 되었다. 그는 아프리카 악숨왕국(현재의 이디오피아)과 인도, 스리랑카 등지를 여행하면서 터득한 지식을 바탕으로 세계지도를 제작했는데 550년경 인도 말라바르 지역을 방문해서 그곳의 마르도마교회에 대한 정보를 서방에 알린 최초 인물이 되었다. 이처럼 네스토리우스파와 단성론파 신도들의 인도 이주가 이루어지면서 마르도마교회 안에 네스토리우스파와 단성론파 신학사상이 유입되었고 시리아동부교회와 마라바르교회 사이의 유대 관계는 더욱 강화되었다. 이런 상황에서 650년경 시리아동방교회 총대주교 이스호얍Ishoyahb 3세는 인도의 마르도마교회를 동방교회의 관할 지역으로 지정했고 8세기에 접어들어 총대주교 티모시Timothy 1세는 인도교회를 페르시아교회로부터 독립시켜 관구Ecclesiastical Province를 설정했는데, 이때부터 인도 마르도마교회는 독자적인 '대주교metropolitan bishop'가 관할하는 교회로 체제와 조직을 갖추었다.

그러나 이후 총대주교가 선출된 이후 인도 마르도마교회의 역사도 순탄하지만은 않았다. 인도 내부의 정치와 종교(힌두교와 이슬람) 세력으로부터 끊임없이 탄압과 박해를 받았고 든든한 후원과 배경이 되었던 시리아와 페르시아 교회도 국내의 정치적·종교적 상황 변화 때문에 인도 선교를 지속적으로 지원하지 못했다. 특히 7세기 이후 아라비아와 시리아, 페르시아 등 메소포타미아 지역에 이슬람 국가가 수립되고 이슬람 세력의 확장을 막아 주던 비잔틴(동로마)제국이 쇠퇴해지면서 인도교회를 지원하던 동방교회도 크게 약화되었다. 여기에 11세기 이후 본격화된 서방교회와 유럽 기독교 국가들이 추진한 십자군운동도 중근동 지역에서 동방교회의 영향력을 크게 약화시키는 계기가 되었다. 이처럼 11세기 이후 인도 마르도마교회는 동방교회의 활발한 지원을 받지 못하는 어려운 상황에서도 말라바르를 중심으로 교회와 신앙 전통을 지켜 나갔다. 그렇게 400여 년 외부 지원 없이 독자적인 노력으로 생존을 모색해 온 마르도마교회가 서방교회와 다시 연결된 것은 1498년 포르투갈 탐험가 바스코 다가마가 처음 인도를 방문 한 후 연이어 도착한 포르투갈 선교사들과 접촉하면서부터였다. 포르투갈 선교사들을 통해 오랫동안 '잊혀 왔던' 인도 마르도마교회의 존재와 역사가 서방교회(로마가톨릭교회)에 알려졌다.[29] 로마가톨릭교회는 1천 년 넘게 '사도(도마)교회 전통'을 지켜 온 마르도마교회를 서방교회 전통에 흡수하려 노력했고 그 결과 적지 않은 마르도마교회 교회와 신도들이 로마가톨릭교회에 흡수되었다. 16세기 들어서 인도양 항해권을 장악한 포르투갈이 인도 무역을 독점하면서 그런 현상은 더욱 가속화되었다.

그러나 포르투갈 선교사들의 '공세적'인 선교와 포섭 공세 가운데 서도 마르도마교회 내부에는 로마가톨릭교회의 '라틴 전례'를 거부하고 전통적인 동방교회의 '시리아 전례'를 고수하려는 움직임도 사라지지 않았다. 이들을 통해 마르도마교회는 소멸되지 않고 지금까지 인도 서남부 케랄라Kelala 주 말라바르 지역을 중심으로 '살아 있는 화석'처럼 2천여 년 역사 전통을 계승한 교회로 남아 있다. 그것은 로마가톨릭교회, 그리스정교회, 알렉산드리아 콥트교회, 아르메니아정교회, 시리아정교회에 뒤지지 않는 오랜 역사와 전통이었다. 서방의 가톨릭교회 혹은 정교회들이 국가(제국)로부터 보호와 지원을 받으면서 융성한 부흥과 성장을 이룩했던 같은 기간에 인도의 마르도마교회는 안팎으로부터의 박해와 탄압, 그로 인한 단절과 멸절의 위기를 견뎌내면서 이어온 신앙과 역사였기에 그 신앙적, 역사적 의미가 더욱 크다. 그것은 마르도마교회 교인들에게 붙여진 토착민들의 칭호에서도 드러난다. 초기 마르도마교회 교인들은 토착민들로부터 '나스라니Nasrani' 혹은 '나스라니 맙필라Nasrani Mappila'로 불렸다. '나스라니'는 '나사렛'이란 단어에서 파생된 것으로 처음 이 지역에 복음이 전파되었을 때 유대인 디아스포라 가운데 기독교 신앙을 받아들인 이들을 유대교인들이 '나사렛파'라 부른 것에서 유래했다. 그리고 '맙필라'란 칭호는 힌두교에 속하지 않은 종파 사람들을 지칭하는 것으로 '경멸'의 뜻을 포함하고 있다. '맙필라'란 칭호는 마르도마 교인 외에 무슬림과 유대교인들에게도 붙여졌다. 결국 마르도마교회는 인도의 국가

종교인 힌두교 체제가 인정하지 않는 '이단 종파'로 인식되어 왔다. 실제로 지금도 마르도마교회 교인들은 힌두교가 규정한 카스트의 어느 부류에도 속하지 않는 '탈 카스트out of cast' 계층으로 분류되어 정치적·사회적 불이익을 받으면서도 신앙과 종교 전통을 유지하고 있다. 그렇기 때문에 마르도마교회 신앙과 전통이 더욱 소중한 것이다.

마르도마교회 교인들은 16세기 그 정체가 서방에 드러난 이후 서방교회로부터 '마르도마 나스라니marthoma nasrani' 혹은 '마르도마 시리아 나스라니marthoma Syrian nasrani'란 칭호로 불렸는데 '시리아'란 단어가 들어간 것은 마르도마교회 교인들이 오랫동안 사용해 온 '시리아 전례' 때문이었다. 현재 인도의 말라바르지역 마르도마교회는 '말랑카라(말라바르) 마르도마시리아교회Malankara Mar Thoma Syrian Church'라는 교단 명칭을 사용하고 있다. 실제로 마르도마교회는 시리아교회가 채택한 니케아신조와 칼케돈신조와 함께 시리아교회(단성론파) 전례인 '야곱 전례Jacobite rite'와 역시 고대 에뎃사교회에서 사용하던 '앗다이Addai와 마리 전례문'을 사용하고 있다. 이처럼 근대 이후 살아남은 마르도마교회는 시리아정교회와 관계를 회복하고 긴밀한 협력 관계를 맺는 한편 로마가톨릭교회나 그리스정교회, 이집트 콥트교회, 아르메니아정교회와도 교류하면서 1948년 조직된 세계교회협의회WCC에도 회원교단으로 가입하여 세계 에큐메니칼운동에도 적극 참여하고 있다.[30] 현재 인도 마르도마교회 신도는 100만 명 정도로 추산하고 있다.

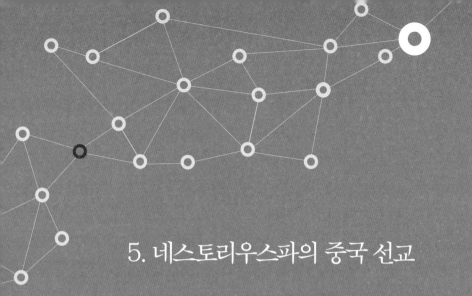

5. 네스토리우스파의 중국 선교

페르시아교회의 중국 선교 배경

아시아 대륙에서 가장 큰 나라인 중국에는 언제 기독교 복음이 전파되었을까? 지금까지는 17세기 발견된 〈대진경교유행중국비大秦景敎流行中國碑〉기록에 의거하여 635년 페르시아로부터 네스토리우스파 사제단이 중국 장안(서안)에 당도하여 당나라 황제 태종의 환대를 받으며 '경교景敎'란 이름으로 포교 활동을 시작한 것이 중국 기독교사의 출발로 알려져 왔다. 그러나 이보다 이른 시기에 기독교 복음이 중국에 전파되었을 것이란 주장이 꾸준히 제기되었다. 무엇보다 주전 1세기부터 육상과 해상, 동서 교역로(비단길)를 통해 유럽과 아시아, 특히 로마제국과 중국 한나라 사이에 경제적·문화적 교류가 활발하게 이루어졌던 점에 비추어 2-3세기 이 길을 따라 기독교 복음이 중국에 전파되었을 가능성이 없지 않다. 더욱이 1-2세기에 이미 유럽과 중국으로 오가며 무역을 했던 유대 상인들에 대한 기록이 있은 것으로 미루어 시리아나 페르시아, 인도의 경우처럼 중국에서도 유대인 디아스포라를 상대로 한 복음 전도가 이루어졌을 것이란 추정도 가능하다.

이런 배경에서 2002년 중국 난징南京신학교의 왕웨이펜汪維藩 교수는 중국 쑤저우徐州에서 발굴한 동한시대(25-220년) 석관묘소 유물들에 새겨진 그림과 문양을 분석한 결과 천지창조와 그리스도의 탄생 등 성경 이야기와 관련된 흔적을 80여 개 발견했다며 "한나라 시대에 기독교가 중국에 들어왔다"는 주장을 내놓았다.[31] 이런 그의 주장에 대하여 서구 학계는 비판적인 입장을 취하면서도 7세기 이전 기독교가 중국에 전래되었을 가능성에 대해서는 전면 부인하지는 않았다. 특히 5세기 이후 페르시아 사산왕조와 중국 사이에 무역 교류가 활발하게 이루어진 것으로 미루어 비단길을 왕래하는 페르시아의 기독교 상인들을 통해 복음이 중국인들에게 전파되었을 가능성은 충분하다.

중국은 7세기 당唐나라가 들어서면서 서방과의 교류가 활발하게 이루어졌다. 618년 수나라를 붕괴시키고 당나라를 세운 고조高祖는 중국 변방의 투르크-몽골 혼혈족인 선비족鮮肥族 출신이었던 관계로 주변 국가들과의 활발한 교류를 추진했다. 특히 그의 아들 태종太宗 이세민李世民은 왕이 되기 전 돈황공燉煌公으로 있을 때 비단길을 통한 서방과의 교역의 중요성을 인식했고 황제가 된 후 직접 군대를 이끌고 서역西域 원정길에 올라 티베트 북부, 지금 신장 지역의 투르판과 카라샤, 쿠차, 코판 등 투르크족이 점령하고 있던 도시들을 점령하여 당나라 국경을 서역까지 확대했다. 태종이 점령한 서역 도시들은 모두 동서 교역로(비단길)의 요충지로서 서방과의 교류 통로를 안전하게 확보하려는 목적에서 추진한 정벌이었다. 그렇게 해서 '뚫린' 비단길로 서방의 문물이 당나라에 쏟아져 들어왔다. 서역에서 들어온 물품과 문명, 문화는 중국인들에게 선망의 대상이었다. 중국인들은 고대로부터 '서역'의 큰 나라를 '대진大秦'으로 불렀다. '대진'이 의미하는 지역은 페르시아를 포함하여 시리아와 예루살렘, 로마까지 포함했다. 이처럼 '대진'과의 교역을 통해 중국의 문화와 문명을 진흥시키려는 당 태종의 '개방적' 문화정책을 배경으로 해서 페르시아교회가 파견한 선교사들이 '환영을 받으며' 중국에 도래했다.

그러면 635년 중국에 선교사를 파송한 페르시아교회 상황은 어떠했는가? 우선 페르시아의 정치 상황을 보면 제국 말기의 갈등과 혼란의 연속이었다. 620년 페르시아는 동로마(비잔틴)제국과 전쟁을 벌여

한때 콘스탄티노플을 점령할 정도로 위세를 떨쳤다. 그러나 그때를 계기로 해서 페르시아 사산왕조는 내리막을 걸었다. 집권 세력 내부의 갈등과 이어진 내전으로 국력이 쇠퇴했고 그런 가운데 아라비아 메카에서 세력을 키운 이슬람 군대가 메소포타미아 지역을 침공하면서 상황은 더욱 악화되었다. 이슬람 군대가 페르시아를 침공한 것은 633년 비잔틴제국을 치기 위해 북상하던 칼리드Khalid ibn Walid 부대가 메소포타미아 북부 지역을 공격한 것이 처음이었다. 이후 이슬람 군대는 계속 정복전쟁을 일으켜 638년 시리아 안디옥과 예루살렘을 점령했고 643년 아르메니아까지 점령하여 비잔틴제국과 페르시아제국을 동시에 위협했다. 이슬람제국의 칼리프 우마르Umar는 642년 대군을 이끌고 페르시아 정복에 나서 수도인 셀류키아·체시폰을 점령했고 전투에 패한 페르시아의 야즈데게르드Yazdegerd 3세는 아프가니스탄 북부 코라산을 거쳐 메르브까지 피신했다가 그곳에서 651년 살해당했다. 이로써 400년 동안 페르시아를 지배했던 사산왕조가 막을 내렸다.

이와 같이 불안했던 정치적 상황에서 페르시아교회는 어떤 배경에서 중국에 선교사를 보낼 수 있었을까? 이미 앞서 살펴본 대로 페르시아제국의 국교인 조로아스터교를 제외한 소수 종교는 통치자의 개인적 종교성향에 따라 부침을 반복했다. 국왕이 국교(조로아스터교)를 강화하는 정책을 펴면 탄압을 받았고 포용적인 정책을 쓰면 자유를 얻었다. 기독교도 예외는 아니었다. 410년 종교교회의 이후 2백 년 동안 페르시아 동방교회는 큰 박해를 받지 않고 셀류키아·체시폰 총대주교의 지휘 아래 안정적인 발전을 이루었다. 그런데 7세기 접어들어 쿠스로Khusro 2세가 통치하던 시기(591-628년)에 페르시아와 비잔틴제국 사이의 관계가 복잡하게 전개되면서 페르시아교회도 그 영향을 받았다. 쿠로스 2세는 부인이 독실한 기독교인이었고 개인적으로도 기독교, 특히 단성론파에 우호적이었으며 비잔틴제국의 모리스 Maurice 황제와도 친분이 가까워 그의 딸을 왕비로 맞이하기도 했다. 그러나 602년 비잔틴제국의 모리스 황제가 암살당하고 아르메니아 출신 헤라클리우스Heraclius가 황제가 되면서 페르시아와의 관계가 악화되었다. 쿠로스 2세는 621년 비잔틴제국을 침공했고 그때부터 기독교에 대한 유화정책을 거두었다. 쿠로스 2세는 한때 콘스탄티노플을 점령할 정도로 위세를 떨쳤으나 헤라클리우스의 반격으로 페르시아 영토를 빼앗기는 형국이 되었다. 세 차례 대규모 전투에서 패한 후 힘을 잃은 쿠로스 2세는 결국 628년 모리스 황제의 딸과 사이에 태어난 아들 카바드Kavadh 2세에게 왕좌를 빼앗겼다.

왕위에 오른 카바드 2세는 비잔틴제국의 헤라클리우스 황제와 평화조약을 체결하고 종교적 포용정책을 펼쳤다. 그는 조로아스터교 지도자들로부터 항의를 받을 정도로 기독교를 우대했다. 그런 배경에서 오랫동안 모이지 못했던 네스토리우스파 주교회의가 628년 셀류키아에서 개최되었고 거기서 바그다드 북쪽 발라드Balad 주교였던 예수야하브Jesuyahb 2세가 총대주교로 선출되었다. 아라비아 게달라에서 출생한 그는 니시비스에서 신학수업을 받으면서 네스토리우스파 사제가 되었고 니시비스 근처 이즐라Izla 수도원장을 역임한 후 발라드 주교로 사역하던 중 총대주교로 추대받은 것이다. 그러나 그가 총대주교로 선임된 직후 교회의 든든한 후원자였던 카바드 2세가 즉위 6개월 만에 전염병에 걸려 사망했고 그 후로 페르시아는 10년 동안 열 명이 넘는 왕들이 등장하는 정치적 혼란을 겪었다. 그런 상황에서 예수야하브 2세는 총대주교로서 교회의 안정과 발전을 위해 노력했다. 대표적인 예로 그는 630년 네스토리우스파 주교와 사제들을 이끌고 시리아 알레포로 가서 페르시아 왕실 정치에 영향력을 행사하고 있던 비잔틴제국의 헤라클리우스 황제와 면담했다. 그것은 서방교회로부터 이단으로 정죄당한 네스토리우스파 신앙에 대한 이해를 구하는 한편 페르시아와 비잔틴 제국의 우호적인 외교관계를 구축하기 위함이었다. 알레포에서 만난 헤라클리우스 황제와 네스토리우스파 사제들이 함께 성찬식에 참여함으로 예수야하브 2세의 노력은 성공을 거두었다는 평가를 받았다.[32]

이후 예수야하브 2세는 643년 별세하기까지 15년 동안 총대주교로서 교회뿐 아니라 정치권에서도 뛰어난 지도력을 발휘했다. 그리고 이처럼 네스토리우스파가 예수야하브 총대주교를 중심으로 강력한 지도체제를 구축하고 신학 교육과 선교활동을 펼치던 시기 페르시아 내 단성론파도 독자적인 교회회의를 소집하고 대주교를 선출하고 선교활동을 펼쳤다. 그 결과 신학적으로 서로 다른 네스토리우스파(양성론파)와 단성론파가 페르시아 내에서 독자적인 교회 조직을 갖추고 대립과 공존 관계를 맺게 되었다. 그러나 그 시기 페르시아제국은 붕괴되고 있었다. 내부의 정치적 갈등과 내전으로 국력이 쇠퇴한 가운데 이슬람 군대의 거센 공격은 페르시아 교회에도 큰 위협이 되었다. 이슬람 군대의 공격으로 635년 히라와 다마스쿠스에 이어 637년 왕국의 수도 체시폰이 함락된 후 동쪽으로 후퇴했던 야즈데게르드 군대가 641년 하마단 근처 니하완드에서 벌어진 대규모 전투에서 패함으로 페르시아 사산왕조는 사실상 종말을 고했다. 사산왕조의 멸망으로 페르시아교회의 운명도 바뀌었다.

페르시아를 점령한 이슬람제국은 페르시아 종교에 대해 2중 정책을 썼다. 페르시아의 국교였던 조로아스터교에 대해서는 '우상숭배'라는 이유로 잔혹한 탄압을 가했다. 조로아스터교 사제와 신도들에게 이슬람으로 개종할 것을 강요하며 무거운 세금을 물렸고 이에 응하지 않으면 사형에 처했다. 그래서 페르시아의 조로아스터교는 급속도로 소멸되었다. 그러나 기독교와 유대교에 대해서는 유화정책을 폈다. 그 것은 이슬람 경전 쿠란에 나오는 대로 아브라함과 모세, 예수 그리스도를 무함마드와 같은 '선지자' 반열에 올려놓아 유대교와 기독교는 '교류할 수 있는' 종교로 인식한 때문이기도 했지만, 그보다는 기독교와 유대인들을 조로아스터교처럼 탄압해서 단시간 내 개종시키기보다는 시간을 두고 서서히, 자발적으로 개종시키려는 포교정책 때문이었다. 이슬람 개종자에겐 특혜를 주었지만 거부하는 종교인들에겐 세금을 물렸다. 그 결과 자발적인 개종이 이루어졌는데 처음엔 귀족과 토호들이 개종하고 나중에 농부와 상인들도 개종했다.[33] 그 결과 페르시아는 10세기 이후 강력한 이슬람 국가가 되었다.

바로 이처럼 페르시아 제국이 붕괴되면서 정치적·종교적 혼란이 가중되던 시기에 네스토리우스파 교회의 중국 선교가 이루어졌다. 635년 알로펜 일행을 중국에 파송한 페르시아교회의 수장은 예수야하브 2세였고 그때 페르시아 통치자는 사산왕조의 마지막 왕인 야즈데게르드 3세였다. 야즈데게르드 3세는 비잔틴제국에 이어 이슬람 군대의 침공을 받아 641년 수도인 체시폰을 내주고 북부 코라스 지역으로 피신해서 재기를 노리다가 651년 주역 주민에게 살해당했다. 야즈데게르드 3세가 죽은 후 그의 아들 페로스Peroz 3세와 손자 나시에Nasieh는 중국 당나라로 망명하여 사산왕조의 부흥의 꾀하였으나 뜻을 이루지 못했다. 이렇게 페르시아의 제국 말기, 정치적 혼란과 패망을 전후로 하여 많은 페르시아의 귀족과 주민들이 중국으로 이주했고 당 태종은 중국으로 '피신해 오는' 페르시아인들을 적극 받아들였다. 이들이 가지고 들어오는 문물을 통해 문예부흥을 꾀했다. 그런 배경에서 635년, 알로펜이 인솔한 네스토리우스파 선교단이 외교사절단 형태로 당나라 수도 장안에 도착해서 태종 황제로부터 환영을 받으며 '공식적인' 선교를 시작했다.

중국 당나라 경교의 역사

이후 전개된 페르시아(네스토리우스파) 교회의 중국 선교 역사는 〈대진경교유행중국비〉 비문을 통해 비교적 소상하게 밝혀지고 있다. 우선 635년 페르시아로부터 들어온 네스토리우스파 교회는 중국에 들어와 "페르시아 종교"란 뜻의 '파사교波斯教', 혹은 "서방에서 온 종교"란 뜻의 '대진사大秦寺'로 불리기도 했지만 '경교景教'란 명칭을 더 많이 사용되었는데, 〈대진경교유행중국비〉는 그 이유에 대하여 "이 도道는 참되고 변함이 없어 오묘하니 이름 붙이기 어렵지만 그 효용이 밝고 현저하므로 굳이 이름 하여 경교景教라 했다"고 설명했다. "빛나는 종교"란 뜻에서 '경교'란 명칭을 붙여진 것이다. 그렇게 중국에 들어온 경교 역사를 경교비는 다음과 같이 기록하고 있다.

— 1) 태종 정관貞觀 9년(635년)에 '대진국大秦國' '상덕上德' 아라본阿羅本, Alopen이 경전經典과 성상聖像을 휴대하고 장안長安에 도착했다. 이에 태종은 재상 방현령房玄齡으로 하여금 아라본을 귀빈으로 영접하고 경전을 번역하여 그 가르침이 무엇인지 알아보도록 했다.

2) 번역된 경전을 읽어본 태종은 정관 12년(638년) 가을(음 7월), "대진국에서 아라본이 가져온 경전의 교지를 살펴보니 거짓됨이 없고 논설이 번잡하지 않으며 그 원리가 만물을 구제하고 사람을 이롭게 할 만하니 천하에 펼쳐 행하도록 하라"는 조칙을 내리고 관원으로 하여금 장안 의령방義寧坊에 '대진사大秦寺'를 짓고 승려(사제) 21인이 거하도록 했다. 그렇게 해서 세워진 장안 대진사에는 황제의 초상화

가 걸렸다.

3) 태종의 뒤를 이은 고종高宗 황제도 선황의 뜻을 이어받아 경교를 후원하여 전
국 각 주州마다 '경사景寺'를 짓도록 했고 아라본을 진국 대법주鎭國大法主로 삼
았다. 그 결과 전국 10도 각 성읍마다 경교 회당이 세워지고 가정마다 경복景福을
누렸다.

4) 측천무후則天武后의 통치기간, 특히 성력(聖曆, 698-705년) 연간에는 동주東周에
서 불교가 횡행하고 경교가 쇠퇴했다.

5) 현종玄宗은 집권 초기 대장군 고력사高力士로 하여금 황제와 5성五聖의 초상
화를 경교 회당에 보내 안치하도록 하고 비단 백 필을 하사했다. 그리고 영국寧國
등 다섯 나라 왕들로 하여금 친히 경교 회당을 방문하도록 하고 제단을 세워 주었
다. 선천天寶 3년(744년)에는 대진국으로부터 길화佶化가 별을 보고 찾아와 황제
를 알현했다. 이에 황제는 경교 사제 라함羅含과 보론寶論 등 17인으로 하여금 길
화와 함께 흥경궁興慶宮에서 공덕을 쌓도록 조서를 내렸고 경교 회당에 친필 편
액을 내려 보냈다. 현종 황제 말년에 서안 사람들이 경교도를 크게 조롱하고 흉보
았으나 '승수僧首' 라함羅含과 대덕大德 급열及烈을 비롯하여 서방에서 온 귀족과
세속에 물들지 않은 고승高僧들이 무너진 강령을 다시 세워 교세가 크게 진작되
었다.

6) 숙종肅宗은 영무靈武 등 5군에 경교 회당을 다시 짓도록 하고 물자를 내려 보냄
으로 교세를 진작시켰다.

7) 대종代宗은 매년 탄생일에 경교 회당에 천향天香을 하사하고 어찬御饌을 분급
하여 신도들을 격려했다.

8) 덕종德宗 2년(781년) 1월, 대진사大秦寺 사제 경정景淨이 글을 짓고 조의랑朝義
郎 전 태주台州 사사참군司士參軍 여수呂秀가 글씨를 써서 경교비를 세웠다. 경교
비 건축에 큰돈을 댄 경교 사제 이사李斯는 멀리 왕사성王舍城으로부터 중국에
와서 3대에 걸쳐 당나라 조정에 봉사하였는데 숙종 때 중서령中書令 분양군왕汾

陽郡王 곽자의郭子儀의 삭방(朔方, 북방) 원정에 동반했고 그때부터 곽자의와 친밀하게 지냈다. 그는 당 조정으로부터 광록대부光祿大夫 겸 절도부사節度副使 겸 시전중감試殿中監 벼슬을 얻어 많은 녹봉과 하사품을 받았는데 그것을 집에 축적하지 않고 남에게 나누어 주고 낡은 회당을 보수하는데 사용했다. 또한 해마다 네 곳 회당에 사제와 신도들을 모아 50일간 준비하여 굶주린 자를 먹이고 추워 떠는 자를 입혔으며 병든 자를 고치고 죽은 자의 장사를 치러 주었다.

비문은 철저하게 당나라 역대 황제를 중심으로 경교의 역사를 기록하고 있다. 그것은 로마나 시리아, 페르시아에서도 교회 역사가 제국의 정치사와 밀접한 관련을 맺고 있었던 것과 같은 맥락이다. 역대 제왕들의 종교와 문화 정책에 따라 교회가 흥하기도 하고 쇠하기도 하였던 것이다. 중국에서 경교 역사도 그러했다. 이제 경교비문 내용을 중심으로 하여 중국의 경교 역사를 재정리하면 다음과 같다.[35]

페르시아로부터 기독교가 중국에 '공식적으로' 전파된 해는 635년, 즉 당 태종 즉위 9년이었다. 그러나 그보다 이전에 비단길을 통해 중국에 들어온 페르시아와 시리아의 기독교인 상인이나 이주민들을 통해 기독교 복음이 전파되었을 가능성을 배제할 수 없다. 오히려 상당 기간 민간 차원에서 기독교 교류와 유입이 이루어진 후에 정권 차원에서 기독교 포교활동을 '공인'하는 형식을 취한 것으로 볼 수도 있다. 앞서 언급한 대로 태종은 서역 국가들과의 문물 교류를 통해 중국의 문예부흥을 꾀했다. 그는 고대 그리스제국의 알렉산더가 알렉산드리아에 '세계 최대' 도서관을 지었듯이 장안에도 그런 도서관을 짓고 20만 권에 달하는 도서들을 수집, 보관했다. 그런 배경에서 태종은 페르시아로부터 다량의 '경전'을 갖고 들어온 알로펜 일행을 환대했고 중국어로 번역된 경전을 읽은 후 경교가 나라에 해가 되지 않을 것으로 판단하여 '받아들이도록' 허락한 것이다. 그래서 경교는 당나라 조정과 관리들의 후원과 지원을 받으며 장안을 중심으로 선교활동을 펼쳐나갈 수 있었다.

그 무렵 경교 외에 페르시아로부터 조로아스터교와 이슬람교, 마니교 등이 들어왔고 인도와 티베트에서 불교가 들어왔다. 공식적으로 당의 '국가 종교'는 중국에서 발원한 도교와 유교였다. 그러나 종교적 포용정책으로 서역에서 들어온 '외래' 종교들도 활발하게 포교활동을 펼쳤다. 특히 페르시아에서 들어온 3대 종교, 즉 기독교景教와 조로아스터교妖教, 이슬람교回教은 '삼이사三夷寺'로 분류되어 특별한 대우를 받았다. 그렇게 해서 '정관의 치貞觀之治'로 불리는 태종의 통치 기간 중에 경교는 크게 진흥되었다. 그 기간 경교 경전인《서청미시소경序聽迷詩所經》과《일신론一神論》,《일천론一天論》,《세존포세론世尊布世論》,《경교삼위몽도찬景教三威蒙度讚》,《대진경교선원본경大秦景教宣元本經》,《지현안락경志玄安樂經》 등이 중국어로 번역되어 지식인 사회에 보급된 것도 경교 확장에 도움이 되었다.

649년 태종이 죽은 후 그 뒤를 이어 황제가 된 고종도 선대의 정책을 그대로 계승했다. 고종은 동쪽으로 한반도를 침공하여 백제와 고구려를 붕괴시키고 영토를 확장했지만 서쪽으로 '96주州 8부府'로 정리한 서역 국가들과 우호적인 외교관계와 교류를 확대했다. 그 결과 고종 통치 기간(649-683년)에서 경교는 크게 성장했다. 장안 외에 낙양洛陽과 금주錦州, 임도臨洮 등지로 선교가 확장되었고 전국에 358개 교회와 수도원이 설립되었다는 기록이 있을 정도로 발전했다. 이에 페르시아의 셀류키아·체시폰 총대주교는 알로펜을 중국 대주교metropolitan bishop로 임명하여 중국교회를 독자적으로 관리하도록 했다. 그렇게 해서 "전국 각 주에 경교 회당을 짓고 아라본을 진국대법주鎭國大法主로 삼아 전국 10도 각 성읍마다 회당을 지어 신도들이 경복景福을 누렸다"는 경교비 기록이 나왔다. 이처럼 태종과 고종 연간에 경교는 크게 부흥했다.

그러나 683년 고종이 죽고 그 부인이었던 무후武后가 정권을 장악하면서 상황이 크게 바뀌었다. 본래 무후는 14세 때 태종의 후궁으로 궁에 들어갔다가 고종의 황후가 되었는데 고종이 죽은 후 처음엔 중종中宗과 예종睿宗 등 어린 아들들을 왕위에 올리고 섭정을 하다가 690년 스스로 '측천금륜대성신황제則天金輪大聖神皇帝'란 칭호로 황제위에 올랐다. 그때부터 '측천무후則天武后'로 불렸다. 독실한 불교신자였던 측천무후는 황제가 되면서 국호도 동주東周로 바꾸고 수도를 장안에서 낙양으로 옮긴 후 낙양을 '불교 성도佛敎聖都'로 조성하는 한편 전국 각지에 많은 불교 사찰을 건립하고 승려들을 양성했다. 반면에 서방과의 교류는 단절되고 티베트와 투르크 등 서역 국가들과의 전쟁이 벌어졌다. 그런 상황에서 경교를 비롯한 '삼이사'는 물론이고 유교와 도교까지 탄압을 받았다. 특히 측천무후가 698년 연호를 '성력聖曆'으로 바꾸고 불교를 사실상 '국가종교'로 선포한 이후 경교는 극심한 탄압을 받았다. 특히 장안에 있던 경교 회당과 수도원은 불교도와 일반 주민들의 공격을 받아 건물이 파괴되고 사제와 교인들이 목숨을 잃었다. 이런 탄압과 시련은 측천무후가 죽은 705년까지 지속되었다.

측천무후가 죽은 후 국호는 당으로 회복되었고 수도도 장안으로 옮겨졌다. 측천무후 사후에도 한동안 정치적 혼란은 이어지다가 712년 현종玄宗이 즉위하면서 정치적 안정을 되찾았다. 서역 국가들과의 외교 관계와 교류도 회복되었고 종교·문화 정책도 포용적으로 바뀌었다. 그리하여 '개원의 치開元之治'라고 불렸던 현종 통치 기간(712-762년)에 경교도 교세를 회복하고 발전을 이룩했다. 이에 대하여 경교비는 "현종의 측근인 대장군 고력사高力士가 황제와 5성五聖의 초상화를 경교 회당에 안치하며 비단 백 필을 하사하여 제단을 수축한 후 황제를 알현하기 위해 장안을 방문한 주변 국가 왕들로 하여금 경교 회당을 방문하도록 했다. 744년 대진국(시리아)으로부터 온 주교 길화佶化를 만난 후 황제는 경교 사제 라함羅含과 보론普論 등 17인으로 하여금 길화와 함께 장안 흥경궁興慶宮에서 기도하도록 조서를 내렸고 경교 회당에 친필 편액을 내려 보냈다"고 기록했다. 이것을 통해 이슬람 국가가 된 페르시아와 시리아로부터 기독교인들이 중국으로 피신, 혹은 이주하여 중국 경교를 진흥시켰음을 알 수 있다. 현종 말년에 양귀비와 안록산 등과 관련된 정치적 혼란이 일어나면서 경교가 적지 않은 탄압을 받았으나 사제 라함羅含과 급열及烈 등 '세속에 물들지 않은 고승高僧'들로 인해 경교는 안정적인 발전을 이룩했다.

현종의 뒤를 이은 숙종(肅宗, 756-762년 재위)과 대종(代宗, 763-779년 재위), 덕종(德宗, 779-805년 재위)의 통치 기간 중에도 경교는 큰 박해 없이 발전했다. 황실과의 관계도 좋아서 숙종은 영무靈武 등 5군에 경교 회당을 다시 짓도록 물자를 내려 보냈고 대종은 매년 생일(천수절)에 경교 회당에 향과 음식을 내려 보내 신도들을 격려했다. 경교비는 이 시기 경교 발전에 크게 공헌한 인물로 곽자의郭子儀와 이사李斯, 경정景淨, 세 사람을 언급하고 있다. 현종 때부터 덕종까지 4대를 섬긴 곽자의는 당나라의 대표적인 무신으로 중서령中書令과 분양군왕汾陽郡王으로 현종 때 안사의 난(755년)을 평정하고 위구르와 토번의 침략을 막아낸 공으로 삭방절도사朔方節度使와 위위경衛尉卿에 올랐다. 곽자의는 경교 신자가 아니었지만 경교를 후원하고 보호했다. 그 이유는 휘하에 자신을 도운 경교 사제와 신도들이 있었기 때문이었다. 대표적인 인물이 경교 사제 이사李斯였다. 경교비에 그의 출신지를 서역 '왕사성

王舍城'이라 표기하였는데 곧 발크Balkh, 지금의 아프가니스탄과 이란 접경 지역이다. 그의 페르시아 이름은 '야스부짓Yazdbouzid'으로서 이사는 한자 이름이고 중국식 발음은 '이쑤Issu'였다. 결혼한 경교 사제였던 이사가 언제부터 당나라 조정에서 일하였는지 분명치 않지만 숙종 때 곽자의가 삭방(朔方, 북방) 원정을 떠날 때 동반하여 전공을 세웠고 그로 인해 광록대부光祿大夫, 삭방절도부사朔方節度副使, 시전중감試殿中監 등 벼슬을 얻었다. 그래서 이사는 조정으로부터 많은 녹봉과 하사품을 받았는데 그것을 개인이 쓰지 않고 빈민구제와 회당 건축, 선교활동에 사용하여 주변에서 칭송이 대단했다. 그래서 781년 건립된 경교비는 경교 역사 기록 외에 교회 발전에 기여한 이사의 공로를 기리기 위해 세운 것으로 볼 수도 있다.

당나라 멸망과 경교 소멸

그러나 경교비를 세운 때(781년)를 기점으로 경교는 다시 급속도로 쇠락했다. 그것은 당나라 말기 정치적 혼란과도 관련이 깊었다. 경교비를 세운 2년 후(783년) 장안에서 일어난 주비朱泚의 난을 비롯하여 지방 토호들의 반란과 변방 부족국가들의 침략이 계속 이어졌다. 이처럼 변방 토호와 부족의 잇단 반란과 침략으로 경제적 파탄과 정치적 위기가 지속되자 당나라 조정은 정치적 보수화 정책을 펼쳤다. 그것은 서역 국가들과의 교류 단절과 외래 종교에 대한 탄압으로 이어졌다. 특히 불교를 바탕으로 한 지방 토호세력의 저항과 반란에 위기를 느낀 황제와 집권층은 유교와 도교를 한층 강화하고 불교를 비롯한 외래 종교를 견제, 탄압했다. 특히 '도교 중흥'을 내건 무종武宗의 통치 기간(840-846년)에 외래 종교에 대한 탄압이 심하였는데 무종은 845년 '회창멸법會昌滅法'이라 하여 장안에 있는 사찰을 제외하고 전국에 있는 불교 사찰 4만 여 개를 폐쇄하고 26만 여 명의 승려를 환속시켰다. 많은 불상이 파괴되고 불경들이 소실되었다. 그 과정에서 페르시아 계통의 경교와 조로아스터교, 마니교도 탄압을 받았다. 특히 3천여 명의 네스토리우스파와 조로아스터교 사제들이 환속을 명령받았고 거부하면 살해당하거나 추방당했다. 이때 경교 회당은 철저하게 파괴되었고 많은 사제와 신도들이 순교했으며 살아남은 신도들은 변방으로 흩어졌다. 그리하여 경교는 회생불능 상태에 처했다. 이후 선종宣宗 연간(847-859년)에 잠시 종교적 완화정책을 펼칠 때 경교 회복의 움직임이 있었으나 오래 지속되지 못했고 875년 황소黃巢의 난에 이어 901년 주전충朱全忠의 반란으로 당이 멸망하면서 경교도 중국 역사에서 사라졌다.[36]

이로써 페르시아로부터 전래된 네스토리우스파 기독교는 중국에서 '경교'란 이름으로 200년간(635-845년) 말 그대로 흥망성쇠興亡盛衰를 경험하고 소멸되었다. 중국에서 경교는 도입 시기 황제의 우호적인 환영과 접대를 받았고 황실의 최측근 인사들이 적극 후원하여 한때 전국 10여 도에 수백 개 회당과 사원이 설립되고 수천 명에 달하는 사제와 수도사, 신도들이 선교활동을 활발하게 펼쳤지만 당나라 말기 정치적 혼란기에 완전 소멸되고 말았다. 이후 중국 역사에서 '경교'란 이름은 다시 등장하지 않았다. 781년 세웠던 경교비도 언젠가 무너져 땅 속에 묻혔다가 17세기 중국에 선교사로 들어온 예수회 사제들에 의해 발굴되어 1천 년 전에 존재했던 경교의 역사를 세상에 알려 주었다.

이처럼 중국에서 크게 융성했던 경교가 급속히 소멸된 이유는 무엇일까? 물론 당나라 황실과 조정의 종교정책과 탄압을 일차적 원인으로 꼽을 수 있을 것이다. 그러나 정치적 탄압만으로는 설명이 부족하다. 같은 상황에서도 살아남은 '외래 종교'가 있었다. 경교보다 심하게 탄압을 받은 불교는 살아남았을 뿐 아니라 지금까지 중국 인민사회에 가장 영향력 있는 종교로 존재한다. 그리고 비록 위구르(신장) 지역으로 제한되기는 했지만 이슬람 역시 중앙 정치세력으로부터 지속적인 탄압을 받으면서도 소멸되지 않고 현재에 이르고 있다. 그런 반면에 경교는 철저하게 소멸되었다. 그 이유와 원인을 여러 가지로 설명할 있겠지만 여기서는 역사신학, 선교학적인 관점에서 두 가지로 설명하고자 한다.

첫째, 경교는 '외래 종교foreign religion'로서의 한계를 극복하지 못했다. 경교는 처음부터 외국에서 '들어온' 종교였다. 경교는 서방 교역을 중요시하였던 당나라의 문화정책에 따라 비단길을 타고 들어온 외래 종교 가운데 하나였다. 당시 페르시아(대진)는 중국이 중요시하는 서방 교역국가 가운데 하나였고 그런 배경에서 페르시아에서 들어온 경교는 조로아스터교, 이슬람과 함께 '삼이사三夷寺'로 분류되어 환대와 대접을 받았다. 그러나 '삼이사'의 '이夷'는 '변방' 혹은 '외국', '손님'이란 뜻을 담고 있다. 외래 종교로서 경교는 중국에서 발원한 유교나 도교처럼 중국인들로부터 '주인' 대접을 받지 못했다. 손님처럼 왔다가 가는 종교로 인식되었다. 실제로 당나라 시대 경교를 이끈 교회 지도자들을 보면 635년 처음 경전을 갖고 찾아왔던 아라본(알로펜)은 물론 744년 주교 신분으로 도래한 길화, 781년 당시의 이사(야스부짓)와 경정(아담) 등 페르시아교회로부터 파송된 선교사들이었다. 경교 사제는 시리아나 페르시아 사제처럼 수염을 기르고 머리 정수리를 밀었다. 그 모습은 중국에서 '이국적'이었다. 이처럼 중국에서 경교는 페르시아교회로부터 지속적으로 지휘와 보급을 받았다. 그 결과 국내의 정치 및 종교적인 상황 변화로 페르시아교회가 중국교회를 지원할 수 없게 되자 보급이 끊긴 중국 경교는 자동 소멸될 수밖에 없었다.

결국 경교는 중국에서 200년 '외래 종교'로 있다가 사라졌다. '중국인의 종교'로 뿌리를 내리지 못했다는 말이다. 물론 경교도 선교 초기 시리아 경전을 한문으로 번역하면서 불교나 도교의 경전 문화를 받아들여 중국의 고유문화와 종교에 적응하려는 '토착화' 시도를 한 것은 사실이다. 회당을 '사寺'로 호칭하고 사제를 '승僧'과 '대덕大德'으로 호칭한 것이라든지 기도를 '수공덕修功德', 성령을 '현풍玄風', 하나님을 '삼일묘신三一妙身' 혹은 '천존天尊'으로 번역한 것, 그리고 주일 미사 때

목탁을 두드리며 예배하고 조상제사를 수용한 것이 그러한 예다. 그러나 엄밀한 의미에서 이런 '불교적' 용어는 경전과 교리를 중국어로 번역하는 과정에서 채용한 표현이었을 뿐이다. 기독교가 중국에서 '서방(페르시아) 종교'라는 인식을 극복하기 위해서는 그 복음이 중국인의 역사가 오랜 종교문화 토양 속에 뿌리를 내리는 토착화 과정이 필요했다. 그런데 그것은 중국의 역사와 문화, 종교에 대한 지식과 이해가 풍부한 중국 토착교인이라야 할 수 있는 작업이었다. 중국에 '손님'으로 도래한 외국인 선교사나 목회자들에겐 벅찬 일이었다. 그런 면에서 중국에서 경교는 토착인 사제와 신학자를 양성하고 그들로 하여금 기독교 복음을 중국의 역사와 문화 속에서 해석하고 적용하여 기독교를 (서양인의 종교가 아닌) '중국인의 종교'로 뿌리를 내리도록 유도하는 데 실패한 것으로 보인다. 그 결과 경교는 중국 역사에서 '서방에서 왔다가 서방으로 떠난' 종교로 기록되었다.

둘째, 경교는 '정치 지향적인 종교politics-oriented religion'로서의 한계를 극복하지 못했다. 교회가 정치·사회적인 환경과 영향에서 자유롭지 못했다는 말이다. 경교는 635년 처음 중국에 도입될 때부터 당나라 조정과 밀접한 관계를 맺고 선교를 시작했다. 태종 황제는 서역과의 문물교류를 통해 자국의 문예를 진흥시키겠다는 정무적인 판단에서 경교를 받아들이고 후원했다. 이와 같은 황제의 '은덕'에 감사하는 뜻으로 경교 회당 안에는 황제의 초상화와 어필御筆 액자가 걸렸다. 황제의 생일에는 교인들이 궁에서 내려온 향과 음식을 나누었고 때로는 사제들이 궁에 들어가 황제의 '만수무강'을 비는 기도회를 열었다. 그 결과 경교 사제 가운데 이사나 경정처럼 황실에 충성하여 고위직에 오르는 경우도 나왔다. 경교는 황실과의 우호적인 관계를 배경으로 삼아 세를 확장시켜 나갔다. 그러나 이런 황실(정치)과의 밀착 관계가 오히려 종교 발전에 저해 요인이 되었다. 경교에 대해 우호적인 황제가 통치할 때 교회는 발전했지만 반대의 경우엔 탄압과 박해를 받았다. 불교를 편애했던 측천무후 통치기간 중에 교회는 혹독한 시련을 겪었다. 이처럼 정치적 상황과 환경 변화에 따라 교회 운명이 바뀌게 됨으로 사제와 교인들은 정치에 예민할 수밖에 없다. 그 결과 정치 지향적인 교회가 출현했다. 이런 정치 지향적인 교회 모습은 페르시아와 시리아는 물론 로마와 콘스탄티노플 등지의 서방교회도 마찬가지였다.

이처럼 정치·사회적인socio-political 환경에 지배를 받는 교회의 특징은 자생력自生力이 없다는 것이다. 정치적 보호와 지원을 받을 때는 크게 부흥하지만 그런 보호와 지원이 없을 때, 그리고 반대로 탄압과 시련을 받을 때는 쇠퇴하고 소멸될 수밖에 없다. 그것이 물질적인 것이든 정신적인 것이든, 정치적인 것이든 종교적인 것이든 외부의 지원이나 관리에 의존하는 교회의 생명력은 약할 수밖에 없다. 자립自立과 자치自治 능력을 지는 교회라야 어떤 환경 변화와 상황에서도 흔들리지 않고 교회의 본질적인 사역을 추진할 수 있다. 그런 면에서 중국 당나라 시대 경교는 자생력을 키우는 선교에 실패한 셈이다. 앞서 살펴본 것처럼 경교는 페르시아에서 '들어온' 선교사들이 교회를 관리했고 중국인 토착 교회 지도력을 세우는데 소홀했다. 결국 중국에서 경교는 '중국인에 의한 중국인교회Chinese Church by the Chinese'로서 자생력 있는 교회로 성장하지 못하고 외부(선교사나 정권)의 지원이나 보호를 받아야하는 '미숙아' 교회로 존재하다가 보호자가 사라지면서 함께 소멸된 것으로 볼 수 있다.

6. 몽골제국과 기독교 선교

몽골 부족과 네스토리우스파

'경교'란 이름으로 7-8세기 당나라 때 중국에서 '유행'했다가 사라진 페르시아의 네스토리우스파 교회가 중국 역사에 다시 등장한 것은 13-14세기 원元나라 때였다. 13세기 이탈리아 여행가 마르코 폴로를 비롯하여 로마교황청에서 파견한 외교사절단과 선교사들이 원나라 수도 북경을 방문했을 때 이미 그곳에는 상당수의 네스토리우스파 사제와 교인들이 있어 회당을 세우고 신앙생활을 하고 있음을 발견했다. 이처럼 원나라 때 네스토리우스파 교회가 다시 유행하게 된 것은 12세기 아시아 대륙을 평정하고 원나라를 세운 몽골 부족 안에 네스토리우스파 신도가 상당한 세력을 형성하고 있었던 것과 관련이 있다.

언제, 어떤 경로로 몽골 부족에 기독교(네스토리우스파) 복음이 전파되었는지 정확한 사실은 알 수 없다. 그리고 몽골은 단일 민족 국가가 아니라 중앙아시아를 무대로 활동하던 다양한 유목민 부족들의 정치연합 공동체였기 때문에 기독교에 대한 입장도 부족마다 달랐다. 몽골 부족 가운데 기독교 신앙을 받아들인 대표적인 부족으로는 케라이트Kerait족과 나이만Naiman족, 옹구트Ongut족 등으로 알려지고 있다. 그런데 이들 몽골 부족들이 거주하던 지역은 러시아 남부 바이칼호 주변, 중앙아시아 서부의 동서 교역로(비단길) 북방 루트가 통과하는 지역이었는데 그 길로 왕래하던 시리아와 페르시아 기독교인 상인들을 통해 복음이 몽골 부족에게 전파되었을 가능성은 충분하다. 실제로 몽골 부족에게 처음 복음은 전달한 사람은 사제나 선교사보다 상인들이었다. 그런 예를 케라이트족 개종 이야기에서 발견할 수 있다.

게라이트족 개종 이야기는 12세기 시리아의 네스토리우스파 역사가 마리 이븐 슐레이만Mari ibn Suleiman과 13세기 시리아교회 대주교바르 헤브라에우스(Bar Hebraeus, 1226-1286년)의 기록을 통해 서방에도 알려졌다. 그 내용을 요약하면 다음과 같다.[37]

— 1007년 어간에 케라이트족 족장이 높은 산에 올라 사냥하던 중 눈보라로 길을 잃었다. 사방을 둘러봐도 길을 찾을 수 없어 절망적인 상태에 빠졌을 때 환상 중에 한 성인Sergis이 나타나, '그대가 그리스도를 믿겠다면 내가 그대를 살려 주리라' 했다. 그가 믿겠다고 약속하자 성인은 '눈을 감으라' 하고 길을 보여 주어 그는 무사히 집으로 돌아올 수 있었다. 그리고 얼마 후 그는 기독교인 상인들을 만나게 되었고 계곡에서 본 환상을 기억한 후 그 상인들에게 기독교에 대해 물었다. 상인들은 그에게 주의 기도와 찬미를 가르쳐 주었다. 족장은 상인들의 조언에 따라 페르시아 동북부 메르브(Merv, 지금 투르크메니스탄의 Mary)의 대주교 에벳예수Ebedyeshu에게 편지를 보내 사제들을 보내달라고 했다. 이에 네스토리우스파였던 에벳예수 대주교는 사제 한 명과 부제 한 명을 파견하여 족장과 부족민들에게 세례를 베풀었다. 1009년 에벳예수 대주교는 당시 페르시아교회를 총괄하고 있던 바그다드의 요한John 6세에게 편지를 보내 몽골 케라이트족의 개종과 선교 상황을 자세히 보고했다. 그에 따르면 족장 이하 2천 여 명의 신자가 있으며 천막으로 만든 회당 안에 제단을 세우고 제단 위에는 십자가와 복음서를 진설하였으며 '마르 세르기우스Mar Sergius'라 불리는 사제가 매주일 미사를 집행하고 사순절에는 '단sweet 우유' 대신 '신sour 우유'를 마시며 금식을 실천했다.

케라이트 족장과 부족민의 개종 이야기는 311년 로마제국의 콘스탄티누스 황제가 막센티우스와 진투를 벌이던 중 '십자가 환상'을 보고 병사들에게 십자가를 부착하라고 명령한 후 기독교를 제국 종교로 받아들인 것이나 508년 프랑크족의 집단 개종을 이끈 클로비스 왕의 세례와 흡사하다. 봉건사회에서 족장이나 왕의 결단으로 부족민과 국민이 집단 개종하는 경우는 흔했다. 그런 식으로 몽골의 서부 끝자락에 있던 케라이트족에서 집단 개종이 일어났고 계속해서 주변 나이만족과 옹구투족, 메르키트족 가운데서도 가족 혹은 부족 단위로 기독교 개종자들이 나왔던 것이다. 물론 이들 부족이 기독교를 받아들였다고 해서 서구의 '국가종교' 형태로 기독교를 부족 종교로 인정하고 다른 종교를 용납하지 않았다는 것은 아니다. 몽골 부족은 오랫동안 신앙해 왔던 무교巫敎, shamanism를 중심 종교로 삼으면서도 불교와 도교, 마니교, 이슬람 등 다른 종교도 포용하는 자세를 취했다. 그런 형태로라도 11-12세기 페르시아의 네스토리우스파 기독교가 몽골 부족 사이에 퍼진 것은 분명하다.

그렇게 기독교 신앙을 받아들인 케레이트족과 나이만족, 메르키트족, 옹구트족 등은 13세기 초반, 고대 몽골왕국 후손인 보르지긴족 출신 테무친Temuchin이 몽골제국을 건설하는 과정에서 적극 협력했다. 특히 테무친의 아버지 예수게이 때부터 형제 관계를 맺어 왔던 케레이트족 족장 반칸(왕간)은 테무친이 아직 힘을 갖추지 못하고 있던 시절, 메르키트족에게 납치당한 아내 보르테를 되찾아 올 때 병사를 내주어 테무친으로 하여금 메르키트족을 치고 몽골 부족 지도자로 부상하는 데 결정적인 힘을 보탰다. 이후 테무친이 몽골 내부의 가장 강력한 적대 세력이었던 타타르족을 비롯하여 저항하는 부족들을 모두 진압한 후 1206년, "온 세계 통치자"란 뜻의 '칭기즈칸Chingis Khan'

이란 명칭으로 부족연합 몽골제국을 세울 때까지 테무친에 협력했다. 나이만족과 옹구트족 등 '기독교'를 받아들였던 다른 부족들도 처음엔 테무친에 저항했다가 태도를 바꾸어 테무친의 정복 전쟁에 협력했다. 그 결과 테무친 주변에는 적지 않은 기독교(네스토리우스파) 신자들이 포진했다. 테무친 자신의 종교는 몽골 전통의 무교였지만 기독교를 비롯하여 불교와 이슬람, 마니교 등 서역의 '외래 종교'에 대하여 포용적인 입장을 취했다. 테무친이 반포한 것으로 알려진 '야싸Yassa'란 것이 있었다. 바빌로니아의 '함무라비 법전'이나 유대인과 기독교인에게 십계명처럼 '야싸'는 역대 몽골 통치자들에게 절대적인 권위를 지녔는데 전체 32조 가운데 처음 3조는 다음과 같다.[38]

— 1. 하늘과 땅을 창조하시고 당신의 뜻에 따라 생명과 죽음, 부와 빈곤을 주시는 오
   직 한 분이신 하느님을 믿어야 한다.
   2. 모든 종교는 존중받아야 하며 어떤 종교만 편애해서도 안 된다. 그것이 하늘의
   뜻이다.
   3. 종교 지도자와 법률가, 학자, 전도자, 수도사, 그리고 종교를 수행하는 자, 의사
   와 시체를 염하는 자는 세금을 면제한다.

테무친의 몽골제국은 철저하게 '종교다원주의religious pluralism' 입장을 취했음을 알 수 있다. 제국의 안녕과 질서를 위협하거나 해치지 않는 한 모든 종교에 포교 자유를 허용했던 것이다. 이러한 종교 포용 정책 때문에 기독교는 몽골 제국 내에서 비교적 자유롭게 선교활동을 펼칠 수 있었다. 그리고 기독교는 다른 '서방의' 종교보다 우월한 지위를 차지했는데 그것은 테무친의 황실 가문에 상당수 네스토리우스파 신자들이 포진해 있었기 때문이었다. 테무친은 몽골 부족을 통

합해 나가는 방법으로 혼인정책을 활용했는데 그런 배경에서 테무친 가족은 케레이트 부족의 공주들을 아내로 맞이했다. 즉 케레이트 부족장 옹칸Ong Khan의 동생인 작카 감부Jakha Gambhu의 첫째 딸 이바카Ibaka는 테무친과, 둘째 딸 벡투트미쉬Bektutmish는 테무친의 맏아들 주치Juchi와, 셋째 딸 소르각타니Sorghaghtani는 테무친의 넷째 아들 톨루이Tolui와 결혼했다. 이들 세 공주는 모두 독실한 기독교 신자들이었다. 그중에도 막내 소르각타니는 몽골 역사에서 '지도력 있는 여걸'로 기록되고 있다.

소르각타이는 1204년 톨루이와 결혼했는데 톨루이는 용맹이 뛰어나 테무친의 총애를 받았지만 1227년 테무친이 죽은 후 후계자 경쟁에서 형 오고타이Ogotai에게 밀렸다. 이후 톨루이는 몽골제국의 2대 칸 오고타이와 함께 중국 금나라와 서하西夏, 그리고 페르시아 북부 코라산과의 정벌에 나서 혁혁한 공을 세웠고 코라산 정벌 때는 니샤푸르와 메르브를 침공하여 저항하는 주민들을 무자비하게 살육함으로 서방에 '공포의 침략자'로 알려지기도 했다. 그런 톨루이가 1232년 40세 나이로 죽자 몽골제국 관습에 따라 부인 소르각타니는 황실 자녀와 재혼할 수도 있었지만 결혼을 포기하고 몽케Monke와 쿠빌라이Kubilai, 훌라구Hulagu 등 세 아들 교육에 전념했다. 소르각타이로부터 엄격한 지도자 훈련을 받은 맏아들 몽케는 몽골제국의 4대(1251-1259년) 칸이 되었고 뒤를 어어 둘째 쿠빌라이가 5대(1260-1294년) 칸이 되었으며 셋째 훌라구는 1256년 이슬람이 지배하고 있던 페르시아와 시리아, 아르메니아 일대를 점령하고 일칸국Ilkhanite을 세운 후 그곳 칸이 되어 8년 동안 다스렸다. 이처럼 세 아들을 칸으로 키워낸 소르각타이는 독실한 기독교인으로 살다가 1252년 죽은 후 칸수성甘肅城 네스토리우스파 회당에 안장되었다.

이처럼 소르각타이를 비롯하여 칸의 부인들 가운데 기독교인들이 많았고 그런 '기독교인 어머니'의 양육을 받은 칸들의 주변 참모와 관료들 가운데도 기독교인들이 많았다. 그 결과 기독교는 몽골제국의 정치·사회, 종교·문화에 적지 않은 영향을 끼쳤다. 예를 들면, 몽골제국의 수도 카라코룸和林에는 왕궁 앞에 몽골제국의 종교적 상징물로 거대한 분수대 모양의 '은 나무silver tree'가 세워져 있었는데 무교의 샤먼들이 신성시했던 나무 가지 형태를 취하면서도 제일 높은 곳에 나팔을 든 가브리엘 천사 모양의 조각상이 있어 기독교 영향이 컸음을 보여 주었다. 그리고 왕궁 바로 옆에는 다른 종교 사원들과 함께 기독교 회당이 있어 네스토리우스파 사제들이 제사(미사)와 예배를 인도했다. 몽골제국 내에서 기독교는 더 이상 '낯선 종교'가 아니었다. 특히 기독교인이었던 칸의 어머니와 부인들의 영향을 받아 부녀자들 사이에 기독교 신앙이 확산되었다. 몽골제국이 서방의 기독교 국가들에 우호적일 수 있었던 이유다. 그것은 몽골제국의 서방 정벌 및 서방 기독교 국가들과의 교류를 통해 확인되었다.

킵차크칸국과 일칸국의 기독교 정책

테무친의 뒤를 이어 1227년 '대칸大汗' 자리에 오른 오고타이는 1235년 수도를 카라코룸으로 옮긴 후 아버지가 시작한 영토 확장 전쟁에 나섰다. 몽골 제국의 군대는 남쪽으로 중국 서하와 남송을 치고 동으로 금과 고려를 정벌했다. 그 가운데 오고타이가 집중적으로 추진한 것은 서역 정벌이었다. 그는 1236년 대규모 군대를 서방으로 출정시켰는데 그 선봉장은 오고타이의 형 주치의 아들 바투Batu였다. 바투의 군대는 중앙아시아 일대를 점령하고 1237년 겨울, 러시아 영토인 리아잔Riazan에 접근하여 "남자와 귀족, 말의 10분의 1, 그리고 모든 것의 10분의 1을 내놓으라" 요구했고 이에 불응하자 불과 두 달 사이에 라이잔을 비롯하여 모스크바, 블라디미르, 야로슬라브 등 러시아의 중남부 일대를 점령했다. 몽골 군대는 1240-1241년 재차 서역 정벌에 나섰다. 이번 전쟁에는 바투와 함께 오코타이 대칸의 아들 구유크Guyuk도 참가했다. 1차 원정 때보다 크게 늘어난 몽골 군대는 곧바로 볼가 강을 건너 러시아의 중심 도시 키에프를 점령했고 거기서 부대를 둘로 나누어 바투가 이끄는 주력 부대는 게오르기아와 모라비아, 헝가리를 거쳐 오스트리아 북부까지 진격했고 구유크가 이끄는 부대는 갈리시아를 거쳐 폴란드와 게르만을 공격했다. '파죽지세'와 같은 몽골의 기마부대에 서방 도시들은 속속 함락되었다. 1241년 겨울, 카라코룸의 오고타이 대칸이 급작스럽게 죽지 않았더라면 유럽 대륙 내부까지 몽골제국 영토가 되었을 것이다.

오고타이의 별세 소식을 듣고 구유크는 카라코룸으로 돌아가 아버지 장례식을 치른 후 아버지 뒤를 이어 1246년 몽골제국의 3대 대칸이 되었다. 하지만 바투는 카라코룸으로 복귀하지 않고 1차, 2차 원정 때 점령한 러시아 서남부(현재 우크라이나와 우즈베키스탄, 카자크스탄, 키르키스탄 지역)와 동유럽(헝가리와 폴란드) 지역을 통괄하는 킵차크칸국Kipchak Khanite을 세우고 칸이 되어 통치하기 시작했다. 앞서 살펴본 대로 바투의 아버지 주치의 아내(벡투트미쉬)는 케레이트족 출신 기독교인으로 테무친의 부인(이바카), 툴로이의 부인(소르각타이)과 자매 간이었다. 그래서 바투는 어려서부터 어머니의 기독교 신앙에 영향을 받으며 자랐고 칸이 된 후에도 기독교에 우호적인 입장을 취했다. 바투의 아들 사르탁Sartak 역시 주변에 기독교인으로 소개될 정도로 기독교에 우호적이었다. 킵차크칸국 안에서 기독교(네스토리우스파) 신앙이 보호를 받은 것은 물론이다. 이후 킵차크칸국은 몽골제국의 위성국가로 1백 여 년 존속하면서 몽골제국과 서부 유럽의 기독교 국가들과 사이에서 완충 및 교량 역할을 감당했다.

중동 지역에 킵차크칸국과 비슷한 형태의 몽골제국 위성국가가 하나 더 있었다. 13세기 중동지역을 지배하였던 일칸국Ihl Khanite이다. 일칸국은 1251년 대칸에 오른 몽케가 동생 훌라구에게 명하여 세운 나라다. 오고타이의 후임으로 대칸에 올랐던 구유크는 오래 살지 못하고 1248년 죽었다. 그 후 3년간 구유크 아내 오굴Ogul이 섭정하는 사이에 황실 내부의 치열한 권력 투쟁을 거쳐 1251년 킵차크칸국 바투의 후원을 얻은 몽케가 대칸이 되었다. 대칸이 된 몽케는 두 동생 쿠빌라이와 훌라구에게 영토 확장을 위해 정벌 전쟁에 나설 것을 명했다. 그래서 쿠빌라이는 동쪽으로 중국 남송을, 훌라구는 서쪽으로 페르시아와 시리아를 공략했다. 당시 페르시아는 압바스 왕조가 통치하는 이슬람 국가였다. 1255년 원정길에 오른 훌라구 부대는 "점령하기 전에 항복할 기회를 주고 투항하면 환대하되 저항하면 무자비하게 살육하라"는 대칸의 지시에 따라 중앙아시아의 여러 도시들을 점령한 후 1258년 2월 페르시아 수도 바그다드를 점령했다. 그 과정에서 3개월간 농성하며 저항했던 칼리파 알 무스타심이 살해당했고 도시와 주민도 처절하게 약탈과 학살을 당했다. 이로써 500년 동안 페르시아를 지배했던 아바스 왕조는 붕괴되었다.

아바스 왕조 붕괴는 오랜 기간 이슬람 세력에 억눌려 지내온 페르시아 기독교의 해방을 의미하기도 했다. 점령군을 이끌고 페르시아를 함락시킨 훌라구는 역대 칸 중에도 기독교에 가장 우호적인 인물로 알려져 있었다. 독실한 기독교 신자였던 어머니 소르각타니로부터 어려서부터 신앙 교육을 받았으며 그의 두 부인, 도쿠즈와 투키티도 또한 기독교인이었다. 그와 함께 서방 원정부대를 지휘한 친구이자 대장군이었던 키트부카Kitbuqa도 독실한 기독교인이었다. 그래서 훌라구 부대 안에는 기독교인 신자들이 많았다. 몽골 군대 안의 기독교인 병사들은 오래 전 자기 부족에게 복음을 전해 준 페르시아교회(네스토리우스파)를 이슬람 세력으로부터 해방시킨다는 종교적 사명감으로 전투에 임했다. 페르시아의 기독교인들은 그런 몽골 군대를 환영했다.

페르시아 바그다드를 점령한 훌라구는 시리아 원정에 나섰다. 당시 시리아는 이집트의 맘루크 왕조가 지배하고 있었는데 역시 이슬람 국가였다. 그런데 시리아의 일부 도시와 지역은 '성지회복'을 기치로 12세기 이후 유럽의 기독교 국가들이 파견한 십자군이 장악해서 '공국公國, Principality' 형태로 통치하고 있었다. 시리아의 해안도시 안디옥을 탈환한 프랑크(프랑스) 십자군들이 세운 안티오키아공국Principality of Antioch이 대표적이었다. 몽골군이 바그다드를 점령했을 당시 안티오키아공국을 통치하고 있던 보에몽Bohemond 6세는 시리아와 예루살렘 으로부터 이슬람 세력을 몰아낼 수 있는 기회라고 판단하여 몽골군 에 협력하기로 했다. 그리하여 보에몽 군대의 협조를 받은 몽골 군대 는 1260년 봄 시리아 북부의 중요 거점인 알레포를 비롯하여 에뎃사, 니시비스 등 주변 도시들을 점령했다. 그 도시들은 비단길의 거점도시 이자 시리아교회의 중심도시들이었다. 사산왕조 붕괴 이후 이슬람 술 탄의 통치를 받았던 시리아교회 교인들은 몽골 군대를 '해방군'으로 여겨 크게 환영했다. 시리아교회 교인들이 몽골 군대를 이끌고 온 훌 라구 칸과 그 부인 도쿠즈 카툰을 (동로마제국의) '콘스탄티누스 1세와 그의 부인 헬레나'에 비유할 정도였다.

그렇게 바그다드에 이어 알레포를 점령한 몽골 군대는 방향을 남 쪽으로 돌려 팔레스틴과 이집트 공략에 나섰다. 그런데 그때 몽골제 국의 몽케 대칸이 급작스럽게 죽었다는 소식이 전달되었다. 이에 훌 라구는 군대를 대장군 키트부카에게 맡기고 몽골로 떠났다. 훌라구 로부터 군대를 인수받은 키트부카는 시리아 남부의 주요 거점도시 다 마스쿠스(다메섹)를 점령하고 시리아를 통치하던 아이유브 왕조의 안 나시르 유수프를 처단했다. 이로써 이슬람 세력 하에 있던 시리아 전 체가 해방되었다. 기독교인들이 그동안 당했던 것을 보복하는 과정에 서 개종과 항복을 거부하는 이슬람 지도자들과 신도들이 대거 학살 당했고 이슬람 사원들도 약탈, 유린당했다. 그것은 유럽에서 온 십자 군 병사들이 이슬람 지역에서 저지른 만행과 흡사했다.[39] 이로써 이슬 람과 기독교는 적대 관계가 되었다. 7세기 이슬람이 아랍과 페르시아, 시리아에서 봉건 왕조를 붕괴시키고 이슬람 국가를 건설한 후 초기 3 세기 동안에는 지역 내 기독교(네스토리우스파)와 비교적 우호적인 관 계를 유지했는데 12세기 유럽의 십자군 원정에 이어 13세기 몽골군대의 공격을 받으면서 중동지역의 이슬람 신도들에게 기독교는 공존이 불가능한 적으로 인식하게 되었다.

그런 바그다드와 알레포에 이어 다마스쿠스까지 점령한 키트부카는 '성도聖都' 예루살렘 해방을 목표로 삼고 갈릴리 남부로 진격했다. 키트부카는 우선 이스라엘 지역을 통치하고 있던 이집트 맘루크 왕조의 술탄 쿠투즈에게 투항을 요구했다. 그러나 쿠투즈는 항복하지 않고 오히려 이집트에서 증파된 맘루크 왕조의 군대 지휘관 바이바르스와 함께 이슬람 연합군대를 이끌고 북상했다. 그리하여 1260년 9월 갈릴리 서부 이스르엘 계곡, 아인잘루트에서 쿠투즈-바이바르스 연합군과 키트부카(몽골)-보에몽(십자군) 연합군이 격돌했는데 이 전투에서 몽골-십자군 연합부대는 대패했고 키트부카도 전사했다. 사령관을 잃고 수세에 몰린 몽골군은 이스라엘과 시리아 남부를 내주고 티그리스강 이북으로 후퇴했다. 이후 맘루크군과 몽골군은 티그리스강을 경계로 삼아 대치했다. 팔레스틴과 시리아 영토를 되찾은 이슬람 군대의 기독교도에 대한 잔혹한 보복이 진행된 것은 물론이다.

한편 형 오고타이 대칸의 별세 소식을 듣고 카라코룸으로 향하던 훌라구는 장례 후 후계자 선정 문제로 형제와 친척들 사이에 권력 다툼이 벌어질 것을 예상하고 몽골로 가기보다는 카스피해 서부 아제르바이잔을 점령한 후 거기 머물러 있으면서 몽골제국의 정세를 살폈다. 그리고 얼마 후 둘째 형 쿠빌라이가 대칸이 되었다는 소식을 접하고 이를 받아들인 후 몽골행을 포기하고 페르시아로 돌아와 아인잘루트 전투에서 패한 몽골 군대를 수습한 후 일칸국을 세우고 초대 칸으로 등극했다. 일칸국은 아제르바이잔 남부도시 타브리즈Tabriz를 수도로 삼고 북부 시리아와 페르시아 일대를 통치했다. 건국 초기(1262년)에 북쪽의 킵차크칸국과 영토 분쟁을 일어나 두 칸국 사이에 전투가 벌어지기도 했지만 쿠빌라이 대칸의 중재로 전투를 멈추고 평화를 모색했다. 이로써 몽골제국의 외곽 위성국가로서 러시아와 동유럽을 다스리는 북부 킵차크칸국, 페르시아와 시리아를 다스리는 남부 일칸국이 있어 몽골제국과 서방 유럽 국가들 사이에 군사적으로는 교두보와 방파제, 문화적으로는 교량 역할을 감당했다. 그리고 두 칸국 모두 기독교에 대하여 우호적이었다는 점에서 동·서 기독교 교류 및 서방 교회의 아시아 선교에 유리한 환경이 조성되었다.

7. 중세 십자군운동과 아시아 선교

서방교회의 성지회복 전쟁

이처럼 13세기 아시아에서 몽골제국이 새로운 강자로 부상하며 중앙 아시아와 중동 지역은 물론 러시아와 동유럽 지역까지, 역사상 '가장 짧은 기간에 가장 넓은 영토'를 점령하고 그 세력을 유라시아 대륙으로 확장해 나갈 즈음, 서방의 기독교 국가와 교회들은 어떤 상황에 처해 있었는가? 그렇게 안정적으로 평화로운 상황은 아니었다. 무엇보다 칼케돈공의회 이후 서방교회의 두 축을 이루었던 로마의 가톨릭교회 Catholic Church와 콘스탄티노플의 정교회Orthodox Church가 치열한 '성상 논쟁'을 거쳐 1054년, 서로가 서로를 이단으로 정죄하고 파문함으로 사이에 회복 불가능한 동·서 교회분열이 이루어진 것이 큰 상처가 되었다. 교회만 분열된 것이 아니라 로마 가톨릭교회의 지지를 받는 서유럽의 신성로마제국과 동로마(그리스와 터키) 정교회의 지지를 받는 비잔틴제국 사이도 정치적 대립 관계로 바뀌었다. 그런 상황에서 11세기 접어들어 중동 지역에서 그 영토를 급속도로 확장하고 있던 이슬람 세력의 도전도 서방교회에 큰 위협이 되었다. 특히 1037년 카스피 해 북부에 살던 오구즈 쿠르트족Oghuz Turks이 수니파 이슬람 국가로서 셀주크Seljuq 왕국을 세운 후 정복 전쟁을 통해 그 세력을 확장시켰는데 1055년 바그다드를 점령했고 1064년 아르메니아와 게오르기아를 점령하여 페르시아 시리아 일대를 차지했다.

셀주크 군대는 계속해서 1068년 아나톨리아(소아시아)를 점령했고 1071년 비잔틴제국과 전투를 벌여 황제 로마누스 4세를 포로로

잡기도 했으며 1073년 예루살렘까지 점령했다. 예루살렘은 유대교와 기독교, 이슬람 3대 종교가 모두 성지로 꼽는 곳이었다. 예루살렘은 638년 아랍인들이 점령한 후 이슬람 통치를 받기 시작했는데, 세 종교가 공존을 모색했기 때문에 동·서방 기독교인들의 '성지순례'는 크게 방해받지 않았다. 그러나 기독교에 공세적인 수니파 이슬람의 셀주크 투르크인들이 예루살렘을 점령한 후에는 상황이 바뀌었다. 더욱이 셀주크인들은 시리아와 아나톨리아(소아시아)까지 점령해서 서방교회 기독교인들의 성지순례 길을 막았다. 성지순례를 중요한 신앙 수련의 덕목으로 삼고 있던 서방교회로서는 타개해야 할 위기였다. 이런 상황에서 로마가톨릭교회와 서구유럽 국가들이 '성지 회복'을 목표로 삼아 추진한 것이 '십자군crusade' 운동이다. 십자군 운동을 처음 발의한 로마교황 우르바누스Urban 2세다. 중세 수도원 개혁운동의 중심이었던 클루니수도원 원장 출신이었던 그는 1088년 교황으로 선출된 후 쇠락해진 교황권을 강화할 방책으로 교회 사제와 수도사들의 엄격한 신앙쇄신운동을 추진하는 한편 뛰어난 외교력을 바탕으로 유럽 국가 제후와 왕들을 통합하는 정치적 지도력도 발휘했다.

그런 우르바누스 교황이 비잔틴제국의 알렉시우스Alexius 1세로부터 "셀주크 군대로부터 위협을 받고 있으니 도와 달라"는 요청을 받았다. 교황은 이를 동·서 교회 분열 이후 악화된 비잔틴제국과의 관계 회복을 넘어 동방 지역으로 서방교회의 영향력을 확대할 수 있는 기회로 여겼다. 그는 1095년 11월 프랑스 클레르몽에서 공의회를 소집하여, 아랍인과 셀주크 등 이교도들이 장악하고 있는 성지에서 고통받고 있는 형제들을 구출하고 빼앗겼던 성지를 수복하는 것이 신자로서 마땅한 도리인 것을 호소했다. 그러면서 십자군에 참여하는 "모든 사람은 육지로든 바다로든 가는 도중에 죽거나 이교도와 전투하다가 죽으면 즉시 모든 죄가 내게 부여된 하나님의 능력으로 사면될 것이다"라고 선언하고 "지금까지 오랫동안 도적으로 살던 자들은 이제부터 기사가 될 것이며, 지금까지 형제와 친척들과 다투며 살았던 자들은 이제부터 야만인들과 의로운 싸움을 할 것이고, 지금까지 적은 돈에 고용되었던 용병들은 이제부터 영원한 보상을 받게 될 것이며, 영과 육이 모두 지치고 가난한 자들은 이제 영과 육 모두에 명예를 얻을 것이다"라고 선언했다.[40] 교황은 성지 순례와 성지 회복이라는 기본 목적 외에 십자군에 참여하면 그동안 지은 모든 죄를 면제받을 수 있다는 '면죄indulgence' 기능까지 부여했다. 여기에다 기사로서의 명예와 전리품을 얻을 수 있다는 물질적인 보상까지 약속했다. 그 결과 왕과 귀족으로부터 시작하여 주교와 사제, 수도사와 경건한 신도들은 물론이고 일확천금을 노리는 상인과 노동자, 범죄자와 불량배까지, 다양한 신분과 계층, 배경과 목적을 지닌 사람들이 십자군에 참여했다. 이들은 교황이 외친 "하나님의 뜻이다Deus volt!"라는 구호를 따라 외치며 예루살렘으로 향했다.

그렇게 해서 시작된 십자군 제1차 원정대의 당시 프랑스 왕이던 펠리페 1세나 신성로마제국 황제 헨리 4세는 우르바누스 교황과 관계가 좋지 않아 참전하지 않았다. 대신 교황 대리인으로 선임된 르퓌 주교 아데마르Adhemar를 비롯하여 틀루즈의 레이몽Raymond, 뷔용의 고드프리Godfrey, 노르망디의 로베르Robert, 아퀼라의 보에몽Bohemond과 탕그레Tancred 등 프랑스 귀족과 영주들이 지휘부를 구성했다. 비전투요원까지 포함하여 10만 명으로 구성된 원정대는 1096년 8월 프랑스와 이탈리아를 출발하여 발칸반도를 거쳐 1097년 4월 콘스탄티노플에 도착, 알렉시우스 황제의 접대를 받았다. 고드프리와 보에몽, 그리고 고드프리의 동생 볼드윈Baldwin이 이끄는 십자군은 보스포루스 해협을 건너 니케아를 점령한 후 셀주크가 점령하고 있던 아나톨리아 지역의 거점 도시들을 탈환했다. 기세가 오른 십자군은 곧바로 시리아로 진격하여 1098년 6월 안티오쿠스(안디옥)를 탈환했다.

그런데 안티오쿠스를 탈환한 후 그곳 통치권을 누가 차지할 것인가 하는 문제를 두고 십자군 지휘부 내에서 논쟁이 일어났다. 비잔틴 제국과 신성로마제국, 로마교황청을 대표하는 지휘관들이 서로 욕심을 냈던 것이다. 그중에도 원정대를 지휘했던 레이몽과 보에몽 사이의 갈등이 심했다. 이런 정치인들의 갈등을 중재할 수 있는 인물이었던 아데마르 주교가 안티오쿠스 점령 직후 사망한 것도 분쟁이 오래 지속된 원인이 되었다. 그 바람에 최종 목표인 예루살렘 탈환은 계속 늦어졌다. 이런 십자군 내분에 실망을 하고 고향으로 돌아가는 영주와 기사들도 많았다. 노르망디의 로베르가 그런 식으로 이탈했다. 게다가 식량 부족도 십자군의 행진을 지연시켰다. 결국 해를 넘겨 1099년 1월, 60세 나이의 레이몽드가 '맨발의 순례자' 모습으로 등장하여 5천 여 명의 프랑스 병사들을 이끌고 원정길에 나서자 남아 있던 십자군들도 따라 나섰다.[41] 그렇게 '도보 순례' 형태로 행진한 십자군은 6개월 걸려 예루살렘에 도착했다.

당시 예루살렘은 이집트 장군 이프티카르 알다울라Iftikhar al-Daula가 방어하고 있었는데 1년 전 도시를 장악하는 과정에서 셀주크 이슬람교도와 유대교인, 저항하는 주민들을 대량 학살했기 때문에 성을 방어할 병력이 절대 부족했다. 결국 농성 사흘 만에 이집트군은 패퇴했고 예루살렘은 마침내 십자군 기독교도 손에 넘어갔다. 1099년 7월 15일, 십자군이 유럽을 떠난 지 2년 6개월 만이었다. 십자군은 예루살렘을 장악한 후 그곳을 '기독교 성도聖都, Holy City'로 만드는 작업에 착수했다. 3세기 동안 도시를 장악했던 이슬람 흔적을 철저히 지위 나갔다. 이슬람교도들이 신성시하는 알아크사 사원을 비롯하여 이슬람 관련 건물과 장식들을 파괴했다. 그 과정에서 십자군 병사들에 의한 방화와 약탈, 살인과 강간, 강도와 절도 등 범죄가 자행되었다. 십자군은 이를 '거룩한 전쟁聖戰' 혹은 '정화淨化' 작업으로 보았지만 당하는 입장에서는 만행이자 폭력이었다. 십자군은 무슬림뿐 아니라 유대교인들도 그런 식으로 처형하고 탄압했다.

또한 십자군이 예루살렘에 세우려 했던 '기독교 도성'에서 '기독교'는 서방의 로마가톨릭교회를 의미했다. 그런 배경에서 교리와 신앙고백에서 서방교회와 차이가 있던 시리아정교회와 페르시아(네스토리우스파)교회는 물론 콘스탄티노플의 동방정교회까지도 배제와 탄압 대상이 되었다. 예루살렘 성 안에는 오직 '라틴어 전례'를 쓰는 가톨릭교회만 허락되었다. 나머지 시리아어와 헬라(그리스)어 전례를 사용하는 동방의 기독교 종파들은 추방되었다. 십자군이 거쳐 간 아나톨리아와 시리아에서 동방교회도 큰 피해를 입었다. 자신을 이슬람 세력으로부터 해방시키기 위해 서방교회가 파견한 '우군'으로 생각했던 동방교회로서는 십자군의 예상치 못했던 행위에 충격과 배신감을 느꼈다. 결국 서방교회는 십자군을 내세워 예루살렘을 회복하는데 성공하기는 했지만, 반면에 중동지역에서 이슬람과 유대교뿐 아니라 동방교회의 서방교회에 대한 적개심도 높아졌다. 점령지 주민과 종교를 포용하거나 설득하기보다는 적대시하며 척결하고자 했던 서방교회와 십자군의 '배타적exclusive' 종교정책이 빚어낸 결과였다. 종교를 떠나 중동지역 아시아인들에게 십자군과 그 배경이었던 서방교회에 대한 인식이 부정적으로 각인된 이유이기도 했다.

십자군운동의 한계와 부작용

그런 상황에서도 서방교회와 십자군은 점령한 예루살렘과 시리아 '성지'에 서방교회와 유럽 국가(특히 프랑스)가 영향력을 행사할 수 있는 '위성 도시국가'를 설립하고자 했다. 즉 예루살렘에 '예루살렘왕국 Kingdom of Jerusalem'을 세우고 안디옥과 에뎃사, 트리폴리 등 동·서 교역의 거점 도시에 '공작령公爵領, Principality' 혹은 '백작령伯爵領, County'을 설치하여 서방교회 교인들의 성지순례와 유럽 상인들의 동·서 무역을 안전하게 보호하도록 조치했다. 그렇게 점령한 지역과 도시를 누가 통치할 것인가 하는 문제로 또 다시 십자군 내부에 갈등과 분쟁이 일어날 수도 있었는데 이번에는 예루살렘 점령 직후 교황 특사 당베르Daimbert 대주교가 도착해서 정치력을 발휘했다. 당베르는 예루살렘 공략에 제일 공이 컸던 레이몽에게 예루살렘왕국의 초대 왕위를 제안했지만 신앙심이 제일 깊었던 레이몽은 "그리스도께서 고난 받으신 곳에서 왕으로 있을 수 없다"고 사양한 후 아직도 점령하지 못한 아나톨리아 성지 회복을 위해 북으로 떠났다. 그래서 예루살렘 왕위는 야심 찬 고드프리에게 돌아갔고 레이몽의 최대 정적이었던 보에몽은 안디오쿠스를, 탕그레는 갈릴리(트리폴리)를, 볼드윈은 에뎃사를 맡아 통치하게 되었다.

그러나 교황의 신임과 권위를 배경으로 한 당베르의 지도력은 오래 지속되지 못했다. 예루살렘왕국의 초대 왕으로 선임된 고드프리가 취임 1년 만인 1100년 갑자기 사망하자 당베르는 보에몽을 후임 왕으로 세우려 했지만 에뎃사의 볼드윈이 불만을 품고 군사를 이끌고 내려와 예루살렘을 점령하는 바람에 당베르는 마지못해 볼드윈을 왕으로 인정했다. 이처럼 십자군 원정의 결과물로 세워진 예루살렘왕국은 설립 초기부터 불안했다. 그것은 십자군에 참여한 서방교회와 국가의 지도자들 사이의 서로 다른 목적과 의도 때문이었다. 그래서 십자군 원정의 표면적 이유였던 '성지 회복'을 이루기까지는 함께 손을 잡았지만 '정복 이후'에 각기 품고 있던 정치적·경제적·종교적 목표와 이권에 대한 욕구가 표출되면서 십자군 진영 내부의 갈등과 분쟁이 일어났다. 그것은 예루살렘왕국을 비롯하여 '성지'에 세워진 '라틴 제국'의 기반을 약화시키는 요인으로 작용했다. 게다가 십자군에게 영토와 성지를 빼앗긴 이슬람 진영의 저항과 반격도 거셌다. 특히 '지하드Jihad'로 불리는 이슬람의 '성전聖戰' 부대가 페르시아와 이집트로부터 시리아와 예루살렘을 향했다. 1144년 안티오쿠스와 에뎃사가 셀주크 부대에 함락되었다는 소식을 접한 서방교회는 클레르보의 '영적인' 수도사 베르나르Bernard의 호소에 응하여 1147년 제2차 십자군 원정대를 조직했다. 프랑스 왕 루이 7세와 게르만 왕 콘라트 3세가 직접 참전하여 군대를 지휘한 제2차 원정대는 성지에 도달하기도 전 누르 엣딘Nur ed-Din이 이끄는 셀주크 투르크 부대와 다마스쿠스 전투에서 패함으로 실패로 끝났다.

그리고 1187년에는 수니파 이슬람권의 새로운 종주국으로 떠오른 이집트 아유비드 왕조의 살라딘Saladin 부대가 예루살렘을 점령하고 시리아 영토 대부분을 장악했다. 예루살렘 함락 소식은 1189년 서방의 제3차 십자군 원정을 이끌어 냈다. 게르만 왕이자 신성로마제국 황제였던 프리드리히 1세와 잉글랜드 왕 리처드 1세, 프랑스 왕 펠리페 2세 등 실질적으로 서부 유럽을 통치하는 제왕들이 직접 참여한 3

차 원정대는 지중해 연안의 시리아 영토를 되찾았지만 살라딘 부대가 상악하고 있던 예루살렘은 회복하지 못했다. 1202년에도 제4차 원정대가 조직되었는데 처음 목적지는 이집트였지만 경제적 이권에 관심이 많았던 베네치아 귀족과 상인들의 압력으로 도중에 행로를 바꾸어 1204년 비잔틴제국의 수도 콘스탄티노플을 점령했다. 그때 콘스탄티노플의 소피아성당이 십자군에 의해 크게 유린되었고 과거 동로마제국 시절의 보물과 유물들이 약탈당했다. 결과적으로 동로마(비잔틴)제국과 신성로마(라틴)제국의 통합이 이루어지기는 했지만 비잔틴제국 시민과 동방정교회 교인들 서방(로마가톨릭) 교회에 대한 반감은 고조되었다. 콘스탄티노플을 점령한 십자군과 서방교회가 '그리스 전례'를 쓰던 동방교회에 '라틴 전례'를 강요한 것도 두 교회 사이의 갈등과 불신을 촉진시켰다. 기독교(서방) 국가가 기독교(동방) 국가를 침략하고 강압하여 기독교인이 기독교인을 두려워하고 배척하는 '기이한' 현상이 연출되었다. 이것 역시 서방교회가 추진한 십자군운동의 '어두운' 측면이었다.

5차 십자군은 로마교황 이노센티우스 3세가 1215년 소집한 제4차 라테란공의회에서 발의되었다. 라테란공의회에 참석했던 예루살렘교회 대주교 라울Raoul of Merencourt은 '성지 회복'을 호소했고 이에 교황은 제1차 십자군 원정 때와 같이 예루살렘과 시리아 성지를 '온전히' 서방교회가 장악하기를 원했다. 이노센티우스 3세는 십자군 원정에 참여하는 기사와 시민에게뿐 아니라 십자군 원정대를 위한 헌금(전쟁비용)에도 '면죄'를 적용했다. 그 결과 '돈으로 참여하는' 십자군들도 생겨났다. 그렇게 해서 3만 여 명이 참여한 5차 십자군 원정대가 조직되었는데 지금까지 십자군운동을 주도했던 프랑스 왕과 귀족들이 빠지고 대신 헝가리 왕 안드레 2세가 군대를 지휘했다. 안드레 2세가 이끈 헝가리 부대는 1217년 8월, 당시로서는 제일 큰 베네치아 함선을 타고 스플릿 항을 떠나 지중해 키프로스를 거쳐 10월 아크레에 도착했다. 거기서 안드레는 예루살렘과 안티오쿠스를 지키고 있던 프랑스인 통치자들과 십자군에 참여한 호스피털기사단Hospitalers, 템플기사단Templars, 튜턴기사단Teutons 대표자들과 회합하여 연합군을 형성했다. 수에서나 열기에서 1차 십자군 원정대에 뒤지지 않았다. 안드레이 이끄는 십자군 연합 부대는 11월 요단강 뱃새다 전투에서 이집트 아유비드 왕조의 알아딜Al-Adil 술탄 부대를 격퇴시켰다. 십자군의 잔인한 보복을 두려워 한 이슬람 부대는 예루살렘을 철저하게 파괴한 후 퇴각했다. 예루살렘이 다시 십자군 손에 들어온 것이다. 이후 안드레는 시리아 북부 갈릴리 지역을 회복하기 위해 출전했다가 급작스럽게 병에 걸려 1218년 초 헝가리로 돌아갔다.

안드레 뒤를 이어 1218년 여름 오스트리아 공작 레오폴트 4세와 홀랜드(네덜란드) 공작 윌리엄 1세, 콜로뉴 영주 올리버 등이 십자군을 일으켰고 당시 교황 호노리우스 3세는 십자군 종교 지도자로 잉글랜드 추기경 로버트Robert of Courzon를 파견했다. 게르만과 네덜란드, 벨기에 출신들로 편성된 연합부대는 성지로 곧바로 가기보다는 예루살렘과 시리아를 통치하고 있던 이집트 아유비드 왕조를 치기로 하고 1218년 8월 이집트 북부 항구도시 다미에타Damietta를 포위했다. 다미에타 전투에서 아유비드 왕조의 알아딜al-Adil 술탄이 전사했고 로버트 추기경을 비롯하여 십자군 측에서도 많은 희생자가 나왔다. 이에 1219년 교착상태에 빠진 십자군을 독려하기 위해 교황 호노리우스 3세는 알바노 추기경 펠라기우스Pelagius of Albano를 파견했다. 펠라기우스 추기경은 이참에 이슬람 세력의 중심거점인 이집트를 완전 정복하기를 원했다. 그래서 전사한 알아딜의 뒤를 이어 아유비드 왕조 술탄이 된 알카밀al-Kamil이 "예루살렘과 다미에타를 맞교환하자"며 내놓은 평화안도 서질했다. 그 무렵(1219년 8월) 프란체스코수도회 창설자 프란체스코Francis of Assisi가 십자군 진영의 도움으로 카이로까지 들어가 술탄 알카밀 앞에서 이슬람 학자들과 종교토론을 벌이기도 했다.[42] 비록 성공을 거두지는 못했지만 이슬람을 공격 대상이 아닌 선교 대상으로 삼아 대화를 시도한 것은 프란체스코가 처음이었다.

이처럼 이집트 술탄 알카밀은 십자군 및 서방 기독교 및 국가들과 '평화롭게' 지내기를 원했다. 그러나 사실상 십자군을 지휘하던 펠라기우스 추기경의 '호전적인' 자세는 변하지 않았다. 이런 추기경의 태도에 실망한 홀랜드 공작 윌리엄 1세는 네덜란드 부대를 이끌고 돌아갔다. 대신 시리아에 있던 예루살렘왕국의 요한John of Brienne이 군대를 이끌고 합류하여 마침내 1219년 11월 다미에타를 함락했다. 이후 다미에타 통치권을 두고 펠라기우스 추기경과 요한 사이에 분쟁이 일어나 연합 전선이 무너지는 바람에 이집트 본토 공략이 늦어지다가 교황의 중재로 둘이 다시 힘을 합쳐 1221년 7월 카이로를 침공했다. 카이로는 십자군의 무자비한 약탈과 방화로 큰 피해를 입었고 고대 이집트 유적과 유물이 대거 파괴되었다. 이에 알카밀은 시리아에 주둔 중이던 술탄 군대를 불러들여 십자군을 협공했는데 유럽 군대가 경험해 보지 못한 나일강 홍수로 진퇴양난에 빠진 십자군을 섬멸했다. 결국 펠라기우스 군대는 십자군 포로와 다미에타를 맞교환하고 다시 침략하지 않겠다는 약속을 하고 이집트에서 철수했다. 앞선 4차 원정 때처럼 5차 십자군도 사실상 실패로 끝난 전쟁이었다. 아시아와 아프리카 이슬람권에서 서방교회와 국가들에 대한 반감이 더욱 고조되었음은 물론이다.

이후에도 '성지 회복'을 내건 십자군 원정이 몇 차례 더 있었지만 성공을 거두지 못했다. 다만 1228년 신성로마제국 황제 프리드리히 2세가 독자적으로 십자군을 일으켜 시리아로 진격하여 술탄 알카밀과 협정을 맺고 20년간 예루살렘을 십자군이 관리하는 '평화 시대'가 잠깐 있었다. 그리고 1248년에는 프랑스 왕 루이 9세가 역시 십자군을 일으켜 이집트로 진격, 다미에타를 점령하고 이집트 본토로 진격했지만 나일강 홍수와 십자군 내부 분열로 전투에서 패하고 포로가 되기도 했다. 결국 루이 9세는 자신의 몸값으로 다미에타를 되돌려주고 시리아를 거쳐 프랑스로 돌아갔다. 이것으로 유럽 국가의 십자군운동은 사실상 막을 내렸다. 루이 9세가 헝가리로 돌아간 직후 이집트에서도 정변이 일어나 1250년 아유비드 왕조를 무너지고 대신 맘루크Mamluk 왕조가 들어섰다. 페르시아 북부 투르크-몽골계 노예 출신인 맘루크가 그 시리아와 페르시아 이슬람 세력을 규합하여 이집트 카이로에서 새로운 왕조를 세우고 술탄에 올라 중동 지역 이슬람권의 패자가 되었다. 이후 맘루크 왕조는 250년 동안 예루살렘과 시리아를 통치했는데 그 기간 이 지역에서 십자군 영향력은 더욱 약화되었다.

이로써 서구 유럽 국가와 서방교회가 '성지 회복'을 명분으로 추진한 십자군운동은 사실상 실패로 끝났다. 200년 가까이 수십 만 십자군이 시리아와 이집트를 공격했으나 중동의 정치·종교 지형은 달라지지 않았다. 오히려 거듭된 십자군 원정의 실패로 신성로마제국과 유럽 국가들 사이의 결속력이 약화되었고 동·서방 교회 사이뿐 아니라 서방교회 안에서도 지역(민족) 간의 견제와 갈등이 빚어짐으로 교회 지도자, 특히 로마교황의 권위와 지도력이 현저하게 떨어졌다. 중세 봉건주의 종교·사회 체제의 붕괴 원인으로 십자군운동을 꼽는 이유가 여기에 있다. 그리고 십자군운동은 서방(로마가톨릭)교회의 '실패한'

아시아(중동지역) 선교로도 해석할 수 있다. 십자군의 표면적인 목표는 '성지순례'와 이를 위한 '성지 회복'이었지만 이슬람 세력이 장악하고 있던 중동 지역에 기독교 신앙의 회복과 확산을 꾀하려는 선교적 의도도 없지 않았다. 그런데 그 방법이 무력적인 전쟁과 정복이었다. 십자군이 점령한 지역의 토착 주민들은 기독교로의 개종을 요구받았다. 개종을 거부하면 죽음과 추방이었다. 그렇게 해서 이슬람과 유대교가 일차적으로 피해를 입었다. 거기서 그치지 않고 십자군의 배경이 되었던 서방(로마가톨릭)교회는 아타톨리아와 시리아, 페르시아와 예루살렘의 동방교회 역사와 전통을 무시하고 서방교회 신학과 전례를 강요했다. 그 결과 중동지역에서 서방교회는 이슬람과 유대교뿐 아니라 콘스탄티노플의 동방정교회와 페르시아 및 시리아의 동방(네스토리우스파)교회와 적대 관계를 형성했다. 초기 기독론 논쟁과 동서교회 분열(1054년) 이후 불편했던 유럽 교회와 아시아 교회 사이의 불편했던 관계가 십자군운동으로 더욱 악화된 셈이다. [43] 물론 이집트 술탄을 찾아가 이슬람 학자들과 종교 토론을 벌였던 프란체스코와 같이 '평화적 선교' 시도가 없었던 것은 아니다. 하지만 그런 시도조차도 십자군의 위세를 배경으로 하여 기독교로 개종할 것을 강요하는 '설교' 형태로 이루어졌기에 실효를 거두지 못했다. 그리하여 십자군운동으로 대변되는 서방교회의 '힘으로 밀어붙이는 선교mission by force'는 아시아인들로 하여금 종교와 교파를 떠나 서방교회에 대해 부정적인 인식을 갖게 만든 원인이 되었다.

8. 서방 가톨릭교회와 몽골제국

서방교회의 기대와 두려움

이처럼 '성지 회복'과 '아시아 선교'라는 종교적 목적을 지니고 추진된 서방교회의 십자군운동이 그 한계에 봉착했던 13세기 중반, 아시아의 새로운 강자 몽골제국이 등장하여 정복 전쟁을 통해 영토를 확장하는 가운데 러시아와 동유럽 지역에 킵차크칸국, 시리아와 페르시아 지역에 일칸국을 설립함으로 유라시아와 중동지역의 정치 지형이 더욱 복잡하게 바뀌었다. 서방교회는 몽골제국의 등장과 세력 확장에 직면하여 두려움과 기대감을 동시에 느꼈다. 저항하는 세력을 무자비하게 탄압하고 지배하는 몽골제국의 기마부대에 서부 유럽(신성로마제국) 국가와 도시가 점령당하고 교회까지 파괴와 약탈 대상이 되는 것은 아닌지 하는 두려움과 몽골제국이 페르시아의 셀주크와 이집트의 맘루크를 중심으로 한 이슬람 세력의 유라시아와 중동 지역 확장을 막아 줄 수도 있다는 기대감이 그것이었다. 비단길로 유럽과 몽골을 왕래하던 상인과 여행객들을 통해 일칸국과 킵차크칸국, 그리고 카라코룸의 몽골제국의 종교정책이 관용적이며 특히 기독교(네스토리우스파)에 우호적이라는 사실이 서방에 알려지면서 몽골제국에 거는 서방교회의 기대감이 높아졌다. 서방교회로서는 몽골제국과 연대하여 중동의 이슬람 세력을 억제, 제압할 수 있고 또한 몽골을 통해 아시아 대륙에 기독교를 전파할 수도 있을 것이라는 기대감을 갖게 되었다. 그런 배경에서 로마교황의 몽골제국 특사 파견이 이루어졌다.

서방교회의 두려움은 구유크와 바투가 이끄는 몽골 원정대가

1241년 러시아와 헝가리, 폴란드를 점령하고 독일 국경선까지 진출하였을 때 최고조에 달했다. 이런 상황에서 신성로마제국과 유럽 국가들 사이에 "이슬람과 손잡고 몽골제국 군대를 막아내자"는 논의도 있었지만 십자군운동에 미련을 두었던 로마교황청은 "몽골과 손잡고 이슬람을 막아내자"는 정책을 택했다. 마침 1241년 오고타이 대칸의 죽음으로 몽골 원정대를 이끌던 구유크가 카라코룸으로 돌아가 대칸에 오르고 바투는 볼가강 유역에 머물러 킵차크칸국 건설에 집중하면서 유럽 전선은 소강 상태에 처했다. 그런 가운데 1243년 로마교황으로 선출된 이노센티우스 4세는 몽골제국에 외교 특사를 파견하기로 결심했다. 특사를 파견하는 목적은 1) 몽골제국과 외교 관계를 맺어 몽골 군대의 유럽 정벌을 중단시키고 이슬람 세력의 확산을 막고 2) 몽골제국의 정치와 군사, 문화와 종교, 제도와 생활 등에 관한 정보를 탐지하여 서방교회와 유럽 국가들에 제공하고자 함이었다. 교황은 이런 외교와 선교라는 이중 목적을 수행할 특사를 프란체스코회 수도사 가운데서 선발했다. 프란체스코회 창설자 프란체스코가 이집트 카이로에 처음 들어가 술탄과 이슬람 학자들을 대상으로 선교 활동을 벌였던 것을 감안하여 그의 제자 가운데서 특사를 선정하기로 한 것이다.

그렇게 해서 포르투갈 출신 로렌스Lawrence of Portugal와 이탈리아 카르피니 출신 요안네스Joannes of Plano Carpini, 두 명의 프란체스코회 수도사들이 교황 특사로 선발되었다. 그중에 로렌스가 먼저 출발했다. 로렌스는 1245년 3월 교황이 머물고 있던 리용을 떠나 지중해 동부 레반트를 거쳐 몽골로 향했다. 그런데 안타깝게도 로렌스가 몽골에 들어갔는지, 목적을 달성했는지 여부를 알 수 없다. 떠난 이후 그에 관한 기록이 없기 때문이다. 몽골로 여행하는 도중 사고나 병으로 목숨을 잃은 것으로 보인다. 다음으로 요안네스가 출발했다. 이탈리아 중부 움브리아지방 출신인 요안네스는 고향에서 가까운 아시시 출신 프란체스코의 가까운 제자로서 프란체스코가 수도회를 만들 때 동참했다. 그는 프란체스코 사후 독일 작센과 스페인 바르바리, 프랑스 콜로뉴 지역에서 수도회를 조직, 관리했다. 그가 특사로 선택받았을 때 나이가 이미 60대 중반이었지만 교황은 그의 신앙과 경험, 특히 이교도들이 많은 북유럽을 여행하며 전도했던 경력을 높이 평가했다. 요안네스는 리용으로 가서 교황의 친서를 받고 1245년 4월 16일, 부활절에 여행을 시작했다. 그는 보헤미아 출신 프란체스코회 수사 스테파누스Stephen of Bohemia를 보좌로 삼았는데 스테파누스는 러시아(지금 우크라이나) 키에프 근처에서 부상을 당해 더 이상 여행할 수 없게 되었다. 이에 요안네스는 그의 오랜 친구인 보헤미아 영주 벤체슬라우의 추천으로 또 다른 프란체스코회 수사 베네딕트Benedykt Polak를 보좌 겸 통역으로 채용하여 동행했다.

교황 특사 요안네스 일행이 돈 강을 건너 볼가 강 근처에 주둔하고 있던 바투 진영에 도착한 것은 1246년 4월 초, 리용을 떠난 지 1년 만이었다. 요안네스는 그곳 사령관 바투에게 교황 친서를 전달하려 하였으나 바투는 "직접 대칸에게 전하라"며 여행에 필요한 말과 음식을 내주었다. 그리하여 바투 진영에서 잠시 쉰 후 요안네스는 4월 8일 카라코룸으로 출발했는데 그날도 마침 부활절이었다. 요안네스 일행이 우랄강을 건너 카스피 호수와 아랄 호수를 지나 몽골제국 수도 카라코룸에 도착한 것이 7월 22일이었다. 그런데 마침 요안네스 특사가 몽골에 도착했을 당시 카라코룸에서는 5년 전(1241년)에 죽은 오고타이의 후임 대칸을 선출하는 '쿠릴타이'(부족장 회의) 모임이 열리고 있었다. 대칸 자리가 5년 동안 공석이었다는 것은 그만큼 후계자 선정이 난항이었음을 보여 주는 증거였다. 결국 쿠릴타이는 오고타이의 맏아들 구유크를 3대 대칸으로 선출했고 그 대관식이 8월 24일 카라코룸 황궁Sira Orda에서 거행되었다. 그때 대관식을 축하하기 위해 아시아의 각 나라는 물론 러시아와 헝가리, 불가리아 등 동유럽 국가, 그리고 시리아와 페르시아의 셀주크 왕국에서도 축하 사절단을 파견하여 3천 명이 넘는 외교관과 상인들로 카라코룸은 대성황을 이루었다. 교황 특사 요안네스도 그런 외교 특사 중 한 사람이었다. 가장 멀리서 온 외교 사절 가운데 속했던 요안네스는 카라코룸에 도착하자마자 구유크의 호의로 황궁 근처에 숙소를 배정받았고 기독교인(네스토리우스파)이었던 대칸 모후母后를 예방했다. 요안네스는 카라코룸에서 본 대칸 구유크에 대해 이렇게 설명했다.

— 황제(대칸)은 45세가량으로 중키이며 상당히 지적이고 엄숙하여 매사에 신중하면서도 위엄을 갖추고 행동했다. 항상 그의 곁에 있었다는 기독교인이 전하는 말에 의하면 그는 남 앞에서 웃는 적이 없고 경박하게 처신하지 않았다고 한다. 또한 그의 친척이기도 한 기독교인들은 우리에게 대칸은 거의 기독교인이 되었다고 말해 주었다. 그 증거로 대칸은 기독교 성직자들을 고용하고 그들에게 기독교 용품들을 공급해 주고 있다고 했다. 그리고 대칸의 궁전 바로 앞에 예배당이 있어 거기서 기독교인들은 헬라인들의 풍습을 따라 나무판을 두드리며 공개적으로 찬송을 부르는데 몽골 사람들이 아무리 많이 몰려와도 개의치 않고 그렇게 예배를 드린다고 한다, 다른 종교 지도자들은 그렇게 하지 못한다고 했다.[44]

이 글에서 요안네스가 언급한 '기독교'는 물론 시리아와 페르시아에서 들어온 네스토리우스파를 의미했다. 요안네스는 카라코룸에 도착한 직후부터 네스토리우스파 사제들의 안내와 도움을 받으며 지냈다. "대칸이 거의 기독교인이다"는 네스토리우스파 사제들의 언급에 과장된 면이 있었지만 요안네스는 카라코룸에서 네스토리우스파 사제와 교인들의 공개적으로 예배를 드리고 대칸 주변에 네스토리우스파 관료들이 포진해 있음을 목격하고 기독교 선교에 대해 '밝은' 전망을 갖게 되었음은 물론이다. 요안네스는 이런 네스토리우스파 사제와 관료들의 도움으로 대칸을 알현하고 몽골어로 번역된 교황 친서를 제출했다. 교황의 친서는 1) 동유럽 국가의 기독교인들이 몽골 군대에게 살해당한 것을 항의하고 2) 특사로 보내는 요안네스의 전능하신 창조주 하나님에 대한 가르침을 듣고 대칸도 기독교인이 되기를 바라며 3) 특사가 몽골에 있는 동안 안전한 활동을 보장해 주고 귀환하는 특사 편에 앞으로 서방과의 평화 관계를 유지하기 위한 대칸의 방안이 무엇인지 알려달라는 내용을 담고 있었다. 이런 교황의 친서를 받은 대칸은 그 3개월 후, 역시 친서를 통해 1) 동유럽 기독교인들을 살해한 것은 성을 공격하기 전에 파견한 몽골 전령을 살해하고 항복을 거부한 채 저항했기 때문이며 2) 온 세계가 자신에게 굴복한 것으로 보아 대칸을 도와주는 신이 전능하신 하나님이므로 그의 계명에 따라 "교황도 다른 나라 제후들처럼 대칸을 찾아 와서 굴복하고 섬겨야 할 것이라"고 엄포를 놓았다.[45] 유럽에서는 황제와 왕, 제후들의 정치적 운명까지 좌우했던 교황의 권위가 몽골에서는 통하지 않았다. 교회 안에서 명령하고 훈계하는 교황의 고압적인 자세가 세계에서 가장 넓은 영토를 장악한 몽골제국 통치자의 심기를 불편하게 만들었던 결과이기도 했다.

요안네스는 이런 내용의 대칸 친서를 휴대하고 1246년 11월 말 귀국 길에 올랐다. 귀환 여행은 네스토리우스파 사제와 신도들, 그리고 몽골제국 군사들이 지원을 받아 순조롭게 이루어졌다. 요안네스 일행은 카라코룸을 떠난 지 8개월 만인 1247년 7월 키에프에 도착했고 거기서 슬라브 기독교인(정교회)들의 환영을 받은 후 라인강을 건너 리용에 머물고 있던 교황 이노센티우스 4세에게 구유크 대칸의 친서를 전달하는 것으로 맡겨진 소임을 다했다. 이후 요안네스는 세르비아 대주교가 되었고 2년간의 몽골 여행기를 정리한 《몽골 역사Ystoria Mongalorum》를 저술하였는데 그동안 유럽에 '미지의 제국'으로 알려졌던 몽골의 역사와 종교, 문화와 사회, 풍습과 제도, 자연과 지리, 기후와 음식에 대한 상세한 정보를 담고 있다. 요안네스가 외교와 선교 외에 '정탐'이라는 특사 파견의 또 다른 목적에 충실했던 결과물이었다. 물론 그의 기록을 통해 대칸의 종교정책과 몽골제국 내 네스토리우스파 교회의 존재와 활동 사항이 소상하게 밝혀져 서방교회로 하여금 몽골과 아시아 대륙 선교 정책을 수립하는 데 도움을 준 것도 사실이다.

서방교회의 몽골 특사 파견

요안네스로부터 여행 보고와 함께 구유크 대칸의 친서를 전달받기 전에 교황 이노센티우스 4세는 몽골제국과의 외교 관계를 발전시키기 위해 또 다른 특사를 파견했다. 이번에는 도미니쿠스회 수도사인 롬바르디의 아셀린Ascelin of Lombardy과 투르네의 시몬Simon of Tournai 등 네 명의 수사들을 선발했다. 신학적으로 프란체스코회보다 보수적이며 교황과 로마가톨릭교회의 '절대적' 권위를 옹호하는 도미니쿠스회 수도사들로 구성된 교황 사절단이 시리아 북부, 카스피해 부근에 주둔하고 있던 몽골군 바이주Baijuu 진영에 도착한 것은 1247년 5월이었다. 몽골군 지휘자 바이주는 1241년 오고타이 대칸의 명을 받아 서방 원정대를 이끌고 아르메니아와 아나톨리아의 셀주크 이슬람 부대를 격파하고 1246년 시리아의 압바시드 왕조 군대도 무찌른 후 시리아와 페르시아를 거점으로 (후에 일칸국의 기반이 되는) 몽골제국 위성국가를 건설하고 있었다. 그런 바이주를 교황 특사 아셀린이 처음 만났다.

바이주는 아셀린에게 먼저 '엎드려 절하는' 몽골식 예를 요구했다. 그러나 아셀린은 "교황 외에는 누구에게도 절할 수 없다"며 거절했다. '예전' 문제로 바이주의 분노를 산 교황 특사단은 살해 위협까지 받았다. 마침 그때 1년 전 새 대칸이 된 구유크가 바이주를 대신하여 페르시아 지역을 통치할 장군으로 파견한 엘지기데이Eljigidei가 페르시아에 도착했다. 칭기즈칸 때부터 정복 전쟁에 참가했던 엘지기데이는 기독교에 우호적이었을 뿐 아니라 서방 국가들과 외교 관계를 확대시키기 원하는 구유크 대칸의 정책을 수행하기 위해 페르시아군 지휘관으로 부임했다. 바이주의 살해 위협에서 풀려난 아셀린은 엘지기데이가 가져온 구유크 대칸의 친서를 받은 후 귀환 길에 올랐다. 그것으로 아셀린의 특사 활동은 마무리되었다. 그는 몽골제국 수도 카라코룸까지 가지 못했다.

그런데 귀환하는 아셀린 여행단에는 엘지기데이가 몽골에서 데려온 몽골특사 두 명이 포함되어 있었다. 그 중 한 명은 기독교인(네스토리우스파) 사르기스Sargis였다. 사르기스는 1248년 이탈리아로 가서 교황 노센트 4세를 알현했다. 몽골 기독교인으로는 처음 교황을 만난 셈이다. 사르기스를 만난 후 교황의 몽골 및 아시아 선교에 대한 의지가 더욱 강화되었음은 물론이다. 이렇듯 몽골제국과 서방교회 사이에 우호적인 관계를 구축하려 노력했던 엘지기데이는 유럽의 강국 프랑스와도 그런 외교관계를 맺으려 노력했다. 마침 그 무렵(1248년) 프랑스 왕 루이 9세가 제7차 십자군 원정대를 이끌고 이집트를 향하던 중 키프로스에 머물고 있었다. 이에 엘지기데이는 네스토리우스파 신도(혹은 사제) 다비드와 마르코를 루이 9세에게 특사로 보내 "힘을 합쳐 사라센(이슬람)을 몰아내고 예루살렘을 탈환한 후 서방(라틴)이든 동방(그리스)이든, 아르메니아정교회든 네스토리우스파든, 야곱파(단성론)든 모든 기독교인들을 보호하자"는 메시지를 전했다. 이 같은 엘지기데이의 계획은 1248년 4월, 구유크 대칸의 급작스런 사망으로 더 이상 추진되지 못했다. 하지만 이런 엘지기데이의 메시지를 받은 루이 9세는 동·서 제국이 힘을 모아 세계를 통합한 '기독교 왕국'을 세울 수 있겠다는 기대감을 갖게 되었다. 그런 배경에서 루이 왕도 화답하는 특사를 몽골에 파견했다.

루이가 몽골에 특사로 파견한 인물은 앞서 아셀린과 함께 몽골을 다녀온 적이 있는 도미니쿠스회 수도사 앙드레André de Longjumeau였다. 그는 이미 1238년에도 루이 왕의 외교 특사로 콘스탄티노플을 다녀온 적이 있었다. 앙드레 외에 네 명의 수도사와 사제들이 동행했고 앙드레는 지난 아셀린 특사 때 '예전禮典'에서 실패한 경험을 되살려 이번에는 대칸에게 줄 루이 왕의 푸짐한 선물을 준비했다. 선물 가운데는 '몽골식' 성전으로 사용할 수 있는 대형 주홍색 천막도 포함되었다. 앙드레는 1249년 1월 안디옥을 떠나 1년 만에 카라코룸에 도착했다. 그러나 그들이 도착했을 때 루이 왕의 선물과 친서를 받을 구유크 대칸이 죽은 지 1년이 지났고 후임 대칸을 뽑지 못한 채 구유크 부인 오굴이 섭정을 하고 있었다. 앙드레를 통해 루이 왕의 선물을 받은 오굴 황후는 "앞으로 몽골제국과 평화롭게 지내려면 더 많은 금과 은을 보내야 한다"는 내용의 친서를 내렸다. 대칸과 직접 외교 관계를 맺고 싶었던 루이로서는 실망스런 답이었다. 그러나 루이는 카라코룸을 비롯한 몽골제국 도시의 기독교(네스토리우스파) 사제와 신도들에 대한 앙드레의 보고를 듣고 '기독교 선교'의 가능성을 읽었다. 또한 그 무렵 루이는 러시아와 동유럽 지역을 통치하고 있던 킵차크칸국의 바투와 그 아들 사르탁이 기독교에 우호적이라는 소문을 접했다. 특히 사르탁은 서방세계에 '독실한 기독교인'으로 알려져 있었다. 이에 루이는 사르탁과 킵차크칸국을 통해 몽골제국의 대칸과 외교 관계를 맺으려 시도했다.

그런 배경에서 1253년 루이 9세는 외교 특사를 한 번 더 몽골제국에 파견하기로 했다. 그렇게 해서 선발된 특사는 프란체스코회 수도사 윌리엄William of Rubruck과 바돌로뮤Bartholomew of Cremona였다. 특사 단장인 윌리엄은 프랑스 북부 루브루크Rubrouck 출신으로 1248년 루이 9세가 일으킨 제7차 십자군 원정대에 참가하면서 루이와 교분을 쌓았다. 이들 프란체스코회 수도사들로 특사단을 구성하면서 루이 왕은 별도로 자신의 선물을 직접 대칸에게 전달할 관료 고쎄Gosset도 파견했다. 루이 왕과 윌리엄은 앞선 세 차례의 몽골 특사 파견에서 얻은 경험과 정보를 바탕으로 출발에 앞서 충분한 준비를 했다. 그 무렵 루이 왕과 윌리엄은 프랑스 기사들이 장악하고 있던 시리아의 지중해 연안 도시 아크레에 머물고 있었는데 그곳에 있던 아르메니아와 시리아인들로부터 몽골 기독교인에 관한 정보를 듣고 왕의 친서를 번역했다. 준비를 마친 윌리엄은 1253년 연초에 아크레에서 배를 타고 지중해와 에게해를 거쳐 콘스탄티노플로 가서 그곳의 라틴 왕 볼드윈 2세가 킵차크칸국의 사르탁에게 쓴 소개 편지를 휴대하고 몽골로 출발했다. 윌리엄 일행이 택한 경로는 바투와 사르탁이 통치하는 킵차크칸국을 거쳐 가는 길, 즉 앞서 요안네스가 택하였던 동·서 교역로의 북방 루트였다. 1253년 5월 콘스탄티노플을 떠나 두 달 만에 윌리엄 일행은 돈강과 볼가강 유역에 주둔하고 있던 사르탁과 바투의 환대를 받았다. 거기서 뒤늦게 도착한 루이 왕의 특사 고쎄와 합류하여 곧바로 대칸이 있는 카라코룸으로 떠났다.

윌리엄은 바투나 사르탁 진영, 그리고 카라코룸으로 여행하는 도중에 들린 도시와 마을에서 적지 않은 기독교인(네스토리우스파)들을 만났다. 그는 위구르 지역을 여행하던 중 카일락이란 도시에서 네스토리우스파와 이슬람교도들이 예배하는 천막 성전들을 보았는데 네스토리우스파 성전을 방문한 내용을 이렇게 증언했다.

─ 첫 번째 천막 안에서 검은 색으로 칠을 한 십자가를 손에 쥐고 있는 남자를 만났다. 나는 직감적으로 그가 기독교인임을 알았다. 그에게 몇 마디 질문을 던져 보았는데 기독교인처럼 대답했다. 그래서 그에게 '왜 이곳에는 십자가와 예수 그리

스도의 성상이 없는가?' 하고 물었더니 그는 '그건 우리 풍습이 아니다'라고 대답했다. 그 말을 듣고 이들이 기독교인인 것은 사실이지만 교리적으로 바르지 못하다는 것을 알았다. 천막 가운데 귀중품을 넣는 상자 같은 모양의 제단이 설치되어 있었는데 그 위에는 등불과 그들이 바친 제물, 그리고 날개 달린 천사 모습의 성미가엘 형상과 손가락으로 축복하는 모습의 주교 형상들이 놓여 있었다. [46]

윌리엄으로서는 몽골제국 영토 안에서 기독교 신앙인들을 만난 것이 반가운 일이기는 했으나 그들이 서방교회에 의해 이단으로 정죄된 '그릇된'(네스토리우스파) 신앙과 교리를 추종하고 있음을 확인하고 그들에게 서방교회의 '바른' 신앙과 교리를 가르치고 전파해야 할 선교사로서 의무감을 느꼈을 것은 당연하다. 윌리엄은 몽골 여행의 목적을 외교나 정치보다 선교에 두었다. 그래서 처음 만난 킵차크칸국의 두 지도자 사르탁과 바투에게 기독교(서방교회) 교인으로 세례 받을 것을 권했던 것이다(물론 바투와 사르탁은 윌리엄에게 세례 받기를 거부했다). 그런 그의 자세는 카라코룸에 도착해서도 변함이 없었다. 그가 1253년 9월 카라코룸에 도착했을 때 당시 대칸은 2년 전에 대칸에 선출된 몽케였다. 몽케는 칭기즈칸의 막내아들 훌루이의 맏아들로서 어려서부터 독실한 기독교 신자였던 어머니 소르각타이에게 지도자 훈련을 받았던 터라 기독교에 호의적이었다. 그래서 윌리엄 일행은 카라코룸에 도착해서 영접하는 네스토리우스파 사제와 관료 편에 루이 왕의 친서를 몽케 대칸에게 전달하고 대칸이 내준 황궁 근처 숙소에 머물면서 대칸과의 면담 허가를 기다렸다.

윌리엄이 대칸을 알현한 것은 해를 넘겨 1254년 1월이었다. 대칸은 새해를 맞이하여 고위 관료, 외국 사신들을 초청해 연회를 베풀었는데 윌리엄도 그 자리에 초청을 받아 대칸 앞에서 발언할 수 있는 기회를 얻었다. 대칸을 비롯하여 참석자들이 대부분 술에 취한 연회장 분위기에서 윌리엄은 방문 목적을 분명하게 밝혔다. 그는 루이 왕의 명을 받아 사르탁과 바투를 만난 것과 바투의 도움으로 카라코룸에 온 것을 진술한 후 "우리 목적은 하나님의 법에 따라 사는 법을 사람들에게 가르치는 것입니다. 하나님께서는 폐하를 지상의 위대한 지배자로 세워 주셨습니다. 그러니 폐하의 크신 은총 가운데 우리로 하여금 여기 폐하의 나라에 머물러서 폐하와 폐하의 가족을 위해 하나님의 사역을 할 수 있도록 허락해 주시기를 바랍니다. 우리에겐 폐하께 드릴 금이나 은, 귀한 보석이 없지만 우리 자신을 드려 이곳에서 폐하를 위해 하나님께 기도할 것입니다"라고 하였다. 윌리엄의 말을 대칸은 자신보다 먼저 사르탁과 바투를 만난 것에 불만을 표하면서도 "태양이 온 사방을 비추듯이 지금 나와 바투의 권능이 모든 곳에 미치고 있다. 그러니 당신에게 금과 은을 받지 않아도 된다" 하고 겨울을 나기까지 카라코룸에 머물도록 허락했다.[47]

이로써 몽골에서 선교 사역을 하려던 윌리엄의 계획은 실현되지 못했지만 이후 1255년 7월 귀국길에 오르기까지 윌리엄은 카라코룸에 머물러 지내면서 다양한 사람들과 접촉하며 다양한 경험을 했다. 그는 시리아와 페르시아, 아르메니아에서 온 동방교회 사제와 선교사들을 만났고 특히 카라코룸에서 사역하고 있던 네스토리우스파 사제들을 자주 만났다. 그는 대칸과 황실 가족들이 참석한 가운데 성대하게 진행된 네스토리우스파 신도들의 부활절 축제도 목격했다. 그는 네스토리우스파 사제와 관료들의 소개로 기독교 신자였던 황실 부인들뿐 아니라 황실에서 일하는 유럽 출신 기독교 남여 신도들도 만났다. 유럽인들은 대부분 몽골군대의 유럽 원정 때 포로로 잡혀 왔다가 그 기술과 재주를 인정받아 황실의 대접을 받으며 일하고 있었다. 그

가운데 프랑스 파리 출신 대장장이 부쉬에William Bouchier가 있었는데 카라코룸 황궁 정원의 천사상天使像이 부착된 '은나무' 분수대를 제작한 장본인이었다.[48] 독실한 기독교 신도로서 대칸의 신임을 받고 있던 부쉬에는 고향과 신앙(로마가톨릭)이 같았던 윌리엄에게 도움을 아끼지 않았다. 윌리엄은 부쉬에 집에서 일하고 있던 이슬람 출신 노예 8명에게 세례를 베풀었는데 이는 그가 서방교회 선교사로서 카라코룸에서 행한 유일한 '종교의식'(성례)이었다. 이런 부쉬에의 주선으로 윌리엄은 카라코룸을 떠나기 직전 대칸을 한 번 더 알현했고 대칸은 "귀국을 허락한다"면서 윌리엄에게 루이 왕께 보내는 친서를 주었다.

윌리엄 일행은 1255년 7월 카라코룸을 출발해서 킵차크칸국의 바투 진영을 거쳐 그해 8월 시리아의 지중해 연안도시 트리폴리에 머물고 있던 루이 9세에게 대칸의 친서를 전달하고 긴 여행 보고서를 써서 제출했다. 그가 루이 왕에게 제출한 《동방여행보고서Itinerarium fratris Willielmi de Rubruquis de ordine fratrum Minorum, Galli, Anno gratia 1253 ad partes Orientales》는 앞서 카라코룸을 다녀온 요안네스가 쓴 《몽골 역사》와 함께 중세 유럽에 몽골과 아시아의 역사와 문화, 정치와 사회, 종교와 풍토를 소개한 중요한 저술이 되었다. 특히 윌리엄은 카라코룸에 있는 동안 내륙에서 온 중국인들을 통해 중국 동쪽 바다 건너에 있다는 '고려'란 나라에 대한 이야기를 듣고 그것을 여행기에 적어 한국을 서방에 처음 알린 인물이 되었다. 그의 여행기에 나오는 한 대목이다.

— 그들(중국인들)은 내게 사실이라며 말했지만 나는 그것을 믿을 수 없었다. 그들은 중국Cathay 건너편에 한 나라가 있는데 누구든 그 나라에 들어갈 때 나이가 몇이든 그 나라에 있는 동안에는 그 나이를 유지한다고 했다. 중국은 바다로 둘러싸

여 있는데 윌리엄[대장장이 부쉬에]도 바다 가운데 섬나라인 카울레Caule와 만세이 Mansei에서 온 사신들을 본 적이 있다고 했다. 겨울이면 그 바다가 얼어서 몽골 군대가 들어갈 수 있다면서 매년 3만 2천 냥tumen iascott을 몽골에 바쳐서 평화 를 유지하고 있다고 했다.[49]

‘카울레’는 당시 한반도의 ‘고려高麗’를 의미했다. ‘만세이’는 중국 남방의 남송南宋을 의미한 것으로 보인다. 두 다리 걸쳐서 전해 들은 이야기지만 중국인들에게 한반도 땅은 "늙지 않는" ‘불노장생’의 땅으로 알려졌다. 진시황이 말년에 시종을 한반도로 보내며 "불로초不老草 를 구해오라" 했다는 설화도 그런 배경에서 나온 것이다. 윌리엄이 카라코룸에서 ‘카울레’에 대한 이야기를 들었을 당시 고려는 몽골군의 침략으로 극심한 고초를 겪고 있었다. 즉 1231년 오고타이 대칸의 명으로 사르탁(고려 역사서에는 ‘살례탑撒禮塔’으로 표기됨)이 대군을 이끌고 고려를 침범한 이후 몽골제국은 20년 동안 다섯 차례 대규모 군대를 출동시켜 한반도를 유린하고 수십만 명 포로를 몽골로 끌고 갔다. 1251년 대칸이 된 몽케도 자랄타이車羅大가 이끄는 대군을 파견하여 고려에 항복을 요구했다. 이런 상황에서 고려왕 고종高宗은 ‘최씨 무신 정권’에 둘러싸여 강화로 천도하고 한편으로 항몽 투쟁을 하면서 다른 한편으로 외교 사신을 카라코룸에 보내 화의를 청했다. 1252년에 이현李峴, 1253년에 안경공安慶公 온溫을 사신으로 보냈고 결국 1259년에는 태자인 전倎을 카라코룸에 보내 항복 의사를 전달했다. 바로 이처럼 몽골 군대가 고려를 한창 정벌하고 있던 시기(1231-1259년)에 요안네스와 앙드레, 아셀린, 윌리엄과 같은 수도사들이 서방교회 혹은 프랑스 왕의 특사로 몽골을 방문했다. 이들 서방교회 수도사(선교사)들은 직접 고려에서 온 포로나 사신을 만나지는 못했지만 중국인들을 통해 '중국 동쪽 바다 건너 있는 섬나라' 고려에 대한 이야기를 듣고 '먼 미래의 신교 대상국'으로 마음에 품었을 것은 예상 가능한 추측이다. 그리고 그렇게 카라코룸으로 끌려간 수십만 고려인 포로들 가운데 네스토리우스파 사제나 신도들, 그리고 서방에서 온 선교사와 기독교인들을 접촉하고 기독교 신앙까지 수용한 경우도 전혀 불가능한 일이라고 할 수는 없다. 같은 맥락에서 그런 고려인 포로 가운데 전쟁이 끝난 후 고향으로 귀환할 때 몽골에서 접한 기독교 신앙을 가지고 들어온 경우도 전혀 불가능한 일이라고 할 수는 없다. 몽골을 통한 고려인들의 기독교 접촉과 수용은 몽골제국이 중국 중원으로 터전을 옮겨 원나라를 세운 이후에 그 가능성은 더욱 커졌다.

마르코 폴로의 중국 여행

서방 국가와의 우호적인 외교 관계를 맺고자 프란체스코회 수도사 윌리엄을 통해 프랑스 왕 루이 9세에게 친서를 보냈던 몽케 대칸은 그 일이 있은 후 4년 만인 1259년 8월 중국 남송南宋을 정벌하던 중 병사했다. 그리고 곧바로 몽케 대칸의 후임으로 그의 동생 쿠빌라이가 선출되었다. 쿠빌라이는 몽골제국을 세운 칭기즈칸의 넷째 아들 툴루이의 둘째 아들이었다. 쿠빌라이는 1251년 대칸이 된 형 몽케의 명에 따라 중국 정벌에 나서 당나라 수도였던 산시성陝西省 시안西安을 점령하고 그곳을 거점으로 남진하여 1253년 윈난성雲南省 일대를 통치하던 대리국大理國을 정복했다. 계속해서 쿠빌라이는 1257년 몽케 대칸과 함께 남송南宋 정벌에 나섰는데 1259년 남송의 북부를 공략하던 중에 남부를 공략하던 몽케 대칸이 병사했다는 소식을 들었다. 그는 즉시 군사를 돌려 몽골로 복귀했는데 이는 당시 카라코룸에 남아 있던 막내 동생 아리크 부케Arik Bukai가 스스로 대칸에 오르려 한다는 소식 때문이었다.

아리크 부케는 실제로 그런 의도가 있었다. 쿠빌라이는 카라코룸까지 가지 못하고 '카이펑開封'으로도 불렸던 몽골 남부 상두上都에서 1260년 5월 자신을 지지하는 부족장들로 쿠릴타이를 소집하고 '선대 대칸의 유언'이라며 대칸이 되었다. 이에 대항하여 아리크 부케도 카라코룸에서 대항 쿠릴타이를 소집하고 대칸임을 선언하여 이때부터 4년간 형제 간의 전투가 벌어졌다. 그 무렵 쿠빌라이의 바로 아래 동생 훌라구는 페르시아를 정벌하고 몽골제국의 위성국가로서 일칸국을 세운 후 그곳에 통치지로 머물러 있어 대칸 투쟁에 참여하지 않았다.

이런 과정을 거쳐 1260년 대칸이 된 쿠빌라이는 첫 번째 정치적 행위로 몽골제국의 수도를 옮기는 것이었다. 그것은 기존의 수도 카라코룸에 아리크 부케와 그를 지지하는 세력이 장악하고 있었던 때문이기도 했지만 할아버지가 설립한 몽골제국의 중심축을 중국 대륙으로 옮기려는 정치적 판단 때문이었다. 그는 몽케, 훌라구, 아리크 부케 등 다른 형제들과 함께 어려서부터 어머니 소르각타이로부터 철저한 지도자 훈련을 받았는데 어머니의 종교인 기독교(네스토리우스파)는 물론이고 티베트 불교와 중국의 도교와 유교 사제 및 학자들로부터 다양한 종교와 학문을 습득하고 훈련을 받았다. 쿠빌라이는 개인적으로 불교에 심취했으나 중국 종교인 도교와 유교에도 깊은 관심을 기울였다. 그는 실제로 중국 원정에 나서 1천 년이 넘는 중국의 고대 문화와 문명에 깊은 감명을 받았다. 서방으로 나갔던 몽골 원정대가 '저항하면 철저히 파괴하고 살육'하였던 것과 달리 쿠빌라이는 중국의 도시와 국가들을 정벌하면서 파괴하기보다는 보존하면서 회유를 통해 공존과 협력을 유도했다. 이런 과정을 거쳐 쿠빌라이는 할아버지가 세운 몽골제국을 중국의 유구한 정치와 사회, 종교와 문화의 기반 위에서 새롭게 건설할 의지를 갖게 되었다. 그런 의지의 첫 번째 표현이 수도이전이었다. 쿠빌라이는 아리크 부케의 반란을 평정한 1264년에 몽골제국의 수도를 중국 북동부, 오늘의 베이징北京으로 옮겼다. 중국 고대(기원전 1천 년경) 춘추전국시대 연燕나라 수도燕京였고 그 후 요遼나라와 금金나라가 수도로 삼았던 곳인데 쿠빌라이는 이곳으로 수도를 옮기면서 '대두大都'라 했다. "칸의 거주지"란 뜻으로 '칸발릭Khanbaligh'이라고 불렀다.

　내부 반란을 진압하고 수도를 베이징으로 옮긴 쿠빌라이는 정복 전쟁을 통한 영토 확장을 꾀했다. 서방은 위성국가인 일칸제국과 킵차크간국에 일정 부분 자치권을 부여하고 정치적 안정을 꾀했고 남방으로 티베트와 남송을 거쳐 베트남과 버마까지, 동쪽으로 금과 여진, 고려를 거쳐 일본까지 정벌했다. 쿠빌라이는 "항복하면 환대하고 저항하면 응징한다"는 몽골군사 원칙에 따라 중국과 그 주변 민족 국가들을 정복해 나갔다. 한반도의 고려도 그런 몽골 부대의 침략을 받고 처음 40년 동안은 강화도로 천도하고 항몽투쟁을 벌이다가 결국 1270년 고려 왕 원종元宗은 세자와 함께 베이징에 가서 쿠빌라이에게 항복을 표했다. 이후 고려는 이성계의 반란으로 멸망하기까지 120년 동안 혼인 관계를 통해 몽골제국(원)의 복속국가로 남았다.

　이처럼 동유럽 카스피해로부터 극동아시아에 이르는 광대한 영토를 통치하게 된 쿠빌라이는 몽골제국의 정치와 경제, 법과 제도, 사회와 문화 전반에 걸쳐 일대 혁신을 추진했다. 그것은 몽골부족 특유의 유목민 정치와 문화를 중국 토착민(한족)의 그것으로 바꾸는 작업이었다. 그런 배경에서 쿠빌라이는 자신들이 정복한 후금과 남송의 중국 정치문화를 적극 수용했다. 쿠빌라이는 자신의 국사國師였던 티베트 출신 불교 승려 파스파Phagspa로 하여금 '파스파 문자八思巴文字'로 불리는 몽골어 문자를 만들기도 했지만 중국의 한자漢字를 관용어로 채용하여 몽골부족에게 한자 교육을 시켰으며 중국식 관제를 따라 중서성中書省을 설치하고 과거제도를 통해 인재를 널리 등용했다. 이 과정을 통해 몽골의 한족화漢族化가 이루어졌다. 그리고 1271년부터는 국호도 아예 중국식으로 원元으로 바꾸고 자신도 '대칸'이란 명칭 대신 '세조世祖'로 칭호를 바꾸었다. 이후 쿠빌라이(세조)는 1294년 죽기까지 30년 넘게 통치하면서 정치적 안정과 문예 부흥의 전성기를 이룩했다.

이런 쿠빌라이(세조)였기에 그의 대외 및 종교 정책도 개방적이고 포용적이었다. 그는 경제 발전과 문예 부흥을 위해 세계 각국, 특히 서부 유럽 국가들과의 교류를 중요시했다. 그런 배경에서 세계의 다양한 종교와 철학, 문화와 문명과의 교류도 활발하게 이루어졌다. 그 결과 원나라 수도 대두(베이징)에는 세계 여러 나라에서 온 상인과 외교관, 종교인들로 넘쳐났다. 쿠빌라이의 사회·문화 정책은 '융합fusion'이라 할 수 있다. 서로 다른 다양한 민족과 언어, 문화와 종교, 철학과 사상을 널리 수용하여 '원'이란 명칭으로 새로 건립된 국가의 문명과 문화 발전에 기여하도록 유도했다. 이런 그의 개방적 융합 원리는 그가 어려서부터 받은 교육과 훈련에 기인했다. 그는 어려서 가문 어른과 어머니로부터 몽골 전통의 무교(샤머니즘)와 기독교(네스토리우스파) 종교 교육을 받았고, 성장해서는 티베트 불교(라마교)에 심취했으며, 지도자가 되어서는 중국의 도교 및 유교 이념을 통치 철학의 기본으로 삼았고 이슬람과 힌두교는 물론 서방(유럽)에서 온 기독교 사제나 선교사, 상인과 여행가들도 받아들였다. 쿠빌라이는 이런 다양한 종교 지도자와 사제들의 포교활동을 용인하였을 뿐 아니라 관료로 임명하여 정치적 조언을 듣기도 했다. 그런 배경에서 쿠빌라이 주변에는 기독교(동방교회와 서방교회)인 관료와 조언자들도 적지 않았다. 특히 쿠빌라이는 수도를 대두로 옮기고 나라를 새롭게 건설해 나가면서 서방교회 및 유럽 국가들과 우호적인 외교 관계를 수립하려 노력했는데 그 과정에서 서방 기독교인들을 특사 혹은 메신저로 활용했다. 이탈리아 출신 '폴로Polo 가족'이 대표적인 경우다.

쿠빌라이가 대칸이 되어 몽골제국의 권력을 잡았던 1260년, 니콜로 폴로Niccolo Polo와 마페오 폴로Maffeo Polo 형제는 '큰돈을 벌기 위해' 동방 여행을 시도했다. 이탈리아 베네치아 출신으로 콘스탄티노플을 무대로 무역업을 하고 있던 폴로 형제는 진귀한 보석을 장만한 후 카스피해를 건너 볼가강 유역의 킵차크칸국 진영으로 들어갔다. 그때 킵차크칸국은 바투와 사르탁의 뒤를 어어 바투의 동생인 베르케Berke가 통치하고 있었다. 폴로 형제는 환대하는 베르케에게 보석을 모두 팔았다. 목적을 이룬 폴로 형제는 콘스탄티노플로 귀환하려 했으나 그 무렵 동로마(비잔틴)제국의 뒤를 이은 니케아왕국의 미카엘이 콘스탄티노플을 점령하고 라틴제국이 세운 볼드윈 2세를 몰아내고 유럽인들을 축출하고 있어 돌아가기 어려웠고 또한 그를 환대했던 킵차크칸국도 훌라구가 세운 일칸국과 전쟁을 벌이고 있어 고향인 베니스로 가는 길도 안전하지 못했다. 그래서 폴로 형제는 더 동쪽으로 방향을 잡고 페르시아 북부(현재 우즈베키스탄) 부카라로 가서 3년을 머물면서 상황이 안정되기를 기다렸다.

그러던 중 일칸국의 훌라구가 자기 형 쿠빌라이 대칸에게 보내는 사신이 부카라에 들렀다가 폴로 형제를 보고 "대칸이 아직 라틴 사람을 만난 본 적이 없으니 같이 간다면 큰 환영을 받을 것이다" 하며 동행할 것을 청했다. 이에 폴로 형제는 훌라구 사신과 함께 1년 여행 끝에 1266년, 몽골제국의 새로운 수도 '칸발릭', 즉 대두(베이징)에 도착해서 쿠빌라이 대칸을 알현할 수 있었다. 훌라구 사신의 말대로 쿠빌라이는 라틴제국과 서방교회 지도자 교황에 관하여 많은 질문을 했고 폴로 형제는 오랜 경험의 상인답게 예의를 갖추어 대답했다. 쿠빌라이 대칸은 폴로 형제를 환대했다. 쿠빌라이는 귀국하는 폴로 형제 편에 교황에게 보내는 특사 코에케테이Koeketei를 딸려 보내기로 했다. 그러면서 대칸은 별도로 교황에게 "서양의 일곱 가지 기예(문법, 논리,

수사, 산수, 기하, 음악, 천문)에 능하고 우상숭배가 잘못된 것임을 깨우쳐 주고 기독교가 어떤 종교보다 뛰어난 것임을 보여 줄 수 있는 기독교 현자 1백 명과 함께 예루살렘 성묘교회의 등잔 기름도 보내 달라"는 내용의 친서를 써서 폴로 형제에게 전달하도록 부탁했다. [50]

몽골제국을 방문했다가 예상치 못했던 결과를 얻은 폴로 형제는 쿠빌라이 대칸의 특사와 함께 안전하게 귀환 여행을 할 수 있었다. 그러나 몽골 특사 코에케테이는 시리아 북부 소아르메니아의 아야스에서 폴로 형제와 헤어져 콘스탄티노플 쪽으로 갔고 폴로 형제는 남쪽으로 예루살렘왕국의 수도 역할을 하고 있던 시리아의 아크레에 도착했다. 폴로 형제는 그곳에서 교황 특사로 제7차 십자군 원정대에 참가하고 있던 데오발드 비스콘티Theobald Visconti를 만나 로마교황 이노센티우스 4세가 1268년 별세하였으며 1년째 후임을 뽑지 못하고 있는 교회 사정을 전해 들었다. 그래서 폴로 형제는 후임 교황이 뽑히기까지 기다리기로 하고 1269년 예루살렘으로 가서 성묘교회 등잔 기름(성유)을 얻은 후 고향인 베네치아로 돌아갔다. 교황 선출은 1271년에야 이루어졌는데 바로 폴로 형제가 아크레에서 만났던 비스콘티가 교황으로 선출되어 그레고리우스 10세로 취임했다. 이에 폴로 형제는 로마로 가서 교황 그레고리우스 10세에게 쿠빌라이 대칸의 친서를 전달했다. 교황은 "기독교 선교사 1백 명을 보내 달라"는 대칸의 요구에 도미니쿠스회 수도사 니콜로Niccolo de Vicence와 기욤Guillaume de Tripoli, 두 명의 선교사를 보내는 것으로 응답했다. 그리하여 폴로 형제와 도미니쿠스회 선교사 2명으로 구성된 교황 특사단은 1271년 몽골을 향해 출발했다. 이번 여행에 니콜로 폴로의 아들 마르코 폴로Marco Polo도 동행했는데 그때 나이 17세였다. 교황 특사단은 베네치아에서 배를 타고 지중해를 건너 아크레를 거쳐 육로로 소아르메니아에 이르렀을 때 마침 이집트 맘루크 왕조의 이슬람 군대의 공격을 받아 치열한 전투가 벌어지고 있었다. 이에 두려움을 느낀 도미니쿠스회 선교사 두 명은 몽골 여행을 포기하고 교황의 신임장과 친서 및 선물을 폴로 형제에게 넘겨주고 떠나갔다. 폴로 가족은 여행을 계속해서 베네치아를 떠난 지 3년 만인 1274년 초에 상두(카이펑)에 머물고 있던 쿠빌라이 대칸을 알현하고 교황의 친서와 선물을 전달했다.

그 사이 원나라 세조로 칭호를 바꾼 쿠빌라이는 약속을 지켜 8년 만에 돌아온 폴로 가족을 크게 환대했다. 세조는 특히 '영민한 젊은이' 마르코 폴로에게 큰 기대를 걸었다. 도착한 지 얼마 되지 않아 몽골어를 비롯하여 4개국 언어에 능통하게 된 마르코 폴로는 세조의 명으로 중국의 각 도시뿐 아니라 동남아 여러 나라를 돌아보며 정치와 사회, 지리와 풍습에 대한 정보를 습득, 전달했다. 이후 마르코 폴로는 세조의 가까운 '말 벗'이 되었고 원나라 정치계에서 '영향력 있는 서역인西域人'이 되었다. 그러면서 많은 재물도 얻었다. 그런 식으로 폴로 가족은 원나라에 17년간 머물다가 세조 나이 칠십이 넘어 통치 말기에 이르러 세조에게 "고향으로 돌아가고 싶다"는 뜻을 밝혔다. 이에 세조는 폴로 가족의 귀환을 허락하면서 교황과 스페인, 프랑스 등 유럽의 왕들에게 보내는 친서를 내주었다. 또한 세조는 폴 가족에게 귀환 길에 페르시아 일칸국 지도자 아르군의 새 부인을 데려다 줄 것을 부탁하며 선박 14척에 600여 명으로 구성된 대선단까지 내주었다.

1291년 폴로 가족은 중국 동남부 항구도시 광저우를 출발, 말레이반도와 자바섬을 통과하여 인도양을 거쳐 페르시아만 호르무즈에 상륙, 육로로 일칸국 지도자 아르군에게 가서 중국에서 데려 온 부인을 넘겨 주었다. 이후 폴로 가족은 흑해로 콘스탄티노플을 지나 지중해를 거쳐 1295년 고향 베네치아에 도착했다. 중국을 떠난 지 4년 만이었고 교황 그레고리우스 10세의 친서를 갖고 베네치아를 떠난 지 20년 만의 귀환이었다.

그런데 폴로는 귀환 후 중국을 떠나 올 때 세조가 친서를 주며 부탁했던 외교특사로서 활동을 하지 못했다. 폴로 가족을 몽골에 특사로 파견했던 교황 그레고리우스 10세는 폴로 가족이 중국에 도착한 직후인 1276년 별세했고 이후 20년 동안 10명의 교황이 교체되었다. 그만큼 로마가톨릭교회 내부 갈등과 분쟁이 심했다. 폴로 가족이 베네치아로 돌아왔을 때는 폴로 가족이나 몽골제국(원나라)을 전혀 모르는 보니파치우스 8세가 교황의 자리에 있었다. 신성로마제국을 지탱하고 있던 스페인과 프랑스의 정치 상황도 불안하기는 마찬가지여서 폴로는 가지고 온 세조의 친서를 전달할 대상을 찾지 못했다. 게다가 폴로 가족이 고향에 도착한 직후(1296년) 베네치아는 해상권을 놓고 제노아와 전쟁을 벌였다. 마르코 폴로도 그 전쟁에 개입했다가 포로가 되어 제노아 감옥에서 3년간 갇혀 지냈는데 감방 안에서 만난 루치첼로Rustichello da Pisa에게 자신의 여행과 경험담을 자세하게 구술했다. 그것이 후에 《동방견문록》이란 책으로 세상에 나왔다.

이후 마르코 폴로는 1299년 석방되어 베네치아에 돌아와 1324년 죽을 때까지 부와 명예를 누리며 조용한 말년을 보냈다. 그러나 그가 남긴 《동방견문록》은 동방을 향한 여행담뿐 아니라 중국을 비롯한 동아시아 여러 국가와 민족에 대한 풍부한 정보와 자료를 담고 있어 중세 유럽의 인기 있는 책으로 널리 읽혔다. 앞서 교황 또는 프랑스 왕의 특사로 몽골을 다녀 온 요안네스나 윌리엄도 몽골 역사와 여행에 대한 글을 남겼지만 그 분량과 내용에서 마르코 폴로의 여행기를 따를 수 없었다. 2세기 후 아메리카 대륙을 발견한 콜럼버스가 젊어서 이 책을 읽고 탐험가로서의 꿈을 가지게 되었다는 것은 유명한 이야기다.

그러나 마르코 폴로의 《동방견문록》의 보다 중요한 가치는 이 책에 담긴 13세기 동방 아시아교회에 대한 증언 자료에 있다. 우선 마르코 폴로는 몽골(원나라)로 여행하면서 시리아와 페르시아, 아르메니아, 게오르기아, 그리고 중앙아시아 지역에서 발견한 동방교회 즉 네스토리우스파와 단성론파(야곱파) 교회와 신도들에 관한 정보를 소개했다. 그리고 마르코 폴로가 유럽으로 돌아가는 길에 들른 인도의 동남부 마드라스와 서남부 말라바르 지방을 방문했을 때는 그곳에서 직접 목격한 사도 도마의 순교 유적과 1천 여 년 교회 전통을 이어내려오고 있던 '마르도마'교회와 교인들에 대한 상세한 정보도 기록으로 남겼다. 물론 원나라에 들어와 17년간 머무는 동안 만나고 목격한 기독교인과 교회에 관한 정보도 소개했다. 쿠빌리아(세조)의 통치 수도인 대두와 상두에서 만난 네스토리우스파 사제와 관료들에 관한 정보는 물론이고 지방을 순회하면서 확인한 네스토리우스파 교회와 신도들에 대해서도 증언했다. 마르코 폴로는 특히 중국 동남부 지역에 산재한 네스토리우스파 교회에 대하여 상세한 기록을 남겼다.

우선 마르코 폴로는 중국 남부 항구도시 푸저우福州에 '숨어 지내던' 네스토리우스파 신도들에 대한 기록을 남겼다. 마르코와 삼촌 마페오 폴로가 푸저우에 갔다가 주민들로부터 우연히 "우상을 섬기지도 않고 불도 숭배하지 않고 마호멧도 섬기지 않고 그렇다고 기독교를 믿는 것도 아닌 것 같은 사람들이 여기에 살고 있다"는 소문을 듣고 그들을 찾아갔다. 처음 그들은 폴로를 자신들의 종교 행위를 규제하러 온 대칸의 조사관으로 알고 두려워했다. 그러나 폴로는 "두려워하지 말라. 당신들을 도와주러 왔다"며 설득하면서 대화한 결과 그들이 700년 동안 '조상의 신앙'을 지켜온 기독교 신자들인 것을 알았다. 이들에 대한 《동방견문록》 기록이다.

— 마페오 님과 마르코 님은 매일같이 그곳을 드나들면서 그들과 편안한 사이가 되었고 그래서 그들이 하는 일에 대하여 물어본 결과 그들이 기독교를 믿고 있다는 사실을 알게 되었다. 그들이 갖고 있는 책들이 있었는데 마페오 님과 마르코 님이 그것을 읽고 글을 번역하면서 글자 하나하나를 또 말 하나하나를 옮겨 보니 그것은 바로 시편의 구절들임을 깨닫게 되었다. 그래서 그들에게 이 종교와 교리를 어떻게 받아들이게 되었는가 물었더니 '우리 조상으로부터'라고 대답했다. 그들의 어떤 사원에는 세 사람의 모습이 그려져 있는데, 그것은 온 세상으로 전도하러 떠났던 70인 사도 가운데 세 사도였다. 그들은 바로 이 사도들이 옛날 자기 조상들에게 이 종교를 가르쳐 주었으며 이 신앙은 그들 사이에서 700년 동안 보존되어 오고 있다고 말했다. 그러나 오랫동안 가르침을 받지 못해 중요한 것들을 알지 못하게 되었다고 했다. 그들은 '그러나 우리는 이것을 우리 조상들로부터 물려받았고 우리의 책들에 따라서 우리는 세 분, 즉 이 세 사도를 경배하는 것입니다'라고 말했나.[51]

"조상들로부터 전해 내려온 신앙을 700년 동안 지켜 왔다"면 푸저우의 기독교인들은 6세기 당나라 때 비단길을 통해 들어온 페르시아의 네스토리우스파(경교)이거나 그 이전, 해양 비단길을 통해 인도를 거쳐 들어온 시리아 동방교회 신앙인의 후손일 가능성이 크다. 어떤 경우든 이미 앞서 살펴본 대로 당나라 초기 200년 동안 '유행했던' 경교는 당나라 말기, 그리고 당나라 멸망 이후에는 정치적·종교적으로 탄압을 받아 멸절된 것으로 알려졌었다. 그런데 푸저우 지방에 '가문 종교家門宗敎, family religion' 형태로 '숨은 기독교인隱遁敎人, hidden Christians' 집단이 존속했던 것이다. 무려 700년 동안, 서방으로부터 선교사나 목회자 파송이 단절되었음은 물론이고 자체적인 신학 교육이나 목회자 양성도 이루어지지 못한 상태에서, 더욱이 정부 관리와 토착 종교인들의 감시와 탄압을 받으면서도 20세대generation를 거쳐 지켜온 신앙이었다.

마르코 폴로는 그렇게 숨어서 신앙생활을 하던 기독교인 지도자들을 설득하여 대두 황궁으로 데려가 황제(세조)를 알현하도록 주선했다. 황궁 주변에 있던 불교와 유교, 도교 조언자들의 반대와 견제가 있었지만 황제는 "폐하의 뜻에 어그러지지 않는다면 조상들이 그래왔던 것처럼 기독교도로 남고 싶다"는 푸저우 기독교인 지도자의 요청을 받아들여 계속 기독교인으로 살아갈 수 있도록 허락했다. 그 결과 푸저우와 그 인근 지역에 '숨어서' 신앙생활을 해왔던 기독교인들이 이제는 '드러내고' 종교 활동을 할 수 있게 되었다. 이것을 계기로 그동안 '숨어서' 지냈던 다른 변방지역의 네스토리우스파 신도들도 세상 밖으로 나와 공개적으로 신앙생활을 하게 되었을 것이다. 그렇게 해서 세상에 드러난 푸저우와 중국 전역의 기독교인 수를 마르코 폴로는 '70만 호戶 이상'이라 증언했다. 다소 과장된 수로 보이지만 적지 않은 기독교인(경교도)이 오랜 세월, 모진 탄압과 박해 속에서 신앙을 지켜 왔다는 점과 몽골제국의 원나라 건국이 숨어 살던 기독교인들에게 종교 신앙의 자유를 기회를 주었다는 점은 분명하다.

마르코 폴로는 또한 중국 동남부 양쯔강 하류에 위치한 장쑤성 江蘇省 젠장鎮江에 있던 네스토리우스파 교회와 수도원에 대한 증언도 남겼다. 그런데 젠장의 기독교인은 푸저우의 경우처럼 '숨어 있던' 교인들이 드러난 것이 아니라 원나라 당대에 이루어진 선교의 결과였다. 마르코 폴로의 증언에 따르면 젠장의 교회와 수도원은 네스토리우스파 신도로서 쿠빌라이(세조)의 신임을 받고 있던 사르기스Sargis, 薛里吉思라는 관료가 1278-1282년 젠장 총독으로 부임해 와 있을 때 세운 것들이다.[52] 사르기스가 페르시아 출신의 서역 사람인지, 몽골

출신인지 불확실하지만 세조의 측근 관료로서 지방 총독으로 부임해서 자신의 관할 지역에 교회와 수도원을 설립했던 것이다. 이후 젠장은 원나라 시대 네스토리우스파 선교가 가장 활발하게 이루어진 지역이 되었다. 1330년대 기록물인 젠장 향토지《지순진강지至順鎭江志》에 따르면 젠장 지역에 총 3,400여 호戶가 살고 있었는데 토착민인 한족이 3,250호로 가장 많았고 외래 부족으로 몽골 23호, 무슬림 49호, 여진족 25호, 거란족 19호, 위구르 12호였으며 '야리가온也里可溫'으로 표기된 네스토리우스파 신도는 19호였다. 원나라 때 네스토리우스파는 당나라 때 명칭 '경교景敎'가 아닌 '야리가온'으로 불렸다. 이는 몽골어로 "복음을 섬기는 자"란 뜻의 '아르카운Arkaun'을 한자로 음역한 것이다. 그리고 네스토리우스파 교회도 당나라 때 명칭 '대진사大秦寺'가 아닌 '십자사十字寺'로 불렸다.《지순진강지》에는 젠장 지역 '십자사'로 대흥국사大興國寺와 운산사雲山寺, 취명산사聚明山寺, 독안사瀆安寺, 고안사高安寺, 감천사甘泉寺, 대보흥사大普興寺 등 일곱 개 교회 명칭이 나온다.[53] 이런 식으로 원나라 때 젠장 이외의 지역에서도 네스토리우스파 (야리가온) 관료들의 영향력을 배경으로 교회와 수도원들이 설립되었을 것은 쉽게 짐작할 수 있다.

이처럼 원나라 때 들어 다시 한 번 기독교가 중국 땅에서 '부흥'할 수 있었던 것은 원나라를 창건한 세조(쿠빌라이)의 종교 포용정책, 특히 서방 기독교에 대한 우호적인 입장 때문에 가능했다. 그런 황제의 기독교 포용 자세는 1287년 일어난 '나얀 반란사건'에서도 확인되었다. 반란군 지도자 나얀Nayan, 乃顔은 칭기즈칸의 형제 가문 출신으로 몽골의 동북방 지역 만주와 한반도 일대를 통치하고 있었는데 쿠빌라이(세조)가 원나라를 세운 후 몽골의 전래 유목민 전통을 포기하고 중국식 문화를 급속하게 받아들이는 것에 불만을 품고 중앙아시아 지

북경 야리가온(네스토리우스파) 십자사 유적지

역을 통치하고 있던 쿠빌라이의 조카 카이두와 함께 카라코룸을 거점으로 반란을 일으켰다. 그러나 반란은 오래 가지 못했다. 세조는 72세 나이임에도 직접 대군을 이끌고 진압에 나서서 반란군을 진압하고 나얀을 처형했다. 그런데 독실한 네스토리우스파(야리가온) 신자였던 나얀의 부대는 십자기를 앞세우고 장병들은 십자가 휘장을 옷에 부착하고 전투에 임했다. 그러나 전투에 패한 나얀 부대 장병들은 다른 종교의 진압군들로부터 "보라! 당신들의 하나님의 십자가가 기독교인 나얀을 어떻게 도왔는지!" 조롱했다.

그러나 쿠빌라이(세조)는 불안에 떨고 있던 나얀의 부하들에게 "만약 너희의 하나님의 십자가가 나얀을 돕지 않았다면 그것은 매우 올바른 일이다. 왜냐하면 만약 부당하고 그른 일이라면 그것을 절대로 행하지 않는 것이 좋게 때문이다. 나얀은 자신의 주군에 대해서 불충하고 반역했기 때문에 그가 당한 일은 너무나 당연한 것이고 너희 하나님의 십자가가 올바르지 않은 그를 돕지 않은 것은 잘한 일이다. 올바르지 않은 일을 행하지 않는 것이야말로 좋은 일이기 때문이다" 하며 살려 주었다. 이에 기독교인 장병들은 "가장 위대하신 폐하! 정말로 진실을 말씀하셨습니다. 십자가는 자기 주군에 대해 불충한 나얀이 한 것과 같은 나쁜 일과 불충한 일을 하지 않습니다" 하며 황제에게 충성을 맹세했다. 이런 나얀의 반란 이야기도 황제의 진압군과 함께 현장에 있었던 마르코 폴로의 증언에 의해 서방에 알려졌다.[54]

이와 같이 마르코 폴로의 증언에 의해 서방(유럽)에 알려진 몽골제국과 중국의 원나라는 기독교에 우호적인 나라, 기독교 선교가 가능한 나라로 인식되었다. 13-14세기 몽골제국(원나라)과 서방교회(로마가톨릭) 사이의 교류가 보다 활발하게 추진될 수 있었던 배경이다.

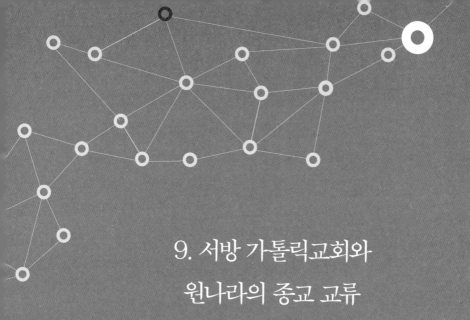

9. 서방 가톨릭교회와
원나라의 종교 교류

중국인 수도사의 서방 여행

이렇듯 서방교회와 유럽 군주들이 프란체스코회와 도미니쿠스회 수도사, 베네치아 상인들을 특사 혹은 선교사로 몽골제국(원나라)에 보낸 것만은 아니다. 몽골제국의 대칸이나 황제들도 서방에 특사를 파견했다. 서방교회나 유럽 국가들이 몽골제국과 우호적인 외교 관계를 수립할 수 있었던 것은 중동과 아프리카 북부 지역을 제패하고 유럽 대륙을 위협하고 있는 이슬람 세력의 확장을 억제하려는 정치적인 목적 때문이었다. 특히 서방교회로서는 '성지회복'이라는 명분을 내세우고 시작했던 십자군 운동이 200년 만에 사실상 실패로 끝나는 시점에서 몽골제국이나 그 위성국가인 일칸국과 킵카크칸국이 이슬람 세력을 견제해 줄 것으로 기대했다. 그러나 이런 서방의 기대와 달리 13세기 접어 들어 동유럽과 중동 지역을 지배하고 있던 킵차크칸국과 일칸국 지도자들이 이슬람으로 개종하거나 친親 이슬람 노선을 취했다. 그 결과 중동의 칸국의 통치지역 내에 있던 동방교회(네스토리우스파와 야곱파)는 물론 유럽의 서방교회도 이슬람 위협에 직면했다. 실제로 13세기 이후 무어족Moors이라 불렸던 북아프리카 이슬람 세력은 본격적으로 지중해 건너 남부 이탈리아와 이베리아 반도의 스페인과 포르투갈 등 기독교 국가들을 침략, 위협했다. 이런 상황에서 서방 교회와 국가는 '기독교에 우호적인' 중국의 원나라와 보다 밀접한 외교 관계를 추진하려 노력했다. 유럽의 서방교회와 중국의 원나라 기독교회 사이에 반反 이슬람 '종교 연대religious solidarity'가 모색된 것이다. 이를 위해 서방교회가 중국에 특사를 주로 파견했지만 중국에서도 기독교인 사절단이 서방으로 파송되기도 했다. 그 대표적인 예를 중국인 사우마Sauma, 掃務瑪와 마르코스Markos, 瑪可의 서방 외교활동에서 찾아볼 수 있다.

중앙아시아 투르크-위구르족 출신인 사우마와 몽골 옹구트족 출신인 마르코스는 원나라 수도인 대두(베이징) 부근에서 출생했는데 언제부터 기독교 신자가 되었는지 알 수 없지만 두 사람은 모두 20대에 수도사가 되었고 마르코스는 사우마의 제자였다. 두 중국인(몽골인) 수도사는 1250년 어간에 예루살렘으로 '성지순례'를 떠났다. 이들의 여행은 순수 '종교적인' 목적으로 시작되었다. 따라서 속도가 중요했던 외교 특사나 상인들의 여행과 달리 수도사들의 여행은 침묵과 고행의 순례 여행이었다. 그렇게 두 수도사는 중국 대두를 떠나 비단길 북방루트인 타칼라마칸 사막과 다리야 계곡을 지나 중앙아시아의 코라산과 니느웨(모술)를 거쳐 아르메니아에 도착했다. 중국으로부터 아르메니아까지 순례 여행은 거의 10년 걸렸다. 중국 수도사들은 곧바로 시리아를 거쳐 예루살렘으로 가려 했으나 그 무렵 시리아에서 이집트 맘루크 왕조의 이슬람 군대와 일칸국과 프랑스 연합군 사이에 전투가 벌어지고 있어 남쪽으로 여행이 어렵다는 것을 알고 일칸국 수도인 페르시아 바그다드로 방향을 돌렸다.

그렇게 해서 그들은 바그다드에서 동방교회(네스토리우스파) 총대주교 데나Denha 1세를 만났다. 1265년 페르시아 동방교회 총대주교로 선임된 데나 1세는 중국으로부터 온 수도사들을 크게 환영했다. 그러면서 그들을 일칸국 수도인 마라가에 있던 아바카Abaqa 칸에게 보내 총대주교 취임에 대한 칸의 승인을 얻고자 했다. 일칸국 창시자인 훌라구의 아들인 아바카 역시 1265년부터 일칸국을 통치하였는데 개인적으로 불교에 심취했지만 어려서 어머니로부터 기독교 신앙교육을 받아 기독교에 우호적이었을 뿐 아니라 당시 서방의 로마교황(클레멘스 4세) 및 프랑스 왕과 연대해서 이집트 맘루크 왕조와 전쟁을 벌이고 있었기 때문에 원나라 대두에서 온 '동족' 수도사들의 요청을 받아들였다. 1266년 무렵의 일이다.

이처럼 사우마와 마르코스, 두 수도사의 가치와 능력을 확인한 총대주교는 이들을 동방교회의 외교 특사로 활용하고자 했다. 총대주교는 우선 나이가 어린 마르코스를 '중국교회 주교'로 임명하고 동방교회의 특사로 파견하려 했다. 그러나 시리아 북부와 페르시아 지역에서 계속 전투 벌어져 출발이 지연되었다. 그러던 중 1281년 총대주교 데나 1세가 별세했다. 이에 동방교회 주교들은 35세 약관의 마르코스를 데나의 후임 총대주교로 선출했다. 동방교회 지도자들이 중국인(몽골인) 수도사를 총대주교로 선출한 것은 마르코스 개인의 신앙과 지도력을 높이 평가한 때문이기도 했지만 동방교회와 일칸국 내지 중국 원나라와의 우호적인 관계를 구축하려는 정치적 계산도 없지 않았다. 마르코스는 이를 받아들여 '마르 야발라하 3세Mar Yaballaha III'란 호칭으로 동방교회 총대주교 직위에 올랐다. 기독교 역사에서 중국인으로 동방교회 최고위직에 오른 첫 번째이자 유일한 경우가 되었다.

과연 동방교회 교인들이 기대한 대로 야발라하(마르코스) 총대주교는 뛰어난 지도력과 외교력을 발휘했다. 그가 총대주교로 선출된 이듬해(1282년) 일칸국 통치자 아바카가 죽고 후임으로 동생 테구데르Teguder가 칸이 되었다. 그런데 새로운 통치자 테구테르는 이슬람으로 개종한 후 기독교를 견제, 탄압했다. 다행히 테구테르 칸은 즉위 2년 만인 1284년 돌연 사망했고 그 후임으로 아르군Arghun이 일칸국 통치자가 되었다. 아바카 칸의 아들인 아르군은 어려서 유아세례를 받았고 기독교에 우호적이었을 뿐 아니라 아버지처럼 서방의 기독교 국가들과 연대해서 중동 지역의 맘루크 이슬람 세력을 견제하고자 했다. 그런 배경에서 아르군은 1285년 페르시아의 네스토리우스파 사제 이사 켈레메치Isa Kelemechi를 로마교황 호노리우스 4세에게 특사로 파견한 바 있었다.

아르군의 이런 정치적 의도를 야발라하 총대주교도 종교적으로 적극 도왔다. 즉 동방교회 총대주교 자격으로 서방교회와 국가 지도자들에게 특사를 보내 아르군이 구상하고 있는 몽골-유럽 연대가 이루어지도록 협력을 부탁했다. 총대주교는 그 일을 중국에서 함께 온 자기 스승 사우마에게 맡겼다. 이에 사우마는 동방교회와 일칸국의 특사로서 콘스탄티노플의 비잔틴제국 황제와 로마교황, 그리고 유럽의 여러 왕들에게 보내는 선물을 휴대하고 바그다드를 떠났다. 여행단에는 유럽의 각국 언어를 말할 수 있는 네스토리안 사제들도 통역으로 참가했다. 그렇게 해서 1287년 연초에 바그다드를 출발한 사우마는 흑해를 건너 콘스탄티노플에 가서 비잔틴제국 황제 안드로니쿠스 2세Andronicus II Palaeologus를 알현했고 거기서 배편으로 지중해를 건너 그해 6월 이탈리아 시칠리아를 거쳐 로마로 갔다. 그런데 알현 대상이었던 로마교황 호노리우스 2세는 두 달 전에 별세했고 그 후임 교황은 아직 선출 전이었다. 결국 사우마는 교황을 만나지 못하고 대신 로마에 있던 추기경들을 만났다. 그들은 사우마가 (서방교회가 이단으로 정죄한) 네스토리우스파인 것과 몽골인으로 동방교회(네스토리우스파) 특사가 된 것에 의심을 표했다. 심문하는 것 같은 그들의 질문에 사우마는 다음과 같이 응대했다.

— 성 도마Thomas와 성 앗다이Adai, 성 마르Mares께서 우리나라에 오셔서 복음을

전하셨고 우리는 그분들의 가르침을 지금도 지키고 있다. 여러분이 알아야 할 것은 우리 선조들이 몽골과 투르그, 중국 사람들의 땅에 들어가 복음을 가르쳤다는 점이다. 그래서 지금 많은 몽골인이 기독교를 믿으며 왕자와 왕비 중에도 세례를 받고 그리스도를 믿는 이들이 많다. 진영마다 교회가 있어 교인들이 영광을 돌리며 많은 개종자들이 생겨나고 있다. 교황께서 우리 동양인들에게 어느 누구도 파견한 적이 없다. 앞서 말한 대로 사도들께서 우리를 가르치셨고 우리는 그들의 가르침을 계승하여 오늘에 이르렀다. 내가 이 먼 곳까지 온 것은 논쟁을 하거나 내 믿음을 선전하려 함이 아니요, 오직 교황 폐하와 성인들의 무덤에 예를 표하고 일칸국 왕과 총대주교의 메시지를 전하려 함이다.[55]

네스토리우스가 이단으로 판결받은 에베소공의회(431년)가 끝난 지 800년이 지났음에도 서방교회 지도자들은 여전히 동방교회를 이단으로 인식하고 대화와 교류를 주저했다. 사우마는 그런 추기경들이 포진한 로마에서 성 베드로를 비롯한 성인들의 무덤만 참배한 후 유럽의 새로운 금융 도시로 부상하고 있던 제노아(제네바)로 가서 잠시 휴식을 취했다가 1288년 연초에 프랑스 파리로 가서 프랑스 왕 펠리페 4세를 알현하고 일칸국 칸과 총대주교 친서와 선물을 전달했다. 프랑스 왕은 멀리 중국에서 온 사절단을 반갑게 맞이했다. 그리고 귀환하는 사우마에게 많은 선물과 함께 프랑스 귀족 고베르Gobert de Helleville와 가톨릭 사제 로베르Robert de Senlis, 기욤Guillaume de Bruyères, 오댕Audin de Bourges 등으로 하여금 동행하도록 했다. 1288년 2월 귀환 길에 오른 사우마는 프랑스 남부 보르도에서 가스코뉴 지방을 통치하고 있던 잉글랜드 왕 에드워드 1세를 만나 역시 환대를 받았다. 그리고 사우마는 다시 로마에 들렀을 때 방금 새 교황으로 선출된 니콜라스 4세를 알현할 수 있었다. 동방교회 및 일칸국과 우호적인 외교 관계를 수립하기 원했던 교황 니콜라스 4세는 앞서 사우마가 만났던 로마의 추기경들과 달리 사우마 일행을 환대했다. 심지어 교황은 사우마로 하여금 로마에서 종려주일 성찬례를 동방교회 전례로 집전하도록 배려했다. 서방교회 핵심인 로마에서 동·서방 교회의 화해가 이루어진 것이다. 교황은 사우마 편에 일칸국 칸과 동방교회 총대주교에게 친서를 보냈다. 특히 교황은 동방교회 총대주교 야흐발라하를 '동방의 모든 기독교 총대주교'로 인정한다는 문서를 보냈다.

이처럼 '성공적으로' 외교활동을 마치고 바그다드로 돌아온 사우마는 교황과 프랑스 및 잉글랜드 왕의 친서를 총대주교와 일칸국 아르군 칸에게 전달했고 그것을 계기로 일칸국 및 동방교회와 서방 교회 및 국가들 사이의 교류와 연대가 더욱 활발하게 이루어졌다. 특히 일칸국의 아르군 칸은 서방교회에 수차례 특사를 보내 십자군을 다시 일으켜 연합해서 맘루크 왕조를 무너뜨리자고 호소했다. 이에 교황 니콜라스 4세는 1291년 1월 유럽 국가들에 '성지 회복'을 위한 십자군 봉기를 호소했고, 이에 잉글랜드 왕 에드워드 1세가 응하여 십자군을 이끌고 출정했지만 이들이 성지에 도착하기도 전에 시리아의 십자군 거점이던 아크레가 맘루크 이슬람 군대에 함락되었고, 호응하기로 했던 일칸국의 아르군 칸이 출정하던 중에 병사함으로 에드워드의 십자군은 제대로 싸워 보지도 못하고 후퇴했다. 교황 니콜라스 4세도 1년 후(1292년) 별세했다. 이것으로 중세 십자군운동은 사실상 막을 내렸고 예루살렘과 시리아 동부 지역은 이슬람 세력이 완전 장악했다. 계속해서 맘루크 왕조는 시리아 북부와 페르시아, 일칸국 영토로 세력을 확장했다. 결국 아르군의 뒤를 이어 일칸국 칸이 된 가잔 Ghazan이 1295년 이슬람으로 개종하면서 일칸국은 이슬람 국가로 변모했다. 몽골제국의 또 다른 위성국가였던 북쪽의 킵차크칸국도 1313

년 통치자 우즈벡이 이슬람으로 개종하면서 이슬람국가로 바뀌었다. 이로써 중농과 동유럽에서 이슬람 세력의 침략으로부터 서방 교회와 유럽 국가들을 막아 주던 방파제가 사라진 셈이 되었다.

이런 상황에서 사우마는 로마에서 돌아온 후 1294년 별세하기까지 바그다드에 머물러 자신의 여행과 경험을 담은 책을 집필했다. 그리하여 중세 중국과 몽골 교회사 및 동·서 기독교 교류사에 관하여 중요한 정보를 담은 《중국 황제 쿠빌라이 칸과 수도사들》, 《라반 사우마의 생애와 여행》, 《몽골 칸들이 유럽 왕들에게 보낸 특사들》, 《동방교회 총대주교가 된 마르코스》 등과 같은 저술이 후세에 전해지게 되었다. 그리고 사우마를 유럽에 특사로 파견했고 그를 통해 로마교황의 '화해 서신'을 받은 바그다드 총대주교 야흐발라하 3세는 동·서방 교회의 화해를 위해 노력했다. 그는 1304년 로마교황 베네딕투스 11세에게 동·서방 교회의 화해와 일치를 위해 서방교회의 신앙고백을 수용할 수 있다는 서신을 보내기도 했다. 그러나 이런 그의 일치운동은 성사되지 못했다. 야흐발라하 총대주교의 편지를 받기 전에 로마교황 베네딕투스 11세가 별세했고 또한 총대주교의 일치운동에 대한 동방교회 내부의 반발도 거셌기 때문이었다. 게다가 1310년 바그다드에서 이슬람교도들이 폭동을 일으켜 기독교인들이 대규모 학살당하는 사태가 터졌을 때 이를 막아 보려 노력했지만 실패하고 말았다. 이에 야흐발라하 3세는 동방교회 총대주교직을 내놓고 일칸국 수도인 마라가로 가서 지내던 중 1314년 그 역시 이슬람 폭도에게 살해당했다.

이로써 '성지 순례'를 목적으로 서방으로 떠났던 사우마와 마르코스(야흐발라하 3세), 두 중국인(몽골인) 수도사의 이야기는 끝난다. 이들은 목적했던 성지(예루살렘)에는 가보지도 못했지만 페르시아 바그다드를 거점으로 '순례' 이상의 역할을 감당했다. 마르코스는 오랫동안 몽골과 중국에 선교사와 전도자를 파견했던 페르시아의 동방교회 최고 지도자(총대주교)가 되어 혼란과 위기의 동방교회를 이끌었다. 그의 스승 사우마는 총대주교가 된 제자의 부탁으로 동방교회 특사로서 로마 교황과 프랑스 왕을 비롯하여 유럽 제후들을 직접 만나 동·서방 교회의 화해와 협력을 모색했다.

로마교황의 선교사 파송

서방교회 지도자들은 이런 두 '동양인' 수도사의 등장에 감동과 도전을 받았다. 서방교회에서 충분한 선교사를 파송하지 못했고 지원도 하지 못했는데 동방의 기독교인들은, 비록 서방에서는 이단으로 정죄를 받은 네스토리우스파이지만, '사도시대 사도들로부터 받은 복음과 신앙 전통'을 1천 년 넘게 지켜 왔음을 확인했다. 서방 유럽에서 기독교회가 황제의 보호와 지원을 받아가며 '국가 종교'로서 번영을 구가하던 같은 시기(4-14세기)에, 동방 아시아에서 기독교인들은 비기독교 통치세력과 토착 종교 세력의 견제와 탄압을 받아가며 신앙의 맥을 이어 왔다. 시련과 고난 속에서 신앙을 지켜온 동방 아시아의 수도자들이 유럽까지 찾아와 1천 년 동안 지켜온 신앙을 고백하면서 동·서방 교회의 화해와 교류를 요청했을 때 서방교회 지도자들은 경이와 감동을 느꼈다. 그러면서 그들은 사도 바울이 로마 교인들에게 보낸 편지에서 표현했던 '선교 빚을 진 자'의 심정도 느꼈다. 즉 사도나 전도자들이 파송되지 못한 상태에서 로마 교인들이 로마황제와 시민들의 탄압을 받아가며 신앙생활을 하고 있다는 소식을 접한 사도 바울이 '내가 여러분에게 빚을 졌다. 그래서 복음을 전하러 여러분에게 꼭 가야겠다'(롬 1:13-15)고 했던 그 마음이다. 그런 배경에서 서방교회는 정치적 목적의 외교 특사가 아닌, 복음 전도를 목적으로 한 선교사를 동아시아 중국에 파송하기로 했다.

그렇게 해서 중국에 파견된 서방교회 선교사는 프란체스코회 수도사 조반니Giovanni da Montecorvino, 영어로는 John of Montecorvino였다. 1247년 이탈리아 서남부 몬테코르비노 로벨라에서 출생한 조반니는 청년 시절 시칠리아 출신으로 신성로마제국의 황제가 된 프리드리히 2세 군대의 병사로 시작해서 관료와 의사로 봉사했고 20대 중반에 프란체스코회에 입회하여 수도사가 되었다. 그러나 외교력을 인정받 았던 그는 1272년 비잔틴제국 황제 미하엘 8세의 특사로, 비록 성사 되지는 못했지만, 교황 그레고리우스 10세를 만나 서방교회와 동방교 회(그리스정교회)의 재통합을 논의하기도 했다. 조반니는 1279년 프란 체스코회의 파송을 받아 페르시아의 일칸국으로 가서 4년간 선교활 동을 펼쳤다. 그 후(1288년) 몽골인 수도사 사우마가 일칸국과 동방교 회(네스토리우스파) 특사로 유럽을 방문하여 로마교황 니콜라스 4세에 게 "중국에 선교사를 보내 달라"는 메시지를 전했고 이에 응하여 교황 은 중국에 파송할 선교사로 조반니를 선택했다. 니콜라스 교황은 조 반니에게 중국 원나라 세조(쿠빌라이)와 일칸국 통치자 아르군, 몽골 오고타이칸국 통치자 카이두, 아르메니아 왕, 그리고 페르시아의 야 곱파교회 총대주교 등에게 보내는 친서와 선물을 맡겼다. 도미니쿠스 회 수도사 니콜라스Nicholas of Pistoia와 베네치아 상인 페테르Peter of Lucalongo가 조반니와 동행했다. 조반니 일행은 1289년 이탈리아를 출 발하여 일칸국의 거점 도시였던 타브리즈를 거쳐 배편으로 인도양을 건너 1291년 인도 동남부 해안가 마드라스에 도착해서 사도 도마의 유적을 방문하고 그곳에서 13개월 머물면서 전도하여 100여 명에게 세례를 베풀었다. 동행했던 니콜라스는 인도에서 별세하여 그곳에 묻 혔다. 조반니는 여행을 계속해서 배편으로 1294년 중국에 도착, '칸발 릭'(대두)에 들어갔다.[56] 조반니는 로마가톨릭교회의 파송을 받은 선교 사로서 중국 땅에 들어간 최초의 서양인이 되었다.

그런데 그가 대두에 도착했을 때 교황의 친서를 받을 대상인 세조 (쿠빌라이)는 죽고 그의 손자인 티무르Timur, 鐵穆耳가 몽골제국의 6대 대 칸, 원나라의 2대 황제 '성종成宗'이란 명칭으로 즉위하여 조반니를 맞 이했다. 조반니는 성종을 알현하는 자리에서 자신이 '종교적인' 목적 으로 중국을 방문하였음을 밝히고 황제에게 서방교회 신앙을 받아들 이고 세례를 받을 것을 건의했다. 그러나 성종은 역대 대칸이나 황제 처럼 어느 특정 종교인이 되는 것은 거부했다. 그는 개인적으로 유교 를 선호했으나 불교나 도교, 이슬람, 기독교(야리가온) 등도 포용했다. 그런 맥락에서 성종은 조반니의 제국 내 선교도 허락했다. 결과적으 로 같은 기독교이지만 교리와 전통이 다른 야리가온(네스토리우스파)과 서방교회(로마가톨릭)가 원나라 내부에서 서로 경쟁하는 현상이 빚어 졌다. 종교 열정에 사로잡힌 조반니의 노골적이고 공세적인 '포교활동' 때문에 그 갈등은 더욱 심화되었다. 특히 그의 포교활동으로 몽골의 뿌리 깊은 네스토리우스파 부족이었던 옹구트족의 게오르게George 왕이 로마가톨릭으로 개종하고 조반니에게 세례를 받으면서 네스토 리우스파의 불만이 고조되었다. 그리하여 조반니는 다른 토착 종교인 보다 오히려 네스토리우스파로부터 견제와 훼방을 받으며 선교 사역 에 임했다.

조반니는 이런 어려움 가운데도 옹구트 왕 게오르게의 전폭적인 후원을 받아 황제의 신임을 얻었고 그 결과 황제가 살고 있는 도성 안 에 가톨릭교회를 설립하였으며 수도원학교도 시작했다. 그는 중국에 도착한 지 11년 지난 1305년, 로마교황에게 긴 선교 보고서를 보냈는 데 이탈리아를 떠나 중국에 도착할 때까지 여정을 요약해서 소개한 후 원나라 수도에서 추진한 선교 사역의 결과를 이렇게 보고했다.

— 작년[1304년]에 콜로뉴 지방의 게르만 형제 아놀트Arnold가 제게 오기까지 저는 지난 11년 동안 단 한 명의 고해 신부도 없이 혼자 사역을 해왔습니다. 저는 6년 전 이곳 황제가 거주하는 칸발릭에 교회 하나를 세우면서 종탑도 세웠는데 그 안에 종 세 개를 달았습니다. 저는 그때부터 지금까지 대략 6천 명에게 세례를 주었습니다. [네스토리우스파의] 중상모략만 없었다면 3만 명 이상은 세례를 주었을 것입니다. 지금도 계속 세례를 주고 있습니다. 저는 또한 40명가량의 이교도 자제로서 7세에서 12세 사이의 소년들을 키우고 있는데 신앙이 전혀 없던 아이들입니다. 그들도 제가 세례를 주었는데 지금은 라틴어와 우리교회 전례를 가르치고 있으며 이들을 위해 시편과 찬미가 30여 편과 성무일도서 두 권을 번역했는데 11명은 이미 그것을 배우고 있습니다. 아이들은 수도원에서 내가 있든 없든 성가를 부르면서 전례를 행하고 있습니다. 그중 몇 명은 시편을 쓸 수도 있으며 다른 중요한 일도 합니다. 황제께서 이들이 찬미를 부르는 모습을 보고 아주 기뻐하셨습니다.[57]

　　1304년 독일의 프란체스코회 수도사 아놀트가 합류하기까지 조반니가 11년 동안 '혼자서' 이룩한 선교 결과였다. 조반니가 세례를 주었다는 6천 명은 옹구트족 지도자 게오르게가 세례를 받을 때 그와 함께 세례를 받은 옹구트 부족민들로 보인다. 조반니가 이런 선교 결과를 얻을 수 있었던 배경에는 게오르게의 전폭적인 지지와 후원이 있었다. 그리하여 조반니는 1299년 대두에 교회를 설립했고 40명 소년들로 수도원 교리학교까지 운영했다. 선종 황제도 수도원 소년 학생들이 부르는 라틴어 성가를 듣고 기뻐할 정도로 조반니의 선교활동에 만족을 표했다. 그래서 황제는 황궁 가까운 곳에 두 번째 교회 설립을 허락했다. 이에 대한 조반니의 보고다.

— 나는 지금 또 다른 교회를 건축하고 있습니다. 그렇게 되면 학생들을 여러 곳으로

나누어 가르칠 수 있을 것입니다. 지금 내 나이 58세, 얼마 되지 않았는데도 그동안의 사역으로 네 머리는 희어졌고 노쇠하였습니다. 저는 몽골 언어와 문자를 터득했고 그래서 신약 성경 전체와 시편을 몽골어로 번역해서 우아한 몽골 문자로 기록했습니다. 저는 그리스도의 법을 대중 앞에서 공개적으로 증언하고 있습니다. 그리고 앞서 말씀드린 게오르게 왕이 살아계시는 동안 그분 도움으로 라틴 미사 전체를 번역해서 그분이 다스리는 영토 안에서 라틴 찬송이 울려 퍼지게 하고 싶습니다. [58]

이런 선교보고를 접한 로마교황 클레멘스 5세는 조반니가 홀로 이룩한 결과에 경의를 표하며 1307년 그를 칸발릭(대두) 대주교 겸 중국 전역을 관할하는 총대주교로 임명했다. 그리고 조반니의 중국 선교를 도울 선교사로 프란체스코회 수도사 7명을 주교로 임명하여 파송했다. 그러나 교황이 파송한 일곱 명 가운데 중국에 무사히 도착한 선교사는 게라르두스Gerardus와 페레그리누스Peregrinus, 안드레Andrew of Perugia 등 세 명뿐이었다. 나머지 네 명은 여행 도중 병으로 사망하거나 여행 도중 이슬람교도에게 희생되었다. 그만큼 중국으로 오는 길은 멀고 험했다. 종전에 서방의 특사와 선교사들이 많이 이용했던 북부 육로는 잦은 전쟁으로 위험했을 뿐 아니라 비단길 거점 도시를 장악하고 있던 일칸국과 킵차크칸국이 이슬람 국가로 바뀌면서 서방교회 선교사들에게 안전하지 못했다. 그래서 배를 타고 인도를 거쳐 동남아시아를 돌아오는 길고도 험한 배 길을 선택할 수밖에 없었다. 그렇게 해서 1308년 중국 대두에 도착한 프란체스코회 선교사(주교) 세 명은 홀로 고군분투하고 있던 조반니에게 큰 힘이 되었다. 이들의 도착으로 조반니는 자신이 교황의 명으로 중국의 총대주교가 되었음을 알았다. 조반니 총대주교는 새로 들어온 세 명의 후배 주교들을 분산

배치했는데 페레그리누스와 안드레는 세 곳으로 교회가 늘어난 수도 대두에서 사역하고 게라르두스는 조반니가 새로 선교를 개척한 중국 남부 항구도시 차이툰(지금의 광저우)으로 파견했다. 서방 로마가톨릭 교회의 중국 선교지가 대두와 차이툰, 두 곳으로 늘어났다.

그러나 게라르두스 주교는 차이툰에 부임한 지 얼마 되지 않아 별세하여 그곳에 묻혔다. 그리하여 게라르두스는 서방교회사 파송한 선교사로서 중국 땅에 묻힌 첫 번째 주인공이 되었다. 조반니 총대주교는 그 후임으로 페레그리누스를 차이툰 주교로 파송했다. 페레그리누스 주교는 중국에 부임한 지 10년 만인 1318년에 로마교황에게 선교 보고 서한을 보냈다. 그는 조반니 총대주교가 그동안 대두에서 이룩한 사역을 먼저 보고했다.

— 조반니 형제가 온 이후 네스토리우스파 교회만 있던 이곳(대두)에 하나님의 도우심으로 우리 교회를 서너 곳 설립할 수 있었습니다. 그리고 분파적인 네스토리우스파를 싫어하는 다른 기독교인들도 조반니 형제를 추종했습니다. 특히 아르메니아인들은 지금 독자적인 노력으로 훌륭한 교회를 짓고 있는데 그들은 그 교회를 조반니 형제에게 맡기려 합니다. 그래서 조반니 형제는 라틴교회를 다른 형제들에게 맡기고 그들에게 가서 함께 지내는 시간이 많습니다. 그런 식으로 대황제에게 고용된 '알란인Alans'이라 불리는 믿음 좋은 기독교인 3만 여 명이 여기 와 있는데 그들도 조반니 형제를 찾아왔고 조반니 형제는 그들에게 가서 말씀도 전하고 위로도 하였습니다.[59]

페레그리누스가 언급한 '알란인'은 페르시아 북부에 있던 작은 국가 알라니아Alania 출신 유민들을 의미한다. 코카서스 지역에 기반을 둔 알라니아는 10세기 초 콘스탄티노플의 비잔틴제국에 편입되면서 동방정교회 국가가 되었는데 1238-1239년 몽골 군대의 침략을 받아 국가가 붕괴된 후 많은 포로와 유민들이 몽골제국(원나라)에 끌려와 하층민 생활을 하고 있었다. 조반니가 그런 '알란인'들을 상대로 선교 활동을 벌였던 것이다. 또한 페레그리우스의 서신을 통해 확인할 수 있는 것은 원나라 수도 대두에 기존의 네스토리우스파(야리가온)와 조반니가 세운 로마가톨릭(라틴)교회 외에 아르메니아인들의 단성론파, 알라니아 유민들의 동방(그리스)정교회까지 다양한 교파 교회와 교인들이 있었음을 알 수 있다. 그리고 이들은 다시 네스토리우스파 진영과 비네스토리우스파 진영으로 나뉘었는데 네스토리우스파에 속하지 않는 외래 서방인들은 모두 조반니 총대주교의 지도를 받고 있었다. 1천 년 동안 이어져 내려온 동·서방 교회의 갈등과 분열이 피선교지 중국에서 그대로 재현되고 있었다.

페레그리누스는 대두를 중심으로 전개된 조반니의 선교 상황을 소개한 후 자신의 새로운 임지 차이툰 지역 선교를 이렇게 보고했다.

— 저는 지금 차이툰 주교로 시무하고 있는데 신실한 형제 세 명과 함께 조용하면서도 자유롭고 평화롭게 하나님을 섬기고 있습니다. 저를 돕는 하나님의 종들은 요한John of Grimaldi과 엠마누엘Emmanuel of Monticulo, 그리고 벤츄라Ventura of Sarezana인데 이들은 모두 이 나라에 왔다가 수도사가 되었습니다. 이들은 수사가 된 후 신앙의 덕을 쌓아 하나님의 영광을 드러내고 있습니다. 이런 종들이 100명만 우리와 함께 있다면 얼마나 좋을까요. 차이툰에는 훌륭한 교회가 한 곳 있는데 아르메니아 부인이 지어서 우리에게 준 것입니다. 부인은 우리 사택도 마련해 주었고 우리에게 필요한 물품도 대고 있습니다. 도성 밖에 적당한 부지가 있어 우리는 그곳에도 나무로 집과 성당을 지을 예정입니다. 지금 우리에게 필요한 것은 함께 일할 형제입니다. 우리는 참으로 오랫동안 도울 사람을 기다려 왔습니

다. 게라르두스 주교님은 이미 별세하셨고 남은 우리도 오래 살지 못할 것인데 뒤를 이을 사람이 없습니다. 이대로라면 교회에서 세례도 베풀지 못하고 교인들도 사라질 것입니다.[60]

차이툰에서는 신심 깊은 아르메니아 부인의 전폭적인 후원을 받았다. 페레그리누스는 "자유롭고 평화롭게 하나님을 섬기고 있다"는 표현으로 가톨릭교회 선교가 순조롭게 추진되고 있음을 알렸다. 이미 도성 안에 교회가 한 곳 세워졌고 성 밖에 또 다른 교회를 세울 계획을 세워 놓고 있었다. 문제는 딸리는 일손이었다. 다행이 이탈리아의 그리말디와 몬티쿨로, 사르자나 출신 수도사 세 명이 사역을 돕고 있었는데 이들은 사업을 목적으로 중국에 왔다가 수도를 서원한 것으로 보인다. 이들의 지원이 큰 힘이 되었지만 추가로 '100명'이 필요할 정도로 차이툰 사역은 확장되고 있었다. 그런 상황에서 1322년 페레그리누스 주교는 차이툰으로 임지를 옮긴 지 얼마 되지 않아 중병에 걸려 사역을 중단했다. 이에 조반니 총대주교는 안드레 주교를 차이툰으로 파송했다. 안드레가 차이툰에 도착한 직후 페레그리누스는 숨을 거두어 중국 땅에 묻힌 두 번째 서방교회 선교사가 되었다. 결국 교황 클레멘스 5세가 중국 선교사로 임명하여 파송한 주교 7명 가운데 안드레 한 명만 남았다.

안드레 주교는 차이툰에 도착해서 선임 페레그리니스 주교가 준비해 놓은 도성 밖 언덕에 새 교회를 짓고 선교 영역을 확장시켜 나갔다. 원나라의 해외무역이 주로 이루어졌던 항구도시 차이툰은 세계 각국에서 찾아온 상인과 사업가들로 '국제 인종시장'과도 같았다. 그런 만큼 종교와 문화도 다양했다. 그런 차이툰에서 아르메니아 부인의 적극적인 후원을 받아 이루어진 로마가톨릭 선교는 순조롭게 추진되기는 했지만 기대했던 결과를 얻기는 쉽지 않았다. 안드레는 1326년 본국에 선교보고 편지를 쓰면서 중국에서의 선교 상황을 이렇게 묘사했다.

— 이 광활한 제국에 세계 각 나라, 다양한 민족과 종파 사람들이 한 하늘 아래 살고 있습니다. 이들은 각자 자기가 속한 민족과 종교 전통에 따라 살아가고 있습니다. 각자 자기 생각대로, 내가 아무리 잘못을 지적해 주어도, 그냥 자기 식대로 살 뿐입니다. 우리는 자유롭게 편안하게 말씀을 전할 수 있습니다. 유대인이나 아랍인들은 한 사람도 개종하지 않았습니다. 우상숭배자(불교도)들 가운데 많은 사람이 세례를 받았습니다. 하지만 그들은 세례를 받은 다음에도 기독교인의 생활 규범을 엄격하게 따르지 않고 있습니다. [61]

중국에서 선교는 방해받지 않고 '자유롭게' 추진되었지만 내용과 형식에서 온전히 기독교 신앙과 교리를 따르는 토착신자를 얻기가 어려웠다. 이런 상황에서 기대했던 본국(이탈리아)로부터의 선교사 보충이나 재정 지원도 제대로 이루어지지 않았다. 교황 클레멘스 4세는 조반니 총대주교의 호소에 응하여 니콜라스Nicolas of Banzia와 안드로티우스Andrutius of Assisi 등 네 명의 프란체스코회 수도사들을 주교로 임명하여 중국에 파견했으나 그들 모두 중국에 도착하기 전, 1231년 인도에서 이슬람교도들에게 희생되었다. 중국은 그만큼 '멀고도 험한 나라'였다. 결국 '고립무원'의 상황에서 조반니와 안드레, 두 명의 선교사가 대두와 차이툰을 중심으로 광활한 중국 대륙 선교를 담당했지만 그것은 감당하기 어려운 과업이었다. 그런 상황에서 40년 넘게 중국 선교를 총괄하던 조반니 총대주교는 점차 노쇠하여 1328년, 81세 나이로 대두에서 별세했고 그 4년 후인 1332년, 홀로 남았던 안드레마저 광저우에서 별세함으로 서방교회와 교황이 파견한 가톨릭 선교사는 더 이상 중국에서 찾아볼 수 없게 되었다. 안드레가 죽기 전에 자신의 후계자로 세운 야고보 James of Florence가 차이툰 대주교로 시무했다는 기록이 있지만 구제척인 사역에 대해서는 밝혀진 것이 없다.[62]

가톨릭 수도사들의 선교여행

이처럼 서방교회의 중국 선교가 막을 내려갈 즈음 '선교여행'을 목적으로 중국을 방문한 서방교회 수도사들이 있었다. 프란체스코회 수도사 오도리코Odorico Mattiussi, 영어로 Odoric of Pordenone가 대표적인 인물이었다. 우선 오도리코는 이탈리아 북동부 프로데노네 출신으로 프란체스코회 수도사가 되어 1296년부터 발칸을 거쳐 킵차크칸국과 남부 러시아 지역에서 선교사로 활약했다. 그리고 1318년 동방(아시아) 여행을 떠났는데 교황이나 유럽 제왕의 특사로서 정치, 외교적인 목적이 아니라 순수 종교적인 목적, 즉 선교(복음 전도)와 순례(신앙수행)를 목적이었다. 그는 이탈리아 북부 파두아를 출발하여 베네치아와 콘스탄티노플을 거쳐 흑해를 건너 아르메니아와 메디아, 페르시아 일대를 순회하며 복음을 전하고 방문하는 지역마다 프란체스코회 공동체들을 만들었다. 바그다드에서 아일랜드 출신 프란체스코회 수도사 야고보James of Ireland를 만나 그와 함께 배편으로 인도를 향했다. 그들이 뭄바이 근처 타나Thana에 도착했을 때, 방금 전 이탈리아와 게오르기아 출신 프란체스코회 수도사 네 명이 그 지역 이슬람교도들에게 살해되었던바 그곳에서 사역하고 있던 도미니쿠스회 수도사 요르다누스Jordanus de Severac가 이들 순교자들의 시신을 수습하여 수페라라는 곳으로 옮겨 묻었다는 말을 듣고 오도리코는 그 곳까지 가서 순교자들의 뼈를 일부 취한 후 여행을 계속했다. 오도리코 일행이 인도를 방문한 시기는 1321년 어간이었다.

계속해서 오도리코는 인도를 떠나 배편으로 수마트라와 자바, 보르네오, 참파(인도차이나)를 지나 1323년 초 중국 남부 광저우에 상륙했다. 그는 거기서 육로로 차이툰에 페레그리누스 주교와 안드레 주교가 이룩한 선교 결과를 목격했고 그 자신도 프란체스코회 회당을 두 곳 세웠다. 그리고 그중 한 곳에 인도에서 가져온 프란체스코회 순교자들의 뼈를 묻었다. 오도리코는 차이툰을 떠나 푸저우와 항저우를 거쳐 난징에서 운하로 원나라 수도 칸발릭(대두)에 도착했다. 오도리코는 1324년부터 4년간 대두에 머물렀는데 그 시기 연로한 조반니 총대주교의 부탁으로 대두에 있는 교회를 한 곳 맡아 사역했다. 그리고 조반니 총대주교가 별세한 1328년 귀환 여행길에 올랐다. 오도리코는 1330년 5월 처음 출발했던 이탈리아 파두아에 도착했고 이후 그곳 성안토니 수도원에서 조용하게 말년을 보내면서 자신의 여행과 경험을 담아 여행기를 썼다. 그의 동방 여행기는 앞선 요안네스와 윌리엄, 그리고 마르코 폴로의 여행기와 함께 중세 동방 아시아 여러 나라의 지리와 역사, 정치와 사회, 문화와 종교에 대한 중요한 정보를 서방에 제공했다.

오도리코가 중국 대두에 4년 동안 머물러 있으면서 원나라 황제를 만났는지 여부는 확인할 수 없다. 그러나 그가 유럽으로 돌아간 직후(1336년) 원나라 황제 혜종惠宗은 이탈리아 제노아 출신으로 원나라 조정에서 봉사하고 있던 안드레아Andrea di Nascio와 안달로Andalo di Savignone를 특사로 선정하여 "중국의 서방교회가 조반니 총대주교가 별세한 후 8년 동안 영적인 지도자 없이 지내고 있으니 한 명이라도 보내 달라"는 내용의 친서를 로마교황에게 전했다. 그 무렵 프랑스 아비뇽에 머물고 있던 교황 베네딕투스 12세는 중국 황제의 친서를 받고 1338년 50명으로 구성된 대규모 선교단을 편성해서 중국에 파송했다. 선교단을 인솔한 4인의 교황대리vicar 가운데 한 명이 프란체스코회 수도사 조반니Giovanni de Marignolli, 영어로 John of Marignolli였다. 이탈리아의 명문 피렌체 가문 출신인 조반니는 일찍이 프랑체스코회 수도사가 되었고 볼로냐대학에서 신학을 가르치고 있던 중 교황의 명으로 동방 선교여행을 떠났다. 조반니 일행은 1338년 12월 아비뇽을 출발, 나폴리와 콘스탄티노플을 거쳐 흑해를 건너 킵차크칸국 영토를 통과한 후 육로로 고비사막을 건너 1342년 6월 마침내 원나라 수도 대두에 도착했다. 황제는 교황에게 친서를 보낸 지 6년 만에 선교사들을 이끌고 온 교황대리 조반니를 크게 환영했다. 이로써 소멸되어 가던 중국 선교가 다시 소생했다.

이후 조반니는 대두에 5년 동안 머물며 중국 선교를 지휘했다. 그러면서 중국 동남부 차이툰과 광저우, 항저우 등을 방문해서 앞서 프란체스코회 선교사들이 이룩해 놓은 선교 현장을 돌아보기도 했다. 이렇듯 조반니는 중국 선교의 기반을 다져놓은 후 1347년 12월, 귀환 길에 올랐다. 조반니는 광저우에서 배편으로 동남아시아 여러 나라들을 통과하여 1348년 부활절에 인도 서남부 말라바르 해안도시 콜룸붐Collumbum, 지금의 Quilon에 도착했다. 그곳은 1천 년 전 '사도 도마의 선교'로 시작된 마르도마교회 교인들이 많은 지역이었다. 그런데 조반니는 그런 콜룸붐에서 로마가톨릭교회도 세워져 있음을 발견했다. 그 라틴교회를 세운 주인공이 바로 1321년 오도리코가 중국에 가던 도중 인도에 들렸을 때 만난 적이 있는 도미니쿠스회 수도사 요르다누스Jordanus de Severac였다. 프랑스 툴루즈 출신인 요르다누스는 일찍이 도미니쿠스회에 입회하여 1302년부터 동방지역 선교에 임했는데 1321년 4월 인도 서남부 타나 지역에서 사역하던 중 이슬람교도들의 습격을 받아 함께 사역하고 있던 프란체스코회 수도사 4명이 살해당하는 참변을 겪었다. 살해 위기를 모면한 요르다누스는 순교한 프란체스코회 수도자 4명의 시신을 수습했다가 그 유골을 중국으로 향하는 오도리코에게 인계했던 것이다. 이후 요르다누스는 잠시 페르시아로 후퇴했다가 1324-1328년 다시 인도를 방문해서 콜룸붐을 중심으로 선교 활동을 펼쳤다. 이로써 인도에 서방교회 선교 기반이 조성되었다. 인도는 유럽 국가들의 동방 무역에서 중간 거점으로 중요한 곳이었기에 인도 말라바르 해안에 서방 국가와 교회의 영향력이 미치는 거점도시가 필요했다. 이런 상황에서 로마교황 요한 22세는 인도 선교를 본격적으로 시작하기로 하고 1329년 8월, 유럽에 돌아와 있던 요르다누스를 인도 콜룸붐 주교로 임명했다. 요르다누스는 서방교회가 임명한 인도교회 최초 주교가 되었다. 그의 관할 구역은 인도 전역과 파키스탄, 아프가니스탄, 버마, 스리랑카 지역까지 포함했다.[63] 이렇게 인도 주교로 임명받은 요르다누스가 1330년 콜룸붐에 부임해서 정식으로 교회를 설립하고 본격적으로 선교 사역을 펼쳐나가던 시기(1348년)에 중국에서 유럽으로 귀환 중이던 조반니가 콜룸붐에 들렀다가 예상치 못했던 '라틴 전례'의 부활절 예배에 참석했던 것이다.

이후 조반니는 인도 콜룸붐에 16개월 머물러 있으면서 요르다누스 주교의 선교 사역을 지원했고 동부 마드라스로 가서 사도 도마의 순교 유적을 방문하기도 했다. 말라바르나 마드라스는 모두 1천 년 신앙전통을 이어온 마르도마교회 교인들이 주로 거주하던 곳이었다. 이들은 시리아와 페르시아의 동방교회로부터 전수되어 온 '시리아 전례'를 따라 예배를 드리고 있었다. 그런 곳에 '라틴 전례'의 서방교회가 들어온 것이다. 그 결과 같은 지역에서 '같은 기독교 신앙'을 고백하는 기독교인들이 언어와 형식을 달리하여 따로 모이는 현상이 연출되었다. 중국에서 네스토리우스파(야리가온)와 비네스토리우스파(서방교

회) 교인들이 서로 다른 곳에서 예배를 드리던 것과 같은 현상이 인도
에서도 나타난 것이다. 중국에서 네스토리우스파 교인들이 그러했던
것처럼 인도에서도 마르도마교회 교인들은 유럽인들 통해 '낯선 모습'
으로 등장한 서방교회로 인해 적지 않은 혼란과 갈등을 경험했다. 마
르도마교회 지도자들은 새로 들어온 서방교회를 받아들이자는 입장
과 마르도마교회 전통을 지키자는 입장으로 나뉘었다. 결국 마르도마
교회는 서방교회 전통을 따르자는 그룹과 동방교회 전통을 지키자는
그룹으로 나뉘었다. 중국에서 그랬던 것처럼 피선교지인 인도에서도
동방교회와 서방교회 갈등과 대립이 재현된 것이다. 한편 인도 토착민
들이 듣기에는 마르도마교회에서 사용하는 시리아어나 로마가톨릭교
회가 사용하는 라틴어, 모두 '외국어'인 것은 분명했다. 동방교회든 서
방교회는 인도에서는 모두 '외래 종교'였다. 그것이 아시아에서 선교하
던 기독교의 한계였다.

조반니는 유럽으로 귀환하는 길에 인도에 들렀다가 이러한 선교
현장을 목격했다. 인도인들에게 조반니는 서방교회 '라틴 전례'를 따르
는 서방교회 지도자 중 한 명일뿐이었다. 1년 반 인도 체류를 마친 조
반니는 배편으로 해서 페르시아 바그다드와 모술, 알레포, 다마스쿠
스를 거쳐 예루살렘 '성지'를 방문한 후 1353년 프랑스 아비뇽에 도착
해서 교황 이노센티우스 6세에게 원나라 황제의 친서를 전달했다. 조
반니를 중국에 파송했던 교황 베네딕투스 12세는 그가 중국 대두에
도착한 1342년에 별세했고 그 후임으로 클레멘스 6세가 10년간 교황
으로 봉직하다가 별세한 후 1352년부터 이노센티우스 6세가 교황이
되어 있었다. 조반니를 통해 아시아 선교 상황에 대한 보고를 듣고 또
중국 황제의 친서를 받아 읽은 교황은 중국 선교를 더욱 촉진시킬 의
도를 밝혔다.

그러나 그 사이 중국 내부 상황은 서방교회에 아주 불리하게 바뀌었다. 우선 원나라 국세가 눈에 띄게 약화되었다. 몽골제국의 수도를 대두로 옮기고 국호를 원으로 바꾼 후 과감한 개혁과 개방 정책으로 원나라 전성기를 이룬 테무르(세조)가 30년 통치 끝에 1294년 후사 없이 죽으면서 원나라 황실 내부에서 권력투쟁이 일어났다. 이후 20년 사이에 황제가 11명이나 교체되는 혼란기를 겪은 후 1333년 토곤 테무르가 순제順帝란 칭호로 황제위에 오르면서 원나라는 정치적 안정을 회복했다. 하지만 순제의 통치 30년이 지나면서 또다시 황실 내부의 권력 투쟁과 함께 지방 토호들의 반란도 자주 일어났다. 무엇보다 오랫동안 몽골족의 통치를 받아 온 중국 본토 한족漢族의 불만이 고조되었다. 몽골제국은 중국을 지배하면서 철저히 인종과 민족 중심으로 통치체제를 구축했다. 즉 몽골인이 최상위 계층으로 자리 잡고 그 아래 '색목인色目人'으로 불렸던 서방인들이 중용되었으며 그다음이 한족이었다. 그렇다 보니 중국 중원의 문화 민족으로서 자존심이 강했던 한족의 불만이 클 수밖에 없었다. 그것은 몽골인과 원나라 정부에 대한 민중의 저항과 반란으로 나타났다. 1351년 일어난 홍건적紅巾賊의 난이 대표적이었다. 중국의 중남부 지방에서 원나라 지방 관료들의 탐학에 불만을 품은 농민과 노비들의 반란으로 시작된 무장봉기는 삽시간에 전국적인 저항운동으로 발전했다. 그렇게 안후이성安徽城 지역에서 봉기한 홍건적 지휘자 가운데 한 명이었던 주원장朱元璋이 '멸몽흥한滅蒙興漢', 즉 "몽골을 무너뜨리고 한족 나라를 일으키자"는 명분을 내세워 지방 반란군을 규합, 1366년 20만 명 병력으로 원나라의 남부 수도였던 난징南京을 함락시키고 '명明' 나라 건국을 선포한 후 스스로 황제(태조)가 되었다. 명나라 부대는 계속 북진하여 1368년 원나라 수도인 대두를 점령하고 수도 명칭을 베이징北京으로 바꾸었다. 원나라 마지막 황제가 된 순제는 수도 함락 직전에 대두를 탈출하여 몽골제국의 옛 수도인 상두(카이펑)로 후퇴하어 '북원北元'을 세웠지만 2년 만에 사망했다. 이로써 테무친(칭기즈칸)이 세운 몽골제국(원나라)의 160년 역사는 막을 내렸다.

원나라의 멸망은 중국을 지배했던 몽골의 퇴각을 의미했다. 그것은 몽골을 중심으로 형성되었던 정치와 외교, 사회와 문화 체제와 질서의 전면적인 개편으로 이어졌다. 종교계도 예외는 아니었다. 몽골을 추방하고 집권에 성공한 명나라 태조는 개인적으로 불교를 선호했지만 한족 중심의 정치·사회를 구축하면서 그 종교·사상적 기반을 유교, 그중에도 송나라 때 유행했던 성리학에 두었다. 당연히 외국에서 들어온 종교, 특히 역대 몽골제국 통치자와 원나라 황제들의 포용적인 종교정책 때문에 중국에서 우호적인 대접을 받았던 기독교는 배척을 받았다. 중국인, 특히 한족에게 기독교는 종파를 불문하고 '외래종교'였다. 주로 몽골인들이 신봉했던 야리가온(네스토리우스파)은 물론이고 시리아와 페르시아, 아르메니아에서 유입된 동방교회(네스토리우스파와 단성론파), 프랑스와 이탈리아 등 유럽인들을 통해 유입된 서방교회(로마가톨릭교회) 모두 서역에서 들어온 종교였다. 특히 몽골제국의 황실 부녀자와 관료 계층에서 많이 믿었던 야리가온(네스토리우스파)은 중국에서 '지배자의 종교'로 인식되었고 역대 대칸 및 황제들과 우호적인 관계를 맺어 왔던 서방교회 선교사와 특사들의 종교인 로마가톨릭도 중국인들에게 낯 설기는 마찬가지였다. 그런 배경에서 명나라 태조는 수도 베이징을 함락시킨 이듬해, 1369년 중국에 있는 '모든 서방 기독교인'에게 추방령을 내렸다. 그리하여 베이징은 물론 동남부 해안도시 차이툰과 광저우, 항저우 등지에서 활동하던 동·서방 교회 선교사와 외국인 신도들은 중국을 떠나야 했다. 야리가온 및 동방교회는 몽골인들과 함께, 서방교회는 서양인들과 함께 떠났다. 이들이 떠난 후 중국인 토착 기독교인들이 당한 수난과 고난은 '암흑시대' 그 것이었다.

몽골제국과 원나라 시대 중국에서 '유행'했던 기독교가 2세기를 넘기지 못하고 소멸되었다. 그 유행과 소멸의 역사는 7세기 전 당나라 때 경교가 경험했던 것과 같았다. 당나라 때 페르시아를 통해 들어왔다가 나간 것처럼 원나라 때는 몽골을 통해 들어왔다가 나갔다. 페르시아의 네스토리우스파(경교)만 들어왔던 당나라 때와 달리 원나라 때는 네스토리우스파(야리가온)뿐 아니라 유럽의 서방교회에서도 특사와 선교사를 파송하여 당나라 때보다 훨씬 활발하게 선교 사역을 추진했다. 그 결과 수도인 대두를 비롯하여 진저우와 푸저우, 차이툰, 광저우, 항저우 등지에 상당한 세력의 기독교 공동체가 형성되었고 사우마와 마르코와 같은 중국인(몽골인) 수도사가 페르시아를 거쳐 유럽까지 가서 교회 지도자로 활약할 수 있었다. 그러나 결과적으로 당나라 때 경교가 200년 만에 소멸되었듯 원나라 때도 야리가온과 기독교는 160년 만에 소멸되고 말았다. 그 이유는 다음과 같이 설명할 수 있다.

첫째, 당나라 때 경교처럼 야리가온이나 서방교회는 중국에서 '외래 종교'의 한계를 극복하지 못했다. 야리가온이나 동방교회는 몽골족과 시리아, 페르시아, 아르메니아 유민들의 종교였고 서방교회는 유럽인들의 종교였다. 몽골어나 시리아어, 라틴어로 드리는 예배와 전례는 중국인들에게 낯설기만 했다. 기독교는 서양인과 도래인의 종교였을 뿐이다. 결국 '한족화漢族化'에 실패한 기독교는 외국인의 종교로 중국에 머물다가 외국인과 함께 떠나는 상황이 되었다.

둘째, 역시 당나라 때 경교처럼 야리가온이나 서방교회는 몽골제국과 원나라의 정치적 상황과 환경에서 자유롭지 못했다. 통치자의 종교·문화 정책에 좌우되는 운명이었다. 몽골제국과 원나라 황실은 물론 조정에 야리가온과 기독교 관료들이 많았다. 몽골의 대간과 원나라 황제들은 특사를 파견하여 서방교회 교황과 유럽 기독교 국가 왕들과 교류하고 연대를 모색했다. 그 결과 중국 본토인에게 기독교는 '지배자(몽골)의 종교'로 인식되었고 그래서 원나라 말기 한족을 중심으로 '항몽반원抗蒙反元' 운동이 일어났을 때 기독교도 배척과 척결 대상이 될 수밖에 없었다.

셋째, 중국에서 동·서방 교회는 협력과 일치보다 갈등과 대립으로 선교 역량을 충분히 발휘하지 못했다. 당나라 때는 중국에 네스토리우스파(경교)만 있었지만 원나라 때는 네스토리우스파(야리가온)뿐 아니라 시리아와 페르시아의 동방교회, 아르메니아 정교회, 콘스탄티노플의 그리스정교회, 그리고 로마의 가톨릭교회까지 서역의 '모든' 교파 기독교가 들어와 선교활동을 펼쳤다. 그런데 이런 다양한 교파 교회 선교사나 성직자들이 선교지 중국에서 협력하기보다는 각자의 '교리와 전례'를 고집하며 독자적으로 사역을 추진했다. 특히 몽골 중심의 야리가온과 유럽 중심의 비야리가온 사이의 견제와 반목은 선교 효과를 반감시켰을 뿐 아니라 중국인들에게는 '자기들끼리 다투는' 부정적인 인식을 심어 주었다. 니케아공의회 이후 1천 년 동안 종파주의와 교파주의 장벽을 넘지 못한 동·서방 교회의 갈등과 대립이 중국과 인도에서 재현됨으로 아시아 선교는 그토록 심혈을 기울여 노력하고 기대했던 바의 결과를 얻지 못했다.

10. 근세 가톨릭교회의 인도 선교

포르투갈의 인도 지배와 가톨릭 선교

유럽에서 15-16세기는 '발견discovery'과 '개혁reformation'의 시대였다. 유럽의 탐험가들에 의한 신대륙 발견은 유럽 국가들의 식민지 개척과 경제·정치 영역의 확장으로 연결되었고 문화·사상계의 르네상스와 인문주의, 고전의 재발견은 종교 개혁을 거쳐 정치·사회체제의 일대 변혁을 가져왔다. 그런 발견과 변혁으로 힘을 기른 유럽의 국가들은 그 세력과 영향력을 새로 발견한 아메리카와 아프리카, 아시아 등 신대륙으로 확산시켜 나갔다. 유럽인들의 입장에서 보면 '확장expansion'이었지만 아시아 원주민 입장에서 보면 그것은 '침략invasion'이고 '지배occupation'였다. 이런 유럽 국가들의 정치·경제적 확장 작업에 서방 교회는 '해외 선교foreign mission'란 개념으로 동참, 협력하였다.

유럽 제국주의 국가들의 식민지 개척과 지배 역사가 서방교회의 해외 선교 역사와 맞물려 진행된 배경이다. 인도의 교회역사가인 스테픈 닐Stephen Neill 주교는 이를 두고 "십자군Crusade과 호기심Curiosity, 상업Commerce, 개종Conversion, 정복Conquest, 그리고 식민지화Colonization라는 제목 아래 진행된 확장의 역사"로 정의했다.[64] 성지 순례와 성지 회복이라는 종교적 명분을 내세워 아시아 중동 지역을 공략했던 십자군 전통, 미지의 세계에 대한 호기심에서 이루어진 신대륙 발견과 정복, 새로운 항로 개발로 무역과 교류가 활성화되면서 이루어진 상업 발전, 경제 부흥의 기반이 될 신대륙의 식민지화, 그리고 식민지 본토인에 대한 개종 작업 등 정치와 경제, 문화와 종교 분야의 다양한 목적과 동기가 복합적으로 작용하여 이루어진 유럽 국가와 교회의 확장이자 선교였다.

이런 유럽의 확장은 신항로 개발과 신대륙 발견으로 가능했다. 그 동기는 13-14세기 몽골제국과 원나라를 방문한 교황 특사나 선교사, 상인들이 남긴 여행기가 부여했다. 1492년 아메리카 대륙을 처음 발견한 콜럼버스Christopher Columbus가 대표적이다. 이탈리아 제노아 귀족 가문에서 출생한 콜럼버스는 어려서 마르코 폴로의 《동방견문록》을 읽으며 모험심을 키웠고 성년이 되어 북유럽과 아프리카 일대를 탐험했고 마침내 스페인 여왕 이사벨라의 후원을 받아 '온통 금으로 둘러싸인 인도'를 찾아서 탐사 여행을 떠났다가 대서양 건너 카리브해 섬에 상륙해서 처음으로 아메리카 원주민을 만났다. 콜럼버스는 그곳이 인도 땅인 줄 알아서 '서인도Wet India'라 불렀고 그곳 사람들을 '인도인Indian'이라 불렀다. 그리스·로마 시대 이후 유럽인들에게 인도는 아시아의 '땅 끝'이었기 때문이다.

계속해서 스페인의 후원을 받은 마젤란Ferdinand Magellan은 1519년 스페인 리스본을 출발하여 아프리카 남단을 통과, 태평양을 횡단한 후 1521년 필리핀을 발견하고 그곳에 묻혔다. 마젤란은 본래 포르투갈 탐험가였지만 신성로마제국 황제를 겸하고 있던 스페인 왕 카를로스 5세의 후원을 받아서 시도한 여행이었기에, 그가 발견한 필리핀이나 거기에 이르는 남태평양 항로는 스페인 소유가 되었다. 그런 맥락에서 1542년 또 다른 스페인 탐험가 로페즈Ruy Lopez de Villalobos가 마젤란 항로로 마젤란이 발견한 남태평양 섬들에 당시 스페인 국왕 펠리페Fellife 2세의 이름을 따 "펠리페의 섬Las Islas Filipinas"이란 명칭을 붙였는데 그것이 결국 '필리핀'이란 나라 이름이 되었다. 지금까지 아시아 국가 중에 서양 유럽 국왕의 이름을 국명으로 사용하는 나라는 필리핀이 유일하다. 마젤란과 로페즈 이후 필리핀이 스페인의 식민지가 되었음은 물론이고 그와 함께 가톨릭교회 사제와 선교사들도 대거 진출하여 스페인 식민정부 협조 아래 스페인 국민과 원주민을 대상으로 선교를 시작했다.

이처럼 콜럼버스와 마젤란을 통해 광활한 남북 아메리카 대륙과 새로운 태평양 항로를 발견함으로 스페인은 일약 유럽의 강대국이 되었다. 그런 배경에서 스페인 국왕이 신성로마제국 황제를 겸하게 되었다. 같은 이베리아 반도에 위치한 해상국가로서 스페인과 경쟁 관계에 있던 포르투갈도 서둘러 신대륙 탐험과 신항로 개척에 뛰어들었다. 특히 포르투갈은 유럽인들에게 인기가 있는 인도의 후추와 향료를 안전하게 수입할 수 있는 무역항로 개발에 매달렸다. 유럽 대륙의 서쪽 '땅 끝'에 위치한 포르투갈 상인들에게 육로로 유럽 대륙과 아나톨리아(소아시아)를 횡단하여 시리아와 아르메니아, 페르시아를 거쳐 인도에 이르는 종래의 비단길 교역로는 위험하기도 했고 너무 오래 걸려 경제 효과가 없었다. 그래서 온전히 배로만 다녀올 수 있는 새로운 항로 개발이 필요했다.

특히 1481년 왕위에 오른 주앙João 2세는 포르투갈을 스페인에 뒤지지 않는 강대국 반열에 올리기 위한 장기 계획을 수립하였는데 그 첫 번째 과제가 향신료 무역을 통한 경제 성장이었다. 아프리카를 거쳐 아시아로 향하는 항로 개발이 시급했다. 그런 배경에서 주앙 2세는 1488년 바르톨로뮤 디아스Bartolomeu Dias로 하여금 아프리카 서해안을 따라 남쪽 희망봉에 이르는 항로를 개척하도록 후원했다. 이런 주앙 2세의 뒤를 이어 1495년 왕위에 오른 마누엘Manuel 1세도 해외 무역항로 개척에 깊은 관심을 갖고 탐험가들을 후원했다. 그 결과 같은 가톨릭 국가로서 서로 이웃해 있는 포르투갈과 스페인이 식민지 개척과 해상 무역을 둘러싸고 경쟁하며 대립하는 상황이 되었다. 여기에 로마교황 알렉산더 6세가 개입하여 1493년 대서양을 남북으로 횡단하는 서경 30도선을 경계로 해서 동쪽은 포르투갈, 서쪽은 스페인에게 해상 보호권을 나누어 주었다. 이로써 대서양을 건너 아메리카와 태평양 건너 필리핀까지는 스페인이 관할하고 아프리카를 지나 인도와 중국, 일본까지는 포르투갈이 관할하게 되었다.

그렇게 가톨릭 국가 간에 지역 분할이 이루어진 후 포르투갈은 본격적으로 인도 공략에 나섰다. 바스쿠 다가마Vasco da Gama의 인도 탐사 여행이 그렇게 해서 이루어졌다. 포르투갈 남부 시네시의 기사 가문에서 출생한 바스쿠는 1497년 7월 마누엘 국왕이 내준 네 척의 선단을 이끌고 리스본을 출발했다. 바스쿠가 지휘하는 배 안에는 170여 명의 선원과 병사들은 물론이고 이들의 신앙을 지도할 수도사들도 타고 있었다. 바스쿠 선단은 디아스가 발견한 아프리카 항로를 따라 남쪽 희망봉을 돌아 1498년 3월 아프리카 동부 모잠비크와 뭄바사, 말린디를 거쳐 마침내 1498년 5월 20일 인도의 서남부 말라바르 해안가 캘리컷Calicut 근방 캅파두Kappadu에 상륙했다. 순수 뱃길로 해서 인도에 도착한 유럽인은 그가 처음이었다. 이로써 유럽과 인도를 잇는 무역항로가 개척되었다. 바스쿠는 당시 캘리컷을 통치하고 있던 자모린Zamorin에게 준비해 온 선물을 주고 포르투갈 상인의 무역사업을 허락해 줄 것을 요구했다. 당시 인도 남부의 대표적인 항구도시였던 캘리컷에는 앞서 페르시아와 아라비아출신 이슬람 상인들이 먼저 들어와 지역 상권을 장악하고 있었다. 그런 곳에 유럽(포르투갈) 상인들이 개입을 시작한 것이다. 이슬람 상인들은 자모린 왕에게 바스쿠 일행이 '서방의 첩자'라며 포르투갈의 접근을 막았다. 결국 이슬람 상인들의 훼방으로 바스쿠는 원하는 결과를 얻지 못하고 그해 8월 말,

두 명의 상인을 인도에 남겨두고 캘리컷을 출발하였는데, 무역풍으로 불리는 논순 바람에 휘말려 선박 두 척을 잃고 예정보다 훨씬 늦은 1499년 9월에야 포르투갈 리스본에 도착했다. 인도 항로를 성공적으로 개척하고 돌아온 바스쿠에게 마누엘 1세는 '산티아고 기사' 작위와 함께 고향 시네시를 영지로 주었다. 왕은 또한 그에게 고위 성직자나 귀족들에게 붙여주는 명예의 '돔Dom'이란 칭호와 함께 '아라비아와 페르시아, 인도와 동방의 해상 제독Almirante dos mares de Arabia, Persia, India e de todo o Oriente'란 직함도 수여했다. 인도에 다녀온 후 바스쿠는 부와 명예를 모두 얻었다.

바스쿠를 통해 향신료 무역의 핵심 루트인 인도 항로를 개척한 포르투갈은 신대륙과 신항로 개발에서 스페인에 뒤졌던 열세를 일거에 만회했다. 이에 포르투갈 왕 마누엘 2세는 인도에 보다 강력한 '무역 거점'을 구축하기 위해 계속 원정대를 파견했다. 즉 1502년 2월, 2년 전(1500년) 남아메리카 브라질을 처음 발견해서 그곳을 포르투갈 식민지로 만드는데 공헌한 페드로 카브랄Pedro Alvares Cabral을 '동방 총독'으로 임명한 후 두 번째 인도 탐사여행을 떠나도록 했다. 선박 15척에 8백 여 명의 선원으로 구성된 카브랄 선단은 무장한 병사들이 더 많았고 모든 배에 대포를 실어 '전함'들로 꾸몄다. 이는 바스쿠가 첫 번째 인도 항해 때 캘리컷에 남겨두고 온 포르투갈 상인들이 현지인들에게 살해당한 것을 보복하고 나아가 무력으로라도 캘리컷 지역을 점령하여 안정적인 무역 거점을 확보하려는 정치적 목적 때문이었다. 이처럼 정치·군사적인 목적으로 출발하는 포르투갈 선단에는 뱃길을 아는 바스쿠는 물론이고 19명의 수도사와 선교사도 포함되어 있었다. 그중 7명이 프란체스코회 소속이었다. 중무장한 포르투갈 함대는 바스쿠의 안내로 순조롭게 항해했고 북부 인도양에서 아랍 상인들의 선단 30여 척을 공격해서 물품을 약탈했다. 카브랄 함대는 그렇게 총과 대포를 쏘면서 1502년 9월 인도 캘리컷에 상륙했다. 캘리컷 통치자 자모린은 포르투갈 함대의 위세에 눌려 카브랄의 요구를 받아들여 캘리컷에 포르투갈 상인들이 상점과 창고를 설립할 수 있도록 허락했다.

이런 조치는 그동안 향신료 무역과 거래를 독점하고 있던 아랍의 이슬람 상인과 본토 힌두교 사업가들의 불만을 촉발시켰다. 특히 아라비아 메카로 성지 순례를 다녀오던 아랍 상인 선단이 인도양에서 포르투갈 함대의 공격을 받았다는 소식을 접한 이슬람교도들의 분노는 격심했다. 결국 캘리컷의 이슬람교도와 힌두교도 수백 명이 포르투갈 회사와 창고를 습격하고 수비하던 포르투갈인 50여 명을 살해했다. 희생자 중에는 프란체스코회 수도사 세 명도 포함되었다. 이에 카브랄은 항구에 정박해 있던 아랍 상선 10척을 불사르고 선원 600여 명을 살해했다. 계속해서 캘리컷에 이틀간 함포 사격을 하고 수백 명의 병사들을 상륙시켜 이슬람 상인들의 상점과 창고를 불살라 버렸다. 카브랄은 자모린에게 아랍과의 거래를 중단하고 포르투갈에 향신료 무역 독점권을 줄 것을 요구했다. 그러나 자모린은 이를 거부하고 이슬람·힌두교 연합부대를 편성해 저항했다. 이에 카브랄과 바스쿠는 저항이 심한 캘리컷에서 철수하여 캘리컷 남부 코친으로 옮겨 그 지역의 마르도마교회 교인들로부터 환영을 받았다.

오랫동안 시리아와 페르시아의 동방교회(네스토리우스파)로부터 지원을 받아 왔던 마르도마교회 교인들은 토착 힌두교도와 이슬람교도들의 탄압과 박해로부터 해방시켜 줄 포르투갈에 고마움을 표시하며 도움을 아끼지 않았다. 더욱이 말라바르(케랄라) 지역에서 마르도마 교인들이 생산하는 후추는 유럽에서 '최상급'으로 쳐주었는데, 자연스럽게 포르투갈 상인들은 코친을 거점으로 해서 말라바르 지역 후추 무역의 독점권을 확보할 수 있었다. 이런 마르도마 교인들의 지원을 받아 포르투갈은 코친에 무역 거점을 확보할 수 있었다. 이에 코친은 인도에 수립된 최초 '포르투갈 식민영지'가 되었다. 인도 내 무역 거점 확보라는 항해 목적을 달성한 카브랄과 바스쿠는 1503년 1월 인도에서 철수하면서 바스쿠의 조카 소드레Vicente Sodré를 영지 책임자로 세우고 영지 방어를 위한 병력과 함께 도미니쿠스회 수도사 세 명도 코친에 남겨 두었다. 이들 도미니쿠스회 선교사들에 의해 코친에 성바르돌로뮤교회가 설립되었는데 이는 인도 안에 설립된 최초 포르투갈 교회였다.

1503년 9월 리스본으로 돌아온 카브랄과 바스쿠를 통해 인도 안에 '식민 영지' 확보 소식을 접한 포르투갈 왕 마누엘 1세는 1505년 인도를 '포르투갈 영지Estado da India Portuguesa'로 선포하고 포르투갈에서 이슬람 세력(무어)을 몰아낸 그라나다 전투의 영웅 프란체스코 데 알메이다Francisco de Almeida를 초대 총독에 임명했다. 프란체스코 알메이다는 1505년 3월, 33척 함대와 1,500명의 선원과 군사를 이끌고 인도로 출발하여 그해 10월 코친에 도착한 후 인도 서남부 말라바르 해안의 안제디바 섬과 칸나노르, 퀼롱 등을 차례로 점령하였고, 1506년 3월에는 캘리컷의 자모린 군대와 전투를 벌였다. 위기를 느낀 자모린은 이집트의 맘루크왕조, 인도 중부 구자라트 왕국과 이슬람 연합 부대를 편성해서 대항했다. 1507-1508년 계속 포르투갈로부터 병력이 증파되어 알메이다를 지원했지만 좀처럼 자모린의 항복을 받아내지 못했다. 이에 포르투갈 국왕은 1509년 11월 알퐁소 데 알부케르케Afonso de Albuquerque를 2대 총독으로 임명하여 인도 정복 전쟁을 마무리하도록 명했다. 1503년부터 인도 탐사 여행 및 정복 전쟁에 참여한 경력의 알퐁소 알부케르케는 포르투갈 국민으로부터 '위대한 정복자great conqueror'란 칭호를 받을 만큼 해외 정복 전쟁에 능했다. 그는 1510년 1월, 23척의 전함과 1,200명 선언을 인솔하고 인도로 출발하여 3개월 만에 인도 코친에 도착했고 곧바로 캘리컷으로 북상하여 자모린 군대와 전투를 벌였으며 더 북쪽의 중요 항구도시인 고아Goa를 공략하여 그 지역을 통치하던 비자푸르 왕국의 유수프 아딜 샤흐 술탄의 항복을 받아냈다. 고아 함락 이후 인도 중북부 구자라트왕국의 술탄과 남부 캘리컷의 자모린도 저항을 포기하고 포르투갈 총독에게 복종과 협력을 표했다.

고아는 '인도 포르투갈 영지'의 새로운 수도가 되었다. 이후 1961년 포르투갈이 독립국가 인도에 넘겨주기까지 450년 동안 고아는 포르투갈 식민통치의 중심이 되었다.[65] 알퐁소는 고아에 독자적인 화폐(동전) 제조창까지 만들었다. 그렇게 고아에 강력한 포르투갈 식민통치 거점을 확보한 알퐁소는 인도에서 포르투갈 통치 영역을 넓혀 나갔다. 북쪽으로 구자라트왕국 술탄이 다스리던 다만과 살세트, 봄베이, 바사잉, 디우 등지를 확보했고 남쪽 케랄라 지방은 물론이고 동남부 해안의 마드라스까지 영토를 확장했다. 알퐁소는 거기에 멈추지 않고 인도 동쪽, 동남아시아를 거쳐 중국과 일본까지 영역 확장을 꾀했다. 마침 1511년 3월 포르투갈에 우호적인 인도의 힌두교 상인 니나 차투Nina Chatu를 통해 말레이 반도 남단 항구도시 말라카Malaca에 포르투갈 상인 19명이 억류되어 있다는 소식이 전달되자 알퐁소는 16척의 선단에 포르투갈인과 힌두교도 선원 1천 여 명을 인솔하고 말라카 원정을 떠났다. 명분은 억류된 포르투갈 상인들을 구출한다는 것이었지만 실제로는 중국과 일본으로 통하는 동남아시아 해상무역의 요충지인 말라카를 점령함으로 유럽과 동아시아를 잇는 동·서 해상 교역로를 장악하려는 정치·경제적인 목적이 더 컸다. 당시 말라카는 1백 년 동안 페르시아를 배경으로 한 수니파 이슬람 술탄왕국이 통치하고 있어 중동 지역 아랍 상인들이 상권을 장악한 곳이기도 했다. 반反이슬람 의식이 강했던 알퐁소로서는 반드시 점령해야 할 곳이었다. 알퐁소가 이끈 포르투갈 함대가 1511년 8월 말라카 해안에 도착했을 때 두려움을 느낀 말라카 술탄 마흐무드 샤Mahmud Shah는 억류했던 포르투갈 상인들을 풀어주며 타협하려 했다. 하지만 알퐁소는 항복을 요구하며 말라카 항구에 정박해 있던 아랍 상인들의 상선들을 불태우고 함포 사격 후에 병사들을 상륙시켜 도시를 초토화시켰다. 결국 술탄은 성을 버리고 도망쳤다.

말라카를 점령한 알퐁소는 말레이 원주민과 말라카를 근거로 해상무역을 하던 중국인이나 일본인, 인도인들은 보호했지만, 그때까지 상권을 장악하고 있던 이슬람 상인들의 상점과 가옥은 철저히 파괴했고 아랍인들을 축출했다. 그리고 이슬람 사원을 헐고 그 석재로 말라카 항구를 보호하는 성채를 쌓았는데 포탄 공격에도 견딜 수 있도록 쇠를 녹여 만든 벽돌로 성과 건물을 지었다. 이로써 말라카에 포르투갈의 두 번째 아시아 '영지Estado'가 수립되었다. 알퐁소는 고아에서처럼 말라카에도 화폐 주전소를 세워 동남아시아 무역 상인들로 하여금 포르투갈 화폐를 사용하도록 했다. 말라카가 포르투갈 영지가 되면서 아시아에서 포르투갈의 정치·경제적 영향력도 기대한 이상으로 커졌다. 우선 인도에 머물렀던 교역 항로가 동남아시아 지역까지 확대되면서 그 주변의 샴(태국)과 참파(캄보디아), 페구(버마) 자바와 수마트라는 물론이고 멀리 중국과 일본까지 '포르투갈 무역권' 안에 들었다. 그리하여 포르투갈 상선들은 대서양과 인도양은 물론 태평양을 누비면서 막대한 부를 벌어들였다. 그 결과 마누엘 1세 치하의 포르투갈은 역사상 최고의 전성기를 이루었다.

　그 경제적 부흥과 성장의 기반에 고아와 말라카의 '포르투갈 식민 영지'가 있었음은 두말할 필요가 없다. 그래서 포르투갈 국왕은 인도 총독에게 식민 영지에서 정치와 경제, 치안과 군사뿐 아니라 종교와 문화 분야까지 총괄할 수 있는 절대적인 권한을 부여했다. 총독은 식민지에서 가톨릭교회 주교 임명권까지 행사했다. 그것은 '파드후아두padroado'라 하여 1514년 로마 교황이 레오 10세가 포르투갈 왕에게 식민지 개척과 통치에 관한 모든 권한을 부여하면서 식민지 교회의 주교와 사제 임명, 그리고 종교재판에 관한 권한까지 포함시킨 것에 근거했다. 그리하여 교황으로부터 식민지 종교 통치권을 부여받은 포르투갈 왕은 다시 그 권한을 식민지 총독에게 부여했다. 그래서 포르투갈 식민지에서 가톨릭 사제와 선교사들은 총독의 통제와 허락을 받아가며 선교활동을 펼쳤다.

　서방교회 가톨릭 수도사나 선교사들이 포르투갈 탐사선이나 상선, 전함을 타고 인도와 아시아를 향한 목적은 두 가지였다. 첫째, 승선한 가톨릭 선원들이나 식민 영지 고아나 말라카 등에 거주하는 포르투갈 상인과 군인, 관리들의 신앙 지도를 위함이었고 둘째, 식민 영지와 그 주변에 사는 토착민이나 비기독교 도래인들에게 복음을 전하기 위함이었다. 다시 말하면 '자국민을 향한 선교mission to the native'와 '외국인을 향한 선교mission to the foreigner' 또는 '기독교인 선교mission to the Christians'와 '이교도 선교mission to the non-Christians'로 구분할 수 있다. 그 순서는 본국에서 온 가톨릭 신자들을 위한 선교가 먼저였고 다음이 현지 토착민을 향한 선교가 이루어졌다. 그래서 선교사들은 포르투갈이 점령한 식민지에 도착해서 제일 먼저 가톨릭 신자들을 위해 예배와 성례를 집행할 교회를 세웠다. 예전은 당연히 라틴어로 진행되는 서방교회 형식이었고 교회 건축 양식도 포르투갈 고향 교회의 고딕이나 바로크 양식을 취했다. 포르투갈 상인과 교인들은 식민 영지를 '고향 같은 분위기'로 꾸미기 원했다. 그 결과 인도의 고나나 코친, 캘리컷, 말레이반도의 말라카 등 포르투갈이 식민 영지를 세운 곳에는 현지 토착 문화와 정서에 어울리지 않는 '낯선alien' 성채와 주택, 교회 건물이 들어섰다. 영지 주변의 토착민들은 대포를 쏘면서 들어와 땅을 차지한 서양인들이 세운 식민 영지의 이국적인 문명과 문화를 두려움과 호기심을 갖고 지켜보았다. 이런 식으로 인도와 동남아시아 토착민들은 포르투갈의 식민통치와 가톨릭 선교를 동시에 체험했다.

앞서 살펴본 바와 같이 포르투갈 식민지가 된 인도에서 가톨릭교회 선교는 프란체스코회와 도미니쿠스회 수도사들이 시작했다. 그들은 포르투갈 선단의 탐사 여행부터 정복 전쟁에 동행했고, 식민 영지 안에 교회를 세우고 포르투갈 상인과 거류민을 위한 목회 활동부터 시작했다. 그러면서 점차 포르투갈 이외의 외국 거류민과 본토 인도인을 위한 선교에도 착수했는데, 그런 배경에서 프란체스코회는 1518년 고아에 교리학교를 세우고 포르투갈 거류민 자녀뿐 아니라 아프리카 이디오피아 거류민 그리고 기독교로 개종한 인도인 자녀들을 가르치기 시작했다. 그렇게 시작한 가톨릭교회의 인도 선교는 1540년대 예수회Jesuits 선교사들의 도래로 큰 변화를 가져왔다. 예수회는 16세기 초반, 유럽에서 일어난 종교개혁운동에 대한 가톨릭 내부의 반작용counter-reformation으로 진행된 신앙쇄신운동 맥락에서 형성된 수도 단체였다. 예수회는 스페인 출신으로 1534년 프랑스 파리에서 공부하던 중 만나서 알게 된 이냐시오 로욜라Ignatio Loyola와 프란체스코 사비에르Francisco Xavier 등 30-40대 사제 10여 명이 설립하였는데, 1539

년 로마교황 바울로 3세가 수도단체로 인준했다. 엄격하고 철저한 영적 수련을 바탕으로 가톨릭 신앙 전통과 로마교황에 대한 절대 순종을 강조했고 신앙과 함께 과학과 인문학의 가치도 인정하여 일반학교 설립과 교육도 중요시했다. 예수회는 처음 출발 때부터 "교황의 명이라면 어느 곳이든 나가서 그리스도의 진리를 전파한다"는 원칙하에 세속 사회에서 복음 전도와 해외 선교를 강조했다. 예수회가 추진한 해외 선교의 3대 원칙은 '충성fidelity'과 '적응adaptation'과 '훈련discipline'이었다. 선교사는 교회(교황)에 대한 절대적 충성심을 바탕으로 선교지에 임하여 토착적 상황과 문화에 적응하면서 복음을 전하고 그렇게 해서 얻은 교인들을 신앙 교육으로 훈련시켜 토착 교회 지도자로 세우는 것으로 선교의 목적을 삼았다. 예수회는 기존의 프란체스코회나 도미니쿠스회, 아우구스티누스회 등 역사가 오랜 수도회에 비하면 방금 출발한 신생 수도회였지만 철저한 경건 훈련과 세속과의 적극적인 소통으로 교회 안에서보다 교회 밖에서 인기가 높았다.

사비에르의 인도 선교와 마르도마교회

그런 배경에서 포르투갈 왕 주앙 3세는 1540년 로마교황 바오로 3세에게 새로 개척된 인도 식민지 선교를 위해 방금 조직된 예수회 선교사들을 파송해 줄 것을 요청했다. 교황을 통해 그런 통보를 받은 예수회 지도자 이냐시오는 처음 니콜라스 보바딜라Nicholas Bobadilla와 시메온 로드리게스Simão Rodrigues를 인도 선교사로 선발했다. 그러나 보바딜라는 건강 때문에, 로드리게스는 포르투갈 국왕의 요청 때문에 인도로 가지 못했다. 이에 이냐시오는 함께 예수회를 설립했던 프란체스코 사비에르를 인도 선교사로 파견했다. 사비에르도 이를 받아들였다. 교황은 그를 '동방 교황대사apostolic nuncio'로 임명했다. 사비에르는 1540년 3월 로마를 떠나 리스본으로 가서 포르투갈 왕을 알현했고 이후 1년 여 포르투갈에 머물면서 선교 준비를 한 후 1541년 4월 산티아고를 출발했다. 그때 사비에르의 나이 35세였다. 사비에르의 보좌 사제로 바울로 카메리노Paul Camerino와 로드리게스의 친척인 프란체스코 만실라스Francis Mansilhas가 동행했고 포르투갈 왕으로부터 새로 인도 총독에 임명된 알퐁소 데 수사Martim Afonso de Sousa도 같은 배로 출발했다. 사비에르 일행이 탄 배는 아프리카 희망봉을 지나 모잠비크를 거쳐 1542년 5월 인도 고아에 도착했다. 사비에르는 고아에 먼저 와서 사역하고 있던 프란체스코회 사제와 선교사들의 환영을 받으면서 일을 시작했다.

사비에르가 도착했을 당시 고아에는 이미 교회도 여러 곳 있었고 주교 한 명에 사제들도 여러 명 있었지만 모두 식민 영지 성채 안에서 사역할 뿐 성 밖의 본토 주민들을 대상으로 한 선교는 전혀 이루어지지 않고 있었다. 본토인 선교는 고사하고 고아에 살고 있던 포르투갈 관료와 상인들의 탐욕적이고 폭력적이며 비도덕적인 생활이 오히려 선교의 장애가 되고 있었다. 오죽 했으면 사비에르가 리스본의 국왕에게 "전하께서 전하의 신하들을 잡아 가두시고 그들의 재물을 몰수하신 후 그들을 벌주시지 않는 한 인도에 기독교를 전파하라는 전하의 모든 지시는 허사가 되고 말 것입니다"라는 편지를 썼겠는가?[66] 선교사로서 사비에르의 궁극적은 목표는 식민영지 안의 포르투갈인보다 영지 밖의 인도 본토인이었다. 그런데 유럽에서 건너 온 기독교인이 오히려 기독교 선교의 걸림돌이 되고 있었다.

그래서 사비에르는 우선 성채 안의 포르투갈과 유럽인, 그리고 인도교인 자녀들을 신앙으로 훈련시켜 이들로 하여금 본토인들에게 복음을 전할 수 있도록 산토바오로학교를 세운 후 어린 학생들을 데려가 가르치기 시작했다. 그렇게 고아에서 10년 동안 신학교 사역을 한 결과 100여 명의 사제 및 수도자들이 배출되었다. 그리고 사비에르는 포르투갈 국왕과 로마교황의 신임장을 받고 온 터라 성채 안에 안락한 주택이 마련되어 있었음에도 그곳에 살지 않고 성채 밖 병원 근처 빈민가에 거처를 정하고 환자와 고아, 하층민과 걸인들을 돌보며 전도했다. 성채 안의 교만하고 거만한 서양인들과는 '다른' 사비에르의 태도와 생활을 지켜본 인도인들은 그가 전하는 복음을 받아들여 세례를 받았다. 사비에르는 세례 받은 교인들을 위해 기초 교리서와 기도문을 타밀어로 번역해서 나눠 주었다. 사비에르는 1545년 1월, 본국에 보낸 선교보고에서 한 달 동안 1만 명 이상 세례를 주었다고 했다.[67]

이렇게 고아에서 사역하면서 토착 문화와 환경에 자신감을 얻은 사비에르는 고아를 벗어나 인도 서남부 말라바르 해안을 돌면서 본토인들에게 복음을 전했다. 또한 인도 동남부 마드라스(케릴라)에 가서 사도 도마의 무덤과 유적지에 설립된 가톨릭교회도 지도했으며 인도 남부 실론까지 가서 본토인들에게 세례를 주고 교회를 설립했다. 그는 가는 곳마다 오랜 세월 입에서 입으로, 조상들의 종교로서 기독교 신앙을 지켜온 마르도마 교인들을 만났다. 다음은 1542년 10월 사비에르가 인도 남부 파라바스 지방을 순회하던 중 예수회 본부에 보낸 서한이다.

— 이 지방은 너무 황폐하고 가난해서 포르투갈 사람들이 들어와 살기는 어렵습니다. 여기에도 기독교인들이 살고 있는데 사제는 물론 없습니다. 그들은 자신이 기독교인이란 것 외에는 아는 것이 전혀 없습니다. 미사에 대해 말해 주는 이도 없고 신경이나 성부, 성모 마리아, 십계명에 대해 가르쳐 주는 이도 없습니다. 저는 부지런히 마을들을 찾아다니며 아직 세례를 받지 않은 이들에게 세례를 주었습니다. 오른손과 왼손도 구별하지 못하는 수많은 아이들에게도 세례를 주었습니다. 어린 소년들에게 기도를 가르쳐 주느라고 제가 해야 할 성무일도는 물론이고 식사도, 잠도 제대로 취하지 못했습니다. '마치 하늘나라는 이와 같다' 하신 말씀을 여기 와서 처음 깨달았습니다. 그들의 간절한 부탁을 무시할 수 없어서 성부, 성자, 성령에 대하여, 사도신경과 주기도문, 마리아경을 가르쳐주기 시작했습니다. 그들은 매우 진지하게 교육을 받았습니다. 누군가 한 사람이라도 여기 와서 이들을 가르친다면 참으로 훌륭한 교인들이 될 것은 분명합니다. [68]

그렇게 사비에르는 1542년부터 3년 동안 인도 남부 지역을 돌면서 수 천 명에게 세례를 베풀고 해안선을 따라 44곳에 교회를 설립했다. 이렇듯 사비에르의 선교 영역은 고아르 거점으로 인도 남부로 확장되었다. 그러나 엄밀한 의미에서 아직은 '포르투갈의 공권력'이 미치는 해안가 중심의 선교였다. 이슬람 세력이 강했던 인도 북부의 무굴제국이나 힌두교 세력이 강했던 인도 내륙 지방은 여전히 기독교 선교의 '미개척' 지역으로 남아 있었다. 사비에르의 선교가 기존의 '서양인 중심'을 벗어나 '본토인 중심'으로 바뀌었다는 점은 평가받을 대목이다. 하지만 그의 인도 선교가 본토인들을 식민통치하는 포르투갈의 국가적 보호와 지원 체제 안에서 이루어졌다는 점에서 그 역시 '식민주의 선교colonialistic mission'의 틀에서 자유롭지 못했다는 평가를 피할 수 없다.

사비에르가 1545년 봄에 말라카를 방문한 것도 같은 맥락이라 할 수 있다. 고아와 마찬가지로 포르투갈 식민 영지로서 성채와 교회가 설립되어 있던 말라카는 포르투갈의 동아시아 무역의 중요 거점이었다. 사비에르는 그곳에 있는 포르투갈 관료와 상인들을 만나 신앙지도를 했고 그 지역 토착민과도 접촉을 시도했다. 그렇게 사비에르는 말라카에서 9개월 정도 사역하다가 1546년 1월 포르투갈 상인들의 무역 거점이 있던 말루쿠로 가서 거기서 1년 동안 말루쿠와 그 주변의 암본, 테르나테, 바라누라, 모로타이 등지 섬을 돌면서 포르투갈 상인과 토착민들에게 복음을 전하고 1547년 봄 말라카로 돌아왔다. 사비에르의 말라카 방문 목적은 직접적인 선교보다는 장차 이루어질 동남아시아 및 중국과 일본 등 동아시아 선교를 위한 탐색과 준비에 있었다. 그는 말라카 여행을 통해 아시아 선교의 지평이 인도를 넘어 동남아시아와 동아시아로 확장되어야 할 필요성과 가능성을 확인했다.

1547년 12월 말라카에서 일본인 구도자 '야지로'(혹은 안지로)를 만나면서 동아시아 선교에 대한 그의 의지는 더욱 확고해졌다. 일본 남부 규슈 지방 가고시마鹿兒島 출신으로 알려진 야지로는 고향에서 살인죄를 범하고 도피생활을 하던 중 1546년 기고시마에 온 포르투갈 무역선 알바레스J. Alvares 선장을 만나 말라카에 머물고 있는 사비에르에 대한 소식을 들은 후 망명을 결심하고 알바레스 배를 타고 말라카로 왔다가 말루크에서 돌아온 사비에르를 만났다. 야지로와의 만남으로 사비에르는 일본 선교에 착수하고 그 자신이 선교 개척자로 일본에 갈 결심을 했다. 이런 계획을 수립한 사비에르는 1548년 1월 인도 고아로 귀환하면서 야지로도 데리고 와 산토바오로학교에 입학시켰으며, 얼마 후 세례를 주면서 '산타페 바울Paulo de Santa Fe'이란 세례명을 주었다. 이후 사비에르는 고아에 15개월 더 머물면서 야지로와 함께 일본 선교를 준비했다. 그리고 마침내 사비에르는 1549년 4월, 야지로의 안내를 받아 일본 여행길에 올랐다. 이렇게 사비에르의 인도 선교는 7년으로 끝났다.

사비에르가 인도를 떠난 후 고아와 인도의 교회 및 선교 상황은 크게 바뀌었다. 우선 인도 선교의 주도권이 예수회에서 프란체스코회와 도미니쿠스회, 아우구스티누스회 등 (예수회보다) '보수적인' 수도 단체로 넘어갔다. 그에 따라 사비에르가 추진했던 '본토인 중심' 선교정책이 후퇴하고 포르투갈 식민 영지 중심의 선교로 전환했다. 그런 배경에서 사비에르가 설립했던 고아의 산토바오로학교에서 공부하던 인도인 학생들이 1550년부터 다닐 수 없게 되었다. 이런 '인종차별적' 조치로 고아에서 사역하는 서양인 선교사와 가톨릭교도 및 인도인 가톨릭교도 사이에 갈등과 마찰이 빚어졌다. 게다가 1557년 그동안 사비에르와 예수회를 적극 지지하고 후원했던 포르투갈 국왕 후앙 3세가 사망한 것도 예수회 중심의 선교를 약화시켰다. 이런 상황에서 1567년 고아에서 '인도 로마가톨릭교회 교회회의'가 개최되었다.

이 교회회의ecclesiastical council는 1510년 고아가 포르투갈 식민지가 되면서부터 본격적으로 추진된 가톨릭 선교의 결과를 점검하고 그것을 바탕으로 인도 가톨릭교회의 신학과 선교정책을 수립하기 위해 모였다. 특히 방금 유럽에서 끝난 로마가톨릭교회의 트렌트공의회(1545-1563) 결과를 피선교지 교회에 적용하기 위한 모임이기도 했다. 1517년 독일의 루터에 의해 시작된 종교개혁운동에 대응하여 소집된 트렌트공의회에서는 개혁주의자들의 요구와 달리 가톨릭교회의 전통 교리를 수호하고 교황의 절대 권위를 강화하는 방향으로 결론을 맺었다. 그런 상황에서 개최된 교회회의였기에 인도교회로서는 로마가톨릭교회의 신학과 교리 전통을 지키면서 식민지에서의 선교 정책과 방법론을 모색하는 자리가 되었다. 인도 교회회의는 고아 대주교 가스파르Gaspar가 소집하여 코친 주교 데무도Themudo, 말라카 주교 게오르게George, 아프리카의 모잠비크 행정관 비가스Vicente Viegas, 그리고 인도에서 사역하고 있던 프란체스코회와 도미니쿠스회, 아우구스티누스회, 예수회 등 수도회 대표와 신학자들이 참석하였는데 모두 유럽인 성직자들이었다.

이런 배경에서 소집된 고아 교회회의에서는 트렌트공의회에서 재확인된 가톨릭교회 교리와 신학 전통을 바탕으로 인도, 정확하게 표현하면 인도 내 '포르투갈 식민 영지' 안에서 이루어지는 선교와 사목의 기본 원칙을 115개조로 정리했다. 선교에 관한 내용을 보면, 우선 기독교(로마가톨릭) 이외의 다른 종교나 종파는 모두 교류나 협력이 불가능한 개종 대상으로 보았다. 그리고 식민 영지 안에서 힌두교나 이슬람 등 다른 종교인들은 별도로 지정된 구역 안에서만 살고 기독교인과 섞여 살아서는 안 되었다. 주일이나 교회 축일에 상점을 열면 안 되고 일부다처제나 조상 제사 등 토착 종교 풍습이나 관습도 허용되지 않았다. 이런 규칙을 어기는 교인이나 주민은 종교재판에 회부되어 벌을 받았다.

결국 교회회의가 채택한 선교 정책의 기본 원칙은 기독교와 다른 종교 및 토착문화 사이의 엄격한 구분differential과 격리separation였다. 물론 선교의 효율성을 고려하여 일부 토착 문화와 관습에 타협한 경우도 없지 않았다. 예를 들면, 수직적 신분사회의 계층적 질서cast system가 엄격했던 힌두교 문화에서 최상위 브라만 계층은 자신보다 아래 계층과 접촉하는 것은 물론 함께 식사하는 것을 금기로 여겼기 때문에 교회 안에서 여러 계층의 사람들이 함께 모여 같은 음식을 나누는 것에 참여하기를 꺼려했다. 이것이 상위 계층 선교에 장애 요인이 된다고 여겨 교회회의는 "교회에서 음식을 나눌 때 본인의 의사에 반하여 음식을 제공하지 않는다"는 규칙을 채택했다.[69] 언뜻 보면 전통적 토착문화에 적응한 선교 방법론이라 할 수도 있으나, 역시 구분과 격리를 강조하는 힌두교의 계층적 문화를 그대로 받아들인 타협안으로도 볼 수 있다.

이런 식으로 고아 교회회의는 서방 가톨릭교회의 신앙과 문화를 절대 우위에 놓고 그와 다른 토착 종교나 문화는 격리와 개종 대상이 되었다. 그 결과 토착민을 대하는 선교사의 자세나 선교 방법이 위압적이고 공세적이었다. 포르투갈 식민 영지 안의 인도 토착민으로서는 정치적으로 서양인의 식민 통치를 받는 것에 더하여 종교적으로도 서양인의 종교인 기독교로부터 공세를 받았다. 인도 시민사회에 기독교가 '두려운 종교'로 인식된 배경이다. 문제는 이런 서방 가톨릭교회의 위압적 공세가 1천 년 역사와 전통을 가지고 있는 마르도마교회에도 가해졌다는 점이다. 인도 마르도마교회의 존재에 대해서는 이미 13세기 마르코 폴로를 비롯하여 몽골제국과 원나라를 방문한 서방교회와 유럽국가 특사들의 여행기를 통해 서방에 알려졌다. 그리고 15세기 들어서 포르투갈 상인과 가톨릭 선교사들이 대거 들어오면서 서방교회와 마르도마교회의 만남이 구체적으로 이루어졌다. 이미 앞서 살펴본 바와 같이 마르도마교회 교인들은 가톨릭 선교사들이 고아와 코친, 캣리컷 등 말라바르 지역에 선교거점을 마련할 때 적극 지원했다. 그러나 두 교회 사이의 우호적인 관계는 오래가지 못했다. 서방 가톨릭교회 선교사들은 오래지 않아 마르도마교회가 시리아와 페르시아의 동방교회 전통에 속하였을 뿐 아니라 에베소와 칼케돈 공의회에서 이단으로 정죄된 네스토리우스파와 단성론파로부터도 깊은 영향을 받아왔음을 확인했다. 로마가톨릭교회 교리와 전례의 정통성을 재확인한 트렌트 공의회나 고아 교회회의를 배경으로 가톨릭 선교사들은 교리와 전례가 다른 마르도마교회를 '같은' 기독교 범주로 받아들이지 않았다. 가톨릭교회 관점에서 볼 때 마르도마교회는 힌두교나 이슬람, 불교와 같은 '이교異敎, pagan'는 아니었지만 교류와 협력이 금지된 '이단異端, heresy'이었다. 그런 맥락에서 마르도마교회 교인들은 포르투갈 식민 영지 내에 설치된 종교재판소의 이단 심사 대상이었다. 서방 가톨릭교회의 인도 선교가 본격화되면서 마르도마교회가 시련을 겪게 된 배경이다.

그런 상황에서 오랜 세월 인도 마르도마교회를 후원해 왔던 페르시아의 동방교회 내부에 큰 변화가 이루어졌다. 동로마제국 수도이자 동방정교회 총대주교가 있던 콘스탄티노플이 1453년 오스만 터키에 함락된 후 페르시아의 동방교회는 사방으로 이슬람 세력에 둘러싸인 '고립무원孤立無援'에 처했다. 그러한 때 포르투갈과 스페인, 프랑스 등 서방의 가톨릭 국가들이 중동 지역으로 세력을 확장시키면서 연장선 상에서 가톨릭교회의 선교도 전개되었다. 이런 상황에서 페르시아 동방교회 내부에 서방 가톨릭교회와의 화해와 연대를 통해 교회 위기를 극복하자는 움직임이 나타났다. 이와 반대로 동방교회 교리와 전례 전통을 고수하자는 세력도 강했다. 전자를 '신파', 후자를 '구파'로 불렀다. 이처럼 신·구파 사이의 갈등이 심화된 상황에서 1553년 신파는 마르 술라카Mar Sulaqa를 동방교회 총대주교로 선출했다. 술라카 총대주교는 로마교황 율리우스 3세를 알현하고 교황에 복종할 것과 서방 가톨릭교회 전통을 따르겠다고 서약했다. 이에 교황은 동방교회를 가톨릭교회로 받아들이면서 동방교회가 오랜 세월 '시리아어 전례'를 지켜왔다는 점을 감안하여 "라틴어 이외의 언어로도 전례를 행할 수 있다"는 교칙을 발표했다. 내용은 서방 가톨릭교회의 것이지만 표현에서는 동방교회의 형식을 사용할 수 있도록 문호를 개방함으로 동방교회는 서방교회 체제 안에서 독자적인 언어와 관습을 유지할 수 있게 되었다. 그렇게 해서 서방 가톨릭교회에 흡수된 동방교회에는 '귀일파歸—派, uniat Church'란 칭호가 붙여졌다. 이런 신파 움직임에 반대하는 구파는 가톨릭교회 '귀일파'에로 합류하기를 거부하고 마르 데나Mar Denha를 대항 총대주교로 선출하고 동방교회 전통을 고수했다. 이로써 페르시아 동방교회는 신·구파로 나뉘어 두 명의 총대주교가 서로 대립하는 양상을 띠게 되었다.

이처럼 페르시아 동방교회가 둘로 나뉘면서 인도 마르도마교회도 그 영향을 피할 수 없었다. 전통적으로 마르도마교회는 페르시아에서 파견한 주교가 지도해 왔다. 그런 맥락에서 페르시아의 신파, 구파 양측 총대주교가 인도에 주교를 파송함으로 마르도마교회는 혼란과 갈등을 겪었다. 즉 신파에서는 마르 요셉Mar Joseph과 마르 엘리아스Mar Elias 주교를, 구파에서는 마르 아브라함Mar Abraham을 주교로 각각 파견했다. '귀일파'에 속했던 신파 주교들은 당연히 마르도마교회를 서방 가톨릭교회에 흡수시키려 했고 구파 주교는 이를 거부했다. 페르시아 동방교회가 그러했듯이 마르도마교회도 가톨릭교회로의 귀속에 대하여 찬반으로 입장이 갈렸다. 그렇게 마르도마교회는 30여 년 갈등과 혼란을 경험했다. 그런 후 1599년 6월 마르도마교회의 운명을 중요한 교회회의가 디암페르Diampere에서 개최되었다. 이 교회회의를 소집한 알렉시스 데 멘지스Alexis de Menzes는 1595년 약관의 35세 나이로 대주교로 서품을 받고 인도 고아에 부임하였는데, 뛰어난 지도력으로 식민 영지의 가톨릭교회 서양교인뿐 아니라 마르도마교회 토착교인들로부터도 환심을 얻었다. 멘지스 대주교는 이를 바탕으로 교회회의를 소집했다.

서양인 사제와 선교사들만 참석했던 1567년의 고아 교회회의와 달리 1599년의 디암페르 교회회의에는 마르도마교회 소속 토착인 사제와 평신도 대표들을 포함하여 8백 여 명이 참석했다. 포르투갈 식민 정부의 전폭적인 지원 아래 소집된 디암페르 교회회의는 표면적으로는 '사도 베드로(로마가톨릭)와 사도 도마(마르도마)의 역사적인 통합'을 내세웠지만, 실질적인 내용은 마르도마교회를 가톨릭교회 체제 안으로 흡수 통합시키는 것이었다. 그런 맥락에서 디암페르 교회회의는 서방 가톨릭교회의 교리와 전통을 모든 인도교회가 받아들이고 그동안 마르도마교회가 수용해 왔던 동방교회의 네스토리우스파나 단성론파를 이단으로 재확인하는 한편, 동방교회 전통에 따라 '성인'으로 추앙해 왔던 데오도레와 디오도루스, 나르사이 등 시리아 교부들도 성인 명부에서 삭제했으며, 동방교회 신학을 담고 있는 시리아어 저술과 문서들을 금서목록으로 분류하여 불태워 버렸다. 마르도마교회에 남아 있는 동방교회 흔적을 지워 버리려는 조치들이었다. 그러면서 마르도마교회에서 오랫동안 시리아어를 전례 용어로 사용했다는 점을 감안하여 당분간 시리아어 사용을 허락했다.

그 결과 인도 마르도마교회노 페르시아의 동방교회 '귀일파'와 같은 범주에 들게 되었다. 그러나 인도의 모든 마르도마교회가 이런 디암페르 교회회의 결정에 따라 '귀일파'가 된 것은 아니다. 인도 마르도마교회 가운데 3분의 2가 귀일파 노선을 따라 가톨릭교회 체제 안으로 들어갔고 나머지 3분의 1은 마르도마교회와 동방교회 전통을 고수했다. 서방 가톨릭교회가 주도한 마르도마교회의 '서양교회화 westernization' 혹은 '라틴교회화latinization' 작업이 마르도마교회의 분열을 가져왔다.[70]

결과적으로 서방 가톨릭교회의 인도 선교는 이슬람과 힌두교 위세에 눌려 침체했던 마르도마교회에 활기를 불어넣어 주었다는 점에서 긍정적인 면도 있었지만, 동시에 단일 신앙전통을 1천 년 넘게 지켜 왔던 마르도마교회를 분열시켰다는 점에서 부정적인 평가를 피할 수 없다. 서로 다른 역사와 문화 환경에서 신앙고백과 그 표현에서 다른 양식과 전통이 수립될 수 있음을 인정하고 다양성 속에 일치를 추구하기보다는, 서방교회 교리와 전통에 대한 배타적 우월감을 바탕으로 하여 추진된 '교파주의 선교denominational mission'가 빚어 낸 결과이기도 했다. 더욱이 그런 가톨릭교회의 선교가 가톨릭 국가인 포르투갈의 식민통치를 배경으로 해서 추진되었다는 점도 선교사와 기독교에 대한 인도인들의 인식을 부정적인 방향으로 이끌었다. 결국 15-16세기 서방 가톨릭교회의 인도 선교는 인도 대륙에 빛과 그림자를 함께 전파했다.

11. 가톨릭교회의 일본 선교

사비에르의 일본 선교

7년 동안 고아를 거점으로 인도 선교의 기반을 조성하는 데 성공한 사비에르는 일본 선교 개척 작업에 착수했다. 그는 말라카를 방문했다가 그곳에서 만난 일본인 야지로를 고아로 데리고 와서 산토바오로 학교에 입학시켜 서양 언어와 신학을 공부시키면서 동시에 야지로에게 일본어를 배우며 일본 선교를 준비했다. 야지로는 1548년 고아 주교에게 '산타페 바오로Paul of Sant Fe'라는 이름으로 세례를 받고 일본인 최초 기독교인이 되었다. 그렇게 사비에르는 1년 여 일본 선교를 준비한 후 1549년 4월 고아를 출발, 일본을 향했다. 안내 겸 통역으로 야지로가 함께하였고 예수회 사제인 토레스Cosme de Torrès와 페르난데스João Fernandes도 동참했다.

사비에르는 동양에서 선교사보다는 외교관 신분으로 활동하는 것이 효과적임을 알고 '교황대사Apostolic Nuncio' 신분으로 일본 국왕(천황)을 비롯한 정치 지도자들을 만나기로 했다. 이를 위해 유럽에서 가져온 자명종(시계)와 천리경(맹원경), 지구본 등 과학 기물과 성화聖畵, 성경 등을 선물로 준비했다. 사비에르 일행은 말라카와를 거쳐 1549년 7월 일본 남부 규슈 지방의 가고시마에 도착했다. 가고시마는 야지로의 고향이었다. 그리고 사비에르보다 6년 앞서(1543년) 포르투갈 무역선이 가고시마 근처 타네가시마에 상륙해서 일본인들에게 철포鐵砲를 전해 주고 떠난 적이 있어 서양인이 낯설지 않았다. 그런 배경에서 사비에르의 가고시마 상륙과 정착은 순조롭게 이루어졌다. 그 과정에서 야지로의 역할이 지대했다. 야지로는 고향에 도착하는 즉시 가족과 친척들에게 전도하여 세례를 받도록 했으며 당시 사츠마薩摩 영주로서 가고시마를 다스리고 있던 시마츠다카히사島津貴久와 사비에르의 만남을 주선했다. 사비에르는 시마츠 영주와 야지로의 첫 만남을 이렇게 보고했다.

— 바오로(야지로)가 영주를 만나러 갈 때 그는 우리가 가지고 온 성모상聖母像을 가지고 갔습니다. 영주는 성모상을 기쁘고 놀라운 눈으로 바라보더니 우리 주님과 성모님 앞에 무릎을 꿇고 경의를 표하였답니다. 그러고 나서 그곳에 있던 신하들에게도 그렇게 하라고 지시했답니다. 그들은 그 그림을 영주 모친에게도 보여 주었는데 모친 역시 놀라운 눈으로 기뻐하며 그림을 바라보았습니다. 며칠 후 바오로는 가고시마에 있는 우리에게 돌아왔는데, 영주 모친께서 우리가 믿는 바가 무엇인지를 기록해서 갖다 달라는 부탁을 받았답니다. 바오로는 며칠 동안 우리가 믿는 내용을 자기나라 말로 기록했습니다. [71]

　　야지로의 소개로 사비에르와 시마츠 영주의 만남은 수월하게 이루어졌다. 사비에르는 고아에서 가져 온 자명종과 망원경을 선물했고 이에 영주는 사비에르에게 가고시마 거주와 활동을 허락했다. 이후 사비에르는 1년 동안 가고시마의 야지로 집에 머물면서 일본 선교를 시작했다. 사비에르는 인도 선교 7년 경험을 바탕으로 일본 선교에 임하면서 세 가지 원칙을 세웠다. [72] 첫째, 상류 '선별 계층selected class' 인사들을 1차적 선교 대상으로 삼았다. 인도에서 사비에르는 초기부터 하층민 선교에 주력했다. 그 결과 신분과 계층의 차별이 엄격했던 인도 사회에서 상류층 선교가 부진했다. 일본 사회 역시 피라밋 형태의 봉건적 사회구조를 취하고 있었기에, 하류층보다 상류층 인사들을 개종시키면 그들의 명령을 따르는 하류층 선교도 수월하게 이루어질 것으로 판단하고 사비에르는 일본에서 처음 시작부터 상류층을 겨냥했다. 실제로 가고시마에서 영주의 환심을 산 것이 지역 주민들을 접촉하고 복음을 전하는 데 큰 도움이 되었다. 그런 식으로 사비에르는 일본의 상류층 인사와 통치자들을 접촉하며 환심과 선교 허락을 받으려 노력했다. 그 과정에서 교황대사라는 외교관 신분과 유럽에서 가져온 과학 기물이 큰 도움이 되었다.

둘째, 사비에르는 일본에 도착한 직후부터 가급적 일본어Japanese language를 사용하려 노력했다. 그는 인도 고아에서 야지로에게 일본어를 배웠지만 아직 능숙하지 못해 야지로가 일본어로 번역한 교리서와 기도문을 읽는 방식으로 일본인들에게 접근했다. 일본인들은 '자기나라 말을 할 줄 아는 서양인'에게 관심과 호기심을 표했고 그것이 복음 전도에 큰 도움이 되었다. 그 결과 사비에르는 가고시마에 도착한 지 불과 두 달 만에 2백 여 명에게 세례를 베풀었다. 그 가운데 불교 승려와 신도들도 상당수 포함되었다. 사비에르는 기독교 신神의 명칭을 (야지로가 번역해 준 대로) 불교식 명칭인 '다이니치大日'로 사용했는데, 그것이 불교 신도들의 개종을 이끌었다. 그러나 사비에르는 오래지 않아 '다이니치'란 칭호가 갖고 있는 한계와 문제점을 알고 라틴어의 신 명칭인 '데우스Deus'를 그대로 음역해서 사용했다. 그러자 불교 사제와 신도들이 거리감을 두고 경계했다. 이런 식으로 사비에르는 일본의 종교문화를 이해하고 거기에 적응하는 방식을 취했다.

셋째, 토착민 사역자 교육과 훈련discipline을 강조했다. 사비에르는 말라카에서 만난 야지로를 고아로 데리고 가서 1년 동안 사역자로 훈련시켰다. 그리고 일본에 도착해서 야지로를 앞세워 영주와 주민들을 접촉했다. 야지로는 기대 이상의 활약을 보여 주었다. 사비에르가 가고시마에서 1년 동안 세례를 준 수백 명의 개종자들도 대부분 야지로의 전도 결과였다. 이런 식으로 일본 선교는 처음부터 '토착민이 토착민에게native to the native' 전도하는 방식으로 추진되었다.

그렇게 가고시마에서 1년 동안 지내면서 일본 선교에 대한 자신감을 얻은 사비에르는 일본 수도 교토를 방문해서 국왕(천황)과 쇼군將軍을 만나 선교 허락을 받을 목적으로 북부 여행을 시도했다. 1년 전 사비에르를 환대했던 시마츠 영주는 사비에르의 방문 목적이 정치·외교적인 것이라기보다 종교적인 것임을 알고 자기 영지 안에서 포교활동을 하지 못하도록 금령을 내렸다. 이에 사비에르와 토레스, 페르난데스 등 예수회 선교사들은 1550년 8월 가고시마를 출발하여 나가사키 히라토平戶와 후쿠오카 호카타博多를 거쳐 주고쿠中國지방 야마구치山口에 들러 그곳 영주 오오우치요시타카大內義隆의 환대를 받았다. 사비에르는 거기서 두 달간 머문 후 1551년 1월 마침내 교토에 도착해서 천황 면담을 시도했다. 그러나 당시 일본의 정치 상황은 오다노부나가織田信長가 전국을 통일하기(1568년) 이전이라 '다이묘大名'라 불리던 지방 영주들이 군웅할거하면서 세력 다툼을 벌이던 '전국시대'였기 때문에 천황이나 그를 대신해서 중앙 정치를 관장하는 쇼군은 실권이 없는 허수아비 같은 존재였다.

교토에 도착해서 그런 사실을 알게 된 사비에르는 실망하여 천황 면담을 포기하고 야마구치로 철수했다. 야마구치의 오오우치 영주는 당시 일본 중서부 지역에서 가장 세력이 컸던 다이묘였다. 사비에르는 천황에게 주려고 준비했던 자명종과 천리경, 서양 악기 그리고 양장본 라틴어 성경을 오오우치에게 선물로 주었다. 전부터 서방국가와의 교역을 원하고 있던 영주는 사비에르를 신임하고 자기 영지에 머물러 포교활동을 할 수 있도록 허락했다. 이후 사비에르는 야마구치를 거점으로 삼고 오오우치 통치 구역인 수보오周防 지방은 물론 규슈 지방의 히라토와 가고시마, 오이타大分지방의 분고豊後 등지를 순회하며 전도했다.

사비에르는 야마구치에서 로렌소Lorenço란 세례명의 토착인 전도자를 얻었다. 맹인으로 비파琵琶 연주의 대가였던 로렌소는 사비에르를 만나 개종하고 세례를 받았을 뿐 아니라 일본인 최초로 예수회 수사가 되었다. 그래서 로렌소에겐 '이루망伊留滿'이란 칭호가 붙여졌는데, 이는 수도회 수사들의 호칭인 '형제'를 의미하는 포르투갈어 '이르마뇨irmão'를 일본어로 음역한 것이다. 세례를 받고 개종한 일반 교인에게는 '기리시단切支丹, 吉利支丹'이란 칭호가 붙여졌는데 이는 '그리스도인'을 뜻하는 포르투갈어 '크리스타뇨chrisão'를 음역한 것이다. 이후 로렌소는 1592년 나가사키에서 별세하기까지 규슈와 오이타, 오사카, 교토 지방에서 전도자로서 뛰어난 활약을 보였다. 또한 사비에르는 1551년 9월 분고에서 오이타지방 영주 오오토모요시시게(大友義鎭, 후에 大友宗麟로 개명)를 만나 그의 환대를 받으며 분고 지역에서 선교활동을 할 수 있게 되었다. 오오토모는 본래 불교에 심취했으나 사비에르를 만난 후 기독교에 관심을 갖게 되었고 사비에르가 일본을 떠난 후(1578년) 세례를 받고 '기리시단 다이묘切支丹大名'가 되었다.

이처럼 지방 영주들이 사비에르를 환대하고 그의 포교활동을 허락한 것은 새로운 종교에 대한 관심 때문이기도 했지만, 포르투갈을 비롯한 서방 국가들과의 교역을 통해 경제적인 이익을 얻고 또한 선교사들이 가져 온 서양의 과학문물, 특히 철포와 조총鳥銃과 같은 서양 무기에 관심이 많았던 때문이었다. '전국시대' 말기여서 지방 영주들 사이에 전투가 빈번했기 때문에 파괴력이 뛰어난 서양 무기는 무사들에게 인기를 끌었다. 지방 영주들이 선교사와 외국 선박에 우호적일 수 있었던 배경이다. 여기에 야지로와 로렌스 같은 토착인 전도자들의 전도활동으로 개종자들이 늘어났다. 그 결과 사비에르는 1551년 9월, 야마구치에 500명, 히라토에 100명, 가고시마에 100명 기리시단 신자가 확보되었음을 로마에 보고할 수 있었다.

이렇듯 일본에서 2년 만에 안정적인 선교 기반을 구축하는 데 성공한 사비에르는 일본 선교를 토레스와 페르난데스에게 맡겨놓고 1551년 11월 인도로 귀환 여행을 출발했다. 그와 함께 분고 영주 오오토모의 가신도 동행했는데 그는 고아의 포르투갈 총독에게 "포르투갈과 교역을 원한다"는 영주의 서한을 지참했다. 사비에르 일행이 탄 배는 곧바로 말라카로 해서 고아로 귀환할 예정이었는데 도중에 태풍을 만나 중국 남해 광저우 근처 작은 섬에 기착했다. 그런데 그 섬에서 인도 코친을 거점으로 동서무역을 하고 있던 포르투갈 상인 페레이라Diogo Pereira를 만났다. 페레이라는 광저우 감옥에 갇혀 있는 한 포르투갈 상인이 "구출해 달라"고 호소하는 편지를 사비에르에게 전달했다. 편지는 "포루트갈 국왕의 특사가 중국 황제를 만나 석방을 호소하면 풀려날 수 있다"는 내용이었다. 사비에르는 이를 중국 선교의 기회로 보았다. '자국민 석방 호소'를 빌미로 중국 황제를 만나서 선교사 거주와 포교활동을 허락받으려는 계획이었다. 일본에서 지방 영주들의 환대와 호의를 바탕으로 수월하게 선교할 수 있었던 것처럼 중국에서 황제의 마음만 얻으면 선교는 가능하리라 생각했다. 그는 인도와 일본에서 사역하면서 동아시아의 절대 강국인 중국에 복음을 전할 필요성을 느껴왔다. 특히 일본을 비롯하여 동아시아 국가들은 중국 명나라의 영향력 아래 있어 중국 복음화를 통해 주변 국가 선교를 한층 수월하게 추진할 수 있을 것이라 기대했다. 중국은 역사가 오랜 문명국가이기 때문에 서방의 문명국가와 교류하는 것도 쉬울 것으로 판단했다.

이처럼 중국 선교에 대한 계획을 수립한 사비에르는 페레이라와 함께 말라카를 거쳐 1552년 1월 고아에 도착했다. 사비에르는 고아에 도착 즉시 로마에 있는 예수회 본부에 중국 선교를 착수하겠다는 의사를 밝혔다.

— 저의 계획을 바꾸어야 할 새로운 변수가 없다면 1552년 올해 안에 중국으로 출항하고자 합니다. 제가 그런 계획을 세운 것은 하나님의 사역을 보다 충실하게 수행하려는 의지이기도 하지만, 중국이나 일본, 두 나라 백성 모두에게 유익이 될 것으로 판단했기 때문입니다. 중국인들이 예수 그리스도에 대한 믿음을 갖게 되었다는 소식을 일본인들이 듣는다면 지금까지 그들이 지켜왔던 거짓 신앙들을 버릴 수 있을 것이란 소망이 있기 때문입니다. 따라서 저에게는 우리 예수회 사역자들의 노력으로 중국인과 일본인이 모두 우상숭배와 미신을 버리고 모든 민족의 구세주이신 주 예수 그리스도를 섬기게 될 것이란 확신이 있습니다.[73]

사비에르는 일본 선교를 촉진시키기 위한 방편의 하나로 중국 선교를 구상했다. 이런 계획을 갖고 사비에르는 고아에 머물러 중국 황제에게 줄 선물을 비롯하여 선교에 필요한 준비를 마친 후 그해 4월 페레이라와 함께 중국으로 출발했다. 사비에르는 이번에도 '외교관' 신분을 활용하기로 했다. 그래서 사비에르는 교황대사로, 페레이라는 포르투갈 국왕의 특사란 신분을 사용하기로 했다. 그러나 이런 사비에르의 계획은 말라카에 주재하고 있던 포르투갈 총독 알바로 다가마 Alvaro de Ataide da Gama에 의해 제동이 걸렸다. 인도 항로를 처음 발견했던 바스코 다가마의 아들인 알바로 총독은 상인 페레이라가 포르투갈 국왕 특사 칭호를 사용하는 것을 허락하지 않았고 중국 황제에게 주려고 준비한 선물까지도 압수했다. 결국 외교관 신분으로 중국 황실에 접근하려 했던 사비에르의 처음 계획은 수포로 돌아갔다. 그런 상황에서도 사비에르는 중국행을 포기하지 않았다. 그의 중국 여행에는 예수회 수사 알바로 페레이라Alvaro Ferreira와 인도에서 세례 받은 중국 교인 안토니오Antonio, 말라바르 출신 인도 교인 크리스터퍼Christopher 등이 동행했다.

사비에르 일행은 말라카를 떠나 1552년 8월 말, 중국 남부 광저우 아래 있는 샹촨도上川島에 상륙했다. 중국 본토와 불과 14킬로미터 떨어지지 않은 작은 섬이었다. 사비에르는 혼자라도 광저우에 들어가 지방 통치자를 만나 포르투갈인 석방을 호소하고 선교 기반을 조성할 계획이었다. 사비에르는 중국교인 안토니오를 내세워 광저우로 들어갈 배를 물색했다. 그러나 그가 기대한 대로 일이 진행되지 않았다. 결국 사비에르는 중국 본토로 데려다 줄 배를 기다리던 중 열병에 걸려 샹촨도에 상륙한 지 3개월 만인 12월 3일, 46세 나이로 숨을 거두었다. 비록 뜻을 이루지는 못했지만 중국 영토에 들어가 그곳에서 선교를 준비하다 별세했다는 점에서 사비에르는 인도와 일본에 이어 중국 선교도 개척한 인물이 되었다. 사비에르가 가톨릭교회에서 '아시아 선교의 교부Father of Asia Mission' 칭호를 받을 것은 당연했다.

사비에르가 일본을 떠난 후 일본 선교는 활기와 침체를 반복했다. 그것은 일본의 정치 상황에 좌우되었다. 일본의 정치 지도자들이 서방과의 교역을 적극 추진하는 상황에서는 선교 활동도 활발했지만 반대의 경우엔 포교활동이 위축되었다. 사비에르가 일본에서 2년 활동한 결과 가고시마와 분고, 히라토, 야마구치 등지의 지방 영주들은 포르투갈과의 교역을 원하며 선교사들의 활동을 보장했다. 그 결과 일본에 남아 있던 선교사 토레스와 페르난데스, 일본인 전도자 야지로와 로렌소 등이 감당할 수 없을 정도로 선교 지역과 개종자들이 급속도로 늘어났다. 선교 인력 보충이 시급했다. 그런 상황을 알고 있던 사비에르는 1552년 초 (중국으로 출발하기에 앞서) 고아에서 포르투갈 예수회 사제 가고Balthasar Gago와 예수회 수사 실바Duarte da Silva를 일본 선교사로 파송했다. 이들은 곧바로 고아를 출발하여 1552년 8월 가고시마에 도착하여 분고와 히라토, 야마구치 등지에서 선교 사역을 시작했다. 그런데 이들이 타고 온 배 안에 포르투갈 무역상인 알메이다 Luis de Almeida가 동승했다. 리스본의 유대계 집안에서 출생하여 의학 공부까지 한 알메이다는 일본까지 여행하는 중 두 예수회 수도자들이 배 안에서 보여 준 생활과 행동에 깊은 감명을 받고 일본에 도착한 후 사업보다 선교사들의 사역을 도왔다. 그러다가 알메이다는 수도사가 되기로 결심하고 1555년 그동안 모은 재산을 처분하여 예수회에 기부했다. 예수회 일본 지부는 알메이다가 기부한 재산으로 비단 무역회사를 만들어 그 소득으로 선교사들의 생활비와 선교비를 충당했다. 계속해서 알메이다는 분고에 고아원을 설립해서 고아와 빈민층 선교를 시작했고 병원도 설립하여 일본에 서구 의학을 처음 보급하는 주인공이 되었다. 이런 알메이다의 선행은 일본 내륙 오사카와 쿄토에까지 알려져 가톨릭 선교에 긍정적인 효과를 가져왔다. 그 결과 1557년 야마구치와 히라토, 분고 등지에 4천 명이 넘는 가톨릭 신자(기리시단)가 생겼다. 그 가운데는 야마구치 출신의 맹인 비파연주자 다미앙Damião도 포함되었다. 다미앙은 같은 처지의 로렌소와 함께 '이루망'(예수회 수사)이 되어 일본인 선교의 최전방에서 활약했고 후에 순교자가 되었다.

예수회의 선교사 보충도 계속 이루어졌다. 1556년 포르투갈 출신의 예수회 사제 빌렐라Gaspar Vilela가 히라토에 도착했다. 그는 분고와

야마구치에서 3년간 사역하면서 일본어와 문화를 익히는데 주력했다. 그는 1559년 일본인 전도자(이루망) 로렌소와 다미앙과 함께 수도 교토로 가서 쇼군 아시카가요시테루足利義輝를 만날 수 있었다. 1546년부터 무로마치室町 막부의 13대 쇼군이 되어 중앙정치를 관장하고 있던 아시카가는 빌렐라에게 교토에 거주하면서 포교활동을 할 수 있도록 허락했다. 그 과정에서 이가伊賀 지방 영주로서 쇼군과 중앙정치에 막강한 영향력을 행사하고 있던 와타코레마치和田惟政가 빌렐라를 적극 후원했다. 그 결과 일본의 상류 지배층에 속한 무장武將과 다이묘 가운데 기시리단 개종자들이 많이 나왔다. 대표적인 인물로 야마시로山城 영주 유우키타다마치結城忠正와 황족皇族인 기요하라노시게가타清原枝賢, 오사카의 히비야료케이日比屋了珪, 히라토의 오오무라스미타다大村純忠, 다카츠키의 다카야마히타노카미高山飛驒守와 타카야마우콘高山右近 부자, 나가사키의 아리마요시사다有馬義貞와 아리마하루노부有馬晴信 부자, 구마모토의 고니시류우치小西立佐와 고니시유키나가小西行長 부자, 구로다요시타카黑田孝高와 구로다요오우키黑田直之 부자 등을 꼽을 수 있다. 사비에르를 적극 후원했던 오이타의 오오토모도 이 무렵 세례를 받고 기리시단이 되었다. 이들 기리시단 영주와 무장들은 1573년 오다노부나가織田信長, 1585년 토요토미히데요시豊臣秀吉가 전국을 통일하는 과정에 도움을 주었고, 그 결과 일본에서 기리시단 선교가 정치적 묵인 혹은 지원 아래 활발하게 전개되었다. 그것은 또한 이후 전개된 일본 기리시단 선교가 일본의 정치적 상황 및 그 변화에 영향을 받을 수밖에 없었던 종교사회적 원인이 되기도 했다.

이처럼 일본 선교가 활기차게 전개됨에 따라 로마의 예수회 본부는 일본 선교와 교회를 지휘, 관리할 책임자를 파송했다. 사비에르가 1552년 일본을 떠난 후 그의 후계자 토레스가 일본 포교구장布敎區長

이 되어 1570년 별세하기까지 일본 선교를 지휘했다. 토레스 후임으로 일본 포교구장이 된 카브랄Francisco Cabral은 포르투갈의 명문 코임브라대학 출신으로 인도 고아에서 예수회에 가입하고 신학 수업을 받은 후 신학교 교수 및 수도원장으로 사역하던 중 일본으로 파송을 받아 1570년 1월 일본에 도착했다. 이후 10년 동안 카브랄이 일본포교구장으로 사역하는 동안 일본 기리시단 교세가 급속하게 증가했다. 나가사키의 오오무라大村와 아리마有馬, 구마모토의 아마쿠사天草, 사츠마의 히젠肥前 등지에서 집단 개종이 일어났고, 앞서 언급했던 기리시단 다이묘(영주)와 무사들의 개종도 이 시기 이루어졌다. 이처럼 지방 영주와 무장들의 개종과 주민들의 집단개종은 카브랄이 추진했던 선교정책과 연관이 있었다. 카브랄은 사비에르가 처음 설정했던 '선별계층 선교' 원칙을 계승했다. 카브랄은 두 번이나 미야코로 오다노부나가를 찾아가 호의적인 대접을 받았으며 예수회 선교사들도 지방 영주 및 무장과 우호적인 관계를 맺으려 노력했다. 그 과정에서 선교사들이 유럽에서 가져온 문명기기와 서책, 총포 등은 지배층 인사들에게 좋은 선물이 되었고 예수회 선교사들이 관여하고 있던 포르투갈과의 비단무역도 지방 영주들의 관심사가 되었다. 그런 배경에서 지방 영주와 무장들의 기리시단 개종이 이루어졌고 지배계층의 개종은 그 아래 신하와 주민의 집단 개종으로 연결되었다. 그 결과 사비에르가 가고시마에 도착해서 선교를 시작한 후 30년 만인 1579년에 이르러 일본 가톨릭 교세는 예수회 사제와 수도사 55명, 150여 교회, 신도 10만 명을 기록했다.

일본 정치 상황과 기리시단 박해

카브랄의 '선별적 계층' 중심의 선교 정책은 외견상 성공적인 것처럼 보였지만 내부로는 많은 문제점을 안고 있었다. 집단적인 개종으로 교세는 늘었지만 과연 기리시단 개종자 가운데 순수 '종교적인' 동기의 개종자가 얼마나 되는가 하는 부분에서 점검할 부분이 많았다. 기리시단 개종에 종교 외적인 요인, 즉 서방무역을 통한 경제적 이익 추구와 선교사들이 가져온 서구 문물과 기술, 총포 등에 관한 관심이 개종 요인으로 작용했다. 그 결과 신앙보다는 경제와 문화, 정치적 욕구를 채우기 위해 개종하는 기리시단들도 적지 않았다. '진정한 그리스도인 real Christina' 양성을 위한 선교 정책의 변화가 필요했다.

그런 상황에서 1579년 예수회 고위 사제 발리냐노Alessandro Valignano, 范禮安가 일본에 도착했다. 이탈리아의 명문 파도바대학 출신인 발리냐노는 1566년 예수회에 입회하여 로마 신학원에서 철학과 신학을 공부한 후 예수회 수련원과 신학원 교수로 사역하다가 1573년 예수회 총장으로부터 인도와 일본, 중국 선교를 감독하는 동양 순찰사巡察使, visitor로 임명되었다. 약관 35세 나이로 예수회 아시아 선교를 총괄하는 고위직에 임명된 발라냐노는 38명의 선교사들을 인솔하고 1574년 3월 리스본을 출발, 그해 9월 인도 고아에 도착해서 3년간 인도에 머물면서 마르도마교회를 가톨릭교회로 '귀일시키는uniat' 작업을 마무리 지었다.

인도에서 일을 마친 발리냐노는 중국 선교를 지휘하기 위해 1577

년 9월 고아를 출발하여 말라카를 거쳐 1578년 1월 중국 남부 마카오澳門에 도착했다. 마카오는 포르투갈 상인들이 1553년부터 매년 명나라 지방정부에 은화 40파운드 세금을 내고 거주와 경제활동을 보장받은 '포르투갈 영지' 같은 곳이었다. 마카오가 고아나 말라카처럼 완전한 '식민 영지'는 아니었지만(1888년 정식으로 포르투갈의 식민지가 되었다) 포르투갈은 마카오를 거점으로 해서 포르투갈은 인도와 중국, 일본 무역을 추진했다. 마카오에 포르투갈인들이 거주하게 됨에 따라 로마교황 그레고리우스 13세는 1576년 마카오 관구를 설치했다. 바로 그 무렵 마카오에 도착한 발리냐노는 마카오를 발판으로 삼아 중국 선교를 본격적으로 추진할 계획을 세우고 고아 관구에 중국 선교를 전담할 선교사 파송을 요청했다. 이에 포르투갈 출신으로 고아에 머물러 있던 루지에리Michel Ruggieri가 파견되어 1579년 7월 마카오에 도착하여 중국 선교에 착수했다.

이렇게 발리냐노는 마카오에 1년 동안 머물며 중국 선교를 준비한 후 마지막 목적지인 일본을 향해 출발, 1579년 7월 말 나가사키에 도착했다. 일본에서 그의 첫 번째 과제는 선교 현황과 현장을 점검하고 효과적인 선교정책을 수립하는 것이었다. 그도 예수회 전통의 '적응주의adaptationaccommodation' 원칙을 지지했다. 그런 측면에서 그는 선교사들이 토착 언어에 익숙하고 고유문화와 전통예법에 어긋나지 않게 행동할 것을 강조했다. 발리냐노는 그동안 일본에서 진행된 선교 사역이 이런 '적응주의' 원칙에서 크게 어긋나지 않았음을 확인했다. 그런데 문제는 그 적응 대상이 상류 지도층에 초점이 맞추어졌다는 점이었다. 지방 영주와 무장들의 보호를 받는 예수회 선교사들이 거리에 나설 때는 칼 찬 무사들이 호위했다. 일반 주민들에게 선교사는 접근하기 어려운 '특수계층' 사람들이었다. 선교사들 중에 그것을 즐기는 이들도 많았다. 일본어를 구사할 수 있는 선교사는 극히 적었고 대부분 포르투갈어를 쓰면서 통역을 내세워 활동하고 있었다. 이탈리아 출신인 발리냐노는 그런 선교사들의 태도를 비판했다. 발라냐노는 선교사들이 개입된 포르투갈 비단무역 사업도 정리했다. 그러자 '선별계층' 선교를 주도했던 카르발을 비롯한 포르트갈 선교사들이 불만을 표했다. 이에 발라냐노는 순찰사의 권위로 카르발의 포교구장 직위를 박탈하고 인도로 돌려보냈다. 이후 발리냐노는 1579-1581년 세 차례에 걸쳐 예수회 사제회의를 개최하고 교회와 선교 조직을 일신하여 선교지를 미야코, 분고, 시모 3개 선교구로 나누었으며 일본교회를 고아 관구로부터 독립시켜 준관구準管區를 조직한 후 코엘료Gaspar Coelho를 준관구장으로 임명했다. 그리고 토착인 사역자 양성을 위한 신학교를 설립하였는데 아리마와 아즈치安土에 소신학교를, 분고에 대신학교를 각각 설립했다. 이렇게 시작된 신학 교육의 결과로 1601년 9월 나가사키에서 기무라木村 세바스찬과 니아바라 루이스 등이 최초 일본인 사제로 서품을 받았다.

일본에 3년 동안 머물면서 개혁적인 조치로 일본 선교의 조직과 내용을 일신한 발라냐노는 1582년 2월 나가사키를 출발, 인도로 귀환했다. 그런데 그의 인도 귀환여행에는 견구遣歐 소년사절단이 동행했다. 소년사절단은 발리냐노의 제안을 큐슈지역 기리시단 영주(다이묘)들이 받아들여 이루어졌다. 즉 분고 영주 오오토모와 오이타 영주 아리마, 나가사키 영주 오오무라 등 기리시단 다이묘들은 자신들을 대신하여 10대 소년들로 외교사절단을 편성하여 유럽의 국가들과 로마 교황청을 방문하고 서구 신진문명을 견학하고 돌아와 일본을 발전시킬 수 있도록 기회를 주기로 했다. 그리하여 이토오伊東 만쇼와 치지와千々石 미구엘을 정사正使로, 하라原 마르치노와 나카우라中浦 쥴리

앙을 부사副使로 임명하고 예수회 수사와 일본인 수사들을 수행원으로 편성해서 인도로 귀환하는 발리냐노와 함께 떠나도록 했다.

그렇게 해서 소년사절단은 1582년 2월 포르투갈 선박으로 나가사키 출발하여 말라카를 거쳐 인도 고아에 도착했다. 그곳에서 발리냐노와 헤어진 소년사절단은 아프리카 희망봉을 돌아 2년 6개월 항해 끝에 1584년 리스본에 도착했고 에볼라로 가서 브라간사Theotonio de Bragança 대주교의 접대를 받은 후 1584년 11월 스페인 마드리드로 가서 포르투갈 국왕을 겸하고 있던 스페인 국왕 펠리페 2세를 알현했다. 그 후 지중해를 건너 이탈리아 피사와 피렌체를 거쳐 로마에 도착하여 예수회 본부를 방문했고 1585년 3월 23일 로마교황 그레고리우스 13세를 알현했다. 교황은 멀리 아시아 동쪽 끝 일본에서 온 소년 기리시단들을 극진히 대접했다. 이후 소년사절단은 이탈리아의 여러 도시들을 방문하였는데 토스카나공국의 프란체스코 1세와 베네치아 국왕 니콜로 다 폰테 등도 이들을 환대했다. 이처럼 로마교황청과 유럽 각국에서 환대를 받은 소년사절단은 1586년 4월 리스본 출발하여 고아에서 발리냐노와 4년 만에 재회했다. 발리냐노는 소년사절단과 함께 일본으로 출발하여 1588년 4월 마카오에 도착하였는데, 그곳에서 그 사이 일본의 정치 상황이 급변하여 선교사들에게 추방령이 내리고 기리시단 박해가 이루어지고 있음을 알게 되었다. 이에 발리냐노와 소년사절단은 마카오에 머물러 일본의 정치 상황이 바뀌기를 기다렸다. 그러면서 발라냐노는 지연되고 있던 중국 선교를 적극 추진했다.

소년사절단이 유럽 방문을 떠난 1582년 일본 통치자 오다노부나가가 집권 10년 만에 내부 반란으로 암살되었다. 그 후 약간의 혼란기를 거쳐 1585년 토요토미히데요시가 권력을 장악하고 '간파쿠關白'이란 명칭으로 최고 통치자 자리에 올랐다. 토요토미도 집권 초반에는 예수회 선교사와 일본 기리시단에 우호적이었다. 정권을 장악하는 과정에서 오오토모, 오오무라, 고니시 등 기리시단 다이묘들의 지원을 받았고 포르투갈을 비롯한 서방국가들과의 교역의 중요성을 알았기 때문이었다. 그래서 집권 초기에 기리시단 다이묘들의 소개로 오르간티노G. Organtino와 코엘료 등 예수회 지도층 선교사들을 만나 우호적인 관계를 맺기도 했다. 그러던 토요토미가 돌연 1587년 7월 모든 외국인 선교사들에게 추방을 명하고 기리시단 활동을 금하는 금교령을 발표했다. 이유는 두 가지로 설명된다. 첫째, 선교사들이 외세(포르투갈)의 침략의 앞잡이가 될 수 있다는 우려 때문이었다. 포르투갈과의 무역이 서구 문물과 경제, 무기 교역에 그치지 않고 인도 고아와 말라카에 이어 중국 마카오에서 나타난 것처럼 포르투갈의 '식민 지배'로 이어질 수 있다는 판단에서 선교사 추방령을 내린 것이다. 둘째, 내부적 갈등 해소를 위한 조치였다. 예수회 선교사들이 들어오기 전 일본 사회의 지배 종교는 불교였다. 특히 고위층 다이묘나 무사계층은 대부분 불교를 신앙했다. 그런데 예수회 선교사들이 들어오면서 기독교가 이들 다이묘나 무사계층에 급속도로 파급되었고 일반 시민사회에서도 집단개종을 통한 기리시단 증가는 가히 '폭발적'이었다. 그에 따라 위상과 역할이 축소된 불교계의 불만과 저항이 점증했다.

　개인적으로 불교를 신봉하고 있던 토요토미로서는 전통적 지지기반인 불교계의 불만을 외면할 수 없었다. 이런 불교와 기리시단 사이의 갈등과 대립이 집권초기 통치 기반 조성에 장애요인이 된다고 판단한 토요토미는 기리시단을 탄압하는 정책을 펴서 불교계의 불만을 누그러뜨리려 한 것이다. 이런 정치적인 배경에서 이루어진 금교령이었기에 선교사 추방과 기리시단 탄압이 철저하게 추진되지는 않았다. 금교령 이후 일본에서 활동하던 2백 여 명의 외국인 선교사 가운데 실제로 일본을 떠난 선교사는 세 명뿐이었다. 선교사와 기리시단 신자들은 공개적으로 '드러내지 않고' 신앙과 포교활동을 지속했다. 선교사들은 이런 토요토미의 종교 정책을 '제한된 포용restricted toleration'이라 표현했다.[74] 기리시단에 대한 박해와 포용이 한동안 공존했다.

인도와 유럽 여행을 마치고 귀국 길에 마카오에 도착해서 이런 일본의 정치적 상황 변화를 파악한 발리냐노와 소년사절단은 여행을 중단하고 마카오에 머물러 상황 반전을 기다렸다. 그렇게 마카오에서 2년 기다리는 동안 소년사절단 단원들은 발리냐노가 마카오에 설립한 예수회 신학교에 들어가 신학 수업을 받았다. 그리고 토요토미의 금교령 발표 직후 초기 탄압 상황이 어느 정도 완화된 후 발리냐노와 소년사절단은 1590년 7월 일본 나가사키에 도착했다. 발리냐노는 일본에 도착한 직시 일본에 남아 있던 선교사들을 소집해서 교회와 선교 조직을 정비했고 이듬해 3월 소년사절단을 이끌고 교토로 가서 토요토미를 알현했다. 그때 발리냐노는 포르투갈 인도총독의 특사 신분으로 토요토미에게 "포르투갈과의 무역과 선교사들의 포교활동을 금지했던 포고령을 철회할 줄 것"을 요청했다. 그러나 토요토미를 감동시킨 것은 발리냐노가 데리고 온 소년사절단들이었다. 교황이 선물로 준 화려한 옷을 입고 등장한 사절단원들은 포르투갈어와 라틴어를 유창하게 구사하며 서구의 발전된 '문명국가'의 실상을 소개했다. 이들이 귀국하면서 가지고 온 교황과 유럽 왕들의 선물들도 일본 지도층 인사들의 호기심과 관심을 자극했다. 특히 발리냐노는 일본에 들어오면서 아직 유럽에서도 널리 보급되지 않은 활판쇄기를 가져와 포르투갈·일본어 사전을 편찬했는데 그것이 일본의 인쇄문화에 획기적인 변화를 가져왔다.

　이런 바리냐노와 소년사절단의 귀국 활동으로 토요토미의 종교 정책은 금교령 이전 상황으로 환원되었다. 이에 발리냐노는 1592년 2월 나가사키에서 제1회 일본 교구회의를 소집하여 선교 전열을 가다듬었다. 이처럼 2년 동안 일본에 머물면서 일본 교회와 선교를 재정비한 발리냐노는 1592년 10월 마카오로 철수해서 중국 선교를 본격적으로 추진했다. 그 무렵 로마교황도 인도 관구장으로 사역하고 있던 마르틴즈Pedro Martins를 일본 초대 주교로 임명했는데 그 역시 발리냐노가 발탁한 인물이었다. 마르틴즈는 곧바로 일본에 부임하지 않고 마카오로 가서 발리냐노와 합류하여 3년 동안 일본 선교를 준비했다.

　발리냐노가 일본을 떠난 1592년 토요토미는 중국 명나라를 정벌한다는 명분으로 20만 군대를 동원해 조선을 침공했다. 임진왜란(1592-1596년)이 터진 것이다. 그러면서 토요토미는 정치·종교적으로 경쟁 관계에 있던 두 다이묘, 즉 불교신자인 가토오기요마사加藤淸正와 기리시단 다이묘인 고니시유키나가를 침략군 선봉장으로 내세웠다. 국내에서 갈등·대립 관계를 형성하고 있던 불교와 기독교(기리시단)의 대표적인 다이묘들을 원정대 선봉장으로 내세움으로 국내의 종교적 갈등과 불만을 외부 전쟁으로 해소하려는 정치적 계산이 깔려 있었다. 그래서 가토오와 고니시는 조선에서 침략전쟁을 수행하는 동안 협력하기보다는 견제하면서 경쟁적으로 한반도를 유린했다. 이런 임진왜란 전쟁에는 선봉장 고니시 외에 아사노나가마사淺野幸長와 호소가와타다오키細川忠興, 구로다요오우키黑田直之, 소오요시토모宗義智, 아리마하루노부有馬晴信 등 다른 기리시단 다이묘들도 참전했다. 이들 기리시단 다이묘 휘하의 군사들 중에는 기리시단 무사와 병사들도 많았다. 그래서 고니시는 휘하의 기리시단 병사들의 사기 진작을 위해 1593년 12월 스페인 출신 예수회 사제 세스페데스Gregorio de Cespedes를 조선으로 불러들여 경남 웅천을 거점으로 1년 여 활동하도록 도왔다. 이로써 세스페데스는 한국을 방문은 '최초 기독교 성직자'였지만 침략군인 일본군 종군사제였기 때문에 한국 교회사에서 그 역할과 의미는 긍정적인 평가를 받지 못하고 있다. [75]

이처럼 조선에서 임진왜란이 진행되는 중 일본에서도 기리시단 선교에 불리한 상황이 전개되었다. 그 빌미는 기독교계가 제공했다. 토요토미는 조선에 출병하여 전쟁을 일으킨 1592년 남태평양으로도 세력을 확장하여 필리핀에 조공을 요구했다. 이에 필리핀을 식민 통치하던 스페인 총독 페레스 다스마리냐스Gomez Perez Dasmariñas는 특사를 파견하여 일본 정부와 우호적인 외교 관계를 맺고자 했다. 그때까지 유럽 국가 가운데 일본과의 교역은 포르투갈이 독점하고 있어 유럽에서 포르투갈과 경쟁 관계에 있던 스페인으로서는 일본과 외교 및 교역 관계를 설정할 필요가 있었다. 그런 배경에서 필리핀 총독은 도미니쿠스회 선교사 코보Juan Cobo를 특사로 일본에 파견했다. 코보는 1592년 8월 히젠에 도착해서 토요토미를 알현하고 필리핀 총독의 친서를 전달한 후 마니라로 돌아가다가 타이완에서 토착민들에게 살해되었다. 필리핀 총독은 1594년 2차로 프란체스코회 선교사 페드로·바우티스타Blazquez Pedro-Bautista를 특사로 일본에 파견했다. 스페인 명문 살라망카대학 출신인 페드로·바우티스타는 1568년 프란체스코회에 입회하고 1581년부터 멕시코에서 2년 선교사로 사역하다가 필리핀으로 옮겨 1589년부터 필리핀 관구장으로 사역하던 중 필리핀 총독의 특사로 1594년 8월 일본 히라토에 도착했다. 그는 토요토미를 알현한 후 그의 신임을 얻어 수도인 교토에 선교 부지를 얻어 교회와 수도원, 병원 등을 설립할 수 있었다. 그는 이후 필리핀으로 귀환하지 않고 일본에 남아 프란체스코회 일본 선교를 지휘했다.

　토요토미가 이처럼 필리핀 총독의 특사인 프란체스코회 선교사들을 환대한 것은 포르투갈에 집중되어 있는 대외무역의 창구를 넓히고 포르투갈과 경쟁 관계에 있는 스페인으로 하여금 포르투갈을 견제하여 두 나라 모두 일본에 정치적 위협이 되지 않도록 유도하려는 정치적 계산에서 나온 것이었다. 이에 응하여 필리핀 총독도 1594년 8월 3차 사절단으로 제로니모 데 헤수스Jeronimo de Jesus de Castro와 아우구스틴 로드리게스Augustin Rodriguez 미르첼로 데 리바데네이라Marcelo de Ribadeneira 등 6명의 프란체스코회 선교사를 일본에 파송했다. 이들의 합류로 프란체스코회 일본 선교는 크게 활성화되었고 지역도 교토와 오사카, 나가사키 등지로 확장되었다.

　그 결과 지금까지 예수회가 독점했던 일본 선교에 프란체스코회가 동참 혹은 개입하는 양상을 띠었다. 문제는 두 수도회의 선교 정책이 달랐다는 점이다. 무엇보다 프란체스코회는 예수회가 채택하고 있던 '적응주의 선교'와 '선별계층 선교' 정책에 비판적이었다. 프란체스코회 선교사들은 예수회 선교사들과 달리 보다 '공세적인' 자세로 거리에 나가 일본인들을 직접 접촉하며 선교활동을 펼쳤다. 예수회와는 프란체스코회, 두 수도회 소속 선교사들 사이에 갈등과 마찰이 야기될 것은 당연했다.[76] 이런 상황에서 1580-1590년대 아우구스티누스회와 도미니쿠스회 등도 일본에 선교사를 파송했다. 프란체스코회와 신학적 성향 및 선교 정책이 유사한 이들 선교회도 로마 교황의 승인을 얻어 일본 선교에 착수했다. 결과적으로 선교 현장에서 선교사들은 예수회와 비예수회, 적응주의와 반적응주의로 나뉘었다.

　인도에서 그랬던 것처럼 일본에서도 예수회는 다른 선교회들과 갈등 및 대립 관계를 맺었다. 일본 선교에서 예수회 독점 시대가 끝났다.

마카오에 있던 발리냐노가 세 번째 일본을 방문했다가 바뀐 선교 현황에 실망하고 1595년 교황이 임명한 동양 순찰사 직위를 사임한 것도 그 때문이었다. 더욱 심각한 것은 이런 서방교회 선교회들 사이의 갈등과 마찰의 배경에 이들 선교회를 정치적·경제적으로 지원하고 있는 유럽 국가, 특히 아시아에 '식민 영지'를 확보하고 있던 스페인과 포르투갈 사이의 경쟁적 패권주의가 깔려 있었다는 점이었다. 스페인 출신이 많았던 프란체스코회와 포르투갈 출신이 많았던 예수회 사이의 경쟁과 마찰을 단지 교리와 선교 정책의 차이로만 설명할 수 없는 이유다.

그런 상황에서 토요토미를 분노케 만들어 일본 기리시단에 대한 제2차 대박해를 불러온 불미스런 사건이 벌어졌다. 1596년 10월에 일어난 '산 페리호사건'이다. 이 사건은 필리핀을 떠나 멕시코로 향하던 스페인 무역선 산 페리San Feri호가 항해 도중 태풍을 만나 크게 손상을 입고 일본 시고쿠지방 우라토浦戶에 기착했다. 산 페리호는 무역선이었지만 대포를 장전한 군함이기도 했다. 선장 란데쵸Matias de Landecho는 토요토미에게 사절을 보내 배를 수리할 수 있도록 정박을 허락해 달라고 요청했다. 토요토미는 중앙 관료인 마시타나가모리增田長盛를 보내 산 페리호 문제를 해결하도록 했다. 그렇게 해서 마시타가 내려와 산 페리호 승무원들을 심문하는 중 항해사 프란체스코 데 올란디아Francisco de Olandia가 경솔하게 "스페인 왕은 페루와 멕시코, 필리핀 등을 정복할 때 먼저 수도사들을 파견하여 기독교 개종자들을 다수 확보한 후 이들의 협력을 받아 무력으로 땅을 정복했다"는 식으로 발언했다. 이것이 토요토미의 분노를 일으켰다.

토요토미는 산 페리호에 실려 있던 모든 화물을 압류했고 승무원들도 억류했다. 그리고 교토에 있던 프란체스코회 수도원과 교회를 폐쇄하고 교토와 오사카 등지에서 활동하던 스페인 출신 프란체스코회 선교사와 기리시단 신자들을 체포했다. 그렇게 해서 체포된 프란체스코회 일본 포교구장 페드로 바우티스타와 마르티노, 펠리페, 가르시아, 블랑코. 프란체스코 등 외국인(스페인 4명, 포르투갈 1명, 멕시코인 1명) 선교사 6명과 일본 기리시단 지도자 20명이 사형 선고를 받고 1597년 2월 5일 나가사키에서 십자가에 매달려 화형을 당했다. 로마교황청은 이들 '26인 순교자'들을 1627년 복자福者, 1862년 성인聖人 위位에 올렸다. 이 사건을 계기로 프란체스코회뿐 아니라 예수회와 다른 선교회의 활동도 크게 위축되었고 사건의 빌미를 제공했던 산 페리호는 1597년 4월에야 추방 형식으로 일본을 떠나 마닐라로 돌아갔다.

산 페리호사건이 한창 진행 중이던 1597년 1월, 토요토미는 또다시 20만 대군을 조선에 파병했다. 정유재란丁酉再亂으로 불리는 조선 침략전쟁이 다시 일어났다. 이번에도 가토오와 고니시가 선봉장을 맡았고 기리시단 다이묘들도 참전했다. 다행히 전쟁은 오래 가지 않았다. 1598년 토요토미가 급작스럽게 죽음으로 일본군이 철수한 것이다. 토요토미 사후 다이묘들 사이의 권력투쟁을 거쳐 도쿠가와이에야스德川家康가 권력을 장악했고 이후 2백 년 동안 도쿠가와 가문이 통치하는 에도江戶 막부시대가 열렸다. 최고 통치자가 바뀌면서 기리시단 선교 환경도 변했다. 도쿠가와 역시 외국과의 교역을 중요시하였기에 기존의 포르투갈 무역 외에 필리핀을 통한 스페인과의 무역을 재개하려는 조치를 취했다. 이처럼 상황이 바뀌자 은둔해 있던 선교사와 기리시단 지도자들이 나와 선교 활동을 재개했다. 그리고 임진왜란과 정유재란, 두 차례 조선전쟁에 참전해서 나름대로 전공을 세우고 돌아온 고니시를 비롯한 기리시단 다이묘들의 귀환도 기리시단 선교를 활성화시켰다. 고니시의 영지인 히젠에서 1년 동안 2만 5천 명 개종자가 나온 것도 그런 분위기를 반증한다. 그러나 고니시는 1600년, 소위 '세키가하라 전쟁'으로 불리는 내전에 개입해서 반反도쿠가와 편에 섰다가 패하고 도쿠가와에 의해 참수형을 당했다. 고니시의 죽음은 그와 경쟁 관계였던 불교 다이묘 가토오의 득세를 의미했다. 이때부터 간헐적이지만 지속적으로 기리시단 박해가 이루어졌다.

도쿠가와는 정치·외교적으로는 포루트갈과 스페인뿐 아니라 네덜란드, 영국 등 서방 국가들과 교역을 넓혀가면서도 선교사들의 기독교 포교활동은 계속 견제했다. 그런 중에도 기리시단 교세는 계속 늘어나 1614년 도쿠가와가 기리시단 추방령이 내릴 당시 전국 기리시단 수는 30만을 기록했다. 이처럼 박해시대 개종한 기리시단들은 대부분 경제나 정치·문화적인 욕구보다는 종교적인 동기로 기독교 신앙을 받아들인 경우가 많기 때문에 이후 진행된 기리시단 탄압 상황에서도 신앙을 지키다가 순교하거나 수난을 당했다. 또한 박해가 진행되면서 기리시단의 사회 계층적 변화도 나타났다. 선교 초기에는 상류 귀족(다이묘)과 무사계급에서 개종자가 많이 나왔는데 시간이 흐르면서 중류 이하 농민과 어민 등 평민 계층으로 내려갔다.

이런 상황에서 1637년 일본 기리시단 역사에 결정적인 타격을 준 '시마바라島原의 난'이 일어났다. 나가사키 남단 히젠 지방의 시마바라는 본래 유력한 기리시단 다이묘 아리마하루노부의 영지로서 지역 주민 가운데 기리시단이 많았다. 그런데 1612년 기리시단 박해 때 아리마와 그의 집안이 처형된 후 새로운 통치자가 된 마츠쿠라가츠이에松倉勝家는 기리시단에 반감이 깊어 기리시단 주민들에게 가혹한 세금을 물리고 성을 수축하는 노역에 강제 동원했다. 시마바라와 가까운 아마쿠사天草 상황도 비슷했다. 아마쿠사도 본래 기리시단 다이묘 고

니시유키나가의 영지였는데 1600년 고니시가 참수된 후 그 지역 통치자가 된 데라자와히데타카寺澤廣高도 기리시단 주민들을 혹독하게 다루었다. 결국 지역 번주藩主들의 포학과 탄압에 견디지 못한 기리시단 주민들이 1637년 10월 반란 봉기를 일으켰다.

과거 아리마와 고니시 등 기리시단 다이묘들을 섬겼던 무사계급 '로닌浪人'들이 반란군 지휘부를 이끌었고 지역 농민과 어민, 상인들이 반란군에 참여하였는데 그 수가 4만 명에 이르렀다. 반란군은 시마바라 기리시단 주민사회에서 '영적인 존재'로 추앙받던 16세 소년 아마쿠사시로天草四郎를 반란군 지휘자로 내세웠다. 아마쿠사는 '말세 심판'과 '서민 구제'를 내세워 기리시단 반란군을 규합했다. 그래서 반란군은 전투 중 붉은 십자기를 앞세웠고 병사들은 '예수'와 '마리아'를 외치며 전투에 임했다. 외견으로 보면 중세 십자군 같은 모습이었지만 내용으로는 지방 토호들 탐학에 분노한 민중의 저항운동이었다. 항쟁 초반에는 반란군이 승기를 잡아 시마바라 일대를 장악해서 기세를 올렸지만 곧이어 규슈 지방의 반反기리시단 영주들이 연합 토벌대를 조직했고 중앙 막부에서도 군대를 파견함으로 총 12만 명 토벌대에 밀린 반란군은 시마바라 남단 하라原 성에 들어가 4개월 농성하다가 끝내 성이 함락됨으로 봉기는 실패로 끝났다.

진압 후 민중봉기에 가담했던 기리시단과 지역 주민들에 대한 대대적인 탄압이 가해졌다. 특히 하라 성에 농성하는 중 일부 기리시단들이 은밀히 포르투갈 국왕과 로마교황에게 군대 파견을 요청했다는 사실이 알려지면서 일본 전역에서 선교사와 기리시단 색출과 처형이 이루어졌다. 시마바라의 난 배경에 포르투갈이 있다고 판단한 에도 막부는 1640년 8월 나가사키에 정박해 있던 포르투갈 함선을 불태우고 포르투갈 승무원 61명을 살해하고 포르투갈과의 교역을 단절했다.

이때부터 국적을 불문하고 모든 외국인 선교사들의 입국, 활동이 금지되었다. 1670년 포르투갈에서 무역 재개를 위해 공식사절단을 보냈을 때도 에도 막부는 포르투갈 선원 57명을 처형하고 그들이 타고 왔던 배를 불사른 뒤 몇 명만 남겨 본국으로 돌려보내면서 "앞으로 또 한 번 일본에 상륙을 시도한다면 똑같은 처분을 받게 될 것이다. 외교사절이건 선원이건, 실수로 상륙했건 태풍으로 난파되어 떠내려 왔건, 이유는 상관없다. 심지어 포르투갈의 왕이나 기리시단이 믿는 신이 온다 할지라도 모두 똑같은 처벌을 받게 될 것이다"고 경고했다. [77] 이후 스페인이나 포르투갈과의 교류는 더 이상 이루어지지 않았다. 이들 서구 가톨릭국가 출신 선교사들의 입국도 물론 불가능했다.

그렇다고 일본이 모든 서구 국가와 교류를 단절한 것은 아니다. 오히려 네덜란드와는 교류를 활발하게 추진했다. 16세기 말 유럽의 새로운 해양 강국으로 등장한 네덜란드는 1600년부터 대서양과 인도양 항해권 및 식민지 개척을 둘러싸고 포르투갈과 경쟁하기 시작했다. 네덜란드 정부는 1602년 동인도회사Oost-Indische Compagnie를 설립하여 아시아 진출을 본격화하였는데 그 지역은 이미 포르투갈이 선점하고 있던 지역이었다. 아시아에서 프로테스탄트국가 네덜란드와 가톨릭국가 포르투갈 사이의 대결이 불가피했다. 그 양상은 포르투갈이 지배하고 있던 지역을 네덜란드가 들어가 빼앗는 형태로 진행되었다. 그런 방식으로 네덜란드는 1603년 싱가포르에서 포르투갈 함선을 침몰시킴으로 전쟁을 선포했고 1611년 자카르타, 1624년 타이완를 점령하였으며 포르투갈의 '식민영지'가 있던 인도 고아와 말라바르를 1633년, 말라카를 1641년 점령했다. 네덜란드 함선이 일본에 처음 등장한 것은 1600년으로 자신들은 스페인이나 포르투갈과 다른 나라인 것을 강조하며 일본과의 교역을 추진했다. 그런 상황에서 1637년 사마바라의 난이 일어났을 때 마침 일본 근해에 와 있던 네덜란드 함선은 에도 막부의 진압군에게 대포를 대주었으며 포르투갈 함선이 와서 구출해 주기를 기다리며 농성 중인 기리시단 반란군을 향해 함포 사격을 가했다. 이것을 계기로 일본과 네덜란드 관계는 급속도로 가까워졌다. '쇄국통치' 시기에 네덜란드가 일본 교역을 지속할 수 있었던 것은 철저하게 선교활동을 배제하였기 때문이었다. 네덜란드 동인도회사는 설립 초기부터 선교사들의 포교활동을 배제했다. 16세기 이후 스페인이나 포르투갈 등 가톨릭국가들이 아메리카나 아시아에서 식민지를 개척하면서 선교사들의 공세적인 포교활동을 후원했는데 그 결과 식민지역 토착민들의 종교·문화적 반발이 야기되어 안정적인 식민지 경영에 도움이 되지 못했다. 그래서 네덜란드 동인도회사는 아시아 무역 및 식민지를 경영하면서 선교사들을 동원하거나 후원하지 않았다. 이처럼 경제와 문화 영역으로 제한된 네덜란드 동인도회사의 교역 원칙이 에도 막부의 신임을 얻었던 것이고 그래서 '쇄국정책' 200년 동안에도 네덜란드 상선만은 일본을 자유롭게 왕래할 수 있었다. 그렇게 프로테스탄트 국가인 네덜란드가 200년 동안 일본과 교역하였음에도 그것이 기독교 선교에 아무런 기여나 영향을 끼치지 못한 것은 경제와 종교를 분리하는 네덜란드 동인도회사의 '경교분리 經敎分離' 원칙과 일본 정부의 철저한 기독교 탄압 정책 때문이었다.

　일본의 에도 막부는 시마바라의 난 이후에도 계속해서 1649년과 1658년, 1667년 기리시단 금압령을 내려 기리시단 색출과 처형을 지시했다. 이후 19세기 중반 일본이 쇄국정책을 풀고 서구 국가들과 교류하기까지 2백 년 동안 일본에서 선교활동과 기독교 신앙은 철저히 봉쇄되었다. 이런 봉쇄 상황에서 일본 선교를 시도한 가톨릭 선교사가 있었다. 이탈리아 시칠리아 출신의 예수회 사제였던 시돗티Giovanni

Battista Sidotti였다. 그는 필리핀 마닐라에 먼저 들러 일본어와 일본문화를 공부한 후 일본인 복장을 하고 1708년 10월 가고시마 야쿠시마屋久島에 은밀하게 상륙했다. 하지만 곧바로 체포되어 나가사키를 거쳐 에도(도쿄)로 압송되어 시문을 받은 후 기리시단들이 갇혀 있던 고이시카와小石川 지하감옥에 수감되었다가 1714년 순교했다. 이후 일본 기독교 역사는 긴 '침묵의 시대'에 접어들었다. 예수회와 프란체스코회 선교사들이 세웠던 교회나 수도원, 병원들은 모두 파괴되었고 기리시단인 것이 밝혀지면 예외없이 추방과 투옥, 처형을 당했다.

그런데 이처럼 혹독한 박해 상황에서도 기독교(기리시단) 신앙이 완전히 멸절되어 사라지지 않았다. 박해를 피하여 외딴 섬이나 산간벽지에 숨어들어 신앙을 지킨 기리시단과 그 후예들이 있었다. 이들에게는 "숨어서 신앙을 지킨 사람들"이란 뜻으로 '가쿠레 기리시단潛れ切支丹'이란 칭호가 붙여졌다. '가쿠레 기리시단'의 존재가 세상에 알려진 것은 쇄국의 빗장이 풀린 후 유럽의 선교사들이 일본에 다시 들어오면서부터였다. 1860년 프랑스 빠리외방전교회 선교사로 일본에 부임해서 요코하마를 거쳐 나가사키 우라카미浦上에서 사역하고 있던 쁘띠장Bernard Petitjean이 1865년 처음으로 '가쿠레 기리시단'의 방문을 맞았는데 이렇게 증언했다.

— 1865년 3월 17일, 열두시를 조금 넘겼을 때 열다섯 명 정도가 교회 문 앞에 당도했다. 나는 수호천사의 이끌림에 따라 즉시 올라가 문을 열었다. 내가 주님께 기도를 미처 드리기도 전에 나이가 오십에서 육십 정도 된 여인 세 명이 내 옆에 무릎을 꿇고 두 손을 가슴에 대고는 '여기에 온 우리 모두의 마음은 당신의 마음과 다를 바 없습니다' 했다. 나는 놀라서 '당신들은 어디서 왔소?' 하고 물었더니 그들은 마을 이름을 대면서 '거기 있는 사람들 마음도 우리와 같습니다' 하였다. 오, 찬미

를 받으실 주님! 내 영혼은 큰 기쁨에 넘쳤다. 지난 5년 동안 헛수고했다고 생각했는데 그것을 채우고도 남는 은총이었다. 짧은 대화를 통해 나는 그들이 지금까지 우리가 보아온 이곳 이교도들과는 전혀 다른 진실 된 믿음의 소유자들인 것을 알았다. 그들은 연신 '오 데우스 사마, 예수 사마, 산타마리아 사마'를 외치면서 그 뜻이 무엇인지 물었고 나는 그 의미를 설명하느라 숨 돌릴 틈 없었다. 그들은 하나님과 예수 그리스도, 성모 마리아를 그런 식으로 호칭했다. 그들은 성모 마리아와 아기 예수 형상을 보더니 자신들도 매년 11월에 성탄절을 지키고 있다고 했다.[78]

그렇게 해서 숨어 지내던 기리시단들이 세상 밖으로 나왔다. 200년(5-6세대) 동안 외부로부터 선교사 파송이나 사제들의 지도를 일절 받지 못한 상태에서 선조들의 신앙을 '입에서 입으로', '가문의 종교'처럼 지켜온 기리시단의 존재는 갓 선교를 시작한 서구교회 선교사들은 물론이고 일본 사회에도 충격을 전했다. 오랫동안 선교사나 사제들로부터 체계적인 교리 교육이나 신앙 훈련을 받지 못한 채 오직 구전口傳과 관습으로만 신앙을 계승해 내려온 가쿠레 기리시단의 신앙과 전례이기에 일본의 토착종교인 불교와 신도 요소가 많이 습합된(토착화된) 형태였고, 그래서 '순수 라틴전례와 전통'을 강조하는 로마가톨릭교회에 편입되지는 못했지만 오랜 세월 외부 지원 없이 신앙 전통을 지켜왔다는 점 하나만으로도 서방교회에 감동을 안겼다.

가쿠레 기리시단의 등장은 박해시대 '죽은 것'으로만 알았던 일본 기독교 신앙의 부활을 의미했다. 그것은 16세기 포르투갈 선교사들이 인도에 도착해서 1천 년 신앙전통을 지켜온 마르도마 교인들을 만난 것이나 중국 원나라 때 중국에 들어간 서방교회 선교사들이 당나라 멸망과 함께 사라진 줄 알았던 네스토리우스파(경교) 후예들이 5백 년 동안 신앙을 지켜온 사실을 발견했을 때 느꼈던 충격과 감동과 같았다. 그렇게 아시아에서 기독교는 시련과 박해 가운데서도 배반하거나 포기하지 않는 '충성심'으로 신앙 전통을 지켜내는 모습을 드러냈다.

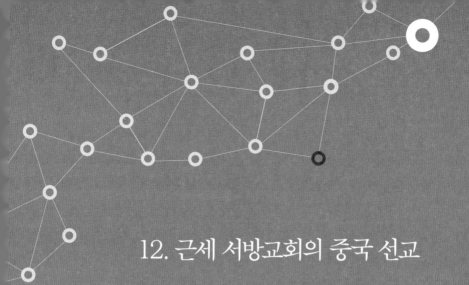

12. 근세 서방교회의 중국 선교

마테오리치의 중국 선교

가톨릭교회 '아시아 선교의 교부' 사비에르가 인도와 일본에 이어 중국 선교를 개척하기 위해 중국 남해안 샹촨도에 상륙했지만 끝내 중국 대륙을 밟아보지 못하고 1552년 숨을 거둔 이후에도 30년 넘게 중국 선교 문은 열리지 않았다. 사비에르 사후 포르투갈 상선은 중국과의 교역을 탐색하였지만 중국 명나라 정부는 좀처럼 외국인의 본토 상륙을 허락지 않았다. 다만 포르투갈 무역 상인들의 노력으로 1553년부터 세금을 내고 마카오를 '독점적' 무역항구로 사용하게 되면서 서방인의 중국 접근이 가능해졌다. 이후 마카오는 포르투갈 무역과 가톨릭교회 선교의 중요 거점이 되었다.

　마카오를 거점으로 해서 중국 선교의 문을 연 주인공은 예수회 동양 순찰사 발리냐노였다. 인도 고아를 거쳐 1578년 마카오에 도착한 발리냐노는 그동안 인도와 말라카에서 진행된 식민주의 선교의 한계를 인식하고 '적은주의' 문화적 접근을 통한 아시아 선교 정책을 수립했는데 그런 관점에서 중국 선교를 추진했다. 마카오에는 로마교황청이 2년 전 마카오를 준관구로 지정하며 파견한 가톨릭 사제들이 있었는데, 그들은 마카오에 있는 수백 명 포르투갈인만을 대상으로 종교 활동을 수행할 뿐 5천 명이 넘는 중국인 주민들에겐 무관심했다. 이에 발리냐노는 고아 관구장에게 중국인을 대상으로 활동할 선교사 파송을 요청했다. 그렇게 해서 예수회 사제 루지에리Michel Ruggieri, 羅明堅가 선발되어 1579년 7월 마카오에 도착했다. 이탈리아 나폴리 출신인 루지에리는 1572년 예수회에 입회하고 동양 선교를 지원하여 1578년 아카비바Rodolphe Aquaviva와 파시오Francesco Passio, 리치Matteo Ricci, 스피놀라Nicolas Spinnola 등과 함께 리스본을 출발 고아에 도착했다. 이들은 본래 고아에 머물면서 신학 및 선교 훈련을 받을 예정이었지만 선교지 상황이 기다릴 수 있는 형편이 아니어서 곧바로 선교지에 투입되었다. 그렇게 해서 제일 먼저 루지에리가 마카오에 도착했을 무렵(1578년 7월) 발리냐노는 일본으로 떠났다. 이에 루지에리는 마카오에서 중국어와 중국 문화를 공부하면서 선교를 준비했다.

그러나 본격적인 중국 선교는 1582년 리치가 합류하면서부터 이루어졌다. 이탈리아 안코네 출신인 마테오 리치는 1571년 예수회 입회한 후 피렌체와 로마대학에서 신학과 철학을 공부했고 당대 유명한 이탈리아 수학자 클라비우스Christopher Clavius로부터 기하학과 역산학, 건축학, 수리학, 지리학 등을 공부했다. 동양 선교에 꿈을 품고 1577년 리스본 고임브라대학에서 1년간 공부한 후 1578년 루지에리와 파시어 등과 리스본을 출발하여 고아에 도착해서 신학 과정을 마친 후 1580년 사제 서품을 받았다. 1582년 일본 소년사절단을 데리고 마카오에 도착한 동양순찰사 발리냐노는 중국 선교진을 보강할 필요를 느끼고 고아에 있던 리치와 파시오를 마카오로 불러들였다. 이에 리치는 1582년 파시오와 함께 마카오에 도착했고 파시오는 1년 후 일본 선교사로 떠남으로 중국 선교는 루지에리와 리치 몫이 되었다.

루지에리와 리치는 예수회 전통의 '적응주의' 선교정책을 따랐다. 자신의 신분이 선교사인 것을 숨기지 않았지만 중국인을 서둘러 개종시켜 세례를 주려 하지는 않았다. 그래서 서둘러 중국인을 접촉하기보다는 먼저 중국어와 중국 문화를 배우기 위해 노력했다. 그렇게 배우며 기다린 효과가 나타났다. 루지에리와 리치는 1583년 9월, 광둥성廣東省과 광시성廣西省을 다스리는 양광兩廣 총독부가 있던 광둥성 자오칭肇慶을 방문해 그곳 지부知府였던 왕반王泮을 면담했다. 왕반은 중국어를 구사하며 중국 고전 일부를 암송할 줄 아는 서양 선교사들에게 호감을 표하며 성 밖에 있던 빈 절 동관불사東關佛寺를 내주어 머물 수 있도록 허락했다. 예수회의 중국내 첫 번째 선교 거점이 확보된 셈이다. 루지에리와 리치는 서양의 사제 복장 대신 중국인에게 친숙한 불교 승려 복장을 했고 자오칭에 세운 첫 번째 교회에도 '선화사僊化寺'란 팻말을 걸었다. 그러면서 한문으로 쓴 교리 해설서를 간행하였는데 루지에리의 《천주실록天主實錄》, 리치의 《기인십규畸人十規》와 《천주성교실록天主聖敎實錄》, 그리고 유럽식 세계지도인 《산해여지도山海輿地圖》 등을 발간했다. 문서를 통한 접근은 효과적이었다. 이런 책들을 발간한 1584년 11월 리치가 로마의 예수회본부에 보낸 서한이다.

— 주님의 은총 가운데 중국어로 인쇄한 교리문답서는 호응이 좋습니다. 유럽에서 온 사제와 토착인 사이에 대화 형태로 서술했는데 기독교인이 알아야 할 모든 내용을 체계적으로 유려한 문체에 좋은 활자로 인쇄했습니다. 내용에서 중국의 중요 종교들을 우호적으로 다루었고 십계명과 주기도문, 성모경 등도 중국말로 번역해 실었습니다. …자오칭 지부는 제게 유럽식으로 지도를 만들되 중국어로 나라 이름과 거리 등을 표기해 달라고 부탁했습니다. 그는 내가 미처 교정도 보기 전에 지도를 인쇄했습니다. 그는 인쇄된 지도를 보고 크게 만족해서 혼자만 갖고 고위층 인사들에게만 은밀하게 보여 주었습니다. 자오칭에 있는 우리 교회는 비록 규모는 작지만 거의 완공 단계에 이르렀는데, 하도 많은 귀족들이 보러 와서 우리는 쉴 틈도 없습니다. 우리를 호의적으로 대한 지부는 금년에 안찰사가 되어 보다 많은 도시들을 통치하게 되었습니다. 그 결과 우리가 복음을 전파하는 일에 적지 않은 도움이 되었습니다. [79]

자오칭 지부 왕반은 리치가 제작한 세계지도에 특별한 관심과 애착을 표했다. 이런 지방 관리의 암묵적 지원 하에 선교는 수월하게 추진되었다. 그 결과 1584년 11월 중국인 최초 예수회 세례교인이 나왔다. 당시 마카오에 머물러 있던 카르발이 그 세례식을 집례했다. 예수회 일본 관구장이었던 카르발은 선교정책을 둘러싸고 동양순찰사 발리냐오와 갈등을 빚다가 일본 관구장직에서 해임된 후 1584년 마카오로 철수해서 포르투갈인 선교를 하고 있었는데 마침 루지에리와 리치가 사역하고 있던 자오칭을 방문했다가 세례를 집례하는 기회를 얻었다. 카르발은 예수회 본부에 그 사실을 자세히 보고했다.

— 성모 축제일(11월 21일)에 저는 중국 내륙에서 첫 번째로 두 명에게 세례를 베풀었습니다. 그중 한 사람은 글을 아는 지식인이었습니다. 그는 관리가 될 목적에서 베이징으로 갈 계획이었는데 그만한 실력이 있는 사람이었습니다. 그는 4, 5개월 우리 선교부에 머물면서 교리서를 중국어로 번역하는 일을 도왔습니다. 그렇게 선교사들과 대화하면서 또한 교리서를 한 자 한 자 읽어가면서 주님의 가르침을 받았습니다. 그는 제게 세례를 베풀어 달라고 간곡하게 요청했습니다. 저는 이 사람이 충분히 교리 공부를 했다고 판단해서 두 선교사의 양해를 얻어 세례를 베풀었습니다. 그에게 '바오로'란 세례명을 주었습니다. 그때 함께 자오칭의 결혼한 주민 한 사람도 세례를 받았는데 그에게는 요한이란 세례명을 주었습니다. 그는 자오칭에서 우리 선교사들을 처음으로 받아들인 집 주인으로 그때부터 교리 교육을 받았습니다. 또 한 사람이 우리를 찾아와 세례를 받겠다고 했지만 우리는 여러 가지 이유로 세례를 늦추기로 하였습니다. 우리는 이들이 세례를 받음으로 우리는 하나님의 풍성한 은총의 보화가 이 광대한 나라에 임하기 시작했다는 것을 깨달았습니다. 특히 그들이 세례 받음으로 도성 사람들이나 관리들로부터 해를 입지 않았음은 물론 그들 자신이 세례를 받고 기뻐하는 것에 우리는 모두 감격했습니다.[80]

자오칭에서 '바오로'와 '요한', 두 명의 중국인 세례자가 나온 것을 계기로 지역 주민들 사이에 개종자들이 늘어났다. 그 결과 루지에리와 리치는 1585년 중국인 세례 교인이 20명에 이른 것을 보고했다. 그리고 선교사들에게 우호적이었던 왕반이 지부에서 안찰사로 승진하여 그의 통치 구역이 넓어졌고 그와 함께 루지에리와 리치의 선교지역도 광둥성 일대는 물론 저장성 항저우杭州와 광시성 구이린桂林까지 넓어졌다. 그러나 내륙지방 분위기는 달랐다. 외국인에 개방적인 항구도시와 달리 내륙 지방은 외국인의 접근이 힘들었고 지방 관리들과 충돌을 빚기도 했다. 이에 루지에리는 정치·외교적인 방법으로 중국 황제의 허락을 받아내는 것이 보다 효과적임을 인식하고 1588년 유럽으로 돌아갔다. 이후 루지에리는 리스본을 거쳐 로마로 가서 교황의 특사(대사) 파견을 끌어내려 노력했지만 끝내 성공하지 못하고 1607년 5월 이탈리아 살레르네에서 숨을 거두었다. 루지에리의 중국 선교도 그것으로 끝났다.

루지에리 귀환 이후 리치가 중국 선교를 전적으로 담당하게 되었다. 루지에리와 지방관리 사이의 충돌 때문에 리치도 한 때 자오칭에서 추방되기도 했지만, 1589년 8월 광시·광둥성 총독의 허락을 받고 다시 새로 들어온 선교사 알메이다Antonio de Almeida와 함께 광둥성 샤오저우韶州로 가서 선교활동을 펼칠 수 있었는데 거기서 리치는 실력 있는 중국인 학자 구태소瞿太素를 교인으로 얻었다. 구태소는 처음 연금술을 배우려는 목적으로 리치를 찾아왔다. 리치는 그에게 수학과 기하학, 역학 등 서양 과학과 수학을 가르쳐부면서 동시에 기독교 교리도 가르쳤다. 그러면서 구태소에게 유교 경전을 배우고 그것을 라틴어로 번역하는 작업을 시작했다. 그는 또한 구태소의 조언을 받아들여 그동안 입었던 승려복을 벗고 유교 학자의 복장으로 바꾸었으며 '리마두利瑪竇'라는 중국식 이름과 함께 '서태西泰'라는 자字를 사용하기 시작했다. 그가 이처럼 불교에서 유교로 '적응' 대상을 바꾼 것은 중국사회에서 불교가 하층 민중과 부녀자계층의 종교인 반면 유교는 상류 지배계층과 지식인의 종교로 인식되고 있음을 깨달은 결과였다. 이때부터 리치는 중국 지식인들에게 '보유역불론補儒易佛論', 즉 "불교는 바꾸고 유교는 보완하는" 종교로서 기독교를 설명하기 시작했다. 자연스럽게 리치의 접촉 및 선교 대상도 지식인과 지배계층 인사 중심으로 바뀌었다.

리치가 중국 지식인들을 접촉하는 과정에서 구태소와 앞서 자오칭에서 세례 받은 '바오로' 등이 중요한 역할을 했다. 이들의 소개로 리치는 병부시랑 석성石星을 만날 수 있었고 석성을 따라 1595년 중국 남부 수도인 난징南京까지 들어갈 수 있었다. 그러나 리치는 예부시랑 서대임徐大任에게 추방을 당해 난징을 떠나 난창南昌에서 이후 3년간 머물면서 《교우론交友論》과 《서국기법西國記法》, 《사행논략四行論略》, 《천주실의天主實義》 등 한문 서학서西學書 저술에 매진했다. 이들 저술 가운데 자오칭에서 처음 간행한 《천주성교실록》을 보유론 입장에서 개정한 《천주실의》는 중국 지식인 사회에 큰 반향을 일으켰다. 또한 자오칭에서 처음 간행했던 《산해여지도》를 좀더 발전시켜 간행했는데, 중화中華 사상이 강한 중국인들의 시선에 맞추어 중국을 세계지도 중심에 놓으면서도 유럽과 아프리카, 아메리카 등 중국보다 더 큰 대륙과 국가들이 있음을 보여 줌으로 중국 지식인 사회의 세계관을 바꾸어 놓았다. 이런 저술과 함께 그가 유럽에서 가지고 온 서양 기기器機들은 중국의 신진 지식인층에 인기를 끌었다. 그것은 리치의 선교에 유리한 환경을 만들어 주었다. 1597년 마카오를 방문한 순찰사 발리냐노는 '적응주의' 원칙을 바탕으로 중국 선교를 성공적으로 이끌어

나가는 리치를 예수회 중국선교단 단장으로 임명했다. 그 사이 예수회 본부도 선교사를 계혹 파견하여 카타네오Lazarus Cattaneo와 롱고바르디Niccolo Longobardi, 판토자Diego de Pantoja, 로차Joan de Rocha, 우르시스Sabbatino de Ursis, 디아즈Emmanuel Diaz등이 중국 선교에 합류했다.

이처럼 중국 남부 자오칭과 샤오저우, 난창에 선교 거점을 마련하는 데 성공한 리치는 중국 황제가 있는 베이징 여행을 시도했다. 당시 명나라 황제는 만력제萬曆帝 신종神宗이었다. 명나라 제13대 황제로 1572년 즉위하여 1620년 죽을 때까지 48년간 재위했다. 역대 명나라 황제 가운데 통치 기간이 가장 길었지만 그가 통치하던 시기 건국한지 2백 년을 넘긴 명나라는 쇠퇴기에 접어들고 있었다. 신종이 통치한 초반 20년 동안은 나라가 안정적으로 유지되었으나 후반에 들어서 축재와 사치에 몰두한 황실은 백성들의 지지를 얻지 못하고 있었다. 그래서 리치는 카타네오, 구태소 등과 함께 1598년 6월 난징의 예부상서 왕충명王忠銘을 따라 베이징까지 갔으나 황제를 만나지 못하고 아무런 소득 없이 난징으로 돌아왔다. 그리고 다시 1600년 1월 판토자와 함께 베이징 여행을 시도했다. 이번에는 어사 축세록祝世錄과 이부상서 왕홍회王弘誨 등 고위 관리들의 지원을 받아 자금성에 들어가 신종 황제를 알현할 수 있었다.

마침 황제의 생일잔치가 열리고 있어 리치는 유럽에서 가지고 온 자명종과 프리즘, 양금洋琴, 그리고 천주상과 성모상 등을 선물로 증정했다. 황제는 특히 서양 시계 자명종에 깊은 관심을 표하며 자명종 관리와 수리를 위해 리치가 자금성 안에 거주하도록 허락했다. 그리고 황제는 베이징 내성 선무문宣武門 안에 선교부지를 하사했고 리치는 그곳에 1605년 교회를 세웠다. 이후 리치는 교회를 중심으로 선교활동을 펴면서 《경의해經天該》와 《기하원본幾何原本》, 《건곤체의乾坤體儀》,

《혼개통헌도설渾蓋通憲圖說》등과 같은 천문과 과학, 역법 관련 서학서들을 간행했다. 이렇게 황제의 신임을 얻은 리치는 베이징에서 중국의 주류 지식인 및 고위층 정계인사들과 교류를 넓혔는데 그 과정에서 고위 관료출신 개종자들을 얻었다. 호광湖廣 감찰어사監察御史를 지낸 풍응경馮應京, 예부상서禮部尙書를 지낸 서광계徐光啓, 난징 공부외랑工部外廊을 지낸 이지조李之藻, 호광 안찰사를 지낸 양정균楊廷筠 등이 대표적이다.[81] 그중에도 '중국 천주교회의 3대 기둥'으로 불렸던 풍응경과 서광계, 이지조는 리치의 선교활동에 큰 힘이 되었고 중국 지식인 사회에 천주교 신앙이 확산되는 데 결정적인 역할을 했다.

이렇듯 리치는 중국에 도착한 지 15년 만에 베이징에 들어가 황제의 신임을 얻고 교회까지 세움으로 중국 선교의 안정적인 기반을 구축했다. 이후 그를 비롯한 예수회 선교사들의 포교활동에 우호적인 환경이 조성되었다. 리치는 그렇게 베이징을 주심으로 10년간 사역하다가 1610년 5월, 58세 나이로 숨을 거두었다. 리치가 별세한 1610년 당시 중국 천주교인 수는 2,500여 명을 기록했다. 리치가 죽기 직전 후계자로 지명한 롱고바르디는 신종 황제에게 리치의 시신을 매장할 부지를 내려달라고 부탁했다. 이에 황제는 베이징 내성의 서쪽 부성문阜城門 밖 샨란柵欄에 장지를 하사했다. 롱고바르디의 지휘로 1년 동안 묘원 공사를 마친 후 1611년 11월 리치의 시신이 안장되었다.[82]

베이징의 리치 무덤은 가나안의 '막벨라 동굴'(창 23:19)과 같았다. "이 땅을 너와 네 후손에게 주리라"는 약속의 말씀을 믿고 가나안에 들어갔던 아브라함이 생애 말년에야 아내 사라의 죽음을 계기로 가나안 토착민에게 돈을 주고 막벨라 동굴과 거기 딸린 텃밭을 사들인 후 아내 시신을 묻었을 뿐 아니라 그 자신과 후손들도 거기 묻힘으로 이스라엘 민족에게 그곳은 '족장들의 묘원', 헤브론 성지가 되었고 훗날 그곳을 거점으로 이스라엘 영토가 확장되었다. 그런 식으로 베이징에서도 리치가 처음 묻힌 이후 그의 후계자 롱고바르디를 비롯하여 아담 샬과 페르비스트 등 중국에서 사역하다가 순직한 60여 명의 예수회 선교사들의 '마지막 휴식처'가 되었고 그래서 훗날 중국 선교 역사의 '성지'가 되었다.

전례 논쟁과 천주교 박해

리치는 죽기 직전에 롱고바르디를 후임 선교단장으로 임명했다. 그런데 롱고바르디는 '적응주의'를 취했던 리치와 달리 서구교회의 전례와 전통을 강조하는 '보수적' 노선을 취했다. 그 때문에 중국인들과 적지 않은 갈등이 빚어졌다. 1616년 난징에서 불교 신도들이 주동이 된 반기독교 군중시위가 일어나 수십 명 교인들이 체포, 구금되고 베이징에서 금교령이 내리기도 했다. 1622년에도 비슷한 상황이 벌어져 선교 활동이 위축되었다. 다행히 중국 천주교회 내에서뿐 아니라 일반 관료, 지식인 사회에서 영향력이 컸던 서광계와 이지조, 풍응경, 양정균 등 고위관료 출신 천주교 지도자들의 중재 활동으로 일본에서와 같이 대대적인 선교사 추방과 박해로 연결되지는 않았다. 그렇지만 수도와 지방에서 선교사와 천주교인들에 대한 반발과 탄압은 한동안 지속되었다.[83]

중국에서 예수회 선교가 리치 시절의 활력을 회복한 것은 1622년 '적응주의' 노선에 충실했던 아담 샬 폰 벨Johann Adam Shall von Bell, 湯若望이 들어오면서부터였다. 독일 쾰른의 귀족 가문 출신인 아담 샬은 로마의 독일학원과 신학원에서 철학과 신학, 과학을 공부한 후 1616년 사제 서품을 받았다. 그는 예수회에 가입할 때부터 동양 선교를 지원하여 1618년 4월 리스본을 출발, 인도 고아에 도착해서 1년 반 동안 선교 훈련을 받은 후 1619년 7월 마카오에 도착했다. 그 무렵 중국 남부 지역에서 천주교 박해가 이루어지고 있어 곧바로 입국하지

못하고 마카오에 머물러 난징에서 사역하다 추방당한 바뇨니Alphonse
Vagnoni, 샤오저우에서 추방당한 디아즈Emmanuel J. Diaz 등으로부터 중
국어와 문화를 배웠다.

그렇게 마카오에서 3년간 선교를 준비한 아담 샬은 1622년 가을,
디아즈의 인솔로 피구에레도Rodre de Figueredo, 리베이로Jean-Melchior
Ribeiro 등과 함께 마카오를 출발, 광둥성 항저우로 가서 예수회 중국
선교단장 롱고바르디를 만났다. 롱고바르디는 서구 과학, 특히 수학과
천문학에 조예가 깊은 아담 샬과 함께 베이징으로 가서 황제를 만날
계획을 세웠다. 그렇게 해서 아담 샬은 1623년 1월 자금성에 들어가
방금 새로 등극한 희종熹宗 황제를 알현했다. 아담 샬은 유럽에서 가
지고 온 수학과 과학 서적과 기구들을 새 황제에게 진상했고 아담 샬
의 선물에 호감을 표한 희종은 아담 샬의 베이징 거주와 활동을 허락
했다. 아담 샬은 20년 전 리치처럼 유교 선비 복장을 하고 중국인 관
리 및 지식인들과 교류했다. 그는 1623년 10월과 1624년 9월, 월식 일
자를 정확하게 예측함으로 베이징 관료사회에서 신임을 얻었다. 또한
월식에 관한 논문을 한문으로 저술하여 서광계를 통해 예부禮部에 제
출하기도 했다. 이후 아담 샬은 1627년부터 3년간 중국 내륙 시안西安
으로 가서 교회를 세우고 전도활동을 한 후 1631년부터 다시 베이징
으로 돌아왔다.

그 사이 희종 황제가 죽고 1628년 새 황제 숭정제崇禎帝가 즉위해
있었다. 숭정제는 서광계의 조언에 따라 서양 태양력에 맞춘 역법曆法
개수 작업에 아담 샬도 참여할 것을 명했다. 이에 아담 샬은 역법 편
수 작업을 담당하는 흠천감欽天監 관리로 임용되어 역법 개수 작업에
참여했고 그 결과물로 3년 동안 총 137권짜리《숭정역서崇禎曆書》가 편
찬되었다. 역법 개수 작업이 끝난 1634년, 아담 샬은 해시계와 망원경,

컴퍼스, 성구星球 등을 제작해서 황제에게 진상했고 1640-1641년에는 황제의 명으로 대포와 경포輕砲를 제작하기도 했다. 이런 궁정봉사宮廷奉仕로 아담 샬은 숭정제의 신임을 얻었고 그것을 바탕으로 복음 전도 활동도 펼쳤다. 아담 샬의 활약으로 황실과 관료 계층에서 천주교 신자들이 늘어났다.

그러나 아담 샬이 베이징에 돌아와 황실과 조정을 위해 봉사할 당시 명나라는 '종말의 때'를 맞고 있었다. 아담 샬이 시안에서 베이징으로 올라온 1631년, 바로 그때 시안을 거점으로 '이자성李自成의 난'이 일어났다. 오랜 가뭄에다 지방 관리들의 탐학으로 불만이 쌓인 지방 농민들이 이자성을 지도자로 삼아 민중봉기를 일으킨 것이다. 중앙 정부에서 진압군을 계속 내려 보냈으나 지방 주민들의 지지를 받는 반란군을 효과적으로 진압할 수 없었다. 오히려 반란군의 규모는 더욱 커져 1643년 이르러 중국 남부 호남湖南 지역 대부분이 반란군 수중에 떨어졌고 베이징을 위협하기에 이르렀다. 이자성 반란군보다 더 엄중한 것은 북쪽 여진족의 위협이었다. 1593년 중국 동북방의 변방부족이었던 여진족(만주족)을 통일한 누르하치는 1616년 후금後金을 세우고 스스로 '천명제天命帝'로 즉위한 후 명나라에 선전포고를 했다. 1621년 센양瀋陽을 정복하고 수도를 옮겼으며 몽골 정벌에 나섰다가 1627년 병사했다.

누르하치의 뒤를 이은 2대 황제 숭덕제崇德帝도 몽골과 명나라 정벌을 계속했는데 1636년 국호를 후금에서 청淸으로 바꾸었다. 숭덕제는 명나라 정벌에 앞서 후방인 조선을 평정하기 위해 1627년과 1636년, 두 차례 대규모 군사를 조선에 파병하여 정묘호란丁卯胡亂과 병자호란丙子胡亂이라는 대규모 침략전쟁을 일으켰다. 병자호란에서 패한 조선의 왕세자인 소현세자와 봉림대군이 전쟁 후(1637-1644년) 볼모로 끌려가 센양과 베이징에서 유배생활을 했다. 소현세자는 1644년 볼모 생활을 마치고 귀국하기 직전 베이징에서 남천주당의 아담 샬과 교류했다. 1643년 숭덕제가 죽은 후 그 아들 순치제順治帝가 여섯 살 나이로 3대 황제가 되었다. 그 무렵 청나라와 이자성의 반란군이 거의 동시에 베이징을 공략했다. 결국 1644년 명나라 마지막 황제 숭정제는 베이징에 먼저 들어온 이자성의 반란군에 쫓겨 자금성 뒷산에서 목을 매 자결했다. 그러나 곧바로 청나라 군대가 산해관 전투에서 이자성 군대를 격파하고 베이징을 점령한 후 청나라 수도로 선포했다. 그렇게 해서 중국 역사에서 277년 지속된 명나라 시대가 끝나고 새로운 청나라 시대가 시작되었다.

중국 대륙을 지배한 청나라는 명나라 관료 출신과 한족에게 강경과 유화 정책을 펼쳤다. 청나라에 협조하면 포용하고 기회를 주었지만 반대 경우엔 배척하고 응징했다. 과거 몽골 중심의 원나라 때처럼 청나라는 만주(여진)족 중심의 정치·사회적 체제를 구축해 나가면서도 한족의 유교 중심 문화와 관습을 그대로 받아들였다. 명나라 때 확립된 관료제도와 정치체제도 그대로 유지하였으며 관용어로 만주어와 한자를 함께 사용했고 외교정책에서도 큰 차이가 없었다. 그런 배경에서 중국에 있던 예수회 선교사들도 추방되지 않고 계속 남아 사역할 수 있었다. 특히 명나라 조정에서 역법 개수 작업에 참여했던 아담 샬은 청나라 조정에서도 중용되어 1644년 11월 흠천감欽天監 최고위직인 감정監正에 임명되었다. 그는 1년 동안《숭정력서》를 개정한《서양신법력서西洋新法曆書》26권을 만들어 청나라 황제 순치제에게 진상하였는데 그가 만든 역서calendar는 '시헌력時憲曆'이란 이름으로 반포되었다. 그는 또한 1645년 8월 1일 일어난 일식을 정확하게 예측함으로 그의 '예지력叡智力'이 인정받았고 그해 태상시太常寺 소경少卿으로 승진되었다.

이처럼 아담 샬의 관직이 높아지면서 황제가 거하는 자금성 출입도 자유롭게 되었다. 소년 황제 순치제는 아담 샬을 만주어로 "존경하는 할아버지"란 뜻의 '모파瑪法'라 부르며 따랐다. 아담 샬은 황제에게 서양의 과학 기물들을 선물로 주었고 서양 학문은 물론 기독교 교리까지 가르쳤다. 예수회 선교사들이 황제를 '거의 기독교인'으로 인식할 정도로 순치제는 아담 샬과 예수회 선교사들에게 호의적이었다. 순치제는 선무문 안, 전에 리치가 살았던 남당 선교 부지를 하사했고 아담 샬은 그곳에 1652년 서양식(바로크 양식) 벽돌성당을 건축했다. 황제는 이후에 베이징 내성의 동쪽과 서쪽, 북쪽에도 교회 부지를 내 주어 동서남북, 네 곳에 '천주당天主堂'이 설립되었다. 이처럼 베이징에서 아담 샬이 황제의 신임을 얻음으로 선교사들과 천주교인들의 포교활동도 활력을 받아 선교지역도 전국 지방으로도 확산되었다. 그 결과 청나라 건국 20년 만인 1664년에 이르러 윈난성雲南省과 귀저우성貴州省을 제외한 중국 전역에 100여 교회(성당)가 설립되었고 전국 신자는 11만 명을 기록했다.[84] 중국 천주교회의 최고 '전성기'라 할 수 있었다.

그러나 이런 예수회 선교와 천주교회 부흥은 중국의 토착 종교나 봉건적 기득권 세력의 반감과 반발을 불러 일으켰다. 그 결과 선교사와 천주교인들에 대한 탄압과 박해 사건이 일어났다. 박해의 빌미는 두 가지로 설명된다. 하나는 천주교인 이조백李祖白이 쓴 《천학전개天學傳概》라는 책을 둘러싼 논쟁이고 다른 하나는 순치제의 사망 원인을 둘러싼 음모론이었다. 흠천감 관리이기도 했던 이조백은 아담 샬의 권면을 받아 저술한 《천학전개》에서 중국 고대사를 성경의 창세기 기록과 비교하여 "중국 민족의 조상으로 알려진 복희씨伏羲氏는 아담의 후

예로서 그가 서쪽에서 동쪽으로 옴으로 하늘을 섬기는 신앙天學도 함께 전파되었다"는 논리를 폈다. 이에 대한 전통 보수층의 반발도 심했다. 안후이성 출신으로 흠천감 관리로 있다가 해직된 바 있는 양광선楊光先은 《벽사론闢邪論》과 《적류십론摘謬十論》, 《부득이不得已》 등을 써서 기독교를 중국의 전통 종교와 철학과 배치되는 '사교邪敎'라 정의하고 이것을 퍼뜨린 서양 선교사와 천주교인들을 척결할 것을 요구했다. 특히 양광선은 아담 샬의 주도하에 흠천감에서 중국의 역법을 서양 역법에 맞추어 개수하는 작업도 비판했다.

그러나 이런 양광선의 요구와 비판은 아담 샬을 전폭적으로 신뢰하고 있던 순치제에 의해 받아들여지지 않았다. 1661년 1월 순치제가 23세 젊은 나이로 급작스럽게 사망하면서 정치적 환경이 바뀌었다. 순치제가 죽은 후 그의 셋째 아들 강희제姜熙齊가 여덟 살 나이로 황제가 되었는데 초기 6년 동안은 병부상서 오배鰲拜를 비롯한 보정대신들이 섭정으로 전권을 행사했다. 이들 원로대신들은 아담 샬과 그가 지휘하는 흠천감에 비판적이었다. 그런 상황에서 1664년 8월 아담 샬이 연루된 '순치제 독살음모사건'이 터졌다. 아담 샬이 순치제가 죽기 전 천연두를 치료하면서 대나무 침을 사용한 적이 있는데 양광선을 비롯한 반대파에서는 그것이 '독침毒針'이었다면서 순치제 독살 혐의를 아담 샬에게 씌웠다. 반대파가 아담 샬에게 붙인 혐의는 중국에 맞지 않는 서양 역법을 억지로 도입했다는 것, 중국 전통 종교와 사상에 어긋나는 '사교설邪敎說'을 퍼뜨렸다는 것, 정치적 모반을 꾀했다는 것이었다. 결국 베이징에 있던 아담 샬과 페르비스트Ferdinand Verbiest, 南懷仁, 부글리오Louis Buglio, 利類思, 마갈량스Gabriel de Magalhens, 安文思 등 예수회 선교사들과 이조백과 두여예杜如預, 양굉량楊宏量, 송발宋發, 주광현朱光顯 등 흠천감의 천주교인 관리들이 '대청률大淸律'을 어겼다는 혐의로 체포되었고 1665년 3월 최고형인 '능지처참형陵遲處斬刑'을 선고받았다. 그때 아담 샬의 나이 73세였다.

결국 사형에 처해질 수밖에 없는 상황이 되었는데 판결을 내린 직후 베이징에 규모가 큰 지진이 두 차례 일어난 것이 강희제를 비롯한 황실을 두렵게 만들었고 순치제 모후孝章文皇后가 아담 샬의 무죄를 적극 호소하고 나섰다. 그래서 아담 샬은 강희제의 특명으로 사형을 면했고 얼마 후 풀려나 광둥으로 추방되었다가 건강이 악화되어 1666년 8월 숨을 거두었다.[85] 결국 아담 샬을 비롯한 선교사와 천주교인들의 투옥사건은 청나라 건국 초기, 서양 학문과 과학기술, 종교와 문화 수용을 둘러싼 정치권 내부의 갈등과 대립 구조 속에서 수구파가 기독교 반대세력을 규합하여 일으킨 '정치·종교적' 사건이었다.

1665년 선교사와 천주교인 투옥사건으로 선교는 크게 위축되었다. 베이징과 지방에서 선교사들의 포교활동은 금지되었고 천주교인들의 구금도 계속 이어졌다. 베이징에서 황실과 관료사회 포교활동의 중요 거점이 되었던 흠천감도 사건 직후 반대파 수중에 들어가 아담 샬과 이조백을 규탄하는 데 앞장섰던 양광선이 흠천감 감정이 된 후 그동안 아담 샬이 만든 역법을 폐기하고 과거 역법으로 되돌려 놓았다. 이처럼 천주교 선교에 불리했던 상황이 바뀐 것은 1667년 강희제가 14세가 되어 '친정親政' 체제를 구축하면서부터였다. 강희제는 2년 전에 일어났던 선교사 투옥사건을 재조사하여 무고에 의한 것이었음을 확인하고 사건을 만들었던 보정대신 오배를 좌천시킨 후 아담 샬의 명예를 회복시켰다. 그러면서 아담 샬이 중국인 학자들의 도움을 받아 번역, 출판하려다가 중단된 각종 서양 과학 관련 서적 150여 권도 인쇄되었다. 그리고 1670년 양광선이 주도한 흠천감 역법에 몇 차례 오류가 생기자 강희제는 전통 중국력(대통법)과 이슬람력, 그리고 서양(기독교)력을 놓고 실험하였는데, 아담 샬의 후계자인 페르비스트가 만든 서양역법이 가장 정확한 것으로 판명되자 양광선을 축출하고 페르비스트를 흠천감 부감副監에 임명했다.

벨기에 출신인 페르비스트는 루벤의 렐리대학에서 철학과 수학을 공부하고 1641년 예수회에 입회한 후 1655년 사제 서품을 받았고 로마에서 신학과 천문학을 공부했다. 페르비스트는 처음에 중앙아메리카 선교를 지원했지만 예수회 본부로부터 중국 선교사로 임명을 받아 1658년 리스본을 출발하여 이듬해 마카오에 도착했다. 그는 곧바로 중국 산시성에 들어가 1년간 사역하다가 1660년 베이징의 아담 샬의 부름을 받고 흠천감 역원이 되어 역법편찬 작업에 참여했다. 그리고 앞서 살펴본 것처럼 1665년 아담 샬과 함께 투옥되었다가 풀려난후 광둥에 머물러 있다가 1670년 강희제 앞에서 시행한 '역법 겨루기'에서 승리한 후 흠천감에 복귀했다.

이후 페르비스트는 강희제의 신뢰를 바탕으로 전임자 아담 샬이했던 궁정봉사와 선교활동, 두 가지 사역을 병행했다. 그는 직접 강희제 앞에 나가 천문학과 수학을 강의했고 헤르드리히트C. Herdricht와 그리말디P. M. Grimaldi, 페레이라T. Pereira 등 예수회 선교사들과 함께 천문 관측 기기를 제작했으며 오삼계의 난(1674년)이 일어났을 때 3백여 문이 넘는 대포와 경포를 제작해서 황제에게 진상했다. 이런 공로로 페르비스트의 벼슬도 계속 올라 태상시랑太常寺郞과 통정사通政司를 거쳐 1682년 공부工部 우시랑右侍郞 및 흠천감 감정에 이르렀다. 그는 과학과 교리 관련 저술을 많이 남겼는데 1678년 간행한 32권짜리《강희영년역법康熙永年曆法》과 1674년 동양에서는 처음으로 '적도표면투조법赤道表面透彫法'을 적용하여 제작한 세계지도《곤여전도坤輿全圖》는 중국뿐 아니라 조선과 일본에도 전파되어 동양의 역법과 지도 문화에 큰 획을 그었다. 그 외에 천주교 교리서로는《교요서론敎要序論》과《서방요기西方要記》 등 십수 권을 저술했는데 이런 도서들도 조선과 일본에 전파되었다. 이런 페르비스트의 활약으로 중국 천주교회는 리치와 아담 샬 이후 다시 한 번 '융성기'를 맞았다.

1671년 반포된 강희제의 관용령 이후 베이징과 지방에서 선교사들과 천주교인들은 방해를 받지 않고 포교활동을 펼칠 수 있었다. 그렇게 천주교 선교를 다시 회복시켜 놓는데 공헌한 페르비스트는 1688년 1월 베이징에서 사망했고 강희제는 그에게 '근민勤敏'이란 시호를 내리고 장례식 비용으로 '은 750냥'을 하사했다. 그의 시신은 리치와 아담 샬이 묻혀 있는 부성문 밖 선교사 묘역에 안장되었다. 이로써 페르비스트는 리치, 아담 샬과 함께 중국 근대사에서 서구과학 도입과 중국 문명 발전에 기여한 '3대 명인'으로 추방을 받았다.[86] 그런 배경에서 천주교 선교도 비교적 수월하게 추진되었다. 중국의 근대문명 도입과 기독교(천주교) 선교가 동시에 이루어진 셈이다.

이처럼 중국에서 천주교 선교가 수월하게 추진된 배경에는 무엇보다 예수회 선교사들이 취한 '적응주의' 선교정책이 있었다. 예수회 선교사들은 사비에르-발리냐노-리치-아담 샬-페르비스트로 이어지는 '적응주의' 노선에서 중국의 토착 종교와 고유 문화, 정치와 사회 환경에 타협적이고 순응적인 자세를 취했다. 특히 중국의 지식인이나 지배계층, 그리고 이들의 기반종교인 유교에 대하여 그러했다. 그러면서 선교사들은 중국의 상류 지식인들의 관심을 끌 만한 서구 과학과 문명을 적극 소개했고 정부 관리로 봉직하기도 했다. 이런 예수회 선교사들의 '적응주의' 선교는 중국의 진보적 지식인층과 지배계층의 지지를 얻는데 성공했고 그 결과 천주교 선교에 우호적인 환경이 조성되었던 것이다. 그러나 17세기 중반 이후 이런 상황이 바뀌었다. 그것은 예수회와는 다른 선교회 소속 선교사들의 도래와 함께 이루어졌다. 앞서 살펴본 대로 16세기 이후 중국 선교는 예수회 선교사들이 전담했다. 그런데 중국 선교가 활발하게 이루어지면서 도미니쿠스회와 프란체스코회, 파리외방전교회 등 다른 가톨릭교회 선교회도 중국에 선교사를 파송했다. 1630년 도미니쿠스회 선교사 시에라Thomas de Sierra가 타이완에 상륙해서 중국선교 거점을 확보했고 1633년 도미니쿠스회 선교사 모랄레스Juan Bautista Morales와 프란체스코회 선교사 바랄레로Antonio Caballero가 중국 대륙에 상륙해서 푸젠성福建省에서 사역을 시작했다. 이들은 모두 스페인 출신으로 스페인 식민지였던 필리핀에서 사역하다가 중국 선교사로 부임했다. 신학이나 선교 정책에서 '보수적'이었던 이들 도미니쿠스회와 프란체스코회 선교사들은 중국에 도착해서 그동안 예수회가 취했던 선교 정책과 그 결과에 비판적인 자세를 취했다.

그동안 '적응주의' 원칙을 따랐던 예수회 선교사들은 중국의 전통 종교, 특히 유교 문화와 관습을 포용했다. 예를 들어 기독교의 신 명칭을 표기할 때 루지에리와 리치가 창안했던 '천주天主'라는 용어를 주로 사용하였지만 중국인들이 전통적으로 써왔던 '천天'이나 '상제上帝'라는 용어도 사용했고 공자묘孔子廟 참배나 장례 및 제사도 허용했다. 베이징의 예수회 천주당 안에는 황제의 친필 사액賜額 현판이 걸려있고 황제의 만수무강을 비는 작은 제단이 설치되어 있었다. 예수회 선교사들은 중국인 사제들이 중국어로 예전을 집행하는 것도 허용했다. 이런 예수회 선교사들의 정책과 선교를 서구 가톨릭교회의 라틴어 전례와 문화를 중요시하는 도미니쿠스회나 프란체스코회 선교사들이 받아들일 수 없었다. 자연스럽게 예수회 선교사와 도미니쿠스회 및 프란체스코회 선교사들 사이에 갈등과 마찰이 빚어졌다. 처음엔 중국내 선교사들 사이의 논쟁으로 출발하여 나중에 로마교황청과 청나라 황제까지 개입하는 정치적 문제로 발전했다. 이를 '전례논쟁典禮論爭, rite controversy'라 한다.

전례논쟁의 본격적인 출발은 모랄레스가 예수회 선교의 오류를 17가지 항목으로 정리해서 1643년 로마교황에게 제출하는 것으로 시작되었다. 1645년 교황 인노켄티우스 10세는 모랄레스의 의견을 받아들여 예수회의 선교방식을 비판하는 교황회칙을 발표했다. 그러자 이번에는 예수회 선교사들이 모랄레스의 비판을 비판하는 문서를 만들어 1655년 새로 교황이 된 알렉산드르 7세에게 제출했다. 예수회에 우호적이었던 알렉산드르 7세는 1656년 전임 교황과 정반대로 예수회 선교정책을 옹호하는 회칙을 발표했다. 모랄레스도 포기하지 않고 1661년 또다시 교황청에 이의를 제기하며 재심을 요구했다. 모랄레스는 교황의 답을 듣지 못하고 1664년 죽었다. 그리고 2년 후(1666년)에는 모랄레스의 공격 대상이었던 아담 샬도 죽었다.

그런 상황에서 1669년, 2년 전에 새로 교황이 된 클레멘스 9세는 예수회 선교정책을 비판했던 1645년 교황회칙과 옹호했던 1656년 교황회칙을 모두 "나름대로 모두 가치가 있다"는 표현으로 수용하는 새로운 회칙을 발표했다. 이런 '애매모호한' 결정으로 중국내 선교사는 물론이고 이들을 파송한 유럽의 수도회와 신학교 사이에 논쟁이 치열하게 전개되었다. 그 예수회와 비예수회 사이의 논쟁은 예수회를 후원하는 포르투갈과 다른 수도회를 후원하는 스페인 사이의 세력 대결 양상을 띠기도 했다. 중국에서는 모랄레스 사후 나바레테Domingo Navarrete가 예수회 비판의 선봉에 섰다. 스페인 페냐필 출신인 나바레테는 스페인 대학에서 아퀴나스철학을 공부한 후 도미니쿠스회에 입회, 해외 선교를 지원하여 멕시코를 거쳐 1648년 필리핀에 도착했다.

이후 10년간 마닐라 세인트토마스대학에서 신학을 강의했고 1658년 일단의 수도사들을 대동하고 마카오를 거쳐 중국 푸젠성에 도착해서 선교 사역을 시작했다. 1665년 베이징에서 아담 샬과 천주교인 투옥 사건이 터지면서 중국 전역에 금교령이 내렸을 때는 나바레테노 선교 활동을 중단하고 천주교 교리와 선교정책에 관한 집필에 집중했다.

이런 과정을 거쳐 그동안 예수회가 중국에서 추진한 선교정책과 내용에 '교리적인 오류'가 많다고 판단한 나바레테는 1669년부터 본격적으로 전례논쟁에 개입하여 예수회를 비판했다. 그는 1673년 직접 로마로 가서 예수회 신학자들과 논쟁했고 1676년 스페인 마드리드에서 중국의 정치와 역사, 종교와 윤리에 관한 저술《Tratados historicos, politicos, ethicos, y religiosos de la monarchia de China》을 출판했다. 그는 이 책에서 예수회의 선교 정책을 '네스토리우스 방식Nestorian stele'이라 지칭하고 비판했다. 그의 책은 유럽의 여러 나라 언어로 번역되었고 후에 교황청이 예수회를 해산하는 중요한 근거 자료가 되었다. [87] 이후 나바레테는 중국으로 귀환하지 않고 1677년 스페인 산토도밍고 대주교가 되었다.

이처럼 전례논쟁이 치열하게 전개되는 와중에 1656년 중국인 최초 가톨릭 사제가 배출되었다. 선교사들 사이에 '그레고리오 로페즈 Gregorio Lopez'란 스페인식 이름으로 알려진 라문조羅文藻였다. 도미니쿠스회 선교사들의 선교구역이었던 푸젠성 푸안福安 출신으로 1633년 도미니쿠스회 선교사에게 세례를 받은 후 마닐라에 가서 신학 공부를 한 후, 그곳에서 사제 서품을 받고 푸젠성 남부 샤먼廈門에서 사역하였는데 2천 명이 넘는 세례자를 냈다. 1673년 교황 클레멘스 10세가 그를 주교로 임명했지만 사양했고 1679년 교황 인노센티우스 11세가 또다시 주교로 임명하자 수락한 후 푸젠성을 비롯하여 안후이安

徽, 샨둥山東, 허베이湖北, 샨시山西, 산시陝西, 혜난河南 등지를 관할하며 교회를 지도했다.[88] 중국인 라문조가 사제 및 주교가 됨으로 중국 천주교회는 서양인 선교사들의 지도와 관리를 받던 시대를 벗어나 '중국인에 의한 중국인교회Chinese Church by the Chinese' 시대를 열어갈 수 있는 토대를 마련했다.

그러나 그렇게 되지 못했다. 1691년 라문조 주교가 별세한 후 후임 중국인 주교는 선임되지 못했고 중국 천주교회는 긴 박해시대에 들어갔기 때문이다. 도미니쿠스회 사제였던 라문조는 예수회의 '적응주의' 노선과 달리 공자묘 참배나 조상 제사를 거부했으며 중국의 전통 문화나 관습보다 서방 가톨릭교회의 전례와 문화를 중시했다. 그 결과 같은 천주교인이면서도 예수회 노선을 따르는 교인과 도미니쿠스와 프란체스코회 노선을 따르는 교인 사이에 서로 다른 행동이 표출되었다. 그리고 라문조 주교가 지휘하는 천주교회와 중국 전통사회 사이에도 갈등과 충돌이 빚어졌다. 그것은 정치적인 문제로 발전했다.

강희제는 즉위 초, '섭정시절'에 아담 샬을 비롯한 선교사와 천주교인들을 투옥시킨 적이 있었지만 이내 '친정체제'를 구축한 후 아담 샬을 복권시키고 그 후계자 베르비스트를 중용했으며 1671년과 1692년, 종교 관용령을 선포하여 선교사와 천주교인들의 포교활동을 전면 허용했다. 그러나 이런 황제의 관용은 기독교 선교가 중국의 정치 체제와 질서, 중국의 고유한 문화와 전통을 훼손하거나 침해하지 않는다는 전제를 깔고 있었다. '적응주의' 노선을 취하였던 예수회 선교사들은 이런 황제의 입장을 고려하여 중국의 정치체제와 전통문화에 도전이나 위협이 되지 않는 범위 안에서 선교를 추진했다. 그런 맥락에서 예수회 선교사들은 황제를 위한 기도나 공자묘 참배 및 조상제사를 '종교가 아닌 문화' 영역으로 이해하고 수용했다. 그러나 도미니쿠스회나 프란체스코회, 베네딕투스회, 아우구스티누스회 등 보수적인 선교회는 달랐다. 서구 가톨릭교회 전통에서 용납할 수 없는 '황제숭배' 및 '우상숭배'에 해당하는 비신앙적 행위였다. 중국 내에서는 황제의 비호를 받는 예수회가 유리했지만 중국 밖, 특히 가톨릭교회 전통이 강한 로마와 유럽에서는 예수회가 불리했다.

베트남을 식민지배하고 있던 프랑스를 배경으로 1659년 설립되어 베트남과 동남아시아에 이어 1684년부터 중국 서남부 지역에서 선교를 시작한 파리외방전교회도 '적응주의' 선교정책을 비판함으로 예수회 입지는 더욱 불리해졌다. 이처럼 중국 내에서도 예수회 지도력도 점점 위축되었다. 강희제의 총애를 받던 베르비스트가 1688년 별세한 후 더욱 그러했다. 1701년 당시 중국 천주교회 교세 통계를 보면 예수회 선교사 70명이 전국 188개 교회를 관리했고 프란체스코회 선교사 25명이 30개 교회, 도미니쿠스회 선교사 8명이 6개 교회, 아우구스티누스회 선교사 6명이 4개 교회, 기타 선교회 소속 선교사 15명이 6개 교회를 관리하고 있어 숫자적으로는 예수회가 여전히 우세했지만 그 지도력과 영향력은 예전만 못했다.[89]

이런 상황에서 1704년 중국 천주교회의 운명에 치명타를 가한 교황 회칙이 발표되었다. 중국 선교와 관련하여 전례논쟁을 종지부 찍는다는 의미에서 클레멘스 11세가 1704년 11월 발표한 교황회칙에는 다음과 내용이 실려 있었다.

— 1. 천지와 우주 만물을 창조하신 하나님을 서양에서는 '데우스Deus'로 표기했다. 그런데 이 '데우스'를 중국어로 정확하게 표현할 수 없어 오래 전부터 중국에 들어간 서양 선교사나 가톨릭 신앙을 받아들인 중국인들은 '하늘의 주님'이란 뜻으로 '천주天主'라는 단어를 사용했다. 지금부터는 '천天'이나 '상제上帝' 같은 단어를 사

용하면 안 된다. 데우스는 천지와 우주 만물을 창조하신 '천주'로만 표현되어야 한다. 따라서 한자로 '하늘을 섬긴다.'는 뜻의 '경천敬天'이라 새긴 현판을 성당 안에 걸어두어서는 안 되며 걸려 있다면 떼어야 한다.

2. 개종한 가톨릭교인은 봄·가을에 행하는 공자묘 참배와 집안의 제사를 금해야 한다. 가톨릭 신자는 이런 의식에 참관해서도 안 된다. 참관하는 것도 이교도 의식에 참여하는 것이기 때문이다.

3. 궁정이나 지방정부에서 실시하는 과거 시험에 합격하여 관직에 오른 이들 가운데 가톨릭으로 개종하려면 그는 마땅히 매월 두 차례, 초하루와 보름에 실시하는 공자묘 제사에 참석해서는 안 된다. 가톨릭 신자로서 이미 관직에 올라 있거나 방금 부임했거나 과거 시험을 준비하는 자들도 공자묘에 참배해서는 안 된다.

4. 중국 가톨릭 신자들은 집안의 사당에서 행하는 제사 의식에 참석해선 안 된다.

5. 중국 가톨릭 신자는 집안이나 묘소에서, 장례식에서도 제사 의식에 참여해선 안 된다. 비신자들과 함께 있을 때에도 그렇게 해서는 안 된다. 상황이 어떠하든 그런 행위는 이교도적이기 때문이다.[90]

교황은 계속해서 중국의 고유한 문화나 관습에 대해서도 가톨릭 교회 교리에 부합되지 않으면 거절하도록 지시했는데 그 판단과 결정 권을 교황 대사나 주교, 혹은 선교회 책임자에게 부여했다. 클레멘스 11세는 1705년 이탈리아 출신 멜라드 드 투르농Carlo Tommaso Maillard de Tournon을 교황대사로 중국에 파견해서 이런 내용의 회칙을 전달 했다. 강희제는 베이징에 도착한 교황대사를 처음에 환영했으나 그가 가지고 온 회칙의 내용을 파악한 후에는 '진노'했다. 특히 강희제는 서 방 가톨릭교회가 일방적으로 결정한 내용을 통보하는 교황대사의 '거 만한' 자세에 분노했다. 세 차례 면담에서 타협이 이루어지지 않자 강 희제는 교황대사를 마카오로 추방, 투옥하고 선교사들의 포교활동을 금하는 교서를 내렸다. 이에 교황 클레멘스 11세는 1707년 마카오 감옥에 갇혀 있던 멜라드를 추기경으로 임명했다. 그러나 멜라드는 끝내 석방되지 못하고 1710년 마카오 감옥에서 사망했다. 그의 시신은 로마로 옮겨져 '순교지 유해'와 같은 대접을 받았다.

이처럼 로마교황청의 반예수회 입장이 강화되면서 가톨릭 선교에 대한 중국 황제의 입장도 바뀌었다. 강희제는 중국에서 활동하는 가톨릭 선교사들을 분리해서 대응했다. '적응주의' 노선을 취하는 예수회 소속 선교사들의 포교활동은 계속 허락하였지만 이와 다른 수도회 소속 선교사들은 체포하거나 추방했다. 그러면서 예수회 선교사들을 로마에 보내 교황청과 계속 대화를 시도했다. 하지만 교황청의 입장은 바뀌지 않았다. 오히려 클레멘스 11세는 1715년에 교서를 발표하여 1704년 회칙 내용을 재확인했다. 이에 응하여 강희제도 1721년 로마교황의 회칙을 전면 거부하면서 선교사 추방을 명하는 교서를 내렸다.

— 짐은 저들의 문서를 읽어본 결과 서양인들이 대단히 치졸하다는 것을 알았다. 이 사람들과는 이성적으로 대화가 불가능하다. 왜냐하면 우리 중국인이 그들을 이해하는 것만큼 그들은 우리를 폭넓게 이해하지 못하기 때문이다. 여기 있는 서양인들 가운데 한시를 지을 수 있는 자는 하나도 없다. 그들이 하는 말은 믿기도 어려울 뿐더러 모호하기만 하다. 이 문서를 통해 그들의 종교를 파악할진대 불교나 도교처럼 보잘 것 없고 편협한 종교임에 틀림없다. 짐은 이처럼 터무니없는 문서를 본 적이 없다. 따라서 지금 이후로 서양인들은 중국에 머물러 전도할 수 없다. 더 이상 문제를 일으키지 말라.[91]

이런 초지를 내린 강희제는 그 이듬해 1722년 11월, 중국의 역대 황제나 왕 가운데 가장 오랜 '61년 통치'를 마감하고 죽었다. 그 뒤를 이어 옹정제雍正帝가 44세 나이로 황제가 되었다. 유교를 숭상했던 강희제와 달리 불교를 숭상하였던 옹정제는 가톨릭 선교에 대한 평가도 부친과 달랐다. 옹정제는 로마교황과 가톨릭 선교사들의 태도를 황권에 대한 도전으로 이해했다. 그는 즉위 2년차인 1724년 중국에서 활동하던 모든 선교사들에게 추방령을 내렸다. 예수회 선교사들도 예외는 아니었다. 선교사들은 대부분 마카오로 추방되었다. 중국 천주교인들에 대한 탄압도 진행되었다. 그러나 옹정제가 통치 13년 만인 1735년 급서하고 그 아들 건륭제乾隆帝가 즉위하면서 분위기가 바뀌었다. 건륭제는 할아버지 강희제의 '문화융성' 정책을 따랐다. 그는 10년에 걸쳐 7만 여 권의 고금 도서들을 수집, 중국 역사상 최대 문헌집인 《사고전서四庫全書》를 편찬했는데 그 안에는 리치의 《천주실의》와 베르비스트의 《교요서론》도 포함되었다. 또한 마카오로 추방되었던 예수회 선교사 카스틸리오네Giuseppe Castiglione와 브노아Michel Benoist 등을 베이징으로 불러들여 이궁離宮인 원명원圓明園을 서양식으로 건축하도록 했다.

건륭제는 선교사들의 입국을 허용하였지만 포교활동은 여전히 금했다. '적응주의' 노선의 예수회 선교사들만 과학과 기술 분야에서 중국인들을 접촉할 수 있었다. 선교사들은 교회 안에서 종교 활동을 보장받았지만 교회 밖에서 중국인을 대상으로 한 포교활동은 금지되었다. 중국 천주교인들도 역시 포교활동을 하지 못하도록 금했다. 선교사나 천주교인들은 '은밀하게' 포교활동을 벌일 수밖에 없었다. 그리고 중국의 천주교인들은 서로 상반되는 국가(황제) 명령과 교회(교황) 명령 가운데 하나를 선택해야만 했고 국가보다 교회를 상위 가치로 여기는 교인들만 교회에 남게 되었다. 결국 신의 명칭 문제(천주인가? 상제인가?)와 전통 종교문화와 관습(공자묘 참배와 조상 제사) 수용 문제로 시작된 전례논쟁은 시간이 흐르면서 교회와 국가, 정치와 종교 사이의 가치판단 문제로 바뀌었고 천주교 신앙이 반국가행위로 인식되는 상황이 되었나.

이처럼 중국에서 선교 상황이 악화되는 가운데 선교사를 파송한 유럽 가톨릭교회 상황도 중국 선교에 불리한 방향으로 전개되었다. 유럽에서는 여전히 예수회의 신학과 선교정책을 둘러싼 논쟁이 계속되었다. 1742년 교황 베네딕투스 14세는 예수회를 비판한 클레멘스 11세의 1704년 회칙을 재확인했고 이에 발맞추어 베네딕투스회는 중국에서 활약하는 모든 선교사들에게 교황회칙을 준수하겠다는 서약을 받도록 촉구했다. 예수회의 입지는 점점 좁아졌다. 여기에 17세기 말부터 일어난 유럽 가톨릭교회 쇄신운동을 주도한 얀센주의자 Jansenist들은 예수회 사제와 수도사들의 부패와 윤리적 타락을 집중적으로 비판했다. 16세기 루터의 종교개혁에 대항해서 가톨릭교회 쇄신운동을 전개했던 예수회가 1세기 만에 쇄신운동 대상이 된 것이다. 여기에 전례논쟁을 통해 드러난 예수회의 '적응주의' 선교정책도 가톨릭 교리와 전례 전통을 중시하는 유럽교회의 지지를 받지 못했다.

결국 18세기 말에 접어들어 예수회는 유럽의 중요 가톨릭국가로부터 배척을 받았는데 1759년 포르투갈, 1764년 프랑스, 1767년 스페인이 각각 예수회 사제와 수도사들을 추방했다. 이런 분위기에서 로마교황도 자유로울 수 없었다. 마침내 스페인과 프랑스, 포르투갈, 그리고 이탈리아 공국들의 압력을 받은 교황 클레멘스 14세는 1773년 예수회 해산을 명하는 회칙을 발표했다. 이로써 인도와 일본, 중국 선교를 개척한 후 아시아의 전통종교와 문화에 우호적인 '적응주의'(토착화) 원리를 바탕으로 아시아 지식인들의 지지를 받아가며 아시아 복음화는 물론 과학 발전과 근대화에 일정 부분 기여했던 예수회는 유럽 가톨릭교회와 국가들의 보수적인 '교리주의', '서구중심주의' 장벽에 부딪혀 해산되는 비운을 맞았다. 예수회는 1814년 교황 피우스 7세에 의해 재조직되었지만 16-17세기 아시아에서 보여 주었던 활기찬 선교는 기대할 수 없었다.

결국 1582년 사비에르의 샹촨도 상륙으로 시작된 예수회의 중국 선교는 200년 만에 종결되었다. 1773년 교황 회칙으로 해산당한 예수회 소속 선교사들은 사역 기반과 영역을 잃었다. 이들이 택할 수 있는 길은 세 가지, 소속 선교회를 바꾸어 계속 중국에 남아 사역하는 것, 유럽으로 돌아가는 것, 가톨릭 선교사 및 사제직을 포기하고 중국에 남아 다른 사역을 모색하는 것이었다. 대부분 예수회 선교사들은 유럽으로 돌아갔지만 중국에 남아 민간인 신분으로 중앙정부와 지방정부에 봉사하거나 개인적으로 동서무역이나 사업에 종사한 경우도 적지 않았다. 예수회가 해산된 후 프란체스코회와 도미니쿠스회, 아우구스티누스회, 베네딕투스회, 파리외방전교회 등 보수적인 선교회 소속 선교사들은 계속 중국에 남아 활동했지만 자유로운 선교활동은 불가능했다. 선교사들의 중국인 접촉이나 포교활동은 금지되었고 적발되면 추방당했다. 중국인 사제나 천주교인들의 공개적인 신앙 및 포교활동도 불가능했다. 정치적 혼란이 심했던 건륭제 말기, 그리고 1796년 새 황제로 가경제嘉慶帝가 즉위한 이후 천주교 탄압과 박해는 더욱 심해졌다.[92] 일본의 도쿠가와 막부시대 천주교회(기리시단)가 당했던 것처럼 잔혹하지는 않았지만 선교사와 천주교인들에 대한 추방과 투옥이 지속되었다.

그러나 중국에서 기독교의 '침묵과 시련의 시대'는 오래 가지 않았다. 1800년대 접어들어 영국과 네덜란드, 미국, 독일, 독일 등 서구 국가들에게 중국의 문호가 개방된 후 서양인의 출입이 자유롭게 되었다. 특히 영국의 동인도회사가 개입하여 일어난 아편전쟁(1840년)에서 패한 이후 중국의 청나라 정권은 급속한 내부 붕괴과정에 접어들었고 서구 국가들은 공세적으로 중국에 진출하여 정치·경제적 이권을 챙기기 시작했다. 베트남과 필리핀, 말레이시아, 버마, 캄보디아, 라오스, 캄보디아, 인도네시아 등 동남아시아 국가들처럼 서구 국가의 식민지가 되지는 않았지만 아편전쟁 승전국인 영국과 체결한 난징조약(1842년) 이후 서구 국가들과 체결한 각종 불평등 조약으로 인해 중국은 주권 국가로서의 위상과 기능을 상실했다. 자국 영토임에도 불구하고 16세기 중반부터 포르투갈이 실질적으로 지배한 마카오, 그리고 아편전쟁에서 승리한 영국이 전리품으로 챙긴 후 식민정부를 설치한 홍콩은 '준準식민지화'된 중국의 처지를 반증했다. 중국의 청나라 정부는 '서세동점西勢東漸', 치고 들어오는 서구 국가들의 공세에 속수무책이었다.

이런 상황에서 서구 프로테스탄트, 가톨릭 국가에서 파견한 선교사들에 의해 중국 선교가 활발하게 추진되었다. 그동안 추방되었던, 혹은 숨어서 활동하던 가톨릭 선교사들이 다시 등장하여 활동을 재개했고 아편전쟁 승전국인 영국을 비롯하여 스코틀랜드와 아일랜드, 네덜란드, 스웨덴, 노르웨이, 독일, 미국, 캐나다 등 서구 프로테스탄트 국가 선교사들도 대거 들어와 경쟁적으로 선교활동을 펼쳤다. 프로테스탄트 선교사로는 처음으로 영국 런던선교회 파송을 받은 모리슨 Robert Morrison이 1807년 광둥성 광저우廣州에 도착해서 중국인 선교를 시작하였는데, 선교 착수 7년 만인 1814년에 단 한 명의 세례교인을 얻을 정도로 지지부진했지만 아편전쟁 후에는 수월하게 진행되어 1863년 1,974명, 1877년 13,515명, 1890년 37,287명, 1905년 178,252명

에 이어 1913년 285,045명 신자를 얻었다. [93]

아편전쟁 후 80년이 지난 1920년 당시 중국의 프로테스탄트 교세를 살펴보면, 서구 10여 개 국가의 180여 개 선교단체에서 파송된 30여 개 교파의 6천 여 명의 선교사들이 활동하고 있었는데, 중국 전역 1만 여 교회에 중국인 사역자 2만 8천 명, 총교인 80만 명을 기록했다. 여기에 가톨릭과 정교회 신자 190만 명을 포함하면 중국에 270만 명의 기독교 신자가 탄압이나 방해를 받지 않고 신앙생활을 하고 있었음을 보여 주는데, 이는 전체 중국 인구(4억 4천만) 가운데 0.6퍼센트에 해당하는 수치다. [94] 중국 인민 200명 중 한 명꼴로 기독교인이 된 셈이다.

이러한 수치는 외견상 중국 선교의 '성공'처럼 비춰졌다. 중국에서 활동하는 선교사나 그들을 파견한 서구교회 입장에서는 더욱 그러했다. 그러나 그렇게 '긍정적인' 평가만 내릴 수 없는 것이 선교사들의 도래와 포교활동을 바라보는 중국인들의 시선과 평가가 달랐기 때문이다. 역사적으로 중국인들에게 기독교는 '외래인'들과 함께 들어온 종교였다. 19세기 '서세동점'의 분위기 가운데 진행된 기독교 선교에 대한 중국인들의 인식은 부정적이었다. 특히 중국인들의 민족적 자존심에 깊은 상처를 안겨준 아편전쟁 직후 '물밀듯이' 들어온 영국과 미국 등 서구 프로테스탄트 선교사들에 대한 인식이 좋지 않았다. 그것이 선교의 최대 장애물이었다. 앞서 중국 선교를 개척한 런던선교회의 모리슨도 그러했지만, 미국 감리회도 선교 개척 10년 만인 1856년에야 중국인 세례교인 한 명을 얻었다. 1847년 중국 남부 개항장 푸저우(福州)에 도착해서 미감리회 중국 선교를 개척했던 화이트Moses C. White의 증언이다.

— 우리 종교[기독교]가 중국인들이 섬기는 우상보다 우월하다는 것을 설명할 때 종종 듣는 질문은, '그렇다면 왜 영국 사람이나 미국 사람은 우리 민족에게 억지로 아편을 가져와 그것을 먹게 만들었느냐?'는 것이다. 그러면서 그들은 '아편 무역민 중단해라. 그러면 당신들의 종교가 전하는 것을 기꺼이 듣겠다'고 한다. 중국 정부가 온갖 노력을 기울여 아편이 들어오는 것을 막으려 했건만 그처럼 황당한 방식으로[전쟁을 거쳐 아편을] 받아들여야 했던 것을 안타까워하는 중국인들의 말을 들을 때마다 선교사들의 마음은 실로 아프기만 하다."[95]

'아편을 갖고 들어 온 종교.' 그것이 서구 프로테스탄트 선교가 중국인 사회, 특히 중국의 민족주의와 사회주의 진영으로부터 배척을 받은 중요한 이유 가운데 하나다. 그런 맥락에서 1920년대 이후 중국 사회가 자본주의 진영(국민당)과 사회주의 진영(공산당) 나뉘어 갈등과 분쟁을 일으켰을 때, 기독교는 사회주의 진영으로부터 '서구 제국주의와 자본주의 앞잡이', '민중의 아편'이란 비판을 받았다.[96] 그리고 1945년 2차 세계대전이 끝나고 중국에 공산주의 국가가 수립되면서 중국에서 활동하던 서구 선교사들은 모두 추방되었고 공산주의 정권에 협력하지 않는 중국 교회와 기독교인들은 혹독한 탄압과 박해를 받았다. 이후 1990년대 중국이 개방·개혁 정책을 채택하고 서방에 문호를 개방하기까지 중국 기독교 역사는 또다시 긴 '침묵의 시대'에 접어들었다.

맺음말

한국의 개신교회 최초 신학자로 알려진 탁사 최병헌은 개종 직후(1894
년) 전도인으로 활약하던 시절 주로 서울 북촌의 유교 선비와 양반들
에게 전도했는데 그때 경험을 '삼인문답'이란 글로 정리해 1900년 〈대
한크리스도인회보〉에 발표한 적이 있다. 그 도입 부분이다.

─ **전도인:** 천하는 한 집과 같고 사해 안 사람은 다 형제라. 이곳에 계신 동포들도 구
세주의 복음을 들어 보셨습니까?

유교 선비: 나도 예수교회의 말씀은 들었거니와 우리나라의 우리 유교도 바로 행
치 못하거든 하물며 타국 교를 어느 겨를에 행하리오.

전도인: 유불선 삼도가 모두 타국에서 왔거늘 어찌 우리나라 교라 하느뇨? 공부
자는 노국 창평현에서 나시고 노백량은 초국 고현에서 나고 석가여래는 천축국
석란도에서 났으니 이 교의 조상들이 하나도 대한 천지에서 난 이는 없으되 주인
장 말씀이 우리나라 교라 하고 구세주께서는 아시아 서편 유대국에서 나셨으니
또한 대한과 한 부주 안에 있는 지라. 하필 외국 교라 지목하고 행치 아니할 것이
무슨 곡절이 있나이까?[97] ─

이 글을 시작하면서 서론에서 소개했던 노병선의 《파혹진선론》에
서 언급했던 것처럼, 선교 초기에 토착민, 특히 지식인 사회에서 기독
교가 배척을 받은 중요한 이유는 기독교가 '외국 종교', '서양 종교'라

는 점이었다. 전도인들이 가장 많이 들은 질문은 "동양인인 우리가 굳이 서양인의 종교를 믿을 필요가 있느냐?"였다. 그래서 전도인들은 기독교가 유교나 불교, 도교와 마찬가지로 예수 그리스도가 아시아(이스라엘) 출생이고 싱경과 기독교 형성 무대가 아시아였음을 설명하는 것으로 전도를 시작했다. 이처럼 기독교가 '아시아 종교'임에도 '서양 종교'로 인식된 것은 기독교 복음을 전해준 선교사가 서양인이고, 선교사들이 소개한 기독교 전례와 문화가 서구 유럽과 미국에서 형성된 '서양 것'이기 때문이었다. 기독교가 그렇게 '서양 종교'로 인식된 배경에는 그동안 우리가 사도행전이나 교회사를 통해 배웠던 기독교 복음의 전파 경로, 즉 예루살렘에서 발원하여 유대→사마리아→소아시아→그리스·로마→유럽→미국→아시아로 이어지는 '서향西向, westerly' 루트를 통해서 이루어진 기독교 선교의 역사가 있었다. 그렇게 해서 아시아의 서쪽 끝자락(이스라엘)에서 발원한 기독교는 유럽으로 건너가 서구인들의 종교로 변모했고 서방의 옷을 입은 기독교는 인도양과 태평양을 건너 아시아의 동쪽 끝자락(한국)에 도래했다. 아시아에서 기독교가 '서양 종교'로 인식된 배경이자 그래서 배척을 받은 이유였다.

그러나 과연 아시아 선교 역사에서 이런 '서향 루트'만 있었을까? 아시아에 복음을 전한 이는 서방인들뿐이었는가? '동쪽으로東向, easterly' 진행된 선교의 역사는 없는가? 아시아에 복음을 전한 아시아인은 없었는가? 이런 질문을 염두에 두고 '서양인에 의한 아시아 선교Asian mission by the Western'가 아니라 '아시아인에 의한 아시아 선교 Asian mission by the Asian'의 역사를 추적, 규명하는 것이 이 글의 첫 번째 목표였다. 자료와 연구 부족으로 완벽하지는 못했지만, 사도행전과 그 이후 외경으로 분류되었던 시리아 고대문헌, 그리고 유세비우스 같은 고대 교회사가들의 저작을 통해 '동방으로' 진행된 선교 역사의 흐름을 정리할 수 있었다. 그 결과 예루살렘에서 발원한 기독교 복음이 시리아의 안디옥과 에뎃사를 거점으로 페르시아의 니시비스와 체시폰을 거쳐 인도와 중국에 전파되었음을 확인할 수 있었다. '동방의 사도'인 도마를 비롯하여 바돌로매와 다대오, 그리고 뒤를 이은 전도자들이 고대로부터 '비단길'이라 불리던 동·서 교역로를 따라 '동쪽으로' 복음을 전파했다. 그 결과 시리아와 아르메니아, 페르시아를 거쳐 인도에 교회가 설립되었으니 이들 시리아와 페르시아의 동방교회, 아르메니아 정교회, 그리고 인도의 마르도마교회가 그것이다. 그중에도 시리아와 페르시아의 동방교회는 비단길을 따라 지속적으로 인도와 중앙아시아, 몽골, 중국 방면으로 선교사와 전도자를 파송하여 고대 아시아 선교의 구심점이 되었다.

그렇게 시작된 아시아 교회사는 출발부터 시련과 수난의 연속이었다. 초대교회 시절 로마제국의 식민 통치 하에서 소아시아와 시리아 지역 교회들이 받은 탄압과 박해는 물론이고 313년 밀라노 칙령 이후 종교 박해는 사라졌지만, 니케아공의회(325년)로부터 에베소공의회(431년), 칼케돈공의회(451년)에 이르는 교리 논쟁과 종교회의에서 동방교회 정서를 대변했던 안디옥학파가 서방교회 정서를 대변했던 알렉산드리아학파에 계속 패함으로 시리아와 페르시아를 배경으로 한 동방교회는 로마제국을 배경으로 한 서방교회로부터 견제와 무시를 당했다. 특히 에베소공의회와 칼케돈공의회에서 이단으로 정죄받고 로마제국에서 축출된 네스토리우스파와 단성론파는 시리아와 페르시아의 동방교회에 흡수되었는데, 그 때문에 동·서방교회 사이의 갈등과 마찰은 심화되어 관계와 교류 단절로 이어졌다.

이런 상황에서 동방교회의 지역적 배경이 되었던 시리아와 페르시아, 아르메니아 일대가 7세기 이후 이슬람 지역으로 바뀌면서 이슬람 통치 세력으로부터 정치적·종교적 탄압을 받게 되었다. 계속해서 1054년 서방교회의 두 축이었던 로마 교구와 콘스탄티노플 교구가 서로가 서로를 정죄하며 관계를 단절하는 동·서 교회 분열이 이루어짐으로 시리아와 페르시아의 동방교회는 서방교회로부터 더욱 고립되었다. 그런 상황에서 유럽의 서방 가톨릭교회가 '성지회복'이란 명분으로 십자군운동을 일으켜 대규모 군사를 중근동 지역에 파견, 침략과 약탈의 전쟁을 일으킴으로 이 지역 이슬람과 토착민들 사이에 반기독교 정서를 확산시켰다. 그것은 곧 중근동 지역에 기반을 둔 동방교회에 큰 타격이 되었다. 이후 동방교회는 더욱 열악해진 외적 환경에서 '살아남기' 위한 생존투쟁에 몰두했다. 동방교회가 그동안 '동쪽으로 향하는' 아시아 선교의 구심점으로서 감당해 왔던 기능도 크게 약화되었다. 시리아와 페르시아의 동방교회와 연결되어 지속적으로 후원을 받아왔던 인도의 마르도마교회도 위기에 처했다. 이후 마르도마교회는 17세기 포르투갈 선교사들이 도래하기까지 5백 년 넘게 외부와의 연락이나 지원이 단절된 상태에서 토착 힌두교와 토착 정치세력의 탄압과 박해 가운데 신앙 전통을 지켰다.

페르시아 동방교회의 '비단길'을 통한 아시아 선교는 중국에까지 이어졌다. 아직 이슬람 세력이 페르시아를 장악하기 전인 635년, 페르시아 동방교회(네스토리우스파)에서 파견한 선교사 아라본 일행이 중국에 도착하여 당나라 황제 태종의 허락을 받고 선교활동을 시작했다. 이후 네스토리우스파 기독교는 중국에서 '경교景敎'란 이름을 사용했다. 경교는 회교(回敎, 이슬람), 요교(妖敎, 조로아스터교)와 함께 "서방에서 들어온 세 가지 외래 종교"란 뜻의 '삼이사三夷寺' 중 하나로 분류되어 2백 년 동안 선교활동을 펼쳤다. 경교는 한창 번창할 때 전국 10개도에 신도 수가 10만을 넘겼다. 그러나 당나라 말기인 845년 무종 황제가 '회창멸법會昌滅法'을 선포하고 국교인 도교 이외의 종교를 훼파할 때 경교도 함께 소멸되었다. 경교는 중국에 들어와 예전이나 경전 번역, 용어에서 불교 양식을 많이 취하면서 나름대로 '토착화'를 시도하였지만 서역(페르시아)에서 들어온 '외래 종교'라는 한계를 극복하지 못하고 사라졌다. 그러고 나서 400년이 지난 후 1272년 몽골제국이 중국을 점령하고 원나라를 세우면서 네스토리우스파 기독교가 다시 한번 중국에 들어와 크게 유행했다. 중앙아시아 비단길이 통과하는 지역에 살던 몽골부족 가운데 시리아와 페르시아로부터 전파된 기독교 복음을 받아들인 부족들이 많았는데 1206년 몽골부족을 통일하고 몽골제국을 건설한 테무친(칭기즈칸)의 외가와 처가에도 그런 기독교 신앙인들이 많았다. 그래서 몽골제국이나 원나라 황실은 서방 기독교에 우호적이었다.

원나라 때 중국에 들어온 네스토리우스파 기독교는 '야리가온也里可溫'이란 명칭으로 불렸다. 또한 몽골제국의 위성국가로 중동 지역과 동유럽에 수립된 킵차크칸국이나 일칸국도 기독교에 우호적이었다. 그래서 원나라와 유럽의 기독교 국가들 사이에 외교활동이 이루어졌고 그런 배경에서 서방 가톨릭교회의 프란체스코회 수도사들이 로마 교황과 프랑스 국왕의 외교사절 혹은 선교사로 중국에 파견되어 원나라 수도 베이징에서 활동하기도 했다. 그 결과 중국에서 동방교회의 네스토리우스파와 서방교회의 가톨릭 선교사들이 함께 사역하는 형국이 되었는데 두 종파 사제와 선교사들은 서로 협력하기보다는 갈등과 마찰을 빚었다. 그러다가 1368년 한족이 봉기하여 원나라를 붕괴시키고 명나라를 세우면서 몽골부족이 중국에서 축출당할 때 야리가온도 함께 소멸되었고 서방교회 가톨릭 선교도 중단되었다. 결국 원나라 때 야리가온은 '지배자'인 몽골부족과 함께 들어왔다가 '패배자'가 된 몽골부족과 함께 떠났다. 야리가온도 경교처럼 중국인과 중국 사회 내부에 뿌리를 내리지 못했다.

16세기 종교개혁 이후 아시아 선교는 전적으로 서방교회의 몫이 되었다. 아시아 선교를 담당했던 시리아와 페르시아의 동방교회는 더욱 혹독해진 이슬람 통치 세력의 탄압으로 생존 위기에 처해 있었기에 외지 선교를 추진할 만한 여력이 없었다. 이런 상황에서 가톨릭 국가인 포르투갈이 아시아 선교를 적극 후원하고 나섰다. 15세기 이후 해양 강국으로 부상한 포르투갈은 같은 가톨릭 국가인 스페인과 국제 무역과 세력 확장을 두고 경쟁하는 관계였는데 로마교황청의 개입으로 대서양 동부, 아프리카와 아시아지역을 할당받은 후 본격적인 식민지 개척에 나섰다. 그렇게 해서 포르투갈은 인도 고아와 동남아시아 말라카, 그리고 중국 마카오에 치외법권적인 '식민영지'를 개설하고 그곳을 거점으로 정치·경제적 세력 확장을 꾀했다.

이런 포르투갈의 식민지 경영에 맞추어 로마가톨릭교회도 아시아 선교를 본격적으로 추진했다. 그 선봉을 신생 수도단체인 예수회가 맡았다. 예수회는 교황에 대한 절대 충성과 엄격한 신앙훈련을 거친 후 과학 및 철학 교육을 통해 영적·지적 능력을 갖춘 선교사를 파송했고 선교 현장에서는 '적응주의adaptation/accommodation' 원칙을 추구했다. 예수회 창설자 중 일인이었던 사비에르는 직접 아시아 선교를 참여하여 인도와 일본, 중국 선교를 개척했다. 사비에르의 뒤를 이어 발리냐노와 리치, 아담 샬, 베르비스트 등이 '적응주의' 원칙을 바탕으로 일본 및 중국 선교를 추진했다. 예수회의 '적응주의' 선교는 나름대로 아시아에서 효과를 얻었다. 아시아의 전통 문화와 종교를 무시하거나 배격하기보다 존중하며 대화를 시도하는 선교사들의 접근

방식에 아시아인들도 마음을 열었다. 특히 중국과 일본에서 사역한 예수회 선교사들은 봉건사회의 상류 지식인과 정치인 등 '선별 계층 selected class'을 대상으로 활동하였는데 이들 상류층 인사들의 관심을 끄는 서양 과학과 문물, 무기 등이 선교방편으로 적극 활용되었다. 그 결과 일본에서는 지방영주 가운데 '기리시단 다이묘', 중국에서는 서광계와 이지초, 양정균 등 고위관료 신자들을 얻을 수 있었다.

그러나 예수회의 '적응주의' 선교정책에 대한 비판적이었던 프란체스코회와 도미니쿠스회, 아우구스티누스회, 베네딕투스회 등 다른 가톨릭교회 수도회가 아시아 선교에 참여하면서 가톨릭교회의 아시아 선교는 혼란에 빠졌다. 예수회와 달리 서방 가톨릭교회의 '라틴 전례'와 교리 전통을 그대로 선교지에 '이식하기transplanting'를 강조했던 이들 보수적 수도회 선교사들은 예수회 선교사들이 추진했던 '적응주의' 선교정책과 그 결과를 '혼합주의', '타협주의'로 비판했다. 결국 예수회와 비예수회 수도회 사이에 전개된 '전례논쟁'은 예수회를 후원하는 포르투갈과 다른 수도회를 후원하는 스페인 사이에 해상 무역을 둘러싼 국제 분쟁의 성격까지 띠었다.

결국 로마교황청은 1773년 예수회를 해산시킴으로 아시아에서 '적응주의' 선교정책은 폐기되었고 그것은 일본과 중국에서 가톨릭 선교사 추방과 기독교인 박해로 연결되었다. 아시아 국가 지도자들이 가톨릭 선교를 단순한 포교활동이 아니라 서구 제국주의 국가들의 식민지 개척과 세력 확장의 도구로 인식한 결과였다. 결국 '적응주의' 노선을 취했든, 아니면 반대로 '보수주의' 노선을 취했든 16세기 이후 아시아 선교를 담당했던 서방 가톨릭교회의 선교사들은 그들의 선교활동을 보호하고 지원했던 포르투갈과 스페인 등 가톨릭 국가들의 '제국주의적'이고 '식민주의적'인 세력 확장정책의 도구로 이용되었다는 비판을 피할 수 없었다.

이 글에서는 자세히 살펴보지 않았지만 18세기 이후 전개된 서구 프로테스탄트 국가와 교회들의 아시아 선교도 그 성격과 내용에서 앞선 가톨릭 국가나 교회와 크게 다르지 않았다. 아시아인의 입장에서 볼 때 배역은 같은데 배우만 바뀌었을 뿐이다. 17세기 접어들어 그동안 국제무역과 해상지배권을 장악하고 있던 포르투갈과 스페인 등 가톨릭 국가들이 몰락하고 그 자리를 영국과 네덜란드 등 신흥 프로테스탄트 국가들이 차지하면서 가톨릭 국가들의 식민 통치를 받던 선교지 상황도 바뀌었다. 영국과 네덜란드는 스페인과 포르투갈처럼 처음부터 직접 통치자(총독)를 보내 식민통치하지 않고 먼저 '동인도회사East Indie Company'라는 무역회사를 설립, 경제적인 교류를 통해 정치적인 지배(식민통치)의 발판을 마련했다. 그렇게 해서 네덜란드는 1595년, 영국은 1600년 각각 동인도회사를 설립하고 경쟁적으로 국제무역과 식민지 경영에 나섰다. 그 결과 두 나라 동인도회사는 아시아와 아프리카, 아메리카 지역에서 종종 충돌했고 전투까지 벌였다. 스페인과 포르투갈 함선도 그러했지만 영국과 네덜란드의 동인도회사 무역선도 군함처럼 무장했다. 동인도회사 무역선이 아시아인들에게 '두려운 존재'가 된 이유다.

그렇게 해서 영국과 네덜란드 동인도회사는 과거 포르투갈과 스페인이 장악하고 있던 아시아 무역거점과 '식민영지'를 점령했다. 네덜란드 동인도회사는 포르투갈의 식민영지였던 말라카를 점령한 후 말레이시아와 인도네시아를 식민지화하고 동남아시아 무역과 일본 무역을 독점했다. 영국의 동인도회사는 인도를 공략하여 포르투갈 식민영지였던 고아를 점령한 것에 그치지 않고 1757년 플라시 전투, 1764년 북사르 전투, 영국-마이소르 전쟁(1766~1799년), 영국-마라타 전쟁

(1772~1818년)에서 승리하여 무굴제국을 붕괴시켰다. 그리고 수만 명 희생자를 낸 세포이항쟁(1857-1858년)을 진압한 영국은 1877년 인도를 '영국령'으로 선포한 후 본격적인 식민통치를 시작했다. 19세기 아시아에서 영국의 식민통치 영역은 인도 주변 국가인 네팔과 아프가니스탄, 파키스탄, 스리랑카를 넘어 동남아시아의 버마와 말레이시아, 인도네시아, 파푸아뉴기니까지 확장되었다. 영국 동인도회사가 개입하여 일어난 아편전쟁(1840년)에서 승리한 영국은 중국 영토인 홍콩에 '식민정부'를 설치하고 중국과 동아시아 국가들에도 영향력을 행사했다. 19세기 아시아에서 영국은 가장 많은 '식민 영토'를 보유한 서방 국가였다. 한편 가톨릭 국가인 프랑스도 뒤늦게 아시아 식민지 경영에 참여하여 1858년 베트남 중부 해안도시 다낭을 침공, 점령한 후 그 영역을 넓혀 '인도차이나'로 불리던 통킨과 안남, 코친차이나, 캄푸치아, 라오스 일대를 식민 지배했다. 그리고 후발 제국주의 국가였던 미국도 아시아 식민 경영에 참여했다. 미국은 1898년 스페인과의 전쟁에서 승리함으로 16세기 이후 스페인의 식민지였던 멕시코(일부)와 필리핀을 소유하게 되었다.

이처럼 19세기 접어들어 아시아의 거의 모든 국가들은 서구 국가들의 '식민 통치'를 받게 되었다. 그와 함께 서구 선교사들의 진출과 사역이 이루어졌다. 초창기 네덜란드나 영국의 동인도회사는 초창기 경제와 종교를 분리하여 동인도회사를 통한 선교활동을 철저히 금했다. 그것은 앞서 스페인과 포르투갈이 식민통치 현장에 선교사들을 참여시킴으로 지역 토착민들의 종교·문화적인 저항을 불러 일으켜 정치·경제적인 통치에 장애요인이 되었음을 파악한 때문이었다. 그렇다고 동인도회사가 서구 프로테스탄트 선교를 전면 금지한 것은 아니다. 회사의 통제와 관리를 받는 전제 하에 선교사 활동을 허락했다.

선교사를 동인도회사 직원으로 채용하여 '간접 선교'를 추진한 경우
도 있었다. 중국 선교를 개척한 모리슨과 귀츨라프K. G. F. Gützlaff가 동
인도회사 직원 신분으로 활동한 것이 대표적인 예다. 그런 배경에서
영국 동인도회사 위세가 강했던 인도와 중국의 주민들 사이에 프로
테스탄트는 '동인도회사 종교'로 인식되기도 했다. 서구 국가들의 '식
민 통치'를 받은 다른 아시아 국가들에서도 기독교, 특히 프로테스탄
트는 '지배자의 종교'로 인식되었다.

이렇듯 가톨릭이든 프로테스탄트든 서구 기독교회의 아시아 선교
는 서구 국가들의 '제국주의imperialism'와 '식민주의colonialism' 구조 안
에서 이루어졌다는 비판에서 자유롭지 못하다. 선교사를 파송한 서
구 국가나 교회 입장에서 보면 자국의 경제와 종교의 '확장expansion'
이었고 아시아의 '문명화civilization'와 '복음화evangelization'를 돕기 위한
봉사였다고 설명할 수 있겠지만, 그것을 받아들이는 아시아인의 입장
에서는 '침범invasion'이고 '점령occupation'이었다. 더욱이 그 과정이 '공
세적'이고 때론 '폭력적'이어서 당하는 아시아인들의 마음에 깊은 상
처를 남기기도 했다. 결국 아시아에서 기독교는 '외래 종교', '지배자의
종교'라는 부정적인 인상을 벗지 못했다. 또한 인도나 중국, 일본에서
가톨릭 선교사들이 예수회와 비예수회로 나뉘어 갈등을 일으킨 것처
럼 19세기 이후 아시아 선교에 참여했던 서구 프로테스탄트 선교사
들도 다양한 교파와 교단을 배경으로 선교 현장에서 협력하기보다는
경쟁과 갈등을 표출했다.

결국 교파주의denominationalism와 교리주의dogmatism, 연고주의緣故
主義, 서구우월주의orientalism에 매몰된 선교사들의 '분파적인sectarian'
행동이 기독교에 대한 아시아인들의 평가에 부정적인 영향을 끼쳤다.
이런 것들로 인해 아시아에서 기독교 선교는 '행복한 기억'이 되지 못

했다. 기독교가 아시아에서 발원한 종교임에도 아시아인들이 기독교를 '남의 종교'라며 거부한 이유다.

본래 기독교는 그렇지 않았다. 아시아 서쪽 끝자락에서 발원한 기독교 복음이 서방으로 흘러 들어가 유럽 대륙과 미국을 거치면서 변질되고 변모한 결과였다. 서방 유럽으로 흘러 들어간 기독교는 제국과 자본의 보호와 지원을 받으며 몸집이 커졌다. 거기 따라 몸짓도 달라졌다. 복음은 겸손으로 시작되었는데 기독교는 오만으로 바뀌었다. 그리스도는 무릎 꿇고 섬기는 자세로 시작했는데 선교사는 위압적으로 군림하는 자세로 등장했다. 그래서 아시아에서 발원한 종교임에도 아시아인들은 기독교를 '낯설어'했던 것이다.

그러나 이제는 바꿔야 한다. 기독교 복음의 본래 자리, 본래 모습을 회복해야 한다. 다시 시작하는 아시아 선교는 '힘으로 밀어붙이는 선교mission by force'가 아니라 '사랑으로 섬기는 선교mission by love'여야 할 것은 두말할 필요가 없다.

미주

신경림 | 한국 선교, 점검과 제언

<u>1</u> Robert Reese, *Roots & Remedies of the Dependency Syndrome in World Missions* (Pasadena, CA: William Carey Library, 2010), p 101.

<u>2</u> 위와 같은 책, pp 65-82.

<u>3</u> 변창욱,《한국교회의 자립 선교 전통과 비자립적 선교 형태: 자립적 선교 패러다임으로 변화를 모색하며》, 2011, p 248.

<u>4</u> 한국 기독교사연구회,《한국 기독교의 역사 I》, 기독교문사, 1990, pp 218-219.

<u>5</u> 존 네비우스,《네비우스 선교 방법》, 김남식 역, 성광출판사, 1981, p 8.

<u>6</u> Robert Reese, *Roots & Remedies of the Dependency Syndrome in World Missions* (Pasadena, CA: William Carey Library, 2010), pp 134-140.

<u>7</u> 이덕주,《한국 토착교회 형성사 연구》, 한국기독교역사연구소, 2000, pp 154-157.

<u>8</u> 이덕주 교수와의 대화 내용.

<u>9</u> Steve Corbett and Brian Fikkert, *When Helping Hurts: How to Alleviate Poverty without Hurting the Poor and Yourself* (Chicago, IL: Moody Publishers, 2009), pp 53-54.

<u>10</u> Elisabeth Moltmann-Wendel, *A Land Flowing with Milk and Honey: Perspectives on Feminist Theology* (New York, NY: Crossroad, 1989), p 155.

<u>11</u> Steve Corbett and Brian Fikkert, *When Helping Hurts: How to Alleviate Poverty without Hurting the Poor and Yourself* (Chicago, IL: Moody Publishers, 2009), pp 64-68.

<u>12</u> Robert Reese, *Roots & Remedies of the Dependency Syndrome in World Missions* (Pasadena, CA: William Carey Library, 2010), p 190.

<u>13</u> Moffett, "The Place of the Native Church in the Work of Evangelization", 235쪽을 변창욱이 논문 〈한국교회의 자립 선교 전통과 비자립적 선교 형태: 자립적 선교 패러다임으로 변화를 모색하며〉(2011) 246쪽에서 인용한 것을 재인용.

<u>14</u> 변창욱,《선교사 리더십 개발과 이양》, 장신논단 vol. 46 No. 4, 2014, p 305.

<u>15</u> 변창욱,《선교사 리더십 개발과 이양》, 장신논단 vol. 46 No. 4, 2014, p 312.

<u>16</u> 변창욱,《선교사 리더십 개발과 이양》, 장신논단 vol. 46 No. 4, 2014, p 315.

<u>17</u> World Council of Churches. "Together towards Life: Mission and Evangelism in Changing Landscapes, Full Text" (online only). *International Bulletin of Missionary Research 38*, no. 2 (April 2014): E01-E40. http://www.internationalbulletin.org/system/files/2014-02-e01-churches.html.

<u>18</u> Manfred Marquardt, *John Wesley's Social Ethics: Praxis and Principles*, trans. John E. Steely and W. Stephen Gunter (Nashville, TN: Abingdon Press, 1992), p 122.

<u>19</u> Martin Luther, *Commentary on Romans*, trans. J. Theodore Mueller (Grand Rapids,

MI: Kregel Publications, 1976), xvii.

20 Murray Decker, "Student Sojourners and Spiritual Formation: Understanding the Intersection of Cross-cultural Adjustment and Spiritual Disorientation." In: *Effective Engagement in Short-term Missions: Doing It Right!* Robert J. Priest (Ed.) (Pasadena, CA: William Carey Library, 2008), pp 583-584.

박창현 | 모범적 선교 모델을 통한 새로운 가능성 엿보기

1 J. Bavink, *An Introduction to the Science of Missions*, 1993. 본 글에서는 특별한 이유가 없는 한 선교학과 선교신학, 그리고 선교와 해외 선교를 구별하지 않고 선교학과 선교라는 말로 쓰기로 한다. 다만 꼭 구분이 필요한 부분은 예외로 하겠다.

2 Venerable Bede, *Ecclesiastical History of the English People (Latin: Historia ecclesiastica gentis Anglorum)*, BK I:30, Penguin Books (UK), 1991.

3 Duane Elme, *Cross-Cultural Conflict: Building Relationships for Effective Ministry*, IVP Academic, 1994.

4 J. Verkuyl, *Contemporary Missionology an Indroduction*(translated by Dole Cooper), Grand Rapid, 1987, 1-17.

5 Karl Müller, *Missionstheologie : e. Einfuehrung v. K. Müeller. Mit Beitrag v. Hans-Werner Gensichen u. Hosrst Rzepkowwski*, Berline: Reimer, 1985, 8 (trans. *Mission Theology: An Introduction*, Steyler Verlag-Wort und Werk, 1987), 8.

6 Karl Müller, *Missionstheologie*, 23-27.

7 Jacques Matthey, "Mission und Weltethos", in: *ZMiss*. 1/2004, 30. Jg. 35-46.

8 Dale T. Irvin Sunquist, *History of the World Christian Movement, vol. 1, Earliest Christianity to 1453*, Maryknoll, N.Y.: Orbis Books, 2001, 160-165.

9 Peter Pilz, *Mit Gott gegen alle Amerikas Kampf um die Weltherrschaft*, Deutscshe Verlags-Anstalt, 2003.

10 Leonardo Boff, *Gott kommt fruher als der Missionar*, Dusseldorf: Patmos Verlag, 1992, 11.

11 G. Warneck, *Evangelische Missionslehre*, Verlag der Liebenzeller Mission, 1988.

12 Theo Sundermeier, *Konvivenz und Differenz*, Verlag der Ev.-Luth. Mission Erlangen, 1995.

13 Dietrich Bonhoeffer, *Wiederstand und Ergebung: Briefe und Aufzeichnungenaus der Haft*, hg. V. E. Bethge, München 1959 3.Aufl. 178.

14 W. J. Hollenweger, *Wie aus Grenzen Brüken werden*, München 1980, 164.

15 레나드 스윗, 김영래 역,《미래 교회》, 서울: 좋은 씨앗, 2004, 72-78.

16 이러한 선교 유형을 준마이더는 "이식적 선교 유형Plantations modell"이라 했다. Theo Sundermeier, *Konvivenz und Differenz*, Verlag der Ev.-Luth. Mission Erlangen, 1995.

17 Karl Rahner, "Das Christentum und die nichtchritliche Religionen", in: *Schriften zur Theologie* Ⅴ, Venziger Verlag 1968, 136-158.

18 참고: 박창현, "한국 개신교회의 위기에 대한 징후들과 위기 극복을 위한 선교적 제언"-

2005년 11월 1일을 기준으로 한 인구주택총조사 보고서를 중심으로, in: 〈신학과 세계〉 56호 (서울: 감리교신학대학교, 2006년 여름호), 223-249, 246쪽 표1.

19 참고:《세계 기독정보》, 페트릭존스톤 & 제이슨맨드릭, 죠이선교회 역, 서울: 죠이선교회 출판부 / WEC International 2002, 36-37: 이것도 실상보다는 많이 부풀려져 있는 것 이라는 사실은 한국의 기독교인이 31퍼센트로 제시함에서 드러나고 있다.

20 레나드 스윗, 김영래 역,《미래 교회》, 72-78.

21 한국 갤럽,《한국인의 종교와 종교의식》, 1997.

22 이원규,《기독교의 위기와 희망》, 서울: 대한기독교서회, 2003, 158ff.

23 Paul Knitter, *Ein Gott-viele Religionen: Gegen den Absolutheitsanspruch des Christentums* (München: Kassel, 1988).

24 Hans Küng Karl-Josep Kuschel, Hg., *Ja zum Weltethos-30 Persönlichkeiten aus Politik, Kultur und Religion antwort*, Münschen: Piper, 1997.

25 Theo Sundermeier, *Konvivenz und Differenz*, 43-76.

26 장성배,《글로벌시대의 교회, 문화 그리고 사이버스페이스》, 서울: 성서연구사, 2001.

27 칼 뮬러, 김영동 외 역,《현대 선교신학》, 서울: 한들, 2002, 211.

28 Lamin Sanneh, "Christliche Mission und westliche Schuldkomplex", *ZMiss*. 17, 1991, 146-152.

29 H. Egelkraut, "Um Gottes Willen Mission!", *ZMiss*, 3/2003, 29. Jg. 203-215, 205: 참고, Christoffer H. Grundmann, "Multireligiöse Wirklichkeit und Christliche Mission", in: ZMR 82. Jg. 1998, 2.Heft, 81-97.

30 Wolfgang Günter, "Auf den Ausdruck Mission verzichten?", in: *Plädoyer für Mission, Weltmissionheute-Studentenheft 35*, Hamburg: EMW, 1998, 17-23.

31 Karl Müller, *Missionstheologie*, 22f.

32 J. Mitterhöfer, "Der Missionsbegriff: Werden und Wandeln", *Theologisch-praktische Quartalschrift* 132, 1984, 249-262. 재인용·Karl Müller, Mission theology, 23.

33 윌리엄 윌리몬, 최종수 역,《21세기 목회자》, 서울: 한국기독교연구소, 2004, 73-86.

34 메서, 도널드 E. 이면주 역,《새 시대 새목회, 현대의 목회상 탐구》, 서울: 기독교 대한감 리회홍보출판국, 2001, 24.

35 Wilhelm Richebächer, "Missiodei-Kopernikanische Wendeoder Irrweg der Missionstheologie?", in: *ZMiss*. 3/2003, 29. Jg. 143-162.

36 박창현, "신약성서의 선교", in: 한국선교신학회 엮음,《선교학개론》 증보판, 서울: 대한기 독교서회, 2004, 49f.

37 Gerhard Ebeling, *Dogmatikdeschristlichen Glaubens*, Band 1, 2. Aufl.,Tübingen: Mohr, 1982, 133.

38 박창현, "한국 교회의 '한풀이 목회'에 대한 마가 신학적 고찰", in: 한국 선교신학회 엮음, 《치유》(서울: 다산글방, 2000), 257-287.

39 Nützel, Gerdi, "Lasset Euch nicht vom Bösen überwinden, sondern überbinde das Böse mit Gutem" Der Beitrag der ökumenischen Dekade zur Überbindung von Gewalt für die Auseinandersetzung mit der Globalisierung, in: *ZMiss*., 1/2004, 30. Jg., 26-34, 27f.

40 칼 뮬러, 김영동 외 역,《현대 선교신학》, 211.

41 칼 뮬러, 김영동 외 역,《현대 선교신학》, 212f.

42 Karl Müller, *Missionstheologie*.

43 박창현, "선한 사마리아인의 비유가 주는 선교적 과제",《선교신학》 22집 2009 Vol. III, 165-192, 166-169.

44 Leonardo Boff, übers. von Horst Goldstein, *Gott kommt früher als der Missionar: Neueevangelisierung für eine Kultur des Lebens und der Freiheit* / 2. Aufl. Düsseldorf: Patmos 1992.

45 이덕주, "'시施의 사람' 윌리엄 B. 스크랜턴의 의료 선교",《제3회 스크랜턴의 날 기념학술심포지움 자료집》, 2011년 10월 5일 목원대학교 신학관 소채플. 스크랜턴에 관한 역사적 사실들을 본인이 연구한 것이 아니라 대부분 이덕주의 연구를 참조한 것이고, 이후의 1차적 자료들 역시 이덕주의 연구를 인용하였으나 본인이 직접 확인했으며 읽는데 불편을 덜고자 '재인용'을 생략했음.

46 참고: 이덕주, "스크랜튼의 '선한 사마리아인' 선교와 신학 사상",《내한 선교사 이해》, 감리교신학대학교 2010년 강의 자료집.

47 M.R. Hillman, "Mrs. Mary F. Scranton", *The Korea Mission Field* (이하 KMF), Nov. 1910, 11-12쪽.

48 Personal Record of William Benton Scranton, 1901; "Scranton, William Benton", *Encyclopedia of World Methodism* (이하 EWM), vol. II, The United Methodist Publishing House, Nashville, 2,114쪽.

49 W. B. Scranton, "Reminiscences of the Reverend H. G. Appenzeller", *KM*, Nov. 1904, 2쪽.

50 이덕주,《내한 선교사 이해》, 88.

51 L. E. Frey, "Mrs. M. F. Scranton", *The Korea Methodist* (이하 KM), Mar. 1905, 49-50쪽.

52 Death of Dr. Scranton, *JC, Mar. 25, 1922*; "Death of Dr. Scranton is Mourned by Many", *The Japan Advertiser*, Mar. 26, 1922.

53 *W. B. Scranton's letter to Dr. J. M. Reid*, Aug. 13, 1887; *ARBF*, 1887, 316쪽.

54 *ARBF*, 1885, 237쪽.

55 참고: *W. B. Scranton's letter to Dr. J. M. Reid*, Jun. 1, 1885.

56 병원 건물이 위치했던 곳은 현 정동제일교회 문화재예배당 자리다. *ARBF*, 1886, 268쪽.

57 참고: *W.B. Scranton's letter to Dr. J.M. Reid*, Jul. 21, 1887.

58 시란돈 장로사와 그 대부인 귀국하심,《신학월보》 1901. 8.

59 이덕주, 자료집, 82.

60 이덕주,《한국 교회 이야기》, 65.

61 *W. B. Scranton's letter to Dr. J. M. Reid*, Jul. 21, 1887.

62 *W. B. Scranton's letter to Dr. J. M. Reid*, Aug. 13, 1887.

63 W. B. Scranton's letter to Dr. A. B. Leonard, Jun. 24, 1889; *ARBF* 1889, 293쪽.

64 *ARBF* 1891, 273쪽.

65 *ARBF* 1889, 293쪽; "W. B. Scranton's letter to Dr. A.B. Leonard", Aug. 21, 1890.

66 W. B. Scranton's letter to Bishop C. H. Fowler, Sep. 3, 1889.

67 김득중, "선한 사마리아인의 비유 연구", 《신학과 세계》 1987년 가을호, 통권 제15호, 239-268, 239.

68 김득중, 241-245; 참고 박창현, "선한 사마리아인의 비유가 주는 선교적 과제", 172.

69 로버트 펑크, 김준우 역, 《예수에게 솔직히 새로운 밀레니엄을 위한 예수》, 한국기독교연구소 1999, 254.

70 하비 콕스, 오강남 역, 《예수 하버드에 오다》(문예출판사, 2004), 41-43.

71 박창현, "선한 사마리아인의 비유가 주는 선교적 과제 , 176f.

72 Bovon François, Das Evangelium nach Lukas (Lk 9, 51-14,35), Evangelisch--Katholischer Kommentar zum Neuen Testamant (=EKK), Band III/2, Zürich; Düsseldorf; Benziger; Neukirchen-Vluyn; Neukirchener Verlag 1996. 81.

73 François Bovon, 90 Anm. 38.

74 J. D. M. Darrett, "Law in the New Testament: Freah Light on the Parable of Good Samaritan," NTS 10, London 1970, 220.

75 François Bovon, 99.

76 Letters of William B. Scranton, 1885-1907, 《윌리엄 B. 스크랜턴 서신 자료집》 한국기독교역사연구소, 2010, 242.

77 참조: 박창현, "한국개신교회의 사회복지 신학을 위한 예수의 전거들", 《신학과 세계》, 2004년 여름호, 통권 제50호, 서울: 감리교신학대학교 2004, 194-213, 209f.

78 참조: "선교적 교회론의 모델로서 한국 초기 대부흥 운동(1903-1907년)", 《신학 세계》 2012 여름호, 통권 74호, 218-253.

79 L. Newbigin, The Household of God: Lectures on the Nature of Church, New York: Friendship Press, 1954.

80 Craig Van Gelder, The Essence of the Church: A Community Created by the Spirit, Grand Rapids, MI: Baker Books, 2000.

81 Edward R. Dayton David A. Fraser, Planning Strategies for World Evagelization, Wm. B. Eerdmans Publishing, 1990.

82 Howard A. Snyder, Daniel V. Runyan, Decoding the Church: Mapping the DNA of Christ's Body, Wipf and Stock Publishers, 2011.

83 Theo Sundermeier, Konvivenz und Differenz.

84 김진호, "전덕기 목사 소전"(1949)-김진호 목사가 해방 후 1949년 5월에 기록한 것으로 일제시대 기록에서 밝힐 수 없었던 신민회와 독립운동 관계 행적을 담고 있을 뿐 아니라, 전덕기 목사의 가정 환경과 목회 활동에 대해 비교적 자세한 정보를 담고 있다. 김진호 목사의 문집 〈病中瑣錄〉에 수록되어 있다. 노블(W. A. Noble) 편집, "고 전덕긔 목사 략력"(1925), 《승리의 생활》, 조선기독교창문사, 1927, 50.

85 송길섭, 《민족운동의 선구자 전덕기 목사》, 상동교회역사편찬위원회, 1875.

86 W. A. Noble, "Pioneers of Korea" 29쪽.

이덕주 | 아시아에서 아시아로

1 노병선, 《파혹진선론》, 1897, p. 9.

2 이 글에서 '아시아Asia'라 함은 두 가지 범주에서 구별해 사용할 것이다. 첫째는 사도행전을 비롯한 성경에 기록된 '아시아'로서 에게해 동쪽(지금의 터키 서남부) 비두니아와 미시아, 브리기아, 리시아, 비시디아, 갈라디아, 길리기아. 밤빌리아, 카파도키아, 폰투스를 포함하는 지역으로 흔히 '소아시아Asia Minor'로 불리기도 한다. 두 번째는 유럽과 아시아에 걸쳐 있는 러시아를 제외한 현재 아시아 대륙에 위치한 국가들의 영토를 지칭한다.

3 Anna G. Edmonds, *Anatolia and its Biblical Visionaries*, Istanbul: Archaeology and Art Publications, 2002, pp. Ⅵ-Ⅸ; R.S. Sugiratharajah, *The Bible and Asia: From the Pre-Christian Era to the postcolonial Age*, London: Harvard University Press, 2013, p. 14 이하.

4 최근 아시아 현지 교회 신학자들을 중심으로 논의되는 아시아신학의 흐름과 내용에 대해서는 John C. England, Jose Kuttianimattahil sdb, John Mansfield Prior svd, Lily A. Quintos rd, David Suh Kwang-sun, Janice Wickeri ed., *Asian Christian Theologies: A Research Guide to Authors, Movements, Sources*, 3 Vols., New York: Clartian Publisher/ Orbis Books, 2002-2004; Sebastian C. H. Kim ed, *Christian Theology in Asia*, Cambridge: Cambridge University Press, 2008.

5 Richard A. Norris, Jr. ed., *Sources of Early Christian Thought: The Christological Controversy*, Philadelphia: Fortress Press, 1980, pp. 14-28.

6 Erdem Y gel "Christianity in Anatolia and the First Churches", *Churches in Turkey*(Avni Alan ed.), Istanbul: AS Book, 2007, pp. 5-10.

7 전수일, "실크로드의 전개사", 《실크로드학》, 창비, 2001, pp. 47-50.

8 Eusebius(C. F. Cruse tr.), *Eusebius' Ecclesiastical History*, Peabody: Hendrickson Publishers, 1998, pp. 29-32.

9 Eusebius(C. F. Cruse tr.), *Eusebius' Ecclesiastical History*, Peabody: Hendrickson Publishers, 1998, p. 32; "The Doctrine of Addaeus, The Apostle", *Ancient Syriac Documents, relative to the Earliest Establishment of Christianity in Edessa and the Neighboring Countries*, W. Cureton ed., Eugene: Wipf & Stock Publishers, 2004, pp. 4-5.

10 "The Doctrine of Addaeus, The Apostle", *Ancient Syriac Documents, relative to the Earlyiest Establishment of Christianity in Edessa and the Neighboring Countries*, W. Cureton ed., Eugene: Wipf & Stock Publishers, 2004, pp. 18-19.

11 "The Doctrine of Addaeus, The Apostle", *Ancient Syriac Documents, relative to the Earlyiest Establishment of Christianity in Edessa and the Neighboring Countries*, W. Cureton ed., Eugene: Wipf & Stock Publishers, 2004, p. 23.

12 M. Stewart McCullough, *A Short History of Syriac Christianity to the Rise of Islam*, Chico: Scholars Press, 1982, pp. 24-25.

13 A. Gelson, *The Eucharistic Prayer of Addai and Mari*, Oxford: Clarendon Press, 1992, pp. 50-51.

14 A. Gelson, *The Eucharistic Prayer of Addai and Mari*, Oxford: Clarendon Press, 1992, pp. 4-5.

15 M. Stewart McCullough, *A Short History of Syriac Christianity to the Rise of Islam*, Chico: Scholars Press, 1982, pp. 28-31.

16 *Ancient Syriac Documents, relative to the Earlyiest Establishment of Christianity*

in Edessa and the Neighboring Countries, W. Cureton ed., Eugene: Wipf & Stock Publishers, 2004, pp. 86-106.

17 M. Stewart McCullough, *A Short History of Syriac Christianity to the Rise of Islam*, Chico: Scholars Press, 1982, pp. 121-124.

18 Samuel H. Moffett, *A History of Christianity in Asia*, Vol. I (Beginning to 1500), New York: Orbis Books, 2001, pp. 151-163.

19 M. Stewart McCullough, *A Short History of Syriac Christianity to the Rise of Islam*, Chico: Scholars Press, 1982, pp. 128-130.

20 Eusebius(C. F. Cruse tr.), *Eusebius' Ecclesiastical History*, Peabody: Hendrickson Publishers, 1998, p. 166; Geevarghees Panicker, "Early Christianity in India", *A Dictionary of Asian Christianity*, Scott W. Sunquist ed., Grand Rapids: Eerdmans, 2001, p. 366.

21 Orpa Slapak, *The Jews of India: A Story of Three Communities*, Jerusalem: The Israel Museum, 2003. p. 27; "Cochin Jews"(https://en.wikipedia.org/wiki/Cochin_Jews).

22 Bart D. Ehrman, *The Acts of Thomas, Lost Scriptures: Book that did not make it into the New Testament*, Oxford: Oxford University Press, 2003, p. 123; A.F.J. Klijn, *The Acts of Thomas*, Leiden: Koninklijke Brill NV, 2003, p. 17.

23 Bart D. Ehrman, *The Acts of Thomas, Lost Scriptures: Book that did not make it into the New Testament*, Oxford: Oxford University Press, 2003, p. 129; A.F.J. Klijn, &The Acts of Thomas&, Leiden: Koninklijke Brill NV, 2003, p. 65.

24 A. F. J. Klijn, *The Acts of Thomas*, Leiden: Koninklijke Brill NV, 2003, p. 246.

25 Stephen Neill, *A History of Christianity in India: The Beginnings to AD 1707*, Cambridge: Cambridge University Press, 1984, pp. 27-28.

26 Stephen Neil, *A History of Christianity in India: The Beginnings to AD 1707*, Cambridge: Cambridge University Press, 1984, pp. 27-28.

27 "Groundwork for Asian Christian Theologies-I The Resources in the 7th-15th Centuries", *Asian Christian Theologies*, Vol 1, pp.5-7; Geevarghese Panikar, "St. Thomas and the Thomas Tradition", *A Dictionary of Asian Christianity*, pp. 724-725.

28 Stephen Neil, *A History of Christianity in India: The Beginnings to 1707*, p. 42; Leonard Fernando G. Gispert-Sauch, *Christianity in India*, New Delhi: Penguin Books, 2004, pp. 61-62; S.H. Moffett, A History of Christianity in Asia, Vol I, pp. 266-267.

29 Kenneth S. Latourette, *A History of the Expansion of Christianity* Vol. II (The Thousand Years of Uncertainty AD. 500-AD. 1500, Grand Rapids: Zondervan Publishing House, 1970, pp. 280-284.

30 Leonard Fernando G. Gispert-Sauch, *Christianity in India*, pp. 62-64; http://marthoma.in.

31 〈人民日報〉 2002.8.2.; "Did Apostles Go to China?", *Christianity Today*, Vol. 46, No.11, Oct. 2002, p.13 ; Johan Ferreira, "Did Christianity Reach China in the Han Dynasty?", *Asia Journal of Theology*, Vol.21, No.1, Apr. 2007, pp. 124-134.

32 M. Stewart McCullough, *A Short History of Syriac Christianity to the Rise of Islam*,

pp. 162-164.

33 S.H. Moffett, *A History of Christianity in Asia*, Vol. Ⅰ, pp. 325-361.

34 馮承鈞, 《景敎碑考》, 臺灣: 臺灣商務印書館, 1980; 오세종, 《경교비문 역해》, 삼필문화사, 2015; S.H. Moffett, *A History of Christianity in Asia*, Vol. Ⅰ, pp. 291-302.

35 이장식, 《아시아고대기독교사》, 기독교문사, 1990, 218-230쪽; S. H. Moffett, *A History of Christianity in Asia*, Vol. Ⅰ, pp. 291-302.

36 王治心, 《中國基督敎史綱》, 上海: 上海世紀出版集團, 2005, pp. 33-34.

37 Bar Hebraeus, *Chronicon ecclesiasticum*; 이장식, 《아시아 고대 기독교사》, pp. 298-299; S. H. Moffett, *A History of Christianity in Asia*, p. 400.

38 George Vernadsky, "The Scope and Content of Chingis Khan's Yasa", *Harvard Journal of Asiatic Studies*, Volume 3, 1938, pp. 337-360; S. H. Moffett, *A History of Christianity in Asia*, p. 401-402; C. Kaplonski ed., *History of Mongolia: From World Power to Soviet Satellite*, Cambridge: University of Cambridge, 1999, pp. 31-34.

39 Amin Maalouf(trs. by Jon Rothschild), *The Crusades through Arab Eyes*, London: Saqi Essentials, 2006, pp. 242-246.

40 "The pope's Address at the Council of Clermont(1095)", *A History of Christianity: Readings in the History of the Church*(Ray C. Petry ed.) Vol. 1, Grand Rapids: Baker Book House, 1962, pp. 242-243.

41 Terry Jones & Alan Ereira, *Crusades*, London: Penguin Books, 1994, pp. 38-46.

42 Kathleen Warren, *Francis of Assisi Encounters Sultal Malik al-Kamil*, New York: Franciscan Institute, 2003; Paul Moses, *The Saint and the Sultan: The Crusades, Islam, and Francis of Assisi's Mission of Peace*, New York: Doubleday Religions, 2009.

43 J. M. Hussey, *The Orthodox Church in the Byzantine Empire*, Oxford: Clarendon Press, 1990, pp. 184-206.

44 "History of Mongols by John of Plano Carpini", *Mission to Asia*, p. 68.

45 "Bulls of Pope Innocent Ⅳ Addressed to the Emperor of the Tartars", *Mission to Asia*, pp. 73-76; "Guyuk Khan's Letter to Pope Innocent Ⅳ", *Mission to Asia*, pp. 85-86.

46 "The Journey of William of Rubruck", *Mission to Asia*, pp. 137-138.

47 "The Journey of William of Rubruck", *Mission to Asia*, pp. 154-155.

48 "The Journey of William of Rubruck", *Mission to Asia*, pp. 175-176.

49 "The Journey of William of Rubruck", *Mission to Asia*, p. 171.

50 마르코 폴로(김호동 역주), 《마르코 폴로의 동방견문록》, 사계절, 2000, pp. 73-78.

51 《마르코 폴로의 동방견문록》, pp. 403-404.

52 《마르코 폴로의 동방견문록》, pp. 369-370.

53 《至順鎭江志》 卷九; 王治心, 《中國基督敎史綱》, pp. 37-41.

54 《마르코 폴로의 동방견문록》, pp. 222-226.

55 Arthur C. Moule, *Christians in China Before the Year 1550*, London: Society for Promoting Christian Knowledge, 1930, pp. 106-107; S.H. Moffett, *A History of*

Christianity in Asia, pp. 433-434.

56 *Mission to Asia*, pp. 222-223.

57 "The Letters of John of Montecorvino", *Mission to Asia*, p. 225.

58 "The Letters of John of Montecorvino", *Mission to Asia*, p. 227.

59 "The Letter of Brother Peregrine, Bishop of Zaytun", *Mission to Asia*, pp. 232-233.

60 "The Letter of Brother Peregrine, Bishop of Zaytun", *Mission to Asia*, pp. 233-234.

61 "Letter of Andrew Perugia", *Mission to Asia*, p. 237.

62 S.H. Moffett, *A History of Christianity in Asia* vol. I, pp. 459.

63 Stephen Neil, *A History of Christianity in India: The Beginning to AD 1707*, pp. 73-74.

64 Stephen Neil, *A History of Christianity in India: The Beginning to AD 1707*, p. 87.

65 John Key, *India: A History: From the Earliest Civilization to the Boom of Twenty-First Century*, London: Harper Press, 2010, pp. 305-306.

66 Samuel H. Moffett, *A History of Christianity in Asia Vol. II (1500-1900)*, 2007, p. 11.

67 Stephen Neil, *A History of Christianity in India: The Beginning to AD 1707*, p. 150.

68 "Francis Xavier in Asia(1542-1552)", *A History of Christianity in Asia, Africa, and Latin America, 1450-1990: A Documentary Sourcebook*, Klaus Koschorke *Frieder Ludwig* Mariano Delgado ed., Grand Rapids: William B. Eerdman Publishing Company, 2007, pp. 17-18.

69 Stephen Neil, *A History of Christianity in India: The Beginning to AD 1707*, pp. 232-233.

70 "Forced Integration at the Synod of Diamper(1599)", *A History of Christianity in Asia, Africa, and Latin America, 1450-1990: A Documentary Sourcebook*, pp. 28-29. Leonard Fernando & G. Gispert-Sauch, *Christianity in India: Two Thousand Years of Faith*, pp. 76-78.

71 *The Letters of Francis Xavier*, Trans. by M. Joseph Costello, St. Louis: The Institute of Jesuit Sources, 1992, p. 306; Shuma Iwai, "An Analysis of Francis Xavier's Letters from Kagoshima, Japan(1549): His Approaches and Views of Ministry", *Asia Journal of Theology*, Vol. 21, No. 1, Apr. 2007. p. 12.

72 Shuma Iwai, "An Analysis of Francis Xavier's Letters from Kagoshima, Japan(1549): His Approaches and Views of Ministry", pp. 13-15.

73 "Francis Xavier in Asia(1542-1552)", *A History of Christianity in Asia, Africa, and Latin America, 1450-1990: A Documentary Sourcebook*, p. 20.

74 Samuel. H. Moffett, *A History of Christianity in Asia*, Vol. II, pp. 80-82.

75 한국기독교역사학회,《한국기독교의 역사》(개정판)I, 기독교문사, 2011, pp. 47-48.

76 김상근, "예수회의 초기 일본 선교정책 비교: 프란씨스꼬 데 까브랄과 알렉산드로 발리냐뇨를 중심으로"〈한국기독교와 역사〉25권, 한국기독교역사연구소, 2006.9, pp. 123-156.

77 Samuel. H. Moffett, *A History of Christianity in Asia*, Vol. II, pp. 92-93.

78 "Japan: The 'Hidden Christians' of Nagasaki(1865)", *A History of Christianity in*

Asia, Africa, and Latin America, 1450-1990: A Documentary Sourcebook, pp. 78-79.

79 "Letter from November 13, 1584", *A History of Christianity in Asia, Africa, and Latin America, 1450-1990: A Documentary Sourcebook*, p. 34.

80 M. Howard Rienstra ed., *Jesuit Letters From China 1583-84*, Minnesota: University of Minnesota Press, 1986, pp. 26-27.

81 方豪,《中國天主教史 人物傳》, 北京: 宗教文化出版社, 2007, pp. 71-98.

82 楊靖筠,《北京天主教史》, 北京: 宗教文化出版社, 2009, pp. 26-28.

83 이관숙,《중국기독교사》, 쿰란출판사, 1995, pp. 113-129.

84 王治心,《中國基督教史綱》, pp. 102-104.

85 李寬淑,《中國基督教史略》, 北京: 社會科學文獻出版社, 1998, pp. 77-86.

86 方豪,《中國天主教史 人物傳》, pp. 339-350; 楊靖筠,《北京天主教史》, pp. 58-64.

87 王治心,《中國基督教史綱》, pp. 105-112; Samuel H. Moffett, *A History of Christianity in Asia*, vol. Ⅱ, pp. 120-125.

88 方豪,《中國天主教史 人物傳》, pp. 327-338.

89 王治心,《中國基督教史綱》, pp. 103-104.

90 "Prohibition of Chinese Rites by Clement (1704)", *A History of Christianity in Asia, Africa, and Latin America, 1450-1990: A Documentary Sourcebook*, pp. 39-40; https://en.wikipedia.org/wiki/Chinese_Rites_controversy.

91 https://en.wikipedia.org/wiki/Chinese_Rites_controversy.

92 楊靖筠,《北京天主教史》, pp. 84-85.

93 中華續行委辦會編,《中華基督教會年鑑》, 上海: 商務印書館, 1914, p. 48.

94 Milton T. Stauffer ed., *The Christian Occupation of China*, Shanghai: China Continuation Committee, 1922, pp. 1-2, 11-13, 32-39, 332-341, 460-462.

95 Moses C. White, "Early History of China Mission of the Methodist Episcopal Church", *The Gospel in All Lands*, Oct. 1897, p. 225.

96 나관종(이미란 역),《기왕사는 훗날의 귀감이다前史不忘, 後事之師: 제국주의가 기독교를 이용하여 중국을 침략한 역사논평》, 북경: 종교문화출판사, 2006, pp. 20-27.

97 "삼인문답",〈대한크리스도인회보〉, 1900.3.21.

참고 문헌

신경림 | 한국 선교, 점검과 제언

- 드와인 엘머, 《문화의 벽을 넘어라: 선교와 해외 봉사》, 김창주 역, 행복우물, 2012.
- 변창욱, 《선교사 리더십 개발과 이양》, 장신논단 vol. 46 No. 4, 2014.
- 변창욱, 《한국교회의 자립 선교 전통과 비자립적 선교 형태: 자립적 선교 패러다임으로 변화를 모색하며》, 2011.
- 이덕주, 《한국 토착교회 형성사 연구》, 한국기독교역사연구소, 2000.
- 이덕주 외 3인, 《한국 선교의 개척자: 가우처, 매클레이, 아펜젤러》, 한들출판사, 2015.
- 조 앤 데넷, 《타문화에 뿌리 내리기》, 정운하 역, 올리브나무, 2004.
- 존 네비우스, 《네비우스 선교방법》, 김남식 역, 성광출판사, 1981.
- 한국기독교사연구회, 《한국 기독교의 역사 I》, 기독교문사, 1990.
- 한국세계선교협의회 제5차 세계선교전략회의 광범위리서치팀, 〈'125년 한국교회와 선교, 그 벤치마킹 모델 만들기' 연구보고서〉, 2010.
- A. Scott Moreau, Gary R. Corwin and Gary B. McGee, *Introducing World Missions: A Biblical, Historical, and Practical Survey* (Grand Rapids, MI: Backer Academic, 2004)
- Elisabeth Moltmann-Wendel, *A Land Flowing with Milk and Honey: Perspectives on Feminist Theology* (New York, NY: Crossroad, 1989)
- Manfred Marquardt, *John Wesley's Social Ethics: Praxis and Principles*, trans. John E. Steely and W. Stephen Gunter (Nashville, TN: Abingdon Press, 1992)
- Martin Luther, *Commentary on Romans*, trans. J. Theodore Mueller (Grand Rapids, MI: Kregel Publications, 1976), xvii.
- Murray Decker, "Student Sojourners and Spiritual Formation: Understanding the Intersection of Cross-cultural Adjustment and Spiritual Disorientation." In: *Effective Engagement in Short-term Missions: Doing It Right!* Robert J. Priest (Ed.) (Pasadena, CA: William Carey Library, 2008), pp 583-584
- Ogbu U. Kalu, Peter Vethanayagamony and Edmund KeeFook Chia, eds. *Mission after Christendom: Emergent themes in contemporary mission* (Louisville, KY: Westminster John Knox Press, 2010)
- Philip Jenkins, *The Next Christendom: The Coming of Global Christianity* (New York, NY: Oxford University Press, 2002)
- Robert Banks, *Reenvisioning Theological Education: Exploring a Missional Alternative to Current Models* (Grand Rapids, MI / Cambridge, U.K.: William B. Eerdmans Publishing Company, 1999)
- Robert Reese, *Roots & Remedies of the Dependency Syndrome in World Missions* (Pasadena, CA: William Carey Library, 2010)
- Ross Kinsler, ed. *Diversified Theological Education: Equipping All God's People* (Pasadena, CA: William Carey International University Press, 2008)
- Steve Corbett and Brian Fikkert, *When Helping Hurts: How to Alleviate Poverty*

without Hurting the Poor and Yourself (Chicago, IL: Moody Publishers, 2009)

- Terry Muck, Frances S. Adeney, *Christianity Encountering World Religions: The Practice of Mission in the Twenty-first Century* (Grand Rapids, MI: Baker Academic, 2009)

- World Council of Churches, "Together towards Life: Mission and Evangelism in Changing Landscapes, Full Text" (online only), *International Bulletin of Missionary Research 38*, no. 2 (April 2014): E01-E40. http://www.internationalbulletin.org/system/files/2014-02-e01-churches.html.

박창현 | 모범적 선교 모델을 통한 새로운 가능성 엿보기

- 고성은, "'施의 사람' 윌리엄 B. 스크랜턴의 의료 선교", 〈제3회 스크랜턴의 날 기념학술심포지움 자료집〉(2011. 10. 05. 목원대학교 신학관 소채플).
- 기독교대한감리회 장단기발전위원회 편, 〈감리교회 성장과 발전을 위한 백서〉, 밀알기획, 2007.
- 김득중, "선한 사마리아인의 비유 연구", 〈신학과 세계〉 1987년 가을호 (통권 제15호), 239-268.
- 김은수,《현대선교의 흐름과 주제》, 대한기독교서회, 2001.
- 김진호, "전덕기 목사 소전"(1949), 김진호 〈病中瑣錄〉.
- 김판임, "선한 사마리아인의 비유(눅 10:30-35)", 〈신약논단〉 제14권 제4호 (2007년 겨울), 1015-1052.
- 니일, 스티븐, 홍치모, 오만규 공역,《기독교 선교사》, 서울: 성광문화사, 2004 (8판).
- 노블(W. A. Noble) 편집, "고 전덕긔 목사 략력"(1925),《승리의 생활》, 조선기독교창문사, 1927.
- 마샬, 하워드, 강요섭 역,《국제성서주석 루가복음》(2), 서울: 한국신학연구소, 1996.
- 메서, 도널드 E.,이면주 역,《새 시대 새 목회, 현대의 목회상 탐구》, 서울: 기독교대한감리회 홍보출판국, 2001.
- 뮬러, 칼, 김영동 외 역,《현대 선교신학》, 서울: 한들, 2002.
- 바클레이 W., 황장욱 역,《누가복음》, 기독교문사, 1981.
- 박창현, "한국 교회의 '한풀이 목회'에 대한 마가 신학적 고찰",《치유》, 한국 선교신학회 엮음, 서울: 다산글방, 2000, 257-287.
- _____, "한국사회의 시대적 사건 속에서 본 개신교회의 성장과 그 원인", 〈신학과 세계〉 45호, 서울: 감리교신학대학교, 2002년 가을호, 348-384.
- _____, "신약성서의 선교",《선교학개론》(증보판), 한국 선교신학회 엮음, 서울: 대한기독교서회, 2004.
- _____, "한국 개신교회의 위기에 대한 징후들과 위기 극복을 위한 선교적 제언" - 2005년 11월 1일을 기준으로 한 인구주택총조사 보고서를 중심으로, 〈신학과 세계〉 56호, 서울: 감리교신학대학교, 2006년 여름호, 223-249.
- _____, "한국 개신교회의 사회복지 신학을 위한 예수의 전거들", 〈신학과 세계〉 2004년 여름호, 통권 제50호, 서울: 감리교신학대학교, 2004, 194-213.
- _____, "선교 포기의 위기를 극복하기 위한 '다시 드러냄의 선교'", 〈신학과 세계〉(59호), 2007년 6월 여름호, 서울: 감리교신학대학교, 185-213.

- _____, "선한 사마리아인의 비유가 주는 선교적 과제", 〈선교신학〉 22집 2009 Vol. III, 165-192.

- _____, "선교적 교회론의 모델로서 한국 초기 대부흥운동 (1903-1907년)", 〈신학세계〉 2012 여름호, 통권 74호, 218-253.

- 송길섭,《민족운동의 선구자 전덕기 목사》, 상동교회역사편찬위원회, 1875.

- 스윗, 레나드, 김영래 역,《미래 교회》, 서울: 좋은씨앗, 2004.

- "시란돈 장로사와 그 대부인 귀국하심", 〈신학월보〉 1901.

- 윌리몬, 윌리엄, 최종수 역,《21세기 목회자》, 서울: 한국기독교연구소, 2004.

- 윌리엄 B., 스크랜턴 서신 자료집 (Letters of William B. Scranton, 1885-1907), 2010, 한국기독교역사연구소.

- 이덕주, "민중선교개척자 (1)", 〈기독교세계〉 1985/06.

- _____, "스크랜튼의 생애", 〈아현〉 1999. 4.

- _____, "스크랜톤의 민중 선교와 한국 교회의 민족운동",《초기 한국기독교사 연구》, 한국기독교역사연구소, 1995.

- _____, "잊혀진 기억 스크랜튼을 찾아서", 〈기독교타임즈〉 2002. 8. 31.

- _____, "스크랜튼이 마지막 살던 집 드디어 찾다", 〈기독교타임즈〉 2003. 8. 16.

- _____, "전덕기의 생애와 사상", 〈나라 사랑〉 97집, 1998.

- _____, "스크랜튼 선교사, 재평가되어야 한다", 〈기독교세계〉 1999.8.

- _____, "민중 선교 개척자 스크랜튼 이야기", 〈기독교세계〉 2007.

- _____, "'선한 사마리아인' 윌리엄 B. 스크랜턴의 선교와 신학", 〈제2회 스크랜턴의날 기념 기념학술심포지움 자료집〉, 감리교신학대학교 중강당, 2010. 10. 8.

- _____, "스크랜튼의 '선한 사마리아인' 선교와 신학 사상", 〈내한 선교사 이해〉, 감리교신학대학교 대학원 2010년 강의 자료집, 75-108.

- _____,《이덕주 교수가 쉽게 쓴 한국 교회 이야기》, 신앙과지성사, 2010.

- 이원규,《기독교의 위기와 희망》, 대한기독교서회, 2003.

- 장성배,《글로벌시대의 교회, 문화 그리고 사이버스페이스》, 서울: 성서연구사, 2001.

- 전광석, "선한 사마리아인과 해석의 패러다임: 바사노의 〈선한 사마리아인〉", 〈목회와 신학〉 2004년 7월(통권 181호), 242-245.

- 존스톤, 페트릭 & 맨드릭, 제이슨, 죠이선교회 역,《세계 기독정보》, 서울: 죠이선교회 출판부/ WEC International 2002.

- 콕스, 하비, 오강남 역,《예수 하버드에 오다》, 문예출판사, 2004.

- 한국 갤럽, 〈한국인의 종교와 종교의식〉, 1997.

- Bassano, Jacopo. Good Samaritan. c. 1557. Oil on canvas. National Gallery, London.

- Bede, Venerable Ecclesiastical History of the English People (Latin: Historia ecclesiastica gentis Anglorum), BK I:30, Penguin Books (UK), 1991.

- Bevans, Stephen B. Models of Contextual Theology. Maryknoll, N. Y.: Orbis Books, 1992.

- Boff, Leonardo. (übers. von Horst Goldstein). Gott kommt früher als der Missionar: Neuevangelisierung für eine Kultur des Lebens und der Freiheit / 2. Aufl. Düsseldorf : Patmos 1992

- Bonhoeffer, Dietrich, Widerstand und Ergebung : Briefe und Aufzeichnungen aus der Haft, hg. v. E. Bethge, München 1959, 3. Aufl.

- Bovon, François, *Das Evangelium nach Lukas (Lk 9, 51-14, 35), Evangelisch-Katholischer Kommentar zum Neuen Testamant (=EKK)*, Band III/2, Zürich; Düsseldorf; Benziger; Neukirchen Vluyn; Neukirchener Verlag 1996.

- Darrett, J. D. M., "Law in the New Testament: Freah Light on the Parable of Good Samaritan." *NTS 10*, London 1970.

- Dayton, David Edward R. & David A. Fraser, *Planning Strategies for World Evagelization*, Wm. B. Eerdmans Publishing, 1990.

- "Death of Dr. Scranton." JC, Mar. 25, 1922

- "Death of Dr. Scranton is mourned by Many", The Japan Advertiser, Mar. 26, 1922.

- Ebeling, Gerhard, *Dogmatik deschristlichen Glaubens*, Band 1, 2. Aufl., Tübingen: Mohr, 1982.

- Egelkraut, H., "Um Gottes Willen Mission!", *ZMiss*, 3/2003, 29. Jg. 203-215.

- Frey, L. E., "Mrs. M. F. Scranton." *The Korea Methodist*, Mar. 1905.

- Gelder, Craig Van, *The Essence of the Church: A Community Created by the Spirit*, Grand Rapids, MI: Baker Books, 2000.

- Grundmann, Christoffer H., "Multireligiöse Wirklichkeit und Christliche Mission" *ZMR* 82. Jg. 1998, 2.Heft, 81-97.

- Günter, Wolfgang, "Auf den Ausdruck Mission verzichten?", *Plädoyer für Mission, Weltmission heute- Studentenheft 35*, Hambung: EMW, 1998, 17-23.

- Hillman, M. R., "Mrs. Mary F. Scranton." *The Korea Mission Field*, Nov. 1910, 11-12 쪽.

- Hornik, Heidi J. and Parsons, Mikeal C., *Illuminating Luke: The infancy narrative in Italian Renaissance painting* t&t clark New York London, 2003.

- Hollenweger, W. J., *Wie aus Grenzen Brüken werden*, München 1980.

- Knitter, Paul, *Ein Gott - viele Religionen: Geegn den Absolutheitsanspruch des Christentums*, München: Kassel, 1988.

- Küng Hans & Kuschel, Karl-Josep (hg.), *Ja zum Weltethos - 30 Persönlichkeiten aus Politik, Kultur und Religion antwort*, Münschen: Piper, 1997.

- Mitterhöfer, J., "Der Missionsbegriff: Werden und Wandeln", *Theologisch-praktische Quartalschrift* 132, 1984, 249-262.

- Moltmann, J., "Bangkok 1973 - eine Mission an uns!", *Evangelische Theologie*, März/April 1973

- Müller, Karl, *Missionstheologie*: e. Einf. / Karl Müller, Mit Beitr. von Hans-Werner Gensichen u. Horst Rezepkowski.-Berlin: Reimer 1985.

- Newbigin, L., *The Household of God: Lectures on the Nature of Church*, New York: Friendship Press, 1954.

- Noble, W. A., "Pioneers of Korea."

- Nützel, Gerdi, "Lasset Euch nicht vom Bösen überwinden, sondern überbinder das Böse mit Gutem" Der Beitrag der ökumenischen Dekade zur Überbindung von Gewalt für die Auseinandersetzung mit der Globalisierung, *ZMiss.*, 1/2004, 30.Jg., 26-34, 27f.

- Pavendi, S., *La Chiesa Missionaria: Manuale*, Unione Missionaria del Clero in Italia, 1949.

- Potter, P. (Hg.), *Das Heil der Welt heute, Ende oder Beginn der Weltmission?*,

Dokumente der Weltmissionskonferenz Bangkok 1973, Stuttgart & Berlin, 1973.

- Rahner, Karl, "Das Christentum und die nicht chritliche Religionen", *Schriften zur Theologie V*, VenzigerVerlag 1968, 136-158.

- Rangstof, K. H. (Hg.), Art Ληστής, *ThWNT, IV* (1942), 262-267.

- *Reden und Aufsätze, Teil II*, FISCHER Taschenbuch; Auflage: 2 (1. Juli 1979).

- Richebächer, Wilhelm, "Missio dei" - Kopernikanische Wende oder Irrweg der Missionstheologie?, *ZMiss*. 3/2003, 29. Jg. 143-162.

- Sanneh, Lamin, "Christliche Mission und westliche Schuldkomplex", *ZMiss*. 17, 1991, 146-152.

- Scranton, W. B., "Reminiscences of the Reverend H. G. Appenzeller." KM, Nov. 1904.

- "Scranton, William Benton", *Encyclopedia of World Methodism, vol. II*, The United Methodist Publishing House, Nashville, 1974.

- Snyder, Howard A., Runyan, Daniel V., *Decoding the Church: Mapping the DNA of Christ's Body*, Wipf and Stock Publishers, 2011.

- Sundermeier, Theo, *Konvivenz und Differenz*, Verlag der Ev.-Luth. Mission Erlangen 1995.

- Warneck, Gustav, *Evangelische Missionslehre*, Verlag der Liebenzeller Mission, 1988.

- W. B. Scranton's letter to Dr. J. M. Reid, Jun. 1, 1885; Aug. 13, 1887.

- W. B. Scranton's letter to Bishop C.H. Fowler, Sep. 3, 1889; Sep. 3, 1889.

- W. B. Scranton's letter to Dr. A. B. Leonard, Jun. 24, 1889; Aug. 21, 1890.

이덕주 | **아시아에서 아시아로**

- 김광수,《아시아 기독교 확장사》, 기독교문사, 1973.
- 이장식,《아시아 고대기독교사(1-6세기)》, 기독교문사, 1990.
- 이관숙,《중국기독교사》, 쿰란출판사, 1995.
- 전호진,《아시아 기독교와 전교전략》, 도서출판 영문, 1999.
- 日本基督教團出版局編,《アジア キリスト教の歴史》, 日本基督教團出版局, 東京, 1991.
- 吳利明外,《アジア キリスト教史》, 2卷, 教文館, 東京, 1981.
- 澤田泰紳(土肥昭夫編),《日本メソヂスト教會史研究》, 日本キリスト教團出版局, 2006.
- 矢澤利彦,《中國とキリスト教》, 近藤出版社, 1977.
- Jacque Gernet(鎌田博夫譯),《中國とキリスト教》, 法政大學出版局, 1991.
- 深澤秀男,《中國の近代化とキリスト教》, 新教出版社, 2000.
- 山本澄子,《中國キリスト教史研究》, 山川出版社, 2006.
- 楊森富,《中國基督教史》, 台北: 商務印書館, 1968.
- 羅冠宗編,《中國基督教三自愛國運動文選》, 上海: 中國基督教三自愛國運動委員會, 1993.
- 姚民權,《上海基督教史(1843-1949)》, 上海: 上海基督教三自愛國運動委員會, 1994.

- 李寬淑,《中國基督教史略》, 北京: 社會科學文獻出版社, 1998.
- 姚民權,《中國基督教簡史》, 北京: 宗教文化出版社, 2000.
- 馬長林·吳小新編,《中國教會史文憲目錄》, 上海: 上海古籍出版社, 2002.
- 王治心,《中國基督教史綱》, 上海: 上海世紀出版集團, 2005.
- 卓新平,《中國基督教》, 北京: 宗教文化出版社, 2005.
- 梅康鈞編,《中國基督教》, 北京: 五洲傳播出版社, 2005.
- 方豪,《中國天主教史人物傳》, 北京: 宗教文化出版社, 2007.
- 林金水編,《台灣基督教史》北京:九州出版社, 2003.
- A. F. J. Klijn, *The Acts of Thomas*, Introduction, Text, and Commentary, Brill, 2003.
- A. Pieris, *Love Meets Wisdom*, Orbis Books, 1988.
- Alfons Van Der Kraan, *Murder and Mayhem in Seventeenth- Century Cambodia*, Bangkok: Silkworm Books, 2009.
- Amin Maalouf, *The Crusade through Arab Eyes*, London: Saqi Books, 1983.
- Anna G. Edmonds, *Anatolia and Its Biblical Visionaries*, Istanbul: Archaelogy and Art Publications, 2002.
- Arthur Cottrell, *Asia: A Concise History,* Singapore: John Wiley & Sons Ltd., 2011.
- Bernhard Platzdasch & Jihan Saravanamuttu ed., *Religious Diversity in Muslim-majority States in Southeast Asia*, Singapore: Institute of Southeast Asian Studies, 2014.
- C. Kaplonski ed., *History of Mongolia: From World Power to Soviet Satellite*, University of Cambridge, 1999.
- Chai-Shin Yu ed., *Korean and Asian Religious Tradition*, University of Toronto Press, Toronto, 1977.
- Christopher Dawson, *Mission to Asia*, Toronto: University of Toronto Press, 1980.
- D. E. Hoke ed., *The Church in Asia*, Chicago: Moody Press, 1975.
- Dionisio D. Alejandro, *From Darkness to Light: A Brief Chronicle of the Beginnings and Spread of Methodism in the Philippines*, Philippines Central Conference Borad of Communicationa and Publications of the United Methodist Church, 1974.
- Eusebius(Trans. by C. F. Cruse), *Eusebius' Ecclesiastical History*, Hedrickson Publishers, 1998.
- G. A. Odie ed., *Religion in South Asia*, Manohar Book Service, New Delhi, 1977.
- Geoff Wade *Li Tana ed., Antony Reid and The Study of South Asian Past*, Singapore: Institute of Southeast Asian Studies, 2012.
- John Keay, India *A History: From the Earliest Civilizations to the Boom of the Twenty-First entury*, London: Harper Press, 2010.
- John Whelpton, *A History of Nepal*, London: Cambridge University Press, 2005.
- Jose Gamboa ed., *Methodism in the Philippines: A Century of Faith and Vision*, Manila: UMC Philippines Central Conference, 2003.
- K. S. Latourette, *A History of Christianity in the 19th and 20th Centuries*, Vol. 5(The 20th Century Outside Europe), Grand Rapids: Zondervan Publishing House, 1969.

524

- K. S. Latourette, *A History of The Exapnsion of Christianity*, Vol. 2(The Thousand Years of Uncertainty, 500-1500), Grand Rapids: Zondervan Publishing House, 1970.

- K. S. Latourette, *A Short History of the Far East*, The MacMillan Company, London, 1964.

- K. Suyaga Ayub, *From 'Unwanted' to 'Living Church': The Protestant Church in Bali*, Bali: GKPB, 2004.

- Kevin Ward Brian Stanley ed., *The Church Mission Society and World Christianity 1799-1999*, Grand Rapids: William B. Eerdamn Publishing Company, 2000.

- Kevin Ward and Brian Stanley, *The Church Mission Society and World Christianity, 1799-1999*, Cmbridge: William B. Eerdman Publishing Co., 2000.

- Klaus Koschorke etc. ed., *A History of Christianity in Asia, Africa, and Latin America, 1450-1990*, A Documentary Sourcebook, William B. Eerdman Publishing Company, 2007.

- Koyama Kosuke, *Waterbuffalo Theology*, Orbis Books, New York, 1974.

- Leonard Fernando & G. Gispert-Stauch, *Christianity in India: Two housand Years of Faith*, New Delhi: Penguin Books, 2004.

- M. T. Stauffer ed., *The Christian Occupation of China: A General Survey of the Nmerical Strength and Geographical Distribution of the Christian Forces in China made by the Special Committee on Survey and Occupation China Continuation Committee 1918-1921*, Shanghai: China Occupation Committee, 1922.

- Masao Takenaka, *Christian Art in Asia*, Kyo Bun Kwan, 1975.

- Miguel A. Bernad ed., *Five Great Missionary Experiments and Cultural Issues in Asia*, Cardinal Bea Studies, vol. , Manila: Cardianal Bea Institute for Ecumenical Studies of the Loyola School of Theology, 1990.

- Nguyen Khac Vien, *Vietnam along History*, Hanoi: The Gioi Publishers, 2012.

- Nurhayat Yazici ed., *Churches in Istanbul*, Istanbul: Uranus Photography Agency Publishing Co., 2008.

- Peter Church ed., *A Short History of South-East Asia*, Singapore: John Wiley and Sons Ltd., 2009.

- S. Batumalai, *A Bicentenary History of the Anglican Church of Diocese of West Malaysia*(1805-2005), Melaka: Syarikat Percetakan Muncul Sistem, 2007.

- S. Batumalai, *A Bicentenary History of the Anglican Church of the Diocese of West Malaysia*(1805-2005), Malaka: Syarikat Percetakan Muncul Sistem, 2007.

- S. W. Sunquist ed., *A Dictionary of Asian Christianity*, Eerdman Pub. Co., Michigan, 2001.

- Samuel H. Moffett, *A History of Christianity in Asia*, Vol. Ⅰ(Beginnings to 1500), New York: Orbis Books, 2001.

- Samuel H. Moffett, *A History of Christianity in Asia*, Vol. Ⅱ(1500-1900), New York: Orbis Books, 2007.

- Simon Pandey, *Christianity in Nepal*, Kathmandu: National Churches Fellowship of Nepal, 2003.

- Stephen Neil, *A History of Christianity in India: The Beginnings to AD 1707*, Cambridge: Cambridge University Press, 1984.

- Sunil Kumar Chatterjee, *William Carey and Serampore*, Serampore, 2004.
- T. Valentino Sitoy, *Comity and Unity: Ardent Aspirations of Six Decades of Protestantism in the Philippines(1901-1961)*, Quezon City: National Council of Churches in the Philippines, 1989.
- T. Valentino Sitoy, *Several Springs, One Stream: United Church of Christ in the Philippines*, 2 vols., Quezon City: United Church of Christ in the Philippines, 1997.
- T. Valentino Sitoy, *The Initial Encounter: A History of Christianity in the Philippines*, Quezon City: New Days Publishers, 1985.
- Trilok Chandra Majupuria, *Religions in Nepal*, Natural Scientist and Research Scholars, 2008.
- Wendy K. Moore ed., Malaysia A Pictorial History 1400-2004, Kuala Lumpur: The New Straits Times Press, 2013.

편집자   한국 교회의 선교를 돌아보고 새로운 가능성을 타진하는 여러 내용이 한 권의 책에 담겼습니다. 세 분 각자가 가장 중요하다고 여기는 '키워드'가 있다면 무엇인가요?

신경림   저는 '이슈'라고 생각합니다. '현재 상황을 그냥 두고볼 수 없다' 이렇게 생각해서 이 책이 시작된 것이거든요. 한국 교회의 선교와 관련해 어떤 이슈가 있는지 살펴보고, 그 해답까지 제시되기를 원했습니다. 선교지에서 우리가 행하는 선교가 잘 이루어지고 있으면 이 책에 담긴 내용들을 생각하지 않았을 텐데, 현장에서 여러 이슈를 직접 대하고 목격하다 보니 선교가 더 이상 이렇게 가면 안 되겠다는 생각이 들었습니다. 얼마나 많은 사람들이 선교를 위해 정성껏 헌금하고 있는데, 이런 결과가 나오면 안 된다 싶었습니다. 내리막길을 막 달려가는 느낌이랄까요. 결과가 이렇다는 걸 한국 교회는 알고나 있을까, 과연 우리는 어디로 가고 있나, 이대로 가면 어떻게 끝나게 되는지 생각해 봐야 하지 않을까 하는 심각한 고민이 제 안에 하나의 화두로 자리 잡았습니다.

이덕주   이 같은 문제의식이 이 연구 프로젝트의 동기가 되었습니다. 내 안에 떠오른 키워드는 '이슈'보다는 'problem' 즉 '문제'입니다. 우리가 잘못된 건가, 아니면 선교 현장이 문제가 있나 하는 질문이 들지 않을 수 없었습니다. 현장은 새로운 선교를 기대했는데 우리가 과거 서양이 저질렀던 'mission by force'를 답습하고 있기 때문입니다. 서구 기독교가 아시아에 심어 준 불편한 기억을 우리가 다시 기억시켜 냈다, 저는 이렇게 진단합니다.

신경림　　　제가 말한 '이슈' 안에는 '문제'가 포함됩니다. 아시아와 서구를 가르는 것에는 자칫 위험성이 내포되어 있습니다. 서구 선교가 전적으로 나쁘고 공격적이었던 것은 아니니까요. 서구는 아직도 문제고 우린 잘하고 있다는 식으로 오해를 줄 수 있습니다. 오늘날 선교 현장에서는 한국 선교사들이 훨씬 공격적이고 압박적이라고들 합니다. 현지인들은 말하기를, 서구 사람들은 귀 기울여 이야기를 듣는데 한국인은 자신들을 무시하고 독단적이라고 평가하는 경우가 많습니다.

이덕주　　　물론 과거에 서구가 다 그랬다는 이야기는 아닙니다. 문제는 한국 교회가 파송한 선교사들이 서구 선교의 'good sample'이 아니라 'bad sample'을 배워 행한다는 데 있습니다. 후원 교회가 그 잘못된 선교를 배우며 성장해서 선교사를 파송한 것입니다. 서구 교회는 지난 100년간 자신들이 행한 잘못을 인정했습니다. 그런데 한국 선교사는 'evangelical'이라는 이름 하나로, 시대가 바뀌었는데도 그대로 행해 온 것입니다.

박창현　　　제가 생각하는 키워드는 '다시 드러냄'입니다. 우리가 선교에 문제가 있음을 확인했다면, 그 대안은 과거의 그 잘못된 선교를 지적하고 오늘날 현장에서 올바른 선교를 다시 드러내는 것이라는 의

미입니다. 근현대사 속에서 국가 전체가 행한 악으로 보자면 독일이 가장 큰 잘못을 저질렀는데, 독일 내에서 그것에 대해 통렬히 반성하는 움직임이 있어 왔기에 지금의 독일 모습은 과거와 다르게 나타나고 있다고 보이거든요. 우리는 과거 서구의 선교를 가리키며 손가락질하지만 실상 같은 짓을 반복하고 있죠. 우리에겐 교육 분야에서 이렇게 과거를 돌아보고 우리 것을 되찾는 교육이 그간 정말 없었습니다. 우리가 원하든 원치 않든 교회 속에서 선교를 해왔는데, 돌아보면 잘 못된 것을 분명 발견할 수 있습니다. 잘한 것과 못한 것 사이에서 우리의 중심을 다시 회복하는 것이 중요하다고 봅니다.

편집자　　　세 분 모두 절박한 문제의식을 느낀 것으로 생각됩니다. 그런데, 이렇게 문제 많은 선교를 꼭 해야 하는 것입니까? 우리가 무엇을 전하려고 이렇게 열심히 애쓰고 있는 것인가요? 내가 서 있는 삶의 터전에서 예수님 말씀 잘 지키며 살면 되지, 왜 그렇게 현장까지 찾아가 그들과 관계를 맺고 그들을 붙잡고서 가르쳐야 합니까?

이덕주　　　선교는 기독교인으로 사는 한 거부할 수 없는 당연한 과제이죠. 내가 그리스도인으로 사는 것 자체가 선교니까요.

박창현　　　선교가 예수님의 명령이기도 하지만, 존재론적인 것이기도 합니다. "오직 성령이 너희에게 임하시면 너희가 권능을 받고 예루살렘과 온 유대와 사마리아와 땅 끝까지 이르러 내 증인이 되리라"(행 1:8)는 말씀처럼, 성령이 임하면 당연히 하게 되는 것이 선교입니다. 다시 말해, 자연히 드러나게 되는 것, 존재의 변화로 인해 나타나게 되는 것입니다. 그런데 한국 교회가 성도들에게 세례까지만 주고, 성령받는 것까지를 못해 주기에 자연스러운 선교가 드러나지 않는다고 봅니다.

이덕주　　　'증언으로서의 선교', 저는 이게 답이라고 봅니다. 한국 교회 초창기 때에 조선인들은 선교사의 삶을 보았습니다. 즉, 선교사들의 삶 속에서 '예수의 삶'을 본 것입니다. 선교사들은 '기독교인의 삶'을 보여 준 것이 아닙니다. 오늘날 우리가 예수를 증언해야 하는데, 교리나 자신의 신념을 증언하려 한다는 말입니다. 사도행전 1장 8절이 답입니다. 예루살렘에서 시작하여 유대와 사마리아, 그리고 땅 끝. 증언의 공간과 영역만 다를 뿐 증언의 내용은 같을 수밖에 없습니다. '땅 끝'이라고 하는 것은 '해외 선교'를 의미할 뿐, 선교의 내용은 같습니다. 예수를 증언하는 삶, 이것만 제대로 교육되어도 오늘과 같은 문제는 사라질 것입니다. 선교는 감리교나 장로교 간판 세우러 가는 것이 아닙니다. 예수 삶을 보여 주러 가는 것이지요.

편집자　　　선교의 개념이 한국 교회에 먼저 바로 세워져야 하는 게 아닌가 싶습니다. '선교'가 우리의 머리에 잘못 입력되어 있는 것이죠. 우리가 무엇을 전하는지 모른 채, 혹은 알면서도 삶에서 행하고 있지 못한 채 해외에 선교하러 가는데, 내 안에 '도'가 없으니 '전도'가 안 되는 것이죠. 그렇다면, 한국에 온 초기 선교사들의 삶이 정말 훌륭해서 조선인들이 감동되었던 것일까요? 그들이 너무 멋진 옷을 입고 와서 혹은 너무 멋진 물건들을 가져와서 조선인들의 마음이 사로잡힌 면은 없었을까요?

이덕주　　　선교사들의 사역에 절대적으로 의존하지 않는 선교 역사가 한국에서 이루어졌는데, 그것이 바로 성경공부였습니다. 조선인들이 열심히 말씀을 읽은 것입니다. 선교사들도 그리로 인도해 주었지요. 한국에서 일어난 초기 선교 역사는 토착 기독교인들이 주도했습니다. 만일 선교사들이 주도했다면 오늘날 한국 교회가 이처럼 성장하지 못했을 것입니다.

박창현 당시 양반들만이 한문 유교경전을 서당에서 배우는 특권이 있어서, 평민들이 사자성어를 혹여라도 쓰려 하면 "소귀에 경 읽기"라는 말이나, "서당개 3년에 풍월을 읊는다"는 식으로 평민들을 폄하하던 시절, 선교사들에 의해 한글로 쓰여진 성경을 손에 든 평민들의 감동을 생각해 보세요. 또한 공자나 맹자 이야기로만 듣던 내용과 비슷한 성서의 내용을 접하면서 윤리적이고 도덕적인 교훈을 얻었을 것입니다. 특히 부자와 가난한 자(나사로)의 비유 등 여러 흥미로운 성경 속 이야기들이 당시 평민들에게 크게 다가오지 않았을까 상상해 봅니다.

신경림 성경 속의 여러 의미와 가치들이 당시 사람들의 심정을 터치했을 것입니다. '사랑하면, 선교하게 되어 있다'고 생각합니다. 사랑하면 가장 좋은 것을 주고 싶어 하니까요. 내가 발견한 진리, 구원, 삶의 의미, 가치 등을 옆에 있는 사람에게 당연히 주고 싶고 나누고 싶어 하게 되지요. 지금 일어나고 있는 많은 문제들은 우리가 가르치는 것을 우리가 잘못 알고 있기 때문이기도 하지만, 그것을 우리가 먼저 지키지 않는다는 데에 더 큰 원인이 있습니다. 우리는 선교지에서도 현지인들이 말씀을 지키도록 얼마나 도와주고 있는지 돌아봐야 합니다. 현지에 도움이 되는 선교를 할 때, 비로소 우리도 구원받게 될 것입니다. 이렇게 모두가 함께 구원받는 것이 선교의 목표가 되어야 합니다.

편집자　　초기에 기독교를 받아들인 조선인들은 무엇이 그렇게 좋았을까요? 존중받음, 곧 나도 귀한 존재라는 것을 알게 되었기 때문일까, 하나님의 존재를 알게 된 것이 가장 기뻤을까, 이 땅에 온 선교사들이 한국이 아닌 다른 아시아 국가에 갔었다면 그 나라에 오늘날 한국 교회와 같은 결과가 나왔을까 등 여러 질문들이 꼬리를 무는데요.

박창현　　평양대부흥운동 때 나타났던 신비한 종교적 체험들이 많았을 것입니다. 사람들이 모여 성경을 공부하던 사경회에서 서로 회개하는 일이 일어났습니다. 그것을 성령의 역사로 이해하였고 또 그 결과가 사람들의 삶의 변화로 나타났습니다. 이것은 사람들에게 놀라운 일이었을 것이고, 종교적으로는 가장 바람직한 변화인 거예요. 종교인은 다음과 같은 특징이 있다고 합니다. 첫째, 신(하나님, 절대자)의 존재를 믿는 믿음이 있고, 둘째, 믿는 신과의 접촉의 경험이 있다고 주장하고, 셋째, 신의 뜻에 따라 일반인의 삶과는 다른 윤리와 도덕과 생활 패턴을 가지고 살아간다는 것입니다. 초기 조선인들에게 나타났던 종교적 변화와 성령의 역사가 바로 오늘날 기독교가 이 땅에 뿌리내릴 수 있는 원동력이 된 것이죠. 그런데 지금 행해지는 선교에서는 하나님에 대한 추구와 신비로운 영적 체험이 없어 종교의 본질적 역할이 빠져 버린 것 같습니다.

편집자　　내 사랑이 상대방에게 전혀 필요 없을 때가 있는데, 내가 누군가를 딱 집어서 그것을 강요하고 있는 것은 아닌지 모르겠습니다. 하나님은 이처럼 일방적이지 않으신데 말입니다. 사랑이라는 것이 굉장히 조심스럽고 예의바르고 상호 관계적인 것이 아닌지요?

신경림   맞습니다. 나에게 도움이 되는 것이 아니라 상대에게 도움이 되는 것이 사랑의 핵심입니다. '자기의 유익을 구하는 것'은 이미 사랑이 아니지요. 상대가 무얼 원하는지 살피고, 그것을 존중하고, 인내하며, 그것을 위해 내가 손해 보거나 희생할 수 있는 것, 그것이 사랑이지요. 선교에 대한 우리의 열정과 현지인들에 대한 우리의 사랑이 행여 그들에게 불편함이나 해가 되지는 않는지 끊임없이 성찰해야 하겠습니다.

선교 강국,
한국 선교 긴급 점검

Missionary Power,
Urgent Inspection of
Korean Missionary

2017. 3. 3. 초판 발행
2017. 4.12. 2쇄 발행
지은이 신경림 박창현 이덕주
펴낸이 정애주
국효숙 김기민 김의연 김준표 김진원 박세정
송승호 오민택 오형탁 윤진숙 이한별 임승철
임진아 정성혜 차길환 한미영 허은
펴낸곳 주식회사 홍성사
등록번호 제1-499호 1977. 8. 1.
주소 (04084) 서울시 마포구 양화진4길 3
전화 02) 333-5161
팩스 02) 333-5165
홈페이지 www.hsbooks.com
이메일 hsbooks@hsbooks.com
페이스북 facebook.com/hongsungsa
양화진책방 02) 333-5163

ⓒ 신경림 박창현 이덕주, 2017

ISBN 978-89-365-1219-4 (03230)